民事诉讼证明妨碍规则之具体适用

包冰锋 ● 著

总　序

　　法谚云："证据是诉讼的脊梁"。这足以说明证据对于诉讼的重要意义，证据法学的研究也在诉讼法学的研究中占据了核心地位。受重法院审判职责、轻当事人诉讼义务观的影响，我国民事诉讼立法对证据规则的规定显得不那么充实。与立法不同的是，围绕民事诉讼证据相关理论问题的讨论却是一片"繁荣景象"。与以往学术研究不同的是，我们为读者奉献了一套注重证据应用的系列研究著作，旨在将已有的理论研究成果和现行的立法规则应用到司法实务中，力求做到理论联系实际，以解决实际问题。

　　随着社会、经济的发展，纠纷也呈多元化、复杂化、专业化的发展趋势，这就给纠纷解决制度的制定提出了更高的要求，既要满足各类纠纷解决的共性需要，也要照顾到特殊案件的个别化处理要求。在这套丛书中，有从总体上把握证据规则的理解与适用的普适性研究，比如关于证明责任制度的理解与适用、补强证据规则的理解与适用等；也有针对特定实体领域诉讼证据问题的专门性研究，比如知识产权诉讼、医疗诉讼中证据规则的理解与适用研究等。

　　实证研究是理论联系实际的一座桥梁，它有助于提升我国法学研究的水平和实用价值。正如我国著名学者田平安教授所言："无论是着眼于价值理念的确立还是具体民事诉讼制度的建构，要想对社会的发展产生实际的效果，民事诉讼法学研究就必须通过一种实证性的社会学研究实现理论研究与社会实践的良性沟通，而这正是当前民事诉讼法学研究所缺乏的。"我国法学研究经历了从注释法学到理论法学再到实证法学的发展过程，学者们也从重视法学理论的发展转变为既重视理论研究又关注法律实践发展的务实的学术研究态度。因此，法学是一门实践性极强的社会科学，只有关注社会发展和法律实践、重视理论联系实际的法学研究才有意义。它不仅提升了法学理论研究的品质，同时也使法律实践更具有理性。除此之外，法律实证研究还能对法学教育产生积极的影响，它将会提高法学教育的职业化程度。这也是本套丛书编著的初衷和意义所在。

　　目前，就我国民事诉讼立法而言，一套科学、完整的证据规则尚未真正建立。尽管一些重要的证据规则已经为立法或者司法解释所规定，但是，如何将这些规则应用到具体案件的处理中，却是一件十分困难并且艰巨的任务。它不仅需要从理论上认真分析这些规则的法学原理，特别是对如何将一些作为"舶来品"的法律制度本土化适用的研究，而且更为重要的是如何把握好证据规则的适用与实现司法正义的关系。比如，立法就迟延提出证据规定了训诫、罚款和失权的消极法律评价效果，怎样把握"证据失权"规则的适用便是一个涉及司法正义的难题。因此，证据法学研究是一个既涉及程序法领域又涉及实体法领域的交叉学科，是涉及司法公正和司法权威的一个重大命题；同时，证据规则的制定也是既涉及对当事人之间诉讼关系的考量，又涉及对当事人与法院审判关系的分析，特别是在证据领域中，当事人的诉讼促进义务的落实和当事人与法院权限的划分等问题，这些都是证据法学乃至整个诉讼法学研究的重大课题。

　　本套丛书是由国家重点学科——西南政法大学民事诉讼法学科组织编写的。除本学科的成员外，我们还邀请到实务部门的部分专家参加研究工作。法律的实证研究是一项艰苦的工作，我们希望，一方面，通过本套丛书的出版，能推出一批高质量、实用型的学术著作，为司法实践提供有益的参考；另一方面，通过本套丛书的研究，能优化学术研究方法，促进学术研究成果的二次转化，尤其期待能对我国法学教育有所影响。

唐　力

于西南政法大学渝北校区

2013 年 7 月 29 日

目　　录

第一章　民事诉讼证明妨碍的基本法理考究 …………………… 1
第一节　民事诉讼证明妨碍的基本内涵与法理基础 …………… 2
　一、民事诉讼证明妨碍的基本内涵 ……………………………… 2
　二、民事诉讼证明妨碍的法理基础 ……………………………… 10
第二节　民事诉讼证明妨碍的构成要件 ………………………… 18
　一、主体要件 ……………………………………………………… 20
　二、客体要件 ……………………………………………………… 23
　三、主观要件 ……………………………………………………… 28
　四、客观要件 ……………………………………………………… 36
第三节　民事诉讼证明妨碍的法律效果 ………………………… 50
　一、证明妨碍法律效果各学说之考察 …………………………… 51
　二、证明妨碍法律效果主要学说之评析 ………………………… 63

第二章　医疗诉讼中证明妨碍规则之具体适用 ………………… 67
第一节　域外医疗诉讼中证明责任分配原则之比较分析 ……… 67
　一、事实本身说明过失原则 ……………………………………… 68
　二、表见证明 ……………………………………………………… 71
　三、大概推定原则 ………………………………………………… 76
　四、各学说之比较分析 …………………………………………… 77
第二节　域外医疗诉讼中证明妨碍规则考察
　　　　　——以我国台湾地区为中心 ………………………… 79
　一、我国台湾地区医疗纠纷概述 ………………………………… 80
　二、医疗诉讼中证明责任的分配 ………………………………… 81
　三、医生说明义务及其证明责任 ………………………………… 85
　四、当事人声明的证据方法种类 ………………………………… 87
　五、法院依职权调查证据 ………………………………………… 88
　六、证明度 ………………………………………………………… 89

七、医疗诉讼中证明妨碍规则的适用 ······ 91

第三节 我国医疗损害责任透析 ······ 97
　一、我国医疗损害责任制度的历史沿革 ······ 97
　二、我国医疗损害责任制度改革的基本目标和基本内容 ······ 101
　三、我国医疗损害责任的类型及其内容 ······ 104

第四节 我国医疗诉讼中证明妨碍规则之具体适用 ······ 109
　一、我国现行程序法和实体法相关规定透析 ······ 109
　二、在医疗诉讼中引入证明妨碍理论的必要性与可能性 ······ 118
　三、我国医疗诉讼中证明妨碍规则的适用 ······ 123

第三章　亲子关系诉讼中证明妨碍规则之具体适用 ······ 146

第一节 亲子关系诉讼及其证明 ······ 147
　一、亲子关系诉讼概述 ······ 147
　二、亲子关系诉讼与婚生推定制度 ······ 148
　三、亲子关系诉讼证明的特殊性 ······ 152

第二节 拒绝血缘鉴定规制法则的域外考察 ······ 157
　一、英美法系 ······ 157
　二、大陆法系 ······ 160
　三、比较分析 ······ 174

第三节 我国亲子关系诉讼中证明妨碍规则之具体适用 ······ 176
　一、我国亲子关系诉讼中证明妨碍规则的立法现状 ······ 176
　二、我国现行司法解释的理解与适用 ······ 184
　三、案例分析 ······ 188

第四章　知识产权诉讼中证明妨碍规则之具体适用 ······ 201

第一节 知识产权诉讼概述 ······ 201
　一、知识产权诉讼的概念与特征 ······ 201
　二、知识产权诉讼的重要性 ······ 204

第二节 知识产权诉讼中证明妨碍的构成要件与法律效果 ······ 205
　一、知识产权诉讼中证明妨碍的构成要件 ······ 205
　二、知识产权诉讼中证明妨碍的法律效果 ······ 212

第三节 知识产权诉讼中的证明妨碍规则与秘密保护 ······ 215
　一、美国保护令制度(Protective Order)考察 ······ 215
　二、我国台湾地区秘密保持命令制度参考 ······ 220

第四节　知识产权诉讼中的证明妨碍规则与证据保全 225
  一、知识产权诉讼中的诉前证据保全 225
  二、知识产权诉讼中适用证据保全措施存在的问题 227
  三、知识产权诉讼证据保全措施的适用条件 228
  四、知识产权诉讼证明妨碍与证据保全的关系 230

第五节　知识产权诉讼中证明妨碍规则之实例分析 232
  一、雅马哈发动机株式会社与浙江华田工业有限公司、台州华田摩托车销售有限公司等商标侵权纠纷案 232
  二、石鸿林诉泰州市华仁电子资讯有限公司著作权侵权纠纷案 235
  三、九阳公司、王旭宁诉帅佳公司等侵犯发明专利权纠纷案 240

第五章　产品缺陷诉讼中证明妨碍规则之具体适用 244

第一节　产品缺陷诉讼概述 245
  一、产品缺陷相关问题概览 245
  二、产品缺陷诉讼的特征及其定位 250

第二节　产品缺陷诉讼中的证明问题 253
  一、民事诉讼证明概述 253
  二、产品缺陷诉讼证明的构成要件 255
  三、产品缺陷诉讼证明所面临的问题 257

第三节　产品缺陷诉讼中的证明妨碍 260
  一、案件事实解明义务理论在产品缺陷诉讼证明中的运用 260
  二、案例分析 274

第一章
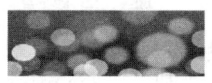民事诉讼证明妨碍的基本法理考究

民事诉讼程序是以辩论主义和处分权主义为纲目所建立的诉讼程序。因此,当事人是否提起诉讼,当事人究竟是根据什么权利向法院请求裁判,以及是否有必要继续已经进行的诉讼,一律由当事人自行决定,这是处分权主义的应有之义。民事诉讼程序关于诉讼资料的收集与提出,则由辩论主义加以规范。判断权利发生、变更或消灭的法律效果所必要的要件事实,只要在当事人的辩论中没有出现,法院便不得以其作为判决的基础。如果未经当事人主张,即使该证据资料对于裁判而言确属重要依据且足以左右整个裁判结果,也无法被法院采纳为判决的基础。民事诉讼中的当事人为了追求对己有利的判决,就必须提供足够的证据证明自己的主张或反驳对方的主张。如果当事人的证明活动无法奏效,就可能由其承担败诉的不利后果。

然而,对于诉讼而言必要的事实资料或证据情报可能会偏向存在于其中的一方当事人,并且因此造成实体法上所肯定的权利却在诉讼上无法实现,或者实现其权利显著困难;此时,由当事人自由决定诉讼程序的缺点将暴露无遗。在辩论主义预设的前提下,当事人本应可以自由且无困难地收集相关证据资料,并且进而提出相关证据以证明待证事实。然而,在现代型诉讼[①]日益

---

① 虽然现代型诉讼是一个难以确定的概念,其外延也非常模糊,但有关现代型诉讼的各种概念在本质上必定具有共同的因素。经常谈论现代型诉讼的原因,想必是因为这种诉讼有着不同于传统诉讼的特质,需要在诉讼程序方面采取与之相适应的特别措施。从原告和被告相互之间的关系上看,原告若想获得请求被认可的判决,将会在主张和举证方面遇到巨大的困难。例如,在公害人身伤害之损害赔偿诉讼中,存在着证据偏在和新颖的科学证明等之类难以克服的障碍;在机场噪音和新干线噪音诉讼中,还必须围绕着轻微得难以捕捉的侵害或微妙的精神损害来展开主张和举证;而对于果汁含量表示不当的诉讼或因避免被动吸烟引起的嫌烟权诉讼而言,这种困难则显得格外突出。参见陈刚主编:《自律型社会与正义的综合体系——小岛武司先生七十华诞纪念文集》,中国法制出版社2006年版,第139~140页。

增长的今天，在医疗过失、公害、环境污染等诉讼中，诸多当事人往往因为必要的证据资料无法轻易入手或者被对方当事人毁灭、破坏，而无法提出足够的证据证明自己的主张或反驳对方的主张，并进而遭受败诉的不利益。法谚曰："所有的事情应当被推定不利于破坏者"（Contra spoliatorem omnia praesumuntur），"任何人不得因自己的不法行为而获得利益"（Nullus commodum capare potest de injuria sua propria）①。早在1722年，英国法院即在著名的 Armony v. Delamirie 案中，树立了今天在民事诉讼法学领域或证据法领域所谓的证明妨碍（spoliation of evidence）的概念，对实施毁灭、隐匿、拒不提交证据等妨碍对方当事人进行证明活动的当事人，课予其诉讼法上一定的不利益效果。② 因此，为了回复双方当事人诉讼地位的实质平等，避免民事诉讼实务中一再发生弱肉强食的情形，实有必要对证明妨碍及其程序规制加以研究探讨。

第一节　民事诉讼证明妨碍的基本内涵与法理基础

一、民事诉讼证明妨碍的基本内涵

（一）德国见解

在德国，民事诉讼法学界对证明妨碍的见解并未达成一致。罗森贝克等教授认为，承担证明责任的当事人自己妨碍举证的，则该当事人处于不能证明状态并且败诉。当事人拒绝合理地协助解明事实或者未能使用撼动表见证明

---

① 郑玉波：《法谚（二）》，法律出版社2007年版，第4页。
② 黄国昌：《民事诉讼理论之新展开》，台湾元照出版有限公司2005年版，第236页。

第一章 民事诉讼证明妨碍的基本法理考究

的手段的,则丧失本来赋予其的简化证明。① 如果负有证明责任的当事人的对方通过违反义务的行为或者不作为而有过错地未能进行本身可以进行(在诉讼前或者诉讼期间)的证明,则判例原则上以举证人的主张作为进一步适用法律的基础。这一结果是判例根据不同的个案通过自由证据评价框架的推论而取得的,在故意妨碍证明的情况下通过表见证明取得,或者通过真正的证明责任倒置而取得。联邦最高法院大多称之为直到证明责任倒置的简化证明。其以此避免了准确的定性,因此与一般证明责任倒置相比,能够更加灵活和准确地对具体个案的证明困难作出反应。② 普维庭教授认为,所谓证明妨碍,即证明受阻(Beweisvereiteilung),是指因为负有证明责任当事人的对方当事人的故意或者过失行为导致妨碍了可能证明的提出,因而使得负有证明责任的当事人无法提供证据加以证明。这种阻碍证明的行为可能在诉讼开始前也可能在诉讼中出现并且涉及所有的证明手段。典型的例子就是书证和物证的消灭。如果把这种行为与证明责任后果联系起来,那么就意味着最终的证明妨碍只有在诉讼过程中才能被认定。按照此观点,在出现证明妨碍时,就只能按照具体的情况分配证明责任了。③ 穆泽拉克教授认为,如果一方当事人通过

---

① 德国《民事诉讼法》第287条(调查损害和其他类似情况)规定:"(第1款)当事人对于是否有损害、损害的数额,以及应赔偿的利益额有争执时,法院应考虑全部情况,经过自由心证,对此点作出判断。应否依申请而调查证据、应否依职权进行鉴定以及调查和鉴定进行到何种程度,都由法院酌量决定。法院就损害和利益可以讯问举证人;此时准用第452条第1款第1句、第2款至第4款的规定。(第2款)在财产权的诉讼以及其他情形,当事人对于债权额有争执,如果要完全阐明一切有关情况有困难,而此种困难与债权的有争执的部分的价值比较起来,很不相称时,准用第1款第1句第2句的规定。"根据该条规定,民事诉讼法允许法官对不能进行严格证明的问题根据生活的盖然性以及其自由裁量进行估计并且确定损失。法官没有一般义务对所有提出的证明申请进行处理,而是可以根据自由裁量确定范围,而且也可以就损失直接询问当事人。一旦要通过各种方法(比如调查证据、询问证人等)去解明案件所有相关事实(即把双方争议的债权额调查清楚),就需要花费大量人力物力或有其他困难。此时,解决这种困难所花的金钱比双方争议的债权额要多,不符合诉讼经济的原则。因此法律赋予法官有权考虑案件全部情况、经过自由心证也可决定不调查证据,这使得法官形成确信的要求得以简化,原告证明和原告将案件事实精确化的义务也被简化。

② [德]罗森贝克等:《德国民事诉讼法》,李大雪译,中国法制出版社2007年版,第852页。

③ [德]汉斯·普维庭:《现代证明责任问题》,吴越译,法律出版社2000年版,第272页。

其行为使得对方当事人的举证成为不可能,则人们称之为证明妨碍的行为。例如隐瞒证人的地址、毁灭文书、拒绝法院或者鉴定人进入自己的地产以便作出确认或者拒绝解除某个医生或者某个银行的沉默义务。这样的证明妨碍行为既可以在诉讼过程中也可以在诉讼进行之前发生。联邦最高法院的"棉球一案"可以为诉讼之前发生的证明妨碍提供清楚的例子。①

在诉讼实务中,德国法院已经累积相当多故意或过失、诉讼中或诉讼外的证明妨碍案例。诉讼中证明妨碍的案例有:(1)当事人不告知对方当事人仅仅为其所知的证人姓名、住所,或使证人逃亡;(2)拒绝法院或鉴定人为调查专利权有无而到工厂视察或者拒绝其进入基地内调查;(3)拒绝由鉴定人诊断自己所主张病状的有无。诉讼外证明妨碍的案例有:(1)在样品买卖时,将可澄清给付物是否如合同约定般的样品让与他人。(2)毁弃可以用来证明合同成立的电报。(3)将可证明设备不良的事故车解体。(4)变更对事故原因的证明具有重要意义的事故现场状态。(5)医生在手术伤口里遗留了一块棉球。该棉球在后来的手术中又被同一个医生取出并且扔掉。在针对该医生的损害赔偿诉讼中,棉球的性质和大小对证明医生的医疗过失具有重要意义。(6)毁弃嗣后就其形式的适法性及内容有争议的遗嘱。(7)医生治疗时,急为应做的检查(如拍 X 光片或细菌检查),或者没有记录治疗的内容,或者遗失 X 光片等情况。以上证明妨碍的案例,不问当事人是属于故意或过失,均为德国法院所承认。② 有学者总结认为,德国的证明妨碍是指"不负举证责任一造当事人之作为或不作为,而若无该作为或不作为,则事实之澄清原应属可能"。③

(二)日本见解

曾于清末来华参与立法讲学的日本学者松冈义正教授认为证明妨碍是指,承担证明责任当事人的对方当事人,故意令承担证明责任当事人不能举证或举证显有困难时,而承担证明责任当事人的主张有反对事实足资证明的,即可推定为真实。例如在样本买卖时,买主认为不合样本而退还其商品于卖主,卖主固须证明此种商品合于样本;但是买主因毁损其样本以致不能提出时,则

---

① [德]汉斯-约阿希姆·穆泽拉克:《德国民事诉讼法基础教程》,周翠译,中国政法大学出版社 2005 年版,第 273 页。
② 许士宦:《证据收集与纷争解决》,台湾新学林出版股份有限公司 2005 年版,第 210~211 页。
③ 姜世明:《新民事证据法论》,台湾学林文化事业有限公司 2004 年版,第 281 页。

第一章　民事诉讼证明妨碍的基本法理考究

须由买主证明其商品不合样本。证明责任的转换是其所根据的原则。①

高桥宏志教授认为如果不承担证明责任的一方当事人,通过诸如隐瞒重要证人的居所或让其逃往国外、更改文书的内容、过失地疏于保管收条等重要文书等种种故意或过失行为来毁损证据方法,进而对于对方当事人利用证据方法形成障碍,即为证明妨碍。证明妨碍会使承担证明责任的一方当事人陷于难以证明或证据缺乏的境地,进而使案件事实处于真伪不明的状态。在这种情形下,如果法院通过适用证明责任分配的一般原则下判而使承担证明责任的一方当事人承受不利后果,那么不免会产生不适当且不公平之感。于是,我们就应当考虑以证明妨碍为杠杆来开发"避免通过证明责任作出裁判"的法律技术。②

日本的学者及法院对证明妨碍也称证明妨害、立证妨害,在日本相关文献中,对证明妨碍的定义也是有简有繁。有学者认为"证明妨害,是指一方当事人妨害他方当事人以证据收集为中心的证明活动时所产生的法律规制问题"③。也有学者认为"证明妨碍是指,由于相对人的作为或不作为,负证明责任的当事人对于证明自己主张事实的必要证据方法的收集变得困难或不可能,在证明失败的情况下有关事实认定应当如何调整双方利益的问题"④。也有学者认为"证明妨害,是指诉讼当事人(一般为不负证明责任的当事人)因对方当事人而使证据的收集、提出变得困难或被妨害时,法院在事实的认定上,对于受妨害的一方当事人的主张谋求有利的调整"⑤。也有学者认为,不论是拒绝特定文书的提出,或虽否认鉴定报告的真实性,却又拒绝接受身体检查,甚至是在本案起诉前与案件相关的商业账簿、收据因天灾等因素灭失、因故意或过失而漏未制作等等,均属于证明妨碍所讨论的典型案例。⑥ 也有判例认

---

① [日]松冈义正:《民事证据论》,张知本译,中国政法大学出版社2004年版,第61页。
② [日]高桥宏志:《民事诉讼法——制度与理论的深层分析》,林剑锋译,法律出版社2004年版,第465页。
③ [日]小林秀之:《证据法》,弘文堂1990年版,第120页。
④ [日]渡边武文:《証拠に関する当事者行为の规律——证明妨害、违法收集证据の证据能力を中心として》,载新堂幸司主编:《讲座民事诉讼5证据》,弘文堂1983年版。
⑤ [日]春日伟知郎:《民事证据法研究——証拠の收集・提出と证明责任》,有斐阁1991年版,第191页。
⑥ [日]松本博之:《民事法证据法の领域における武器对等の原则》,载竹下守夫编:《新民事诉讼法讲座Ⅱ》,弘文堂1998年版。

为,证明妨碍是指妨害对方当事人使用及调查对其有利(对自己不利)的证据或妨碍证据资料的成立或使之变得困难等,这属于诚实信用原则的违反,法院可以认定对方主张的事实符合真实,此为证据法上的原则。①

(三)美国见解

通常将美国法中的证明妨碍定义为"对关于现在已经系属或未来将要系属的诉讼案件的证据,予以毁弃(destruction)、变更(alteration)、隐匿(concealment)或者其他未予以保存(non-preservation)的行为"。也有学者认为,"证明妨碍是指对文书或书证进行损坏或者做实质性的变更。证明妨碍可以发生在任何种类的诉讼中,其并不限于对物证的损坏,书证也可以被损坏"②。也有学者以对诉讼结果所造成的影响以及对审判公正造成的损害为切入点来阐述证明妨碍。例如,有观点认为,证据的丢失或毁损所造成的证明妨碍使得在预期或者正在进行的诉讼活动中需要利用的证据受到影响和妨碍。另有观点认为,证明妨碍行为使得原告和被告双方当事人所进行的诉讼行为都会受到相应的阻碍。在所有的民事诉讼活动中,尤其是在产品质量责任和医疗过失诉讼上,一旦缺失关键性的证据,将对竭力证明其事实主张或者抗辩主张的一方当事人造成毁灭性的打击。还有观点认为,美国的民事诉讼制度依赖于当事人个体寻求调查收集和发现证据的契机,以便推进其诉讼程序,而恶意地毁损相关证据将与当事人得以自由开展证据发现活动的精神相背离。③

这些证明妨碍的行为被视为严重影响司法权的公正行使(equitable administration of justice),这不但妨碍当事人对证据的平等使用,同时也阻碍法院对案件真实的发现。在整个法规范体系中,对证明妨碍行为均投射高度负面的评价。虽然在美国法历史发展的沿革上,证明妨碍的问题是起源于证据法,但是美国法对于证明妨碍行为的规制并非仅仅限于证据法的领域加以处

---

① 东京简判昭和33年9月22日判例。参见[日]村上博巳:《民事裁判における证明责任》,有斐阁1991年版,第180页。

② Melissa A. Bruzzano Spoliation of Evidence in California, 24 Sw. U. L. Rev. 123 (1994).

③ 毕玉谦:《民事诉讼证明妨碍研究》,北京大学出版社2010年版,第2~3页。

第一章 民事诉讼证明妨碍的基本法理考究

理。按照其规定,依据证明妨碍行为的形态和轻重,可能会构成刑事犯罪行为①、民事侵权行为②和违反律师伦理规范行为③。而且,数十年来随着证明妨碍问题的不断恶化,该问题的处理已经成为学说及实务高度关注的焦点。④据一研究表明,超过一半的受访律师表示实务中证明妨碍是一个经常发生的问题。⑤ 这也致使法院开始逐渐地对证明妨碍行为采取较为严格的管制

---

① 比如《美国加利福尼亚州刑法》第135条规定:"任何知晓证明妨碍事项的人,根据法律授权均可持有证据向法院起诉,并进行询问或调查,调查的内容是故意毁损证据或隐藏证据或故意使证据不能提交到法院,此类行为可以被判轻罪。"不过有学者认为,此种救济方式对于证明妨碍行为的受害者而言是不充分的,因为其在民事诉讼程序中很少被适用。即使此种救济方式被适用,该犯罪行为也仅仅构成轻罪,不足以震慑从该证明妨碍行为中获利颇多的妨碍者。再者,该规定仅仅为故意证明妨碍行为提供了一种救济方式,不涉及过失的证明妨碍行为。See Melissa A. Bruzzano Spoliation of Evidence in California, 24 *Sw. U. L. Rev.* 123(1994).

② 在美国,证明妨碍行为被视为一种侵权行为的标志性案例是 Smith v. Superior Court 一案。在该案例中,一辆行驶中的小型货车的车轮穿过原告轿车的挡风玻璃飞入车中,致使原告的眼睛失明。之后小型货车被拖到了 Abbott Ford 店,该店是为顾客安装车轮并把货车销售给司机的特约经销商店。该经销商应原告的请求,同意保留部分车轮零部件以便原告方专家能够随后对其进行检测。当原告发现车轮零部件丢失或被毁损时,原告修改了自己的起诉状并增加了故意和过失毁损证据的诉讼请求。初审法院接受了被告对故意证明妨碍的抗辩,并认定此种故意侵权行为不成立。但是上诉法院认可证明妨碍为一种新的侵权行为。See Melissa A. Bruzzano Spoliation of Evidence in California, 24 *Sw. U. L. Rev.* 123(1994).

③ 《美国律师协会职业行为示范规则》(*ABA Model Rules of Professional Conduct*)第3.4条第1款规定:"非法妨害对方当事人取得证据,或者非法变造、破坏、隐藏书证或者其他具有潜在证据价值的材料。律师不得为他人从事上述行为提供咨询或者帮助"。美国对抗制的诉讼程序期望通过对立当事人的竞争,使案件的证据得到整理。对抗制通过禁止破坏或者隐匿证据,禁止在证据开示程序中使用妨碍性策略等,来获得竞争的公平性。书证和其他证据对于起诉和答辩常常具有重要意义。在遵守证据特权的前提下,对方当事人通过证据开示程序或者传票来获得证据是一项重要的程序性权利。如果相关的材料被篡改、隐匿或者破坏,这项权利的运用就会受到阻碍。许多司法辖区的法律规定,在法院诉讼过程中或者可合理地预期诉讼提起的,为了破坏有关证据材料的可获得性而实施的妨碍行为是犯罪行为。参见《美国律师协会职业行为示范规则(2004)》,王进喜译,中国人民公安大学出版社2005年版,第71~72页。

④ 黄国昌:《民事诉讼理论之新展开》,台湾元照出版有限公司2005年版,第243页。

⑤ Charles R. Nesson, Incentives to Spoliate Evidence in Civil Litigation: The Need for Vigorous Judicial Action, 13 *Cardoza L. Rev.* 793 795(1991).

措施。

(四)我国台湾地区见解

我国台湾地区陈荣宗教授认为,诉讼实务上,常常有一方当事人因故意或过失行为将该诉讼唯一的证据灭失,致使双方当事人就有争执的待证事实无证据可用,形成待证事实存否不明的情况。在此种情形下,就该待证事实,应由何方当事人负担证明责任从而承受其举证不能的败诉危险,这是证明责任分配的问题。这种问题的发生是由于证据遭受当事人的妨害而存在,所以称其为证明妨害。如果证据的灭失是由于负证明责任的当事人自己的行为所致,那么证明责任固然不发生变动。如果证据的灭失是由于应负证明责任当事人的相对人所引致,则发生相对人是否因而就其证据灭失行为所致的待证事实不明负证明责任的问题。①

我国台湾地区"民事诉讼法"于 2000 年修订时新增了证明妨碍的一般性规定,即"当事人因妨碍他造使用,故意将证据灭失、隐匿或致碍难使用者,法院得审酌情形认他造关于该证据之主张或依该证据应证之事实为真实。前项情形,于裁判前应令当事人有辩论之机会"②。所以,单纯从条文来看,当事人以妨碍对方当事人举证为目的,故意以作为或不作为的方式使证据无法使用,致使对方当事人无法以该证据澄清事实"的行为就称为证明妨碍。

但是理论界和实务界都认为法律条文的定义有过于狭隘之嫌。证明妨碍行为是仅仅限于故意,还是过失的证明妨碍行为也包括在内?诉讼前所为的证明妨碍行为是否可以包括在内?有学者将证明妨碍定义为"不负举证责任之当事人,因故意或过失,以作为或不作为,使负有举证责任之当事人之证据提出,陷于不可能时,在事实认定上,就举证人之事实主张,作对该人有利之调

---

① 陈荣宗:《举证责任分配与民事程序法》,台湾三民书局 1979 年版,第 67 页。
② 我国台湾地区"民事诉讼法"增订证明妨碍一般性规定的理由是:"当事人以不正当手段妨碍他造之举证活动者,例如故意将证据灭失、隐匿或有其他致碍难适用之情事,显然违反诚信原则;为防杜当事人利用此等不正当手段以取得有利之诉讼结果,并顾及当事人间之公平,爰增订本条,于第一项规定,当事人有妨碍他造举证之行为者,法院得审酌情形认定他造关于该证据之主张或依证据应证之事实为真实;即法院得审酌当事人妨碍他造举证之态样及所妨碍证据之重要性等情形,依自由心证认定他造关于该证据之主张或依该证据应证之事实为真实,以示制裁。"参见许士宦:《分科六法——民事诉讼法》,台湾新学林出版股份有限公司 2005 年版,第 338 页。

整而言"。① 在实务界,我国台湾地区高等法院 2004 年度上字第 402 号民事判决认为:"所谓证明妨碍,通常系指因可归责于一造诉讼当事人(通常为不负举证责任之一方)之事由,而毁灭或隐匿证据,致妨碍他造当事人之证明。'民事诉讼法'第 282 条之 1 第 1 项规定'当事人因妨碍他造使用,故意将证据灭失、隐匿或致碍难使用者,法院得审酌情形认他造关于该证据之主张或依该证据应证之事实为真实。'此为证明妨碍之一般性规定,另查当事人妨碍他造当事人举证之行为,其情形可能存在于诉讼前及诉讼中,其存在于诉讼系属前者,固应适用上揭规定,但如其系于诉讼系属中,拒绝提出自己持有之特定书证或物证,亦属广义之证明妨碍……"

(五)小结

我国国内学者对于证明妨碍的概念也有不同理解。比如,唐力教授认为:"证明妨害,是指在诉讼中一方当事人对他方的立证活动故意实施妨害行为,比如故意毁损证据等行为,从而导致一方当事人立证困难。"②张卫平教授认为:"证明妨碍指不负有证明责任的一方当事人通过作为或不作为阻碍负有证明责任的一方当事人对其事实主张的证明。"③毕玉谦教授认为:"证明妨碍是指,一方当事人在诉讼前或者诉讼过程中通过其特定行为故意或过失地使另一方当事人不能公平地利用证据,而导致对该另一方当事人产生不利裁判后果的情形。因此,在法理上,证明妨碍既是一种特定的行为,又是一种因该行为所产生的法律后果。"④而且,国内学者一般也不区分证明妨碍、证明妨害和举证妨碍,都是在同一语义上使用这些词语。笔者参照日本和我国多数学者的习惯用法,采用证明妨碍的用语。

从上述各家对证明妨碍的定义来看,虽然详细的程度有所不同,但是可以看出学者们都很关注法院应当如何评价证明妨碍行为、应当如何平衡当事人之间利益的问题,证明妨碍的构成要件和法律效果的探讨是整个证明妨碍问题研究的核心。此外,虽然从宏观上看,各家对证明妨碍的定义似乎大同小异,但是从微观细节来看,各家定义仍然存在诸多差别。比如,证明妨碍的主体是仅限于不负证明责任的当事人,还是既包括负证明责任的当事人也包括

---

① 骆永家:《证明妨碍》,载《月旦法学杂志》2001 年第 2 期。
② 唐力:《民事诉讼构造研究》,法律出版社 2006 年版,第 137~138 页。
③ 张卫平主编:《民事证据制度研究》,清华大学出版社 2004 年版,第 285 页。
④ 毕玉谦:《民事诉讼证明妨碍研究》,北京大学出版社 2010 年版,第 1 页。

不负证明责任的当事人,还是既包括当事人也包括第三人?[①] 证明妨碍行为人的主观心态是仅限于故意,还是也包括过失?证明妨碍行为的表现形式是仅限于作为,还是也包括不作为?证明妨碍行为的时间是仅限于诉讼中,还是也包括诉讼外?针对证明妨碍定义所存在的上述争议,笔者认为,证明妨碍规则是指当事人因可归责于对方当事人或第三人诉讼中或诉讼外、故意或过失的作为或不作为,致使自己的证明行为变得困难或不可能,从而法院在认定事实上作出对被妨碍的当事人有利调整的规则。

二、民事诉讼证明妨碍的法理基础

基于传统辩论主义的基本假设,学理上曾经发展出"任何一方当事人没有义务向对方当事人提供攻击自己而使对方当事人获得胜诉的武器"的法理。换言之,任何一方当事人并无义务必须为对方当事人提供武器,也无义务自我揭示不利事实的证据资料。在民事诉讼中,承担证明责任的一方当事人对于对其有利的事实负有主张责任和证明责任;在其提供的证据资料达到一定的证明程度或者法官心证已经向其倾斜的时候,对方当事人有责任提供反证加以反驳,这是民事诉讼证明活动的正常形态。[②] 在传统辩论主义的影响下,履行证明义务当事人的相对方没有义务去分担或缓解他方当事人的证明责任或提供证据责任。因此,在此背景下,为何相对方当事人负有主动或被动提出证据资料的义务?为何当事人处分证据资料的行为便构成证明妨碍从而要被课以不利益?从逻辑上说,即使没有证明妨碍的行为,也会经常发生案件事实真伪不明的状态。而且,在被妨碍的证据提出之前,也不能将案件事实真伪不明的责任完全归于妨碍行为,因为即使当事人提出被妨碍的证据,案件事实也未必能够真伪立现。因此,我们在分析证明妨碍符合何种要件得以成立和法院应当如何评价证明妨碍行为之前,必须先行讨论证明妨碍规则本身为何存在,即证明妨碍规则的法理基础问题。

---

① 从上述定义来看,学者们普遍认为,应当将证明妨碍的适用定位在不负证明责任一方当事人的证明妨碍行为,而将承担证明责任的一方当事人和第三人排除在"实施证明妨碍者"之外。笔者认为,承担证明责任的一方当事人也可能对对方当事人就待证事实所欲进行的反证,发生证明妨碍的行为。在如果承担证明责任的一方当事人不实施证明妨碍行为其对方当事人的反证将成功的情形下,没有理由不将承担证明责任的一方当事人纳入证明妨碍制度规制的范围。此外,不论是在理论上还是实践中,都可能发生第三人将证据灭失、隐匿或者拒不提交相关证据的情况。

② 包冰锋:《证明责任之经济分析》,载《西南政法大学学报》2003年第4期。

第一章　民事诉讼证明妨碍的基本法理考究

(一)证明妨碍法理基础的各学说考察

具体来说,理论界关于证明妨碍规则的法理基础主要有以下几种学说:实体法损害赔偿义务说、期待可能性、经验法则说、民事诉讼诚实信用原则违背说、公平与制裁说、诉讼协力义务违反说。① 证明妨碍规则采取的法理基础不同会导致证明妨碍构成要件与法律效果解释论上强密度的区别对待。比如,如果以"民事诉讼诚实信用原则违背说"作为证明妨碍规则的法理基础,那么构成要件判断的重点在于违背诚实信用原则的行为,而不在于实施妨碍者是否有主观归责事由;从而,当事人是否具备故意或过失,并非成立证明妨碍所需的要件。如果采取维护当事人之间公平的美国法思想作为证明妨碍规则的法理基础,那么构成要件便仅仅需要具备"不公平的情形",法律效果也仅仅以回复当事人之间的公平作为判断标准即可,当事人的主观归责事由也不受重视。此外,如果以"诉讼协力义务违反说"作为证明妨碍规则的法理基础,那么该项义务的违反便成为证明妨碍的成立要件。以上各项学说分别从不同的角度和思路阐述了证明妨碍规则的法理基础,但是由于各项学说本身内在的缺陷和涵盖范围的局限性决定了任何一种学说都无法完全支撑其作为证明妨碍规则的法理基础。法律制度建立的依据往往是多元化的,单一的法理基础往往也无法涵盖所有的诉讼活动。而且,在诉讼实践中,证明妨碍行为的形态多种多样,实施妨碍者的动机也不尽相同,对实施妨碍者课以的不利后果也会是多层面的。因此,笔者试图从程序多元的角度探寻民事诉讼证明妨碍规则的法理。

(二)证明妨碍的法理基础:证明权保障理论

据上所论,民事诉讼证明妨碍规则的法理基础已经不限于一端,而是兼容并蓄。虽然以上各项学说不足以独立解释证明妨碍规则的法理基础,但是各项学说的引入均是为了保障当事人的证明权。因此,笔者认为,以诉讼公正和诉讼效率为价值目标的"证明权保障说"构成证明妨碍规则的法理基础。

1.证明权保障理论概说

对于证明权的含义,学界少有论述。有学者将其理解为:"每一方当事人都有权证明他援引的事实,其限制是他提出的证据应具有关联性。但最重要

---

① 包冰锋:《民事诉讼证明妨碍制度的法理基础》,载《南通大学学报》2011年第2期。

的是证明权包含着为发现或提交必需的证据而消除障碍的措施。"①我国台湾地区学者沈冠伶认为,证明权是指当事人就其提出的有争执的事实,可以提出证据,并在证据调查时在场见证,进而可以就证据调查的结果陈述意见。②刘荣军教授认为,证明权的内容包括了证据收集权、证据调查请求权、证据力争辩权、公正证据判断请求权、证据判断理由说明请求权等。③ 奚玮博士认为,当事人证明权是指当事人所享有的为证明自己所主张的有争议的事实而收集、提出证据,在法定情形下请求法院调查收集证据,对证据证明力进行争辩,请求法院公正判断证据并公开判断过程和判断理由等一系列权利。④ 也有德国学者以"司法保障请求权"为基础来阐述证明权(das Recht auf Beweis)。现代国家因为原则上禁止自力救济,公民必须通过司法制度才能实现私权,所以公民应当享有所谓"司法保障请求权"(Justizgewährungsanspruch)。司法保障请求权在内容上包含了要求在法院程序中确定真实的、作为被主张的权利基础的生活事实情况的请求权,但是确认事实需要证据。如果认为当事人对于事实确认享有权利,那么同时必须保障当事人证明这些事实的权利,此即所谓证明权。如果当事人实施的证明妨碍行为导致相对方无法就其主张的事实进行证明,即属于侵害相对方的证明权,任何当事人都有义务在避免自己的不利的同时也积极地协助对方当事人举证。⑤ 简言之,笔者认为,证明权是指当事人就其主张或反驳的事实收集证据并加以证明的权利。

正如日本学者谷口安平所说:"无法为所主张的权利举证,该权利实际上就会变得毫无意义。"⑥国家对一种法律体系所承担的基本义务,主要体现在两个方面:一是通过法律形式对权利加以确认;二是保障该权利充分而有序地实现。这意味着,法律宣示权利和法律保障权利的有序实现是并行不悖的。

---

① [法]雅克·盖斯旦:《法国民法总论》,陈鹏等译,法律出版社2000年版,第588页。
② 沈冠伶:《诉讼权保障与裁判外纷争处理》,台湾元照出版有限公司2006年版,第17页。
③ 刘荣军:《自由心证主义的现代意义》,载陈光中主编:《诉讼法理论与实践——民事行政诉讼卷》,人民法院出版社2001年版。
④ 奚玮:《民事当事人证明权保障》,中国人民公安大学出版社2009年版,第10页。
⑤ [德]瓦尔特·哈布沙伊德、维尔茨堡/日内瓦:《证明权》,载[德]米夏埃尔·施蒂尔纳编:《德国民事诉讼法学文萃》,赵秀举译,中国政法大学出版社2005年版。
⑥ [日]谷口安平:《程序的正义与诉讼》,王亚新、刘荣军译,中国政法大学出版社2002年版,第60页。

国家确认权利意味着国家有义务保障权利。换言之,国家的重要职能就是保护权利和促进权利的实现。① 所以,只有权利的宣示,而没有法律对权利的保障,就不是真正意义上的权利体系,而是虚幻的权利招牌,对当事人的证明权也是如此。在民事诉讼程序中为当事人的证明权设置充分的程序保障,不仅有利于发现并确定案件事实以实现当事人的实体权利,也有利于进一步实现诉讼公正与诉讼效率。

2. 证明权保障理论解读

在我国民事诉讼制度改革的过程中,理论界和实务界更多地着眼于强化当事人证明主体的地位,并将证明负担转移给当事人,却忽略了对当事人证明权应有的保障。保障当事人的证明权是我国民事诉讼体制改革必须加以关注的重要课题。诉讼公正与诉讼效率是民事诉讼程序追求的两大价值目标,构成证明妨碍规则法理基础的"证明权保障说"也正是以诉讼公正和诉讼效率为价值追求。诉讼公正在证明妨碍规则的法理基础中主要体现为诚实信用原则和武器平等原则,诉讼效率在证明妨碍规则的法理基础中主要体现为集中审理原则和诉讼促进义务,以下分别论述。

(1)诚实信用原则

在2012年《民事诉讼法》修正之前,理论界对诚实信用原则是否适用于民事诉讼领域一直有着持续的争论。但是,随着社会生活的日益复杂,诉讼观念及诉讼本身的变化,及诚实信用原则实际上早已从民法中独立出来同样作为其他公法领域(比如刑事诉讼法、行政法等领域)的指导原则等各种因素,在今天,无论是立法、判例还是学说,都不再怀疑民事诉讼法适用诚实信用原则的必要性与可能性。受社会诉讼观的影响,民事诉讼不再片面强调个人主义、自由主义,而社会本位、团体本位的思想逐渐见重于世,诉讼竞技观随之被扬弃,取而代之的是法官裁量权的强化与当事人诉讼义务的强调。此外,现代民事诉讼强调协同主义的概念,以打破向来视诉讼为当事人之间斗争的传统理念,重新定位诉讼当事人的关系。② 因此,在诉讼上,诚实信用地在当事人之间相互履行诉讼权利和承担诉讼义务,成为现代社会崇尚司法之理念。在当事人

---

① 程燎原、王人博:《赢得神圣——权利及其救济通论》,山东人民出版社1999年版,第182页。

② 包冰锋、陈今玉:《民事诉讼中确立诚实信用原则理论之嬗变》,载《政法学刊》2009年第5期。

之间维系一种相互诚信的行为方式,对于公正、合理地处理双方的纠纷具有重要意义。① 在此背景下,2012 年修正后的《民事诉讼法》第 13 条第 1 款明确规定:"民事诉讼应当遵循诚实信用原则。"②

证明妨碍是民事诉讼中典型的违反诚实信用原则的行为。当事人之间诚实信用原则的具体形态主要包括排除不当形成的诉讼状态、诉讼上的禁反言、诉讼上的权利失效和禁止诉讼上的权利滥用。其中,当事人不当形成的诉讼状态从表现形式上看,有以下两种情形:其一为当事人以积极方式造成某种法律状态发生;其二为当事人以消极方式妨碍某种法律状态发生。证明妨碍的表现形式恰好符合当事人不当形成诉讼状态的形式。比如,当事人故意毁灭证据就属于第一种情形,当事人持有证据无正当理由拒不提供就属于第二种情形。当事人不当形成的诉讼状态一旦发生,法院就应当否定该当事人所预期的法律效果的发生。具体到证明妨碍领域,法院应当采取一定的措施排除妨碍,以保障案件事实的认定和诉讼的顺利进行。

---

① 毕玉谦:《民事诉讼证明妨碍研究》,北京大学出版社 2010 年版,第 24 页。
② 2011 年 6 月,全国人大常委会法工委在《关于推进司法体制改革,研究修改民事诉讼法的情况汇报》中提出,这次修改民事诉讼法时,增加规定诚实信用原则,当事人在诉讼活动中、人民法院在审理民事案件中,都应当遵循诚实信用原则,不得滥用权利。2011 年 8 月,全国人大法工委就其起草的《民事诉讼法修改草案》与最高人民法院共同组织举办了有民法室的专家、全国各级法院的代表等人员参加的座谈会。与会代表一致认为,考虑到现在虚假诉讼、滥用诉权、伪证等问题屡见不鲜,非常有必要在总则部分规定诚实信用原则。法工委民法室的同志认为现在对诚实信用原则是约束当事人还是包括法院存在不同意见,表示有待进一步研究。因此,在 2011 年 10 月公布的《民事诉讼法修正案(草案)》(征求意见稿)中,并没有将诚实信用原则规定在其中。虽然在《民事诉讼法修正案(草案)》(征求意见稿)中并没有规定诚实信用原则,但是此后最高人民法院和有关专家提出,审判实践中当事人恶意诉讼、拖延诉讼等滥用诉讼权利的情形时有发生,当事人的诉讼活动也应当恪守诚信,应当增加诚实信用原则的规定。全国人大法工委会同有关方面研究,建议在《民事诉讼法》第 13 条中增加规定:"当事人行使权利应当遵循诚实信用原则。"这便形成了 2012 年 4 月公布的《民事诉讼法修正案(草案)》(二次审议稿)中的规定。之后,有关部门曾建议,将诚实信用原则和处分原则分开,单独作为一条,但是该意见并没有被采纳。最后通过的立法文本为《民事诉讼法》第 13 条第 1 款规定:"民事诉讼应当遵循诚实信用原则。"《民事诉讼法》第 13 条第 2 款是有关处分原则的规定,即"当事人有权在法律规定的范围内处分自己的民事权利和诉讼权利"。至此,诚实信用原则作为民事诉讼一项基本原则正式写入我国的立法,并且与处分原则合并为一个条文中。但是,这并非意味着有关诚实信用原则的讨论就此终结,其实很多问题还有待理论界和实务界共同面对并解决。

第一章 民事诉讼证明妨碍的基本法理考究

（2）武器平等原则

民事诉讼武器平等原则是基于宪法所保障的平等权发展而来。一般而言，民事诉讼武器平等原则是指当事人无论在诉讼中作为原告或被告，或诉讼外是高低阶层的关系，在诉讼中的地位一律平等；法官因此负有经由客观公正程序的进行，不持成见地使用与评价双方当事人的主张，毫无偏私地适用法律及履行其他程序上的义务，以确保当事人地位的平等。在民事诉讼程序中，经由武器平等原则，进一步强化正确判决获得的可能性。进一步解析武器平等原则，可以将其分为形式意义的武器平等原则和实质意义的武器平等原则。就前者而言，武器平等原则是指当事人在法院面前有平等的诉讼地位，任何一当事人不具有优于其他当事人的地位，也不会有劣于其他当事人的地位。形式意义的武器平等原则通常旨在制度上赋予当事人取得与使用攻防武器的平等机会，但是法院是否必须在双方当事人之间呈现攻防武器不平等时即可以或应当如何介入或协调呢？因而，实质意义的武器平等原则强调当事人在法院面前实质性程序地位的平等性。其不仅强调在立法上当事人应当获得同等的诉讼地位，而且强调程序上机会的平等性，并认为法院除不得恣意实施对任何一方有利或不利的偏私性诉讼指挥外，还应当注意调整当事人事实上的不平等性。①

受司法竞技理论的影响，诉讼常常被比作战争。"民事诉讼乃是一种民事战争；原告武装以诉讼形式，仿佛配上了刀剑，因此，被告要用抗辩装备起来，作为盾牌加以抵抗。"②因而，基于武器平等原则，立法必须赋予当事人双方平等的诉讼权利义务以进行攻击和防御，同时，作为法官也应该保障双方能够得以平等地进行攻击和防御。具体到证据的收集与提供领域，我们必须防止当事人将证据作为对抗武器进行恶意操作，以致法院在诉讼中获取事实信息不足从而难以下判。如果允许一方当事人出于利己考虑可以自由地毁灭或隐匿对其不利的证据材料，从而使对方当事人陷于举证不能的境地，实在有违当事人武器平等原则。当事人为了证明自己的主张或反驳对方的主张都需要提出相应证据加以证明。如果一方当事人难以或不能提供相应证据是因为另一方当事人的证明妨碍行为所致，法院就不能径行裁判由其承担因此造成的不利

---

① 姜世明：《民事程序法之发展与宪法原则》，台湾元照出版有限公司 2003 年版，第 162～163 页。

② 贺卫方：《司法的理念与制度》，中国政法大学出版社 1998 年版，第 91 页。

后果，而是应当反过来衡量是否应当对实施证明妨碍的一方当事人加以制裁，从而实现当事人的实质平等。

(3)集中审理原则

集中审理原则是民事诉讼中许多具体制度的理论基石，是民事诉讼程序中革故鼎新的中轴之一。其起源于英美法系，却在当代成为世界上各法治发达国家和地区诉讼制度改革的方向，显示出了其巨大的理论生命力。① 随着民事诉讼中事实认定及法律适用的困难度日益增加，过去传统的民事诉讼审理方式不断地被批判。各个法治发达国家和地区几乎一致地认为采行集中审理原则是民事诉讼制度改革的最后一张王牌。② 为了尽速达到民事诉讼集中审理的目的，法院除了必须合理把握民事诉讼程序进行的节奏外，还应当充分保证证据收集工作的顺利进行。

适用法律必须以事实为基础，所以认定事实成为民事诉讼审理的中心才是民事诉讼的理想状态。当法院明明有证据可供认定事实时，就不能随意以其心证仍然存在事实真伪不明的状态为借口而径直依照证明责任分配的原则作出判决。在当事人存有争执并且法院必须依照证据认定事实的情况下，民事诉讼集中审理从证据裁判主义角度而言，可以说就是"集中证据"。当明明有证据可供作为裁判依据时，却因为举证人与证据持有人不同而无法提出，这便意味着法院可能因为无法亲自阅览并审查证据导致诉讼结果接近客观真实的效果大打折扣。③ 因此，通过对当事人证明妨碍的行为予以规制并及时获取证据，是实现"集中证据"的有效手段，从而达到集中审理的目的。由此，民事诉讼程序形成了"集中证据—集中争点—集中审理"的尽速审理体系。

---

① 李祖军、贾欢：《论民事诉讼中的集中审理原则》，载《昆明理工大学学报·社科(法学版)》2008年第1期。

② 就集中审理方式而言，最广义的分类大致有三种模式：英美式集中审理、苏式不间断审理与德日式集中审理。德日式集中审理属于非典型的集中审理，而美式集中审理则属于典型的集中审理。从宏观上还可以将奥地利民事诉讼与苏联民事诉讼划归美式一族。集中审理主义有助于法官在短时间内把握案件的总体状况，并将所有精力集中在一个案件上，从而保障其轻松高效地形成心证并对案件保持新鲜的印象以作出正确裁判。与此同时，还可以将口头辩论所承载的各种原则的机能发挥到极致。参见段文波：《一体化与集中化：口头审理方式的现状与未来》，载《中国法学》2012年第6期。

③ 包冰锋、陶婷：《论文书提出命令中的秘密保护》，载《西南民族大学学报(人文社会科学版)》2010年第8期。

第一章 民事诉讼证明妨碍的基本法理考究

(4)诉讼促进义务

德国于 1976 年首次将诉讼促进义务明订于德国《民事诉讼法》第 277 条第 1 款、第 282 条第 1 款、第 340 条第 3 款等条文,[①]其立法目的是为了缩短过于冗长的诉讼程序,而使当事人在时间上应当尽早提出诉讼资料,加速诉讼程序的进行,以实现集中审理的目的。当时虽然已有医疗、公害等现代型纷争,不过由于德国司法实务早就经由判例解决证据偏向存在于一方当事人的问题,而且将证明责任和资料报告义务(Auskunftsanspruch)归为民法上的规定,因此民事诉讼法的立法者就有意将诉讼促进义务限缩于程序时间的层面,仅仅从诉讼效率的观点课以当事人负有诉讼促进义务,即狭义的诉讼促进义务。

德国保守观点认为不应扩大诉讼促进义务的内涵,如果当事人按照法院规定的程序进程进行诉讼,并适时提出诉讼资料,那么就已经尽到协力促进诉讼的义务。至于在证据资料内容的充实上,则除非当事人具有实体法上资料开示请求权及民事诉讼法上例外规定的案件事实解明义务外,否则不负有一般协力解明案件事实的义务。但是值得注意的是,近年来德国联邦最高法院虽然没有明确承认所谓的"一般案件事实解明义务",但是又承认应当使不负主张责任和证明责任的当事人负有"第二位主张责任"(Sekudäre Behauptungslast)。实际上此概念已经十分接近案件事实解明义务,甚至可以说是无所差别。[②]

据上所论,当事人诉讼促进义务的含义具有双重性:其一为狭义的诉讼促进义务,主要强调从时间层面对当事人的诉讼行为提出要求;其二为广义的诉

[①] 德国《民事诉讼法》第 277 条第 1 款规定:"被告应该按照诉讼的程度和程序上的要求,在答辩中提出为进行诉讼的必要与适当的防御方法。"第 282 条第 2 款规定:"当事人各方都应该在言词辩论中,按照诉讼的程度和程序上的要求,在为进行诉讼所必要的与适当的时候,提出他的攻击和防御方法,特别是各种主张、否认、异议、抗辩、证据方法和证据抗辩。"第 340 条第 3 款规定:"当事人应在异议书状中陈明其攻击防御方法,以及关于诉是否合法的责问,但攻击防御方法以按照诉讼的程度和程序上的要求为进行诉讼所必要的与适当的为限。如果审判长依其自由心证认为延期并不致使诉讼拖延,或者当事人提出重大理由时,审判长可以依申请延长期间。第 296 条第 1 款、第 3 款与第 4 款于此准用之。在送达缺席判决时,应指出迟误期间的后果。"

[②] 沈冠伶:《民事证据法与武器平等原则》,台湾元照出版有限公司 2007 年版,第 13~14 页。

讼促进义务,其不仅包括狭义的诉讼促进义务,还包括当事人的案件事实解明义务[1]。在民事诉讼中,当事人欲证明其所主张的事实所需的证据有时被对方当事人所持有。在这种情况下,应当承认证据持有人有义务协助对方当事人完成证明活动。此时,如果完全听凭证据持有人的意愿决定是否协助,那么对于承担证明责任的一方当事人显得过于苛刻,也无法达成发现案件真实以实现私权的目的;相反,如果无限制地认为不负证明责任的当事人有协助的义务,那么等于要求不负证明责任的当事人协助对方当事人尽其证明责任,也并非公平。因此,应当认为在符合某些条件下,当事人有透过保存或提出证据的方式协助对方当事人进行证明的义务,违反此义务者,将招致不利的法律效果。证明妨碍规则即属规范"当事人如何从对方当事人处得到证明上的协助"制度的重要一环。

第二节 民事诉讼证明妨碍的构成要件

任何法律制度适用的前提在于法律制度的明文化,法律制度的明文化并非简单地诉诸文字,而是在于其要件化。法院只有在确认具体的事实情况满足了法条所载事实的所有特征时,才会课以标准的法律后果,此即所谓"涵摄"。法律的适用通常被认为是逻辑的三段论法的应用。法律的一般规定是大前提,将具体的生活事实通过涵摄过程归属于法律构成要件下,形成小前提;然后透过三段论法的推论,导出规范该法律事实的法律效力[2]。所以,法律制度要件化的意义可见一斑。证明妨碍行为的构成要件,简而言之,就是何种行为可以视为证明妨碍行为的问题,其不以具体当事人的主观认识和自定

---

[1] 当事人的案件事实解明义务,是指当事人对于案件事实的查清负有对于相关有利及不利事实的陈述或说明义务,及为查清事实而提出相关证据资料(文书、勘验物等)或忍受勘验的义务。案件事实解明义务发生的时点,尤其是指在于负有证明责任的当事人无法具体陈述其主张或提供证据之时。从案件事实解明义务的含义来看,其主体范围为双方当事人。但是,如果基于通常意义的证明责任分配法则,那么解明义务的主要研究重点是指不负证明责任一方当事人的案件事实解明义务。据此,虽然从广义上而言,双方当事人似乎均有可能受案件事实解明义务的规范,但是其规范的重点仍应置于不负证明责任一方当事人的案件事实解明义务。参见姜世明:《举证责任与真实义务》,台湾新学林出版股份有限公司2005年版,第110页。

[2] 黄茂荣:《法学方法与现代民法》,法律出版社2007年版,第222页。

标准为依据,而以法律规定为依据。国家和地区不同,对证明妨碍构成要件作出的规定也不尽相同,有的国家甚至没有对证明妨碍的构成要件作出十分严明的规定,这也使得理论界对证明妨碍构成要件的理解也不尽相同。

有学者持"二要件说",认为证明妨碍的构成要件包括客观要件和主观要件。① 客观要件是指证明妨碍应具备某一作为或不作为,而如果没有此作为或不作为,则事实的澄清将成可能;而且该作为或不作为与对判决具有重要性事实的不明有因果关系;至于该行为是在诉讼系属之前或之后发生,并不影响证明妨碍的成立。而主观要件即应具有可归责性。② 有学者将客观要件和主观要件进一步细化认为,"欲适用证明妨碍之法理,除须就妨碍行为与证明不可能之状态间之因果关系,及使妨碍者受证明不可能之状态,有违当事人间之公平或诚信原则,为规范的评价外,尚须具备以下要件:一、妨碍者对该证据方法,须负有提出义务。二、妨碍者对该证据方法须负有做成、保存义务。三、妨碍者就该证据方法之不做成或毁灭有故意过失,及对该证据方法在将来之诉讼有被利用之可能有认识,或应认识而未认识的故意过失的二重意义上有故意过失"③。也有学者以民法中侵权责任要件构成中的一些观点和做法作为基础,认为证明妨碍的构成要件包括妨碍行为、过错、诉讼中实施的行为、诉争事实真伪不明以及诉争事实真伪不明于妨碍行为具有因果关系。④ 也有学者持"三要件说",认为证明妨碍的构成要件包括主体要件、主观要件和客观要件。⑤ 也有学者持"四要件说",认为证明妨碍的构成要件包括主体要件、客体要件、主观要件和客观要件。⑥

其实理论界对构成要件的看法基本趋于一致,只是在个别细节上有所不同,笔者赞成"四要件说"。证明妨碍是指当事人因可归责于对方当事人或第三人诉讼中或诉讼外、故意或过失的作为或不作为,致使自己的证明行为陷入

---

① 奚玮:《民事当事人证明权保障》,中国人民公安大学出版社2009年版,第331页。
② 姜世明:《新民事证据法论》,台湾学林文化事业有限公司2004年版,第290~292页。
③ 骆永家:《证明妨碍》,载《月旦法学杂志》2001年第2期。
④ 汤维建、许尚豪:《建立举证妨碍制度,完善证据立法》,载何家弘主编:《证据学论坛》(第8卷),中国检察出版社2004年版。
⑤ 杨锦炎:《武器平等原则在民事证据法的展开》,中国政法大学出版社2013年版,第132页。
⑥ 刘敏:《原则与制度:民事诉讼法修订研究》,法律出版社2009年版,第278页。

困难或不能。通过解构证明妨碍的定义,我们可以发现证明妨碍的构成要件应当包括主体要件(当事人或第三人)、客体要件(被妨碍的证明行为)、主观要件(故意或过失)及客观要件(诉讼中或诉讼外的时间要件、作为或不作为的行为要件、陷入证明困难或证明不能的结果要件和行为与结果之间的因果关系要件)。笔者将于下文分别进行论述。

一、主体要件

证明妨碍的主体要件是一个较少被讨论的问题。简而言之,证明妨碍的主体要件是指什么人的行为可以构成证明妨碍行为。首先成为问题的是当事人,包括负证明责任的一方当事人和不负证明责任的一方当事人是否都可以构成证明妨碍行为的主体。其次,第三人是否可以构成证明妨碍行为的主体。

(一)当事人

理论界对于不负证明责任的一方当事人可以构成证明妨碍行为的主体这一点,有着基本一致的看法。诉讼中证明妨碍行为发生的常态就是不负证明责任的一方当事人,因其故意或过失行为毁灭重要证据,或者其手中持有重要证据而拒不提交,致使双方当事人争议的待证事实无据可证,形成待证事实真伪不明的状态,从而由负证明责任的一方当事人承担举证不能的败诉危险。[①]因此,不负证明责任的一方当事人实施证明妨碍行为比较容易被关注和理解。但是,随之而来的问题是证明妨碍行为的主体是否仅仅限于不负证明责任的一方当事人,还是也包括负证明责任的一方当事人在内。

对于证明妨碍行为的主体是否也包括负证明责任的一方当事人在内,学界基本是持否定态度。此问题在日本学界未见专门讨论,有个别学者仅仅在其定义部分有些许着墨,而且有提及者均认为证明妨碍的行为主体是不负证明责任的一方当事人。[②]我国台湾地区"民事诉讼法"就证明妨碍制度作了一般性规定,其第282-1条规定的主体是当事人,并未特别指明证明妨碍行为主体是不负证明责任的当事人。然而,我国台湾地区学界基本认为负证明责任

---

① 陈荣宗、林庆苗:《民事诉讼法》,台湾三民书局2005年版,第492页。
② [日]渡边武文:《证据に关する当事者行为の规律——证明妨害、违法收集证据の证据能力を中心として》,载新堂幸司主编:《讲座民事诉讼5证据》,弘文堂1983年版;[日]村上博巳:《民事裁判における证明责任》,有斐阁1991年版,第176页。

第一章 民事诉讼证明妨碍的基本法理考究

的一方当事人不构成证明妨碍行为的主体。① 也有学者专门撰文指出:"对于学理上为何多仅讨论'非负举证责任一造当事人之证明妨碍',而非'应负举证责任一造当事人之证明妨碍'？其理由,基本上乃因对于应负举证责任一造当事人而言,其对于本证应负使法院达到确信之程度,仅在此情形下,其相对人即非负举证责任一造当事人乃有提反证以动摇法院对本证所已形成确信之必要,此一举证必要之移转与举证责任转换,二者在概念上应加以区别。据此,对于本证部分,应负举证责任一造当事人既对之负举证责任,若其对之有所毁损,系对有利于己证据之毁损,若因此而无法使法院形成确信,则依举证责任法则即可使对该应负举证责任一造当事人受不利之判断,原无证明妨碍法理适用之可能。"②

笔者认为:首先,理论界的通说将证明妨碍的主体限制于不负证明责任的一方当事人,主要缘由是多数学者是将证明妨碍视为证明责任倒置或者证明责任分配的特殊情况之一,多数教材也仅仅在证明责任分配的特殊情况中对证明妨碍问题略有着墨。③ 如此一来,很容易将证明妨碍问题理解成是"不负证明责任的一方当事人"对"负证明责任的一方当事人"实施妨碍。其次,多数学者也仅仅注意到如果负证明责任的当事人实施证明妨碍行为,导致无法就其自身所主张的事实进行证明的,此时依据证明责任的分配即可解决问题,无须适用证明妨碍的规定。但是,无论理论上的阐述还是实际的诉讼运作,都可能产生负证明责任的当事人对于对方当事人就待证事实所欲进行的反证实施证明妨碍行为。换言之,负证明责任的当事人针对自己的本证实施证明妨碍行为,固然无须适用证明妨碍的规定;但是,负证明责任的当事人针对对方当事人的反证实施证明妨碍行为,就应当受证明妨碍规则的约束。在如果负证明责任的一方当事人不实施证明妨碍行为其对方当事人的反证将成功的情形下,没有理由不将负证明责任的一方当事人纳入证明妨碍规制的范围。而且,从民事诉讼证明活动来看,并非"负证明责任的一方当事人"才需要收集证据来证明自己主张的事实,"不负证明责任的一方当事人"也需要收集证据来证

---

① 参考我国台湾地区民事诉讼法研究会第九十次研讨会上雷万来、沈冠伶和陈石狮等教授的发言。参见黄国昌等:《证明妨碍法理之再检讨——以美国法之发展为借镜》,载《法学丛刊》2005年第4期。

② 姜世明:《民事证据法实例研习(二)暨判决评释》,台湾新学林出版股份有限公司2006年版,第150页。

③ [德]奥特马·尧厄尼希:《民事诉讼法》,周翠译,法律出版社2003年版,第273页。

明自己否认或反驳的事实。既然存在"不负证明责任的一方当事人"收集证据的问题,那么就一定相应存在"负证明责任的一方当事人"可能会实施证明妨碍的问题。再次,从目前各个国家或地区有关证明妨碍的立法例来看,并无任何条文规定是将证明妨碍的主体限制于"不负证明责任的一方当事人",因此确有承认"负证明责任的一方当事人"为证明妨碍主体的必要。最后,"负证明责任的一方当事人"可以成为证明妨碍主体,也被我国台湾地区的判例所承认。①

(二)第三人

第三人在违反协力义务时,将证据毁弃、灭失、隐匿或者以其他方式导致证据无法使用的,同样可以构成证明妨碍。本身第三人和当事人均有可能持有证据,这在实际诉讼中是不可避免的。比如第三人有可能因为违反文书提

---

① 该判例为我国台湾地区台北地方法院2001年度诉字第1818号民事判决。该案经过为:原告与被告订立承揽建置网络应用软件系统的契约,但是被告所提出的软件系统未达契约约定的功能与品质,也无法上线运作。原告曾多次通知被告改善,但是仍然无法排除其瑕疵,所以解除契约并提起请求返还价款之诉。被告则否认该软件系统有瑕疵,认为原告解除契约并无理由。就该系统是否有重大瑕疵的争点,由原告承担证明责任自无疑问。诉讼中原告提出多份系统测试记录和验收报告作为证明,但是均被被告否认。被告申请命原告提出系争软件系统所架设的原电脑设备于法庭以测试该软件系统有无重大瑕疵。但是在约定期日前一日,原告竟故意将该电脑设备出售,致无从加以鉴定,被告即主张依证明妨碍的规定,应认定该系统无瑕疵的事实为真实。法院在判决原告败诉的理由中表明"况两造既尚约定于2000年10月25日再次验收点交,则上述瑕疵问题是否确不能修补,即非无疑,且因系争软体系统既系配合原告之需求而设置者,及并非任一机型之电脑所能运作,自尤有就原设备加以鉴定测试系争软体系统之必要。……本件系争软体系统是否有不能运作之重大瑕疵,既尚有待两造进一步就原设备加以鉴定之必要,业如上述,经被告声请命原告提出系争软体系统所架设之原电脑设备供安装,以测试该软体系统有无瑕疵及是否重大而不能修补等情,惟原告经本院于2001年6月26日言词辩论时,当庭以预定于同年7月24日进行测试,原告表示无意见,讵原告竟于2001年7月24日庭讯前一日,故意将该电脑设备出售不详姓名之第三人(见本院当日笔录),致无从加以鉴定,况经本院函资讯工业策进会查明是否有可资对测试网站功能进行鉴定之设备,该会亦函复称无此设备可资进行鉴定(见本院卷第178页),显见原告有妨碍被告使用该电脑设备,并因而致被告碍难使用以进行测试鉴定之情,依上开规定(按:指'民事诉讼法'第282条之一),应认定被告所抗辩系争软体系统无瑕疵之事实为真正"。由此看来,法院认为原告擅自将电脑设备出售,显然妨碍了被告证明该系统无瑕疵,所以依据证明妨碍的规定认为"该系统无瑕疵的事实"为真实。

出义务和勘验协助义务而构成证明妨碍。亦即,凡是持有与诉讼相关的文书或者勘验物的人,不论是当事人还是第三人均负有将其所持有的证据提交给法院进行证据调查的义务。由于第三人并非民事纠纷主体,也不享有裁判上的利益,其所负的案件事实解明义务与作为纷争主体的当事人相比理应较轻。所以,第三人证据协力义务的范围与当事人证据协力义务的范围相比应当较小。文书提出义务的设定便体现了此一要义。依据德国《民事诉讼法》第429条和第142条第1款的规定,虽然第三人在与当事人具有相同的文书提出义务原因时负有文书提出义务,但是其第142条第2款同时又规定,如果提交文书对于第三人而言属于不可期待的或者文书所记载的内容属于第383条至第385条所规定的证人拒绝证言事项时,第三人可以拒绝提交文书。而且,我国台湾地区"民事诉讼法"第348条规定,除引用文书外,当事人所负有的文书提出义务的范围于第三人准用之。但是文书记载事项如果涉及第307条所定的证言拒绝事项时,第三人则有权拒绝提出文书。从德国和我国台湾地区民事诉讼法的规定来看,第三人的文书提出义务的范围显然要比当事人的文书提出义务的范围小。①

此外,在某些民事案件中,存在转承责任之类的对第三人的责任问题。亦即,如果民法或民事诉讼法中规定,某一不负证明责任的当事人,须对第三人的行为负责,如当事人须对受雇人、代理人等行为负责的情形下,该第三人有证明妨碍行为时,该当事人也应对此证明妨碍行为负责。② 此时基于第三人是雇主的手足延伸,该第三人所发生的经济交易上的产值为雇主所享有,对其所产生的不利益也应当归由雇主承担,方为合理。③ 笔者认为,此种情况应当属于当事人的证明妨碍,而不属于第三人的证明妨碍。

二、客体要件

证明妨碍的客体要件,是指证明妨碍行为作用的对象,即可以被妨碍的证据方法。证据方法是指,法官可以运用自己的身体五官进行证据调查的有形

---

① 占善刚:《证据协力义务之比较法研究》,中国社会科学出版社2009年版,第18页。

② 陈界融:《证据法:证明负担原理与法则研究》,中国人民大学出版社2004年版,第206页。

③ 姜世明:《民事证据法实例研习(一)》,台湾正点文教出版顾问有限公司2005年版,第123页。

对象。换言之,证据方法指可以成为法院进行证据调查对象的有体物。一般将证据方法依照调查对象的性质而分为人证与物证。所谓人证是指把人作为证据方法,经过询问所提供的陈述作为认定事实的资料,其中有证人、鉴定人及当事人本人三种。所谓物证是指把物作为证据方法,经过检查物证所取得的认定事实的资料,物证可以分为文书和勘验物两种。① 我国《民事诉讼法》中并没有证据方法的概念,学界也较少论及证据方法的问题。仅仅是我国《民事诉讼法》第63条规定了八种证据种类,即当事人陈述、书证、物证、视听资料、电子数据、证人证言、鉴定意见和勘验笔录。有学者认为,如果将该条文所列的证据种类以证据方法之名予以分析,可以看出《民事诉讼法》规定的证据方法分别是:(1)书证——文书;(2)物证、勘验笔录——勘验物;(3)证人证言——证人;(4)当事人陈述——当事人;(5)鉴定结论——鉴定人。② 按照上述对于证据方法的界定,笔者认为文书、勘验物、证人、当事人和鉴定人五种证据方法均可以成为证明妨碍的客体,以下分别论述。

(一)文书

针对文书的证明妨碍行为,域外民事诉讼法主要是通过文书提出命令制度予以规制。根据德国《民事诉讼法》第427条的规定,如果对方当事人无视法院的命令拒不提交文书,或者法院在提出文书讯问时确信对方当事人没有仔细查找文书的下落、对于文书的所在未尽谨慎注意义务时,法院便可以把举证人提供的文书副本视为正确的文书。如果举证人没有提供文书副本或者对方当事人及其前手权利人和对其负责的第三人故意销毁文书时,举证人关于证书的性质和内容的主张,视为已经得到证明。根据德国《民事诉讼法》第441条(核对笔迹)的规定,法院为了证明证书的真实与否,可以进行核对笔迹。在此情形,举证人应当提出适于核对的笔迹,或者依据第432条申请交出笔迹,必要时应当申请证明笔迹的真实性。当适于核对的笔迹在对方当事人手中时,对方当事人依照举证人的申请负有提出的义务。此时准用其法第421条至第426条关于文书提出命令的规定。对方当事人不服从提出适于核对的笔迹的命令,或者在其法第426条的情形,法院相信对方当事人并未细心追究该项笔迹的所在时,就可以把该项证书视为真实。举证人释明,供核对的笔迹在第三人手中,自己能通过诉讼的方式使其提出时,准用其法第431条的

---

① [日]兼子一:《民事诉讼法体系》,酒井书店1970年版,第240页。
② 占善刚:《民事证据法研究》,武汉大学出版社2009年版,第29页。

第一章　民事诉讼证明妨碍的基本法理考究

规定。以德国为母法国的日本、韩国①和我国台湾地区均有类似规定。

(二)勘验物

任何由法院进行的、以证明为目的的对人或物的物质性质或状态的直接感性感知都属于勘验,比如确认公害、检查事故现场、检查受伤原告的身体、检查事故车辆、生物遗传学检查和血型检验,特别是在血统诉讼中。勘验物对于勘验的顺利完成来说至关重要,所以一定程度上当事人负有勘验物提出义务和勘验忍受义务。德国并没有在其民事诉讼法中规定普遍意义的诉讼上的忍受勘验义务。德国《民事诉讼法》第144条关于勘验的规定也没有为此提供根据,而只是为法院开启了即使没有证据提出也可作出特别的勘验命令(出示勘验物)或忍受勘验命令的可能性。这种命令可以针对当事人,自2002年1月1日起也可以针对第三人作出。即使不存在普遍的勘验忍受义务,判例也肯定存在忍受义务,如果履行该义务对当事人来说不是过高要求,例如可以忍受进入其地产、抽血、检查身体、检查精神状态等等。举证人或负证明责任的当事人的相对方拒绝出示其占有的勘验物或忍受检查,则其失去该证据手段,这预示着因此而承担败诉的危险。如果负有证明责任的当事人的对方当事人毁灭了可期待的勘验证据,那么法院可以以自由心证方式视负证明责任的当事人已经证明了勘验物。这与文书提出命令的规定相同。② 以德国为母法国的日本、韩国③和我国台湾地区的民事诉讼法均规定勘验协助命令的规定准用

---

① 《韩国民事诉讼法》第349条规定:"当事人不按第347条第1款、第2款及第4款的规定提交文件的,法院可以认定对方当事人对该文件内容的主张真实有效。"《韩国民事诉讼法》第350条规定:"当事人以妨碍对方当事人的利用为目的,故意毁损、丢弃文件或者使之无法利用的,法院可以认定对方当事人对该文件内容的主张真实有效。"根据《韩国民事诉讼法》第360条的规定,为了判断文书的真实与否,法院可以要求当事人或第三人提交或交付对照所需的笔迹或者有印鉴的文件或者其他物品,或者没有对照所需的笔迹时,法院可以要求相对方亲自书写该文字,此时准用有关文书提出命令的规定。《韩国民事诉讼法》的中译本参见周玉华主编:《韩国民商事法律汇编》,人民法院出版社2008年版,第248页。

② [德]奥特马·尧厄尼希:《民事诉讼法》,周翠译,法律出版社2003年版,第281页。

③ 韩国汉城地方法院1998年8月13日宣告判决认为,在建筑物采光诉讼当中,法官为了确认被告的使用部分试图进行现场检证,被告把建筑物的门锁上后躲藏起来,而造成没有做成现场检证的情形,被判示为证明妨碍行为。参见[韩]李时润:《论民事诉讼中的举证妨害行为》,金玄卿译,载何家弘主编:《证据学论坛》(第3卷),中国检察出版社2001年版。

文书提出命令的规定。

(三)当事人

当事人讯问又称本人讯问,是指当事人本人基于证据方法的地位,经由法院的讯问而陈述其见闻、经历的事实,并以其陈述的内容作为证据资料的证据调查。作为法定证据形态的一种,当事人讯问几乎为各个国家或地区的民事诉讼法所采用。在德国,当事人讯问称之为"Beweis durch Parteivernehmung"(德国《民事诉讼法》第445条以下),日本称之为当事者寻问(日本《民事诉讼法》第207条以下)。从经验上说,当事人通常为最知晓案件纷争的人,所以合理利用当事人对事实所作的陈述不仅能促进诉讼,而且能有助于法院发现案件客观真实。①

德国于1933年仿照奥地利《民事诉讼法》创立了当事人讯问制度以代替当事人宣誓制度,但是仍然保留了当事人讯问的补充性质。日本于1890年通过的《民事诉讼法》虽然基本上是以德国1877年的《民事诉讼法》为蓝本,但是当事人讯问制度却直接引入奥地利《民事诉讼法》的做法,也规定有当事人讯问的补充性质。依据当时日本《民事诉讼法》第360条的规定,法院只有在基于证据调查不能获得充分心证时才可以讯问当事人。② 但是,1996年修订后的日本现行《民事诉讼法》没有明文规定当事人讯问在法官形成心证方面所具有的补充性质。日本《民事诉讼规则》第100条也规定证人讯问的申请和当事人讯问的申请应当同时提出,这一规定至少废止了当事人讯问在申请阶段的补充性。韩国《民事诉讼法》于2002年修正时,从保障裁判的迅速性和公正性立场出发,删除了旧法中"法院不能根据证据调查获得心证时"的规定,允许法院在诉讼任何阶段都可以依职权或当事人的申请进行当事人讯问。③ 我国台湾地区"民事诉讼法"原本并不承认当事人可以作为证据方法,直至2000年修正时才承认当事人的证据方法,而增设当事人讯问程序。我国台湾地区的当事人讯问程序并未见补充性质的规定。因此,从各个国家或地区近年来的立法改革来看,当事人讯问的补充性质已经得到相当程度的缓和或者已经消失,这也足见当事人讯问在民事诉讼证明活动中的重要性。此外,如果当事

---

① 占善刚:《当事人讯问之比较研究》,载《法学评论》2008年第6期。
② [日]高木丰三:《日本民事诉讼法论纲》,陈与年译,中国政法大学出版社2006年版,第310页。
③ [韩]孙汉琦:《韩国民事诉讼法导论》,陈刚审译,中国法制出版社2010年版,第262页。

第一章 民事诉讼证明妨碍的基本法理考究

人无正当理由拒绝到庭、宣誓或陈述的,法院可以斟酌案件的具体情况,认定对方当事人主张的关于讯问事项的事实为真实。

(四)证人和鉴定人

证人是以自己所感知的案件情况向人民法院提供有关案件事实的陈述的人。鉴定人是指接受聘请或指派,凭借自己的专门知识对案件中的疑难问题进行科学研究并作出具有法律效力的意见的人。[1] 证人和鉴定人均需要向法院作一定的陈述以证明案件事实。如果只是单纯的证人拒绝作证或鉴定人拒绝作出鉴定意见,那么这并不属于本书研究的证明妨碍的范畴。证明妨碍在证人、鉴定人部分的体现就是当事人妨碍证人作证或鉴定人作出鉴定意见。[2]

从德国的判例来看,妨碍证人作证的情形有:在莱赫法院的判例中,承担证明责任一方当事人申请的证人被妨碍出庭或者被隐藏时,给予相对方以诉讼上的不利益;在德国联邦大法院判例中,承担证明责任一方当事人的相对方明知事故目击者的住所或姓名,但是故意隐瞒的,给予相对方以诉讼上的制裁。在我国台湾地区,有学者认为其"民事诉讼法"第282-1条为错误立法,所以证人和鉴定人并无被妨碍使用的可能。[3] 笔者认为,上述认为人并非使用的客体从而无法妨碍使用的观点属于望文生义的想法。在诉讼实务中,的确会发生一方当事人隐瞒或故意谎称不知证人姓名、住址等信息,导致对方当事人无法有效申请法院传唤证人。而且我国台湾地区的判例也支持了这一观

---

[1] 田平安主编:《民事诉讼法学》,法律出版社2005年版,第198页。

[2] 当事人在鉴定过程中拒不提交勘验物或者拒不配合进行鉴定或勘验的,由勘验协助命令制度加以规范,此处不作专门讨论。

[3] 姚瑞光:《民事诉讼法论》,台湾三民书局2004年版,第442页;吴明轩:《中国民事诉讼法》,台湾三民书局2000年版,第897页。

点。① 我国《民事诉讼法》第111条②也对妨碍作证的行为直接规定了处罚措施。从我国目前的规定来看,立法侧重于针对"以暴力、威胁、贿买方法阻止证人作证"的行为予以处罚,对于当事人隐瞒证人信息的妨碍行为并没有作出明确规定。但是,实质上由于证人的不可替代性,当事人以隐匿证人姓名、住所的方式阻挠对方当事人申请证人出庭作证,也属于侵害对方当事人接近、使用证据的证明权,应该要纳入证明妨碍规制的范围。

三、主观要件

过错是构成证明妨碍的主观要件。过错是指行为人主观上的一种可归责的心理状态,具体表现为故意和过失两种形式。过错作为可归责事由,在于其本质上的不正当性或不良性。行为人的过错只有外化为行为,才具有法律上的意义,正如我们不得在刑事领域追究所谓"单纯思想犯"的刑事责任一样。③因此,在证明妨碍的构成要件中,证明妨碍行为是与行为人的过错紧密相连的。④

---

① 在我国台湾地区台北地方法院2001年度重诉字第212号民事判决中,原告提起请求给付货款之诉,就货物是否已出货交付一事有所争执。原告主张确已交付货物,并提出证人证明,法院限期命被告陈报其职员的住居所供法院传唤,然而被告却迟不陈报,因此法院认为:"又被告于本院限期陈报其职员即台＊＊及王＊＊之住居所供本院传唤而迟不陈报,显有证明妨碍之情事,本院依前揭事证,自堪信原告主张确已交付货品之事实为真实。"

② 我国《民事诉讼法》第111条规定:"诉讼参与人或者其他人有下列行为之一的,人民法院可以根据情节轻重予以罚款、拘留;构成犯罪的,依法追究刑事责任:(一)伪造、毁灭重要证据,妨碍人民法院审理案件的;(二)以暴力、威胁、贿买方法阻止证人作证或者指使、贿买、胁迫他人作伪证……人民法院对有前款规定的行为之一的单位,可以对其主要负责人或者直接责任人员予以罚款、拘留;构成犯罪的,依法追究刑事责任。"

③ 张新宝:《中国侵权行为法》,中国社会科学出版社2004年版,第69页。

④ 汤维建、许尚豪:《建立举证妨碍制度,完善证据立法》,载何家弘主编:《证据学论坛》(第8卷),中国检察出版社2004年版。

第一章 民事诉讼证明妨碍的基本法理考究

（一）故意证明妨碍

在理论界和实务界一般都承认故意可以作为证明妨碍的主观要件。① 证明妨碍中的故意，是指一方当事人明知自己的证明妨碍行为会使他人举证困难或是举证不能，并且希望或放任这种结果的发生，因而造成他方当事人举证困难或举证不能的后果，这种主观心态即是故意。② 确定故意，在理论上有意思主义和观念主义之争。意思主义强调故意必须由行为人对损害后果的"希望"或"意欲"，观念主义强调行为人认识或预见到行为的后果。这两种主张，意思主义比观念主义要求为严。对此，有学者认为应当采用折中主义的主张，行为人应当认识到或者预见到行为的结果，同时又希望或听任其发生。③ 笔者也赞成折中主义的见解。

因而，证明妨碍的故意应当被理解为"双重故意"：一是对妨碍者明知或意欲通过毁损证据方法或其他手段妨碍对方当事人的证明活动；二是妨碍者知悉其毁灭、隐匿证据方法等妨碍行为会造成他方当事人举证困难或举证不能的结果，并且希望或放任这种结果的发生。④ 换言之，对于证明妨碍的主观故意要件应当适用双重要件，前者为行为人故意实施毁损证据等证明妨碍活动，后者为明知证据对于证明待证事实的重要性，并且知悉证明妨碍行为的后果。对后者的认识，"不必清晰意识特定人而具体指向其使用的程度，仅至将来与他人间发生纷争情形，该证据若存在或许被他造使用而对己不利益之程度即为已足"。⑤

---

① 实务界的判例有我国台湾地区士林地方法院 2003 年简上字第 82 号判决中，反诉原告甲诉请反诉被告乙赔偿因乙所售机油的瑕疵而造成甲怪手的损害，待证事实为"系争机油是否有瑕疵"及"其与损害结果之间的因果关系"，证明责任由甲承担。在准备期日中双方当事人均同意法院作出的对系争机油及怪手进行测试的决定，但是之后乙拒绝提供系争机油进行测试。法院于认定乙的故意证明妨碍行为之后，在没有其他证据可供证明瑕疵及因果关系的情形下，认定甲的主张为真实并判决甲胜诉。
② 陈界融：《民事证据法：法典化研究》，中国人民大学出版社 2004 年版，第 69 页。
③ 杨立新：《侵权责任法》，法律出版社 2010 年版，第 87 页。
④ ［日］春日伟知郎：《民事证据法研究——证据的收集·提出与证明责任》，有斐阁 1991 年版，第 208 页。
⑤ 许士宦：《证据收集与纷争解决》，台湾新学林出版股份有限公司 2005 年版，第 215 页。

(二)过失证明妨碍

1.过失证明妨碍的认可

只有在实施证明妨碍行为的人于其行为具有可归责性时,对其予以相应的制裁才是正当的。关于这一点,德国、日本和我国台湾地区的学界和实务界基本已经形成一致的看法。现在仍然存在争议的是,可归责性是仅仅以实施证明妨害者的故意为限还是也承认实施证明妨害者的过失形态。对此问题,德国、日本和我国台湾地区学者有着不同的认识。

(1)德国见解

从德国《民事诉讼法》第 444 条的规定①来看,德国立法并没有明确表明证明妨碍的过错是仅限于故意还是也包括过失。从德国帝国法院时期所作的判例来看,往往可归责的证明妨碍即应当遭受制裁,所以仅仅是过失的证明妨碍也在被承认之列。再者,虽然在联邦法院的裁判例中原则上证明妨碍以存在恶意的妨碍行为为必要构成要件,但是有时仅仅有过失心态也可以构成证明妨碍。在德国学界,学者 Riezler 与 Hellwig 持相对保守观点,强调只有恶意行为才能适用证明妨碍的法理解决事实认定的问题。学者 Riezler 认为,即使将德国《民事诉讼法》第 444 条纳入考虑,将证明妨碍扩张适用于过失的妨碍行为并非毫无障碍。学者 Schneider 则认为,不以归责事由的存在作为构成证明妨碍的必要条件。不过,在德国理论界,通说认为立法虽然没有对证明妨碍行为的可归责性进行表态,但是在具体应用时应当包含故意与过失两种形态。学者 Arenz 认为,虽然基于过失而实施的证明妨碍行为与基于故意所实施的证明妨碍行为在主观形态上有所不同,但是在后果方面同样能引起当事人证明不能的困境。因此,仅将恶意视为必要的见解即过于狭隘。简言之,德国通说认为应当承认过失的证明妨碍。②

(2)日本见解

从日本《民事诉讼法》第 224 条第 2 款的规定③来看,日本立法也没有明

---

① 《德国民事诉讼法》第 444 条(毁损证书的结果)规定:"一方当事人意图妨害对方当事人使用证书而毁损证书或致使证书不堪使用时,对方当事人关于证书的性质和内容的主张,视为已得到证明。"

② 占善刚:《证明妨害论——以德国法为中心的考察》,载《中国法学》2010 年第 3 期。

③ 《日本民事诉讼法》第 224 条第 2 款规定,当事人以妨碍对方当事人使用为目的,毁灭有提出义务的文书或致使该文书不能使用时,法院可以认定对方当事人所主张的关于该文书的记载为真实。

确表明证明妨碍的过错是仅限于故意还是也包括过失。日本通说认为证明妨碍的可归责性包括故意与过失两种。①新堂幸司教授认为,"证明妨碍制度的趣旨在于谋求当事人之间的公平,同时这些规定也构成对法院自由心证的一种制约,假设将这些规定视为法官对经验法则——'当事人妨碍的可能是不利证据'之法则——的适用,毋宁说是自由心证的一种作用。但在因过失而产生证明妨碍之情形下,这种理解将产生以下难点,即由于在这种情形下,这种经验法则不起作用,因此法院不得不放弃对证明妨碍的制裁。但反过来看,如果将这些规定视为法定证据法则或者转换证明责任规则,那么也会存在以下的难点,即显得过于划一化,不同妨碍方式及程度的差异,无法反映到法官对妨碍的认定之中。因此作为结论而言,作为诚实信用原则的适用例,法院应当依据通过其他证据或辩论全趣旨已经获得的自由心证,综合考量妨碍的形式、归责程度、被妨碍证据的重要性等各种因素,并在此基础上判定证明成功与否(如果归责程度高,那么即便法官获得了反对心证,仍然有可能认定主张者的事实)。而且,这种当事人之间的诚实信用原则对法官自由心证的制约,不限于法定的情形,而可以适用于所有的证据方法"。②新堂幸司教授一方面承认了过失证明妨碍,另一方面将妨碍者的归责程度与制裁措施的选择联系起来考虑。

(3)我国台湾地区见解

我国台湾地区"民事诉讼法"第282-1条③仅仅规定了当事人故意实施证明妨碍的情形,那么当事人因过失毁灭证据而导致待证事实无法证明或证明困难时,可否类推适用该条规定?在我国台湾地区主要有否定说和肯定说两种观点。

其一,否定说。

在2000年修改"民事诉讼法"以前④,我国台湾地区即有学者采用否定

---

① [日]中野贞一郎、松蒲馨、铃木正裕:《新民事诉讼法讲义》,有斐阁2004年版,第357页。

② [日]新堂幸司:《新民事诉讼法》,林剑锋译,法律出版社2008年版,第433页。

③ 我国台湾地区"民事诉讼法"第282-1条规定:"当事人因妨碍他造使用,故意将证据灭失、隐匿或致碍难使用者,法院得审酌情形认他造关于该证据之主张或依该证据应证之事实为真实。前项情形,于裁判前应令当事人有辩论之机会。"

④ 当时我国台湾地区"民事诉讼法"第362条规定:"当事人因妨碍他造使用,故意将文书隐匿、毁坏或致不堪使用者,法院得认他造关于该文书之主张为正当。"

说。黄栋培教授认为,"旧法"第362条的适用要件"须出于妨碍他造使用之故意。若因不可抗力或出于过失,则无本条之适用。又虽系故意为之,但其目的非在妨碍他造使用者,亦不生此不利益之后果。故须有妨碍他造使用之故意,致不堪使用时,始有本条之适用。至其行为是否违法,则非所问"①。2000年修法之后,有学者依文义解释认为故意为恶性重大的过错,而过失无法类推适用该条规定。② 也有学者认为,在立法论上对于过失证明妨碍,可以慎重考虑纳入"民事诉讼法"第282-1条的规范范围。但是在现行实证法的解释上,因该条明显的限于故意,且在论理解释上,情状较轻微的过失可否类推适用,尚有疑问。又立法当时似已考虑过失证明妨碍,而最后仍然采取仅规定故意的立法方式,是否有法律漏洞,非无疑问,故不赞成过失证明妨碍可以类推适用"民事诉讼法"第282-1条。③ 否定说得到了实务界判例的支持。④

其二,肯定说。

我国台湾地区学者许士宧认为,过失证明妨碍应当类推适用其"民事诉讼法"第282-1条的规定。其强调当事人故意妨碍对方当事人举证的行为,可以认为是违反了诉讼协力义务而侵害对方当事人的证明权,当事人过失的证明妨碍行为亦然。易言之,当事人在诉讼中既负证据上的协力义务,其就对方当

---

① 黄栋培:《民事诉讼法释论》,台湾五南图书出版公司1982年版,第547页。
② 吴明轩:《中国民事诉讼法》,台湾三民书局2000年版,第898页。
③ 参考我国台湾地区民事诉讼法研究会第九十次研讨会上邱联恭教授的发言。参见黄国昌等:《证明妨碍法理之再检讨——以美国法之发展为借镜》,载《法学丛刊》2005年第4期。
④ 我国台湾地区高等法院台南分院2004年度重上字第25号民事判决。该案案情为:原告主张其因急迫用钱,曾以支票向被告调借现金,但是仍然周转不灵,致遭停业。被告遂与原告达成协议,由被告提供土地及资金,原告提供其资产一半价值的机器、设备等,另成立新公司合伙营运,兼抵偿债务,且被告应将支票返还原告。但是被告未将票据返还,所以原告不得已终止协议。终止协议后,被告竟将其所有的机械设备等强行搬走,另成立公司,又将该设备出售予诉外人。原告起诉请求确认双方当事人之间的票据债权不存在,且被告应将票据返还于原告。被告则抗辩原告既然主张机器设备是抵偿债务,则抵偿数额多少应由原告举证。原告则援引"民事诉讼法"第282-1条的规定,主张除被告提出确切反证以证明机器设备并无其所称价值外,应当认定原告主张的事实为真实。针对原告的主张,法院认为:"然民事诉讼法第282条之1第1项规定:……系2000年2月9日修正公布时始增订,依法条意旨,限于故意妨碍他造使用之当事人始有适用……上诉人(原告)就此既未能举证证明被上诉人(被告)有何故意妨碍上诉人使用该项证据之情事,自难援依上开规定主张应由被上诉人就上开机材之价值负举证责任。"

事人可以使用的证据方法,不予保存或予以灭失、隐匿,致使对方当事人不能或碍难使用,不论当事人的行为是出于故意或过失,其所造成未能适时利用该证据以利迅速发现真实的状态,并无差异。此种证明不能的利益不能由具可归责性的当事人享有,才能足以维护当事人之间的公平,而保障对方当事人的证明机会。所以,为了贯彻诚实信用原则,当事人的过失证明妨害行为应当类推适用"民事诉讼法"第282-1条的规定。①

(4)笔者见解

笔者支持肯定说,即赞成在民事诉讼中承认过失证明妨碍。首先,过失的证明妨碍行为与故意的证明妨碍行为对当事人、法院和诉讼都造成了相同的不利益,致使当事人和法院无法接近、利用证据,致使诉讼无法实现对案件真实的追求。既然其造成的后果是一致的,没有理由不对过失的证明妨碍加以制裁。其次,在实际的诉讼实务中,故意的证明妨碍往往较难得到证明,而过失的证明妨碍反而较易得到证明,因而过失的证明妨碍有其适用上的实益。况且,过失的证明妨碍发生的几率也较故意的证明妨碍发生的几率大,因此如果将过失证明妨碍排除在规制范围之外,实乃舍大取小。再次,在采取协力义务作为证明妨碍的法理基础之一时,该实体法上或诉讼法上协力义务的违反并非仅以故意为限,因过失而违反协力义务也应包括在内,否则恐怕当事人皆因主张其是过失证明妨碍而逃脱法律的制裁。

2.过失的程度

(1)过失的含义

过失,包括疏忽和懈怠。疏忽是指行为人对自己行为的结果,应当预见或者能够预见而没有预见的状态。懈怠是指行为人对自己行为的结果虽然预见了却轻信可以避免的状态。疏忽和懈怠都属于过失,都是违反应负的注意义务。所以,过失,就是侵权人对被侵权人应负注意义务的疏忽或懈怠。换言之,正如我国台湾地区学者指出的那样:"过失者,行为人对于自己的行为,所生一定之结果,如为相当之注意,即可避免,而欠缺此注意之心理状态也。"②

(2)注意义务即证据保存义务的违反

过失是一种不注意的心理状态,即对自己注意义务的违反。具体到民事

---

① 许士宦:《证据收集与纷争解决》,台湾新学林出版股份有限公司2005年版,第216~217页。

② 刘清波:《民法概论》,台湾开明书店1979年版,第267页。

诉讼中的过失证明妨碍行为,其对注意义务的违反应当可以理解为是对证据保存义务的违反,即其应当注意保存证据而没有保存证据。① 换言之,过失证明妨碍与故意证明妨碍不同,其应当具备诉讼前或诉讼中法定或约定的保管、保存该证据的义务。在民法理论中,注意义务有其相应标准。笔者借鉴民法理论,对过失证明妨碍的注意义务即证据保存义务确立三种不同的标准:普通人的注意标准、应与处理自己事务为同一注意标准和善良管理人的注意标准。②

(3)过失的三种程度

上述三种注意义务,从程度上可以分为三个层次,以善良管理人的注意标准为最高,以与处理自己事务为同一注意标准为中,以普通人的注意标准为最低。与此相适应,一旦行为人违反了这三种注意义务,便可以构成三种过失证

---

① 如果当事人持有证据无正当理由拒不提交或拒不配合证据调查,可以直接视为故意状态,而非过失状态。

② 第一,普通人的注意标准。这种注意标准,是指在通常情况下,只需要用轻微的注意即可预见的情形。这种注意义务,是按照在正常情况下普通人都能够注意到为标准。如果普通人在通常情况下也难以注意到,那么,行为人尽管没有避免损害,但是由于其尽到了注意义务,所以不能认为行为人有过失。与此相反,普通人在通常情况下能够注意到的情形行为人却没有注意到的,视为存在过失。第二,应与处理自己事务为同一注意标准。所谓自己事务,包括法律上、经济上、身份上一切属于自己利益范围内的事务。与处理自己事务为同一注意,应以行为人平日处理自己事务所用的注意为标准。判断这种注意义务,应以行为人在主观上是否尽到了注意的义务为标准,即主观标准。如果行为人证明自己在主观上已经尽到了注意义务,应认定其为无过失;反之,则应认定其有过失。第三,善良管理人的注意标准。这种注意义务,与罗马法上的"善良家父的注意"和德国法上的"交易上必要的注意"相当,都是要以交易上的一般观念,认为具有相当知识经验的人,对于一定事件的所用注意作为标准,客观地加以认定。行为人有无尽此注意的知识和经验,以及他向来对于事务所用的注意程度,均不过问,只有依其职业斟酌,所用的注意程度,应比普通人的注意和处理自己事务为同一注意的要求更高。参见杨立新:《侵权责任法》,法律出版社 2010 年版,第 87 页。

明妨碍行为①：

第一，抽象过失。抽象过失，是指行为人违反了善良管理人的注意义务。这种过失是抽象的，其并不依据行为人的主观意志为标准，而是以客观上应不应当做到为标准。所以，这种注意义务在三种程度中属于最高，其未尽注意义务的过失则构成抽象过失。

第二，具体过失。具体过失，是指行为人违反了应与处理自己事务为同一注意标准的义务。如果行为人无法举证证明自己在主观上已经尽到该种注意，那么即可以认定行为人存在具体过失。

第三，重大过失。重大过失，是指行为人违反了普通人的注意义务，也称之为重过失。如果行为人仅仅用一般人的注意就可以预见到，但是竟怠于注意不进行相当的准备，就存在重大过失。②

3. 过失的双重要件

学界通说认为，过失的证明妨碍与故意证明妨碍一样应当具备双重要件：其一，因过失将证据毁坏、灭失；其二，当事人因过失未认识或注意该证据方法于将来诉讼所具有的证明功能。③ 进而认为过失证明妨碍有以下三种类型：其一，虽然意图使证据方法不能被使用，但是对该证据方法被除去的于将来诉讼的意义却疏未认识；其二，虽然明知该证据方法于将来诉讼的意义，却过失将其毁弃或损坏；其三，过失毁弃损坏某证据方法，且其对该证据方法于将来诉讼的意义也疏未认识。④

---

① 学界有学者认为，过失证明妨碍的过失程度只有两种。在当事人以证据保全作为业务行为的情形时，应以抽象轻过失（善良管理人注意义务）为标准，例如医生违反其善良管理人注意义务而将病患的病历毁弃；在不以证据保全作为业务行为的情形时，则应以具体轻过失（与关于自己的财产负同一注意义务）为标准，例如一般人违反与自己财产负同一注意义务而将对对方有利的证据毁灭。（参见［日］石田穣：《证据法的再构成》，东京大学出版会1980年版，第223页。）另外也有学者认为，如果所有轻过失皆可适用证明妨碍，未免太过，应认为仅有重大过失才能类推适用。（参考我国台湾地区民事诉讼法研究会第九十次研讨会上王甲乙教授的发言。参见黄国昌等：《证明妨碍法理之再检讨——以美国法之发展为借镜》，载《法学丛刊》2005年第4期。）
② 杨立新：《侵权责任法》，法律出版社2010年版，第88页。
③ 许士宦：《证据收集与纷争解决》，台湾新学林出版股份有限公司2005年版，第217页。
④ 姜世明：《新民事证据法论》，台湾学林文化事业有限公司2004年版，第293页。

四、客观要件

证明妨碍的客观要件包括时间要件、行为要件、结果要件和因果关系要件四个方面。就时间要件而言,不论是诉讼前或诉讼中,均可构成证明妨碍。就行为要件而言,作为和不作为均可以构成证明妨碍行为。就结果要件而言,应当达到当事人证明不能或证明困难而使案件事实无法查明的状态方可构成证明妨碍。就因果关系而言,证明妨碍行为与待证事实证明不能或证明困难的状态两者之间应当具有因果联系。

(一)时间要件

1.诉前证明妨碍的认可

民事诉讼法应当对民事诉讼过程中的证明妨碍行为予以规制,往往不致生疑。一般来说,只有诉讼系属形成之后,为证明某种事实,才会产生举证的现实要求,妨碍行为才会有现实的指向对象。因而,证明妨碍行为常见于诉讼过程之中。但是,在某些特殊情况下,证明妨碍行为也有可能发生在诉讼系属之前。① 比如当事人可以通过申请诉前证据保全,以了解事实或物体的现状,这将有助于当事人研判纷争的实际状况,进而成立调解或和解,以消弭诉讼,达到预防诉讼的目的。此外,可以借此赋予当事人于起诉前充分收集及整理证据资料的机会,也有助于法院在审理本案诉讼时发现真实及妥适进行诉讼,以达到审理集中化的目标。在一方当事人申请诉前证据保全的情况下,被申请方当事人妨碍对方当事人使用证据,或者在诉讼前故意将证据灭失、隐匿或致碍难使用的,当然构成诉讼前的证明妨碍。如果其就证据方法的保存义务及该证据方法于将来诉讼上的意义有认识可能性而疏未注意或认识时,也可以构成诉讼前的过失证明妨碍。② 因此,诉讼前的证明妨碍不仅得到了理论

---

① 汤维建、许尚豪:《建立举证妨碍制度,完善证据立法》,载何家弘主编:《证据学论坛》(第8卷),中国检察出版社2004年版。

② 许士宦:《证据收集与纷争解决》,台湾新学林出版股份有限公司2005年版,第218页。

界的支持,也得到了实务界的认可。①

2.诉前和诉中证明妨碍区别的意义

有学者认为,证明妨碍行为的时间点对于证明妨碍要件的构成并无太大影响,因为不论时间发生在诉讼前还是诉讼中,均可以构成证明妨碍。但是,区分诉讼前的证明妨碍和诉讼中的证明妨碍对于妨碍者的主观可归责性有影响。② 对于故意的证明妨碍,妨碍者从一开始即出于妨碍对方当事人接近、使用证据的目的,意图造成待证事实无法证明或证明困难以获取其非法利益,因而故意妨碍行为发生在诉讼前或者诉讼中,其非难程度应无不同。但是,在诉讼实务中,故意证明妨碍行为出现的频率远较过失证明妨碍为低,而且过失证明妨碍因其时间点发生在诉讼前还是诉讼中所考量的因素不同。

如果在诉讼中因过失而造成待证事实无法证明或证明困难,而欲课以证明妨碍的法律效果,那么当事人应当具备上述过失的双重归责要件;此双重归责要件对于诉讼前的证明妨碍同样适用。不同之处在于,当事人如果已经处于诉讼当中,那么妥善保存与诉讼有关的、无论是对自己有利或不利的证据,属于应有之义。如果此时当事人毁弃、灭失、隐匿证据,那么判断当事人是否有过失的审查标准也可较低。相对而言,如果在诉讼前有证明妨碍行为,那么应当审酌该行为人的所有情事,并被认为其应当认识该证据方法于将来诉讼中将被利用时,才可以构成过失证明妨碍行为。③ 所谓的"所有情事",应当包括是否对相关实体法上或者诉讼法上的证据保存义务有认识,证据毁损、灭失、遗失的时点距离诉讼多远等因素。换言之,如果证明妨碍行为发生在诉讼之前,那么对于行为人的过失程度应当要求较高。详言之,如果当事人在诉讼发生之前便负有证据保存义务的,那么当事人被视为应当对该证据方法在将来诉讼上的意义有所认识。因此,当事人在诉讼前实施过失妨碍行为就应当受到法律的制裁。如果当事人在诉讼发生之前不负有证据保存义务的,但是对方当事人申请了诉前证据保全,那么当事人基于对诉讼将近的认识也应当

---

① 我国台湾地区高等法院2004年度上字第402号民事判决认为:"所谓'证明妨碍',通常系指因可归责于一造诉讼当事人(通常为不负举证责任之一方)之事由,而毁灭或隐匿证据,致妨碍他造当事人之证明。'民事诉讼法'第282条之1第1项规定……此为证明妨碍之一般性规定,令查当事人妨碍他造当事人举证之行为,其情形可能存在于诉讼前及诉讼中,其存在于诉讼系属前者,固应适用上揭规定……"该判决直接承认了诉讼前的证明妨碍。

② 姜世明:《新民事证据法论》,台湾学林文化事业有限公司2004年版,第290页。

③ 姜世明:《新民事证据法论》,台湾学林文化事业有限公司2004年版,第290页。

认识到该证据方法在将来诉讼上的意义,当事人在诉讼前实施过失妨碍行为也应当受到法律的制裁。如果当事人在诉讼发生之前负有证据保存义务,但是已过保存期限,而且对方当事人也没有申请诉前证据保全,那么当事人所为的行为不构成证明妨碍,当然也不应当受到法律的制裁。

(二)行为要件

1. 作为和不作为

证明妨碍行为最基本的要素是行为,如同刑事犯罪行为、行政违法行为一样,不具有行为这一基本要素,就无法成立妨碍行为,同样也不能构成刑事犯罪、不能构成行政违法行为。证明妨碍行为另外一个要素就是行为的妨碍性,必须是自己的行为对他人的证明行为造成客观上的妨碍。如果不存在对他人证明行为的实际妨碍,无论讼争事实最终能否有证据证实,能否达到证明标准的要求,均与妨碍行为无关。①

作为和不作为均可以构成证明妨碍行为。作为是通过积极的行为来妨碍对方当事人的证明活动,比如毁损、灭失、隐匿证据等。不作为是通过消极的不作为来妨碍对方当事人的证明活动,比如拒绝提供证据、拒绝透露其所知晓的证人信息、拒绝提供用以核对笔迹的材料、拒绝提供用于鉴定或勘验的材料、拒绝接受法院讯问等。

2. 协力义务的违反作为证明妨碍构成要件的争论

(1)德国见解

就证明妨碍的法理基础采用诉讼协力义务违反说的学者,如 Peters 强调民事诉讼中当事人的一般解明义务,从而认为对证明妨碍实施者予以制裁并非必须以当事人违反证据方法的提出义务作为前提条件。不过,在传统辩论主义的纲目下,并不存在当事人普遍意义上的案件事实解明义务。所以,讨论此问题并非如 Peters 所坚持的那样几乎不具有任何价值。1958 年德国联邦最高法院所作的一则判决认为,虽然不承担证明责任的当事人没有义务接受身体检查,但是该当事人必须承担拒绝接受身体检查的后果。一方面该判决对相关义务的存在持否定态度,另一方面该判决又从这种没有违反义务的行为中直接推导出消极效果的存在,这可以看出其中存在自相矛盾之处。但是,基于自己所持的经验法则说,德国学者 Musielak 认为联邦最高法院的上述观

---

① 汤维建、许尚豪:《建立举证妨碍制度,完善证据立法》,载何家弘主编:《证据学论坛》(第 8 卷),中国检察出版社 2004 年版。

第一章 民事诉讼证明妨碍的基本法理考究

点并不存在自相矛盾之处,并认为证明妨碍行为不以提出义务的存在作为其构成要件。其根据是,依照普通人的日常生活经验,在诉讼中不负证明责任的当事人必然会保存并提交对其有利的证据方法。所以,实施证明妨碍的当事人就此项证据方法是否负有提出义务与证明妨碍的构成无关。①

与上述观点相反,Arenz则认为,尽管证据提出义务或者协力义务在构成要件的要求上并非十分严苛,但是仍然应当以不负证明责任的当事人违反证据提出义务或者协力义务作为适用证明妨碍的法理对其进行制裁的构成要件。与此同时,Arenz认为依照德国《民事诉讼法》第444条的规定,对于毁灭、隐匿或者拒不提交相关文书的当事人进行制裁,原则上是以该当事人基于实体法上的相关规定对举证人负有提出文书义务或返还文书义务为前提条件。此外,Arenz进一步认为,在例外情形下,德国《民事诉讼法》第444条所定证明妨碍的适用并不以存在协力义务为构成要件。如果文书不被实施证明妨碍者持有而被诉讼外第三人持有,虽然第三人不负有提出该文书的义务却有意愿将其提出即属于此种情形。再者,根据德国《民事诉讼法》第423条有关引用时文书提出义务的规定,当事人为了举证而在诉讼中引用其持有的文书时,基于当事人引用文书的先行行为,文书提出义务随即产生;一旦当事人不提出相关文书,便有可能被处以相应的制裁。该种解释也可以类推于德国《民事诉讼法》第441条第3款关于核对笔迹的规定,即当事人不服从提出适于核对的笔迹的命令或者并未细心追求该项笔迹的所在时,该当事人便会招致相应的制裁。依照德国《民事诉讼法》第446条的规定,法院可以基于当事人的申请,就应证明的事实讯问对方当事人;如果对方当事人拒绝对其进行讯问,法院可以依据自由心证判断当事人所主张的事实为真实。这种处理方法也是以对方当事人的陈述义务存在为前提的。凡此种种,足以证明协力义务的存在是对证明妨碍行为人施加法律制裁的前提要件。②

(2)我国台湾地区见解

我国台湾地区有学者认为,就诉讼协力义务在证明妨碍制度的考虑重点而言,基本上不负证明责任的当事人应不存在无限制的一般化协力义务,亦即如果不负证明责任的一方当事人依法律、契约、习惯或基于诚实信用原则,应当负有实体或诉讼上的协力义务者(例如保管、提示、交还、计算与资讯提供等

---

① 占善刚:《证明妨害论——以德国法为中心的考察》,载《中国法学》2010年第3期。
② 占善刚:《证明妨害论——以德国法为中心的考察》,载《中国法学》2010年第3期。

义务),那么其违反固然可以课以证据法上的不利益,即证明妨碍制度的运用。否则,如果不存在上述义务之下,要求不负证明责任的一方当事人须负担一般性协力义务,似属过苛。例如,未存在任何义务的情形下,要求不负证明责任的一方当事人保管、提出某证据,而如果因过失灭失,且该不负证明责任的一方当事人将被课以证明妨碍的效果,岂得其平?且显将颠覆证明责任分配的基本目的。尤其在过失证明妨碍的类型,是否仍属可期待,颇令人质疑。但是,在故意证明妨碍类型,基本上可能以诚信原则的违反考量,而作不同解释,即认为虽无协力义务存在,仍足该当证明妨碍。于过失证明妨碍的类型,仅于不负证明责任的一方当事人负有协力义务时,始有该当此类型证明妨碍要件的可能。①

3. 笔者见解——行为要件的前提:协力义务的违反

(1)协力义务的承认

从民事诉讼采取辩论主义与当事人对立的架构来看,当事人必须主张作为裁判基础的事实,于确认该事实具备证明的必要性后提出证据予以证明。而诉讼的对立构造则决定了应当在当事人之间分配主张责任与证明责任。主张对自己有利事实的当事人对该事实承担证明责任,是证明责任分配的一般原则;证明责任的分配并非取决于哪方当事人比较容易证明。但是在实际诉讼中,这种分配证明责任的方式会给某些案件的当事人带来困难,造成不平等。②一方面,因当事人诉讼能力的差异,可能会在特定的法律专业性场景下所进行的对话中,使一方当事人处于劣势,形成实质的不平等;另一方面,因当事人对案件信息掌握的多寡而形成的博弈原理,影响当事人采取攻击防御武器的平等性。这两方面的因素会影响以当事人辩论式对话来形成裁判资料的实效性。针对这一问题,可以强调当事人提出一定案件信息的强制性规则来加以平衡。③即特别是在证据偏向存在的案件中,会发生一方当事人在何等程度下应当协助另一方当事人进行证明的问题。

关于协助对方当事人证明事实的制度,依据诉讼的发展有很多方式,例如

---

① 姜世明:《新民事证据法论》,台湾学林文化事业有限公司2004年版,第305页。

② [德]彼得·阿伦斯、弗赖堡:《民事诉讼中无证明责任当事人的阐明义务》,载[德]米夏埃尔·施蒂尔纳:《德国民事诉讼法学文萃》,赵秀举译,中国政法大学出版社2005年版。

③ 唐力:《民事诉讼构造研究》,法律出版社2006年版,第135页。

第一章 民事诉讼证明妨碍的基本法理考究

实体法上关于保存证据的规定①、诉前证据保全②、诉讼中的证据提出义务③等等。德国有学者认为,如果某个诉讼明显即将来临,则不负证明责任的当事人有义务在可期待的范围内保存所有的、预计在诉讼中可能会有价值的证据手段。鉴于可能发生的诉讼,也存在源自于职业或者营业的实施或者源自于他人利益的实现的保全案件事实解明的义务;如果不负证明责任的当事人有过错地违反了解明义务,那么法院可以将负有证明责任的当事人所为的主张视为已经得到证明。④

从整个协助对方当事人证明事实的制度来看,民事诉讼法早就从当事人各凭本事、各自收集事实证据、无法要求对方进行协助的程序,转变为当事人一方在注意对自身有利事实证据的同时,应当尽可能对对方当事人进行协助,以达成发现真实和当事人武器平等的目的。之所以会有如此转变,是因为随着时代进步所产生的诉讼案件类型的升级变动,民事诉讼程序最初关于"当事人实力平等"的预设在某些案件中已经不复存在,因社会工业化带来的交易当事人隔离、诉讼实力悬殊导致出现事实证据偏向存在于一方的情形,越来越普遍。此外,专业性质极高的案件也层出不穷,在此类案件中如果还坚持传统的当事人对立原则,将导致证据偏向存在主宰判决结果,民事诉讼程序沦为弱肉

---

① 比如我国《公司法》第107条规定:"股东大会应当对所议事项的决定作成会议记录,主持人、出席会议的董事应当在会议记录上签名。会议记录应当与出席股东的签名册及代理出席的委托书一并保存。"同法第157条第1款规定:"公司发行公司债券应当置备公司债券存根簿。"

② 我国《民事诉讼法》第74条规定:"在证据可能灭失或者以后难以取得的情况下,当事人可以在诉讼过程中向人民法院申请保全证据,人民法院也可以主动采取保全措施。因情况紧急,在证据可能灭失或者以后难以取得的情况下,利害关系人可以在提起诉讼或者申请仲裁前向证据所在地、被申请人住所地或者对案件有管辖权的人民法院申请保全证据。证据保全的其他程序,参照适用本法第九章保全的有关规定。"我国《海事诉讼特别程序法》第63条、《商标法》第58条、《著作权法》第50条、《专利法》第67条和最高人民法院《关于审理涉及计算机网络著作权纠纷案件适用法律若干问题的解释》第8条等也有诉前证据保全的规定。

③ 最高人民法院《关于民事诉讼证据的若干规定》(以下简称《民事证据规定》)第75条规定:"有证据证明一方当事人持有证据无正当理由拒不提供,如果对方当事人主张该证据的内容不利于证据持有人,可以推定该主张成立。"

④ [德]罗尔夫·施蒂尔纳、康斯坦茨:《民事诉讼中案件事实阐明时的当事人义务——兼论证明妨碍理论》,载[德]米夏埃尔·施蒂尔纳:《德国民事诉讼法学文萃》,赵秀举译,中国政法大学出版社2005年版。

强食的工具。因此,弱势的一方当事人除了通过法院的阐明与律师的协助外,还需要从对方当事人处获得协助,才能达成实质的武器平等,也才能达成真正保障当事人证明权的目的。①

据上所论,笔者认为当事人应当协助对方当事人进行相应的证明活动,因而问题并不在于当事人是否要协助对方当事人进行证明活动,而是这种协助究竟应当达到何种程度。换言之,持有证据的当事人在何种程度内对证据具有处分自由。证明妨碍制度正是在规范当事人证明权与另一方当事人证据自由处分权之间的问题,所以笔者赞同将违反协力义务作为证明妨碍客观要件之行为要件的前提,即如果当事人违反了协力义务,便可以认定构成了证明妨碍行为。

(2)实体法协力义务与诉讼法协力义务的调和

现在法律系统的思维认为实体法与诉讼法是相互分离的,两者在法律性质、调整对象及目标上都存在根本性的差别。请求权(Anspruch)和诉(Klage)的概念分离是通过温特沙伊特(Windscheid)确认的,其观点为实体权利在先或者说是创造者,而诉讼在后或者说是被创造者,这最终改写了现代法律上流行的观点。自此之后,人们将实体法的法律状况摆在第一位,而诉讼法应当以实现该实体法律为目标。从而牢固地确立了实体主观权利与其诉讼上的实现相互分立的观念。为了将诉讼法发展成不仅是外在独立的而且也是内在独立的领域,这一分立也许是必不可少的精神基础,至少对诉讼法的这一发展产生了重要的促进作用。② 面对这样的分离主义,有学者指出实体法与程序法完全分离在实际上根本不可能实现。或者说,实体法与程序法在义务上应该是联系在一起的,必须组成一个有意义的整体。③

民事诉讼为诉讼法与实体法综合发生作用的场面,也为当事人之间诉讼行为与法律行为交错发展的过程关系。以往学者对于诉讼法上所引起的法律问题进行解决时,其解决方法大都是先分辨该法律问题是诉讼法规范所规律的问题,抑或属于实体法规范所规律的问题。从而依诉讼法的基本原则或依实体法的基本原则,在学理上进行解释说明而解决。学者在面临学理上的解

---

① [日]佐上善和:《主张责任の意义と机能》,载[日]井上治典:《これからの民事诉讼法》,日本评论社1987年版。
② [德]沃尔夫冈·策尔纳、蒂宾根:《实体法与程序法》,载[德]米夏埃尔·施蒂尔纳:《德国民事诉讼法学文萃》,赵秀举译,中国政法大学出版社2005年版。
③ 姜世明:《诉讼法与实体法之关系》,载《台湾本土法学杂志》2006年第12期。

第一章 民事诉讼证明妨碍的基本法理考究

决途径方法时,对于横跨诉讼法领域及实体法领域的中间地域的法律问题,在理论选择的态度上,势必产生究竟如何看待诉讼法与实体法两者之间的比重关系,这是学者所谓诉讼观的问题。早期的学者,大都将诉讼上的法律问题,专以实体法性质视之,以实体法原理进行解释说明,此种态度方法,称为实体法一元观。强调诉讼法独立性,将诉讼法与实体法视为对立关系,对于诉讼上的问题处理,专以诉讼法原理原则进行解释说明的方法,称为诉讼法一元观。既不采实体法一元观,也不采诉讼法一元观,将诉讼上的问题同时以实体法及诉讼法的观点进行解释说明的研究方法,称为实体法诉讼法二元观。①

基于实体法诉讼法二元观,协力义务包括实体法上协力义务与诉讼法上协力义务。实体法上协力义务(例如情报请求权)②与诉讼法上协力义务(例如文书提出义务)皆服膺于同样的法律思想,即尽可能地以发现案件真实实现当事人实体权利的保护。单凭实体法上协力义务或者诉讼法上协力义务都无法实现证据材料完整保存并呈现的目的。立法者之所以对实体法上协力义务予以规定,正是因为观察到在某些类型的民事活动中所形成的信息资料对于以后可能发生的纠纷或诉讼具有至关重要的作用。如果该信息资料不制作、不保存、不提交,会使得之后可能发生的纠纷或诉讼中的关键事实无法得到证明,以至于会影响到某些类型民事活动的良性发展。如此一来,相关人员便负有制作、保存、提交相关信息资料的协力义务。以医疗诉讼为例,在医疗诉讼中,患者往往需要证明医院的过错以及行为与损害之间的因果关系等。但是患者通常不具专业知识,或者即便具有专业知识,相关资料也是由医院掌握,当事人不易接近取得。证据偏向存在与专业能力悬殊的情形造成当事人实质上武器不平等,进而使得法院无法达成其尽可能发现真实的目标,当事人也无

---

① 陈荣宗、林庆苗:《民事诉讼法》,台湾三民书局2005年版,第77页。
② 实体法上协力义务最重要的是实体法上情报请求权即诉讼前的情报请求权。在德国,非但在其民法、商法等民事实体法中有不少关于情报请求权的规定,在若干特别法,例如环境责任法,也为了适当弭平污染者与被害者之间情报掌握能力的差距而创设若干新制;另于其实务上也肯认若干为调整双方当事人证据法上地位的不平等而赋予非负证明责任一方当事人的资讯提供义务,足见情报请求权于民事证据法有其特殊意义。实体法上情报请求权所具备的证据开示特性,让其与诉讼法上协力义务相互承继、相互补充和相互作用。简言之,在实体法上负有情报请求义务的当事人,同时负有作成及保存该情报的义务;如果因故意或过失未作成及保存,致使对方当事人无从接近使用该证据的,可以依据证明妨碍制度给予制裁。参见姜世明:《举证责任与真实义务》,台湾新学林出版股份有限公司2006年版,第187页。

从通过真实的发现得到权利保护。为了解决上述问题,在实体法上通过《侵权责任法》的规定①,课予医院方相关病历资料的制作、保存与提供义务,而在诉讼法上则可以依据最高人民法院《关于民事诉讼证据的若干规定》(以下简称《民事证据规定》)第75条的规定②命令医院方提出相关证据资料。

既然实体法协力义务与诉讼法上协力义务具有共通的法理基础与价值判断,意欲达成相同的目标,那么诉讼法上的协力义务通过要件的设定,应当可以兼顾实体法上的价值判断与诉讼法目标的达成。学界一般认为诉讼法上协力义务的基础便是案件事实解明义务。③ 案件事实解明义务理论由德国学者施蒂尔纳(Stürner)教授提出,并由日本筑波大学春日伟知郎先生最先介绍到日本。该学说主张,按照传统的法律要件分类说承担证明责任的当事人因证据偏向存在不能解明案件事实时,基于一定的要件,课以相对方承担案件事实解明义务,并在其违反该义务时给予一定的制裁。当事人要求相对方解明案件事实时应当符合下列要件:其一,提供明确自己的权利主张有合理性基础的线索;其二,自己在客观上处于无法解明案件事实的状态;其三,该要求不存在不合理的可能性;其四,对方处于容易解明案件事实的地位且具有期待可能性。④ 笔者拟从其中"期待可能性"的要件略论实体法协力义务与诉讼法协力义务的相互调整。

简言之,期待可能性是有关在何时可期待当事人解明案件事实的问题。首先,虽然有学者认为在可认识到诉讼将被提起时,当事人就其所持有的相关证据方法,无论对其有利或不利,均应予以保存。⑤ 但是笔者认为,该诉讼迫

---

① 我国《侵权责任法》第61条规定:"医疗机构及其医务人员应当按照规定填写并妥善保管住院志、医嘱单、检验报告、手术及麻醉记录、病理资料、护理记录、医疗费用等病历资料。患者要求查阅、复制前款规定的病历资料的,医疗机构应当提供。"

② 我国最高人民法院《民事证据规定》第75条规定:"有证据证明一方当事人持有证据无正当理由拒不提供,如果对方当事人主张该证据的内容不利于证据持有人,可以推定该主张成立。"

③ [日]春日伟知郎:《民事证据法研究——证据の収集・提出と証明责任》,有斐阁1991年版,第243页。

④ [日]椎桥邦雄:《日本民事诉讼裁判资料收集程序之发展》,载陈刚、廖永安主编:《移植与创新:混合法制下的民事诉讼——首届东北亚民事诉讼法制国际研讨会文集》,中国法制出版社2005年版。

⑤ 黄国昌:《证明妨碍法理之再检讨——以美国法之发展为借镜》,载《法学丛刊》2005年第4期。

近的保存义务仍然应当因案件类型和法律规定有所不同而不同。在具备证据偏向存在的诉讼类型中,应当认为当事人在诉讼迫近时对证据有保存义务;如果对方当事人在诉讼中申请法院命令其提出,应当可期待其提出。此外,在诉讼尚未迫近时,当事人并不负有所谓诉讼法上的协力义务,而是依据实体法的相关规定或者诚实信用原则负有实体法上的协力义务,特别是证据保存义务,比如前述我国《公司法》和《侵权责任法》的规定。此种协力义务或由实体法明文规定其义务时限,或经由法院依据诚实信用原则推导出义务应存续的时限,在此时限内当事人是被期待保存相关证据。如果在诉讼迫近时未逾该保存期限,那么实体法上协力义务发生转换效果而变为诉讼法上协力义务。如果该保存期限已过且无从预见诉讼将被提起,保存该证据的当事人本有权将其销毁;如果日后发生纷争,也应认为即使该证据与待证事实有关且法院认为有必要,当事人也不具有提出的期待可能性,不得令其提出,也不得因其销毁而施加证明妨碍的制裁,否则实体法与诉讼法的价值判断将产生矛盾。

(三)结果要件

证明妨碍规则设立的目的就是为了处理由于当事人的证明妨碍行为而导致案件事实无法查明时的情况。如果案件事实没有受到妨碍行为的影响,并未陷入真伪不明的状态,也就没有适用证明妨碍规则的必要。① 因此,当事人的证明妨碍行为造成对方当事人证明不能或证明困难而使案件事实无法查明,陷入真伪不明时,才能成立证明妨碍,这便是证明妨碍的结果要件。亦即,在证明妨碍的构成要件上不仅应当有当事人的证明妨碍行为,还应当因此产生证明不能或证明困难的情况。所谓证明不能(Unmöglichkeit des Beweises),是指证据已经终局无法再有提出的可能,比如文件已经被销毁。所谓证明困难(Erschweren des Beweises),是指当事人因为对方当事人的行为造成必须付出较多心力才能举证证明于其有利的事实,比如对方当事人拒不说明某为其所知悉的证人的姓名,导致当事人就此进行调查具有显著困难。两者虽然在理论上似可区分,但是因为实际上难以确定其界限,所以法律评价上并不作区别。②

---

① 汤维建、许尚豪:《建立举证妨碍制度,完善证据立法》,载何家弘主编:《证据学论坛》(第8卷),中国检察出版社2004年版。
② 姜世明:《新民事证据法论》,台湾学林文化事业有限公司2004年版,第291页。

1. 学界关于结果要件的认识

学界关于证明妨碍结果要件的认识,有学者认为必须因义务违反而发生要件事实解明不能。① 有学者在证明妨碍的定义中明确指出因对方当事人的作为或不作为使自己主张的事实所必要的证据方法的收集,变得困难或不可能,进而导致证明失败,称为证明妨碍。② 有学者认为必须当事人一方将该诉讼唯一的证据灭失,导致双方当事人就有争执的待证事实无证据可用,形成待证事实存否不明的状态。③ 有学者从德国法关于证明妨碍的定义出发,认为证明妨碍指若无该证明妨碍行为,事实的澄清原属可能。④ 有学者认为为避免证明妨碍行为造成事实解明不能或困难,使做出其原因者负责始合乎公平的要求。⑤ 有学者认为以妨碍者享受事实证明不可能的状态为证明妨碍的要件。⑥ 从以上学者的分析来看,似可认为通说是采用案件事实达到证明不能的程度才构成证明妨碍的见解。

2. 实务见解

在我国台湾地区新竹地方法院 2001 年度诉字第 515 号民事判决一案中,原告提起请求撤销股东会决议之诉,双方就原告有无于系争股东会议中就决议方法提出异议有所争执,以当庭勘验股东会议开会录影带作为证据方法。原告认为被告依据《公开发行公司股东会议事规范》第 7 条,对开会录影带有作成及保存义务,但是被告所提出的录影带并未全程录影,而且有切换、遮挡镜头,中途停电的情形,有加以变造或故意未将原告的异议过程进行录影的情况存在,违反上述的作成及保存义务,其行为应属证明妨碍。对此,被告予以否认。

法院经查明认为:"查被告公司业就系争股东会之开会实况进行录影,而

---

① [日]春日伟知郎:《民事证据法研究——证据の收集·提出と证明责任》,有斐阁 1991 年版,第 208 页。

② [日]渡边武文:《证据に关する当事者行为の规律——证明妨害、违法收集证据の证据能力を中心として》,载[日]新堂幸司主编:《讲座民事诉讼 5:证据》,弘文堂 1983 年版。

③ 陈荣宗、林庆苗:《民事诉讼法》,台湾三民书局 2005 年版,第 491 页。

④ 姜世明:《新民事证据法论》,台湾学林文化事业有限公司 2004 年版,第 281 页。

⑤ 许士宦:《证据收集与纷争解决》,台湾新学林出版股份有限公司 2005 年版,第 213 页。

⑥ 骆永家:《证明妨碍》,载《月旦法学杂志》2001 年第 2 期。

录影带之始系由司仪宣读应到及实到人数,并请主席依法宣布开会。其后录音带出现之声音,与被告公司提出之开会文字记录记载之内容相符等情,业经本院会同两造当庭勘验属实。虽前开录影带显现录影过程中有一度画面中断及转换之情形,惟被告辩称此系录影带没电因而有部份少录制之镜头等情,虽原告主张被告就前开录影带有加以变造或故意未将原告之异议过程为录影云云,惟此为被告所否认,原告就此亦未举证以为证明,则亦无证据证明被告有故意将前开开会录影带为灭失、隐匿或致碍难使用之行为;且基于前开证人彭某某、廖某某之证述,亦无从即认原告就此部份应证之提出异议事实为真实……且查出席股东有无于股东会议提出异议,开会录影带固可为判断之依据,惟因系争股东会议出席之股东甚多,甚至有德安创投等法人股东出席,苟原告确有提出异议,应可轻易举证证明,亦即被告并无以漏取部份录影镜头方式,而可构成证明妨碍之行为,从而原告此部份之主张亦不足採。"

从法院判决的分析可以看出,虽然该开会录影带有漏取镜头导致原告无法使用录影带作为证据,但是尚有其他证据可供使用。而且现场出席者众多,应当较为容易便可寻得证人加以证明;从而录影带的漏取镜头并未造成案件事实证明不能或证明困难的状态,所以法院并不认为属于证明妨碍行为。换言之,该法院判决也采用达到案件事实证明不能或证明困难的状态才构成证明妨碍的见解。

3. 笔者见解——私法和公法效果领域的二元化分析

在私法效果领域即事实认定领域,欲成立证明妨碍,仅仅导致该证据无法使用尚不足够,应当达到待证事实证明不能或证明困难的程度,才能构成证明妨碍。① 即使一方当事人的行为导致证据无法使用,但是尚有其他证据可以证明待证事实时,法院应当综合其他证据调查的结果,判断待证事实的真伪。如果就其他证据调查的结果,已经足以认为当事人所主张的事实为真实,即无须根据证明妨碍的规则予以拟制真实;如果调查其他证据已经足以认为当事人主张的事实不存在的,也不可仅仅因为对方当事人有使某证据陷于无法使用的行为,而反于其他证据调查的结果而反认主张的事实存在。

上述关于证明妨碍结果要件的探讨是局限于私法效果领域。在私法效果领域,当依据其他替代证据有证明待证事实可能时,就无须应用证明妨碍规则

----

① 包冰锋:《民事诉讼证明妨碍制度的法理基础》,载《南通大学学报》(社会科学版)2011年第2期。

认定事实。但是,在公法效果领域,只要当事人实施了毁灭、拒不提供证据等行为,就构成了证明妨碍行为,就可以对其处以罚款、拘留等公法上的强制措施。① 不能因为有其他替代证据可以证明待证事实,就不对当事人实施的毁灭、拒不提供证据等行为进行处罚。

(四)因果关系要件

1.因果关系的界定

原因和结果是唯物辩证法的一对基本范畴。这对范畴以及因果关系概念反映的是事物、现象之间的相互联系、相互制约的普遍形式之一。无论是在自然界,还是在人类社会中,处在普遍联系、相互制约中的任何一种现象的出现,都是由某种或某些现象所引起的,而这种或这些现象的出现又会进一步引起另外一种或一些现象的产生。在这里,引起某一现象产生的现象叫原因,而被某些现象所引起的现象叫结果。客观现象之间的这种引起和被引起的关系,就是事物的因果关系。② 证明妨碍构成中的因果关系要件,就是证明妨碍中的因果关系。证明妨碍中的因果关系指的是证明妨碍行为作为原因,待证事实证明不能或证明困难的状态作为结果,在它们之间存在的前者引起后者,后者被前者所引起的客观联系。因果关系反映了证明妨碍行为与待证事实证明不能或证明困难的状态两者之间的联系,是构成证明妨碍的关键因素。

2.因果关系的判断

在认定证明妨碍构成要件所涉及的因果关系时,首先应当查明行为人是否存在应负的证明协力义务,行为人是否存在证明妨碍行为。如果行为人不负相应的协力义务,那么行为人便没有必要将对己不利的证据提交给法院。此时,即使没有证明妨碍行为,当事人陷入证明困境的情形仍然会发生。因此,如果实体法或程序法上有证据保存义务或证据提交义务的相关规定,那么当事人违反该规定毁损、隐匿证据的,即可以适用证明妨碍的规定;如果证据保存义务期间届满后当事人销毁证据的,那么这属于当事人自由处分的范围,不应适用证明妨碍的规定,亦无须进入因果关系有无的判断;如果当事人可以预见即将发生诉讼,那么其便负有保存相关证据资料的义务,此时毁损、隐匿证据便构成了证明妨碍行为。

---

① 包冰锋:《多元化适用:证明妨碍法律效果的选择路径》,载《现代法学》2011年第5期。

② 杨立新:《侵权责任法》,法律出版社2010年版,第76页。

其次,应当查明待证事实是否已经达到证明不能或证明困难的状态。否则,即使行为人实施了妨碍证明的行为,只要该行为未导致上述结果的发生或被妨碍者运用其他证据证明了待证事实,都不构成法律意义上的证明妨碍,自然也无须进一步判断因果关系的存否。比如,在上海市黄浦区人民法院借条被吞案①中,虽然借条已经被韦某毁损,但是由于案卷中还有其复印件,所以经过原被告双方质证,法院可以认可借条复印件的效力。从这层意义上而言,该案并未陷入案件事实无法证明的境地。从而,法院无须通过《民事证据规定》第75条的规定推定原告关于证据内容的主张成立。换言之,在该案中,虽然被告代理人试图实施具体的证明妨碍行为,但是最终未达到预期的目的,法院认为其依据借条复印件已经查清事实,依旧可以作出对举证人有利的裁判。所以,在该案中,法院最终是依据借条复印件来认定案件事实,而并非根据被告代理人实施了证明妨碍行为来推定原告主张的事实成立,两者之间毕竟存有差别。因为推定表现为法院对案件事实的一种拟制判断,并非确认。以推定形式对案件事实进行判断,在程序上已经留给对方当事人提出反证的机会。而该案是直接认定案件事实,并非推定得之。

最后,应当查明证明妨碍行为与待证事实证明不能或证明困难的状态是否存在因果关系。如果待证事实证明不能或证明困难的状态不是因为先前的证明妨碍行为,而是由于被妨碍者自身原因或其他原因造成的,就不能构成证明妨碍。同时,证明妨碍行为必须是造成待证事实证明不能或证明困难的充分必要的原因。换言之,证明妨碍行为有致使待证事实证明不能或证明困难

---

① 2009年7月29日上午,上海市黄浦区人民法院正在审理一起民间借贷案件,这起案件的关键证据是一张借条。庭审刚刚开始,法官正在进行证据核实,此时坐在被告席上一名女士突然站起,一把抢过法官手中的借条。法官马上起身喝止,该女士背转身,将借条操作一团之后吞下。这起案件的原告是邬某,吞下借条的女士是被告高建平的代理人韦某。韦某是被告高建平的前妻,邬某是高建平后来的女友,之所以有这场官司,是因为邬某要和高建平分手,希望高建平返还借款和首饰。证据就是被吞下的借条。借条原件已经被韦某毁灭,无法还原。法官通过查阅审理案卷中的复印件,查明借条内容为:"2008年3月份借3万2千元整,黄金项链一条,鸡心挂件一个。2008年5月,高建平。"之后,法院重新开庭审理该案。虽然借条已经无法还原,但是案卷中还有其复印件,经过原被告双方质证,法院认可借条复印件的效力,并作出一审判决。判决结果支持原告邬某的诉讼请求,判决被告高建平归还32000元。关于项链和挂件,因借条中未表明价值,法院在该案中未做判决。该案曾经被中央电视台《经济与法》2010年1月21日节目《被吃掉的借条》和《今日说法》2010年7月1日节目《冲动的惩罚》所报道。

的充分的客观可能性,而待证事实证明不能或证明困难应当是证明妨碍行为合乎逻辑的最为可能的结果。①

第三节 民事诉讼证明妨碍的法律效果

美国法学家博登海默说道:"一个法律制度,如果没有可强制实施的惩罚手段,就会被证明无力限制非合作的、反社会的和犯罪的因素,从而也就不能实现其在社会中维持秩序与正义的基本职能。"在这个意义上,没有强制力、没有制裁效果的法律就是"一把不燃烧的火,一缕不发亮的光"。② 因此,为了维护正常的诉讼秩序,法律必须对证明妨碍的行为施加一定的制裁法律效果。证明妨碍法律效果的选择实与证明妨碍的法理基础息息相关。为了实现确保当事人的司法保障请求权,当事人应当有机会在民事诉讼程序中确定案件事实为何。而民事诉讼程序原则上是依循辩论主义进行,那么当事人应当享有公平接近、使用证据的机会。因而,当事人或第三人不得以毁弃、灭失、隐匿证据等方式,侵害对方当事人的证明权以致其应享有的司法保障请求权无法获得实现。如果当事人或第三人果真实施了证明妨碍行为,那么应当课以何种法律效果以保障对方当事人的司法保障请求权,是证明妨碍法律效果的最根本问题。

民事诉讼中的证明妨碍行为导致案件事实无法查明,这不但侵害了当事人的实体利益和程序利益,也严重扰乱了诉讼程序的正常进行。因此,诸多国家均对实施证明妨碍的行为人课以不利的法律效果以示惩戒。此外,证明妨碍理论发展至今,学界也出现了关于证明妨碍法律效果的各种学说。也正因为法律效果是构建证明妨碍规则的关键环节,所以学者之间对此问题向有争执,众说纷纭。诉讼实务操作的多样化和诉讼理论见解的不统一导致关于证明妨碍法律效果的讨论由一元化走向多元化。换言之,证明妨碍法律效果的弹性化与类型化是日后发展的重要方向。

---

① 汤维建、许尚豪:《建立举证妨碍制度,完善证据立法》,载何家弘主编:《证据学论坛》(第8卷),中国检察出版社2004年版。

② [美]E.博登海默:《法理学、法律哲学与法律方法》,邓正来译,中国政法大学出版社1999年版,第344页。

第一章 民事诉讼证明妨碍的基本法理考究

一、证明妨碍法律效果各学说之考察

(一)证明责任转换说

1.学说概览

证明责任转换说,也有学者称之为证明责任倒置说。① 有学者认为,"民事诉讼中证明责任的倒置有其特定的含义,是指按照法律要件分类说在双方当事人之间分配证明责任后,对依此分配结果原本应当由一方当事人对某法律要件事实存在负证明责任,转由另一方当事人就不存在该事实负证明责任"②。但是,目前国内学者对于证明责任倒置这一说法争议颇大③,而且德国、日本和我国台湾地区等大陆法系国家或地区基本不采用证明责任倒置的说法。因此,笔者采用证明责任转换说的用语。

证明责任转换说认为,有证明妨碍的情况发生时,应当将举证者所主张的事实的证明责任转换于妨碍者;将证明责任转换于妨碍者,妨碍者即有受败诉判决的危险,借此可以防止证明妨碍的情况发生。④ 其立论的依据,有基于期待可能性衡量者,有基于刑罚的考虑观点的,有以损害赔偿请求权作为立论基础的,也有以危险领域说作为理由的。但持不同意见者认为,如果采用证明责任转换说,则显然缺乏弹性,基于故意与过失行为在效果上等同视之,似有失衡与不妥。尤其采用此见解,一般将导致不负证明责任的一方当事人败诉,实应持较为谨慎的态度。而且德国法明文规定的文书证明的妨碍在效果上也似不如此见解般的强烈取向。⑤

从历史演进来看,证明妨碍的法律效果首先被提出者即为证明责任的转

---

① 张卫平:《证明妨害及对策探讨》,载何家弘主编:《证据学论坛》(第7卷),中国检察出版社2004年版。
② 李浩:《民事证明责任研究》,法律出版社2003年版,第164页。
③ 比如陈刚教授认为,究竟哪位学者首先将证明责任倒置一词引入我国,在今天实属一个难以考证的课题。事实证明,国内似乎有许多学者并没有彻底掌握证明责任倒置的贴切含义。我国诉讼法学界至今未就证明责任分配的"正置"理论达成共识。从逻辑上说,在没有确定"正置"的前提下,自然无从言及"倒置"。理论界在尚未确定证明责任分配标准"正置"的理论上热火朝天地谈论证明责任倒置,这纯属一种学术上的失误或不负责任的表现。参见陈刚:《证明责任法研究》,中国人民大学出版社2000年版,第244~248页。
④ 骆永家:《证明妨碍》,载《月旦法学杂志》2001年第2期。
⑤ 姜世明:《新民事证据法论》,台湾学林文化事业有限公司2004年版,第296页。

换,其目的是想通过证明责任转换的方式达到回复原状或者回复到证据没有被毁损、灭失的情形的效果。而且对实施证明妨碍的行为人课以证明责任转换的效果也可以达到制裁的效果,毕竟举证之所在往往是胜败之所在。其后,证明责任转换被批评为僵化的做法,可能给予受妨碍者超过其未受妨碍时的利益,而且在诉讼中转换证明责任,有害于程序的安定。从而学说转向以自由心证或降低证明标准作为证明妨碍的法律效果,但是这并非意味着证明责任转换从此不再作为证明妨碍法律效果的选择,而是应该讨论其于何种情形下可以适用。

2. 客观证明责任的转换

此外,证明责任的转换究竟是指客观证明责任的转换还是主观证明责任的转换,学界存有争议。从多数学者的论述中可以得知证明责任转换是指客观证明责任的转换。①

(1)德国

值得一提的是,德国 1977 年 7 月 1 日通过生效的《民事诉讼法》,虽然未就证明妨碍设置通则性规定,但是在其委员会的报告(Kommissionsbericht)中,对德国《民事诉讼法》第 286 条提出修订意见为:"(第 1 款)法院应当考虑言词辩论的全部内容以及已有的调查证据的结果,经过自由心证,以判断事实上的主张是否可以认为真实。(第 2 款)如果一方当事人不能举证,是因为他方当事人隐匿、剥夺或致令不堪使用的,第一款规定适用之。(第 3 款)如果对方当事人可归责违反就证据方法予以提出、供使用、予以取得,或其他就其可使用性不得侵害的义务的,则法院可以转换证明责任。"②从该规定可以看出,修正草案是主张如果属于可归责违反协力义务类型,那么可以依据转换客观证明责任作为证明妨碍的法律效果,将真伪不明的败诉危险归由实施证明妨碍的行为人负担。但是该规定并没有被立法者所采纳,所以并未成为明文立法。③

(2)日本

日本学界有学者认为证明妨碍属于法院自由心证的问题,而自由心证属

---

① [日]渡边武文:《証拠に関する当事者行為の規律——証明妨害、違法収集証拠の証拠能力を中心として》,载新堂幸司主编:《讲座民事诉讼 5 证据》,弘文堂 1983 年版。
② 姜世明:《新民事证据法论》,台湾学林文化事业有限公司 2004 年版,第 294 页。
③ [日]春日伟知郎:《民事証拠法研究——証拠の収集・提出と証明責任》,有斐阁 1991 年版,第 216~217 页。

于对于当事人态度的评价问题,因为故意的证明妨碍是属于诚实信用原则的违背,是关于事实的自由心证领域的问题,应当理解为遇有证明妨碍情形时其证明责任的转换是属于提供证据责任,即主观证明责任的转换。① 另外,也有学者从日本《民事诉讼法》第 224 条有关"法院可以认定对方当事人所主张的关于该文书的记载为真实"的规定出发,并基于客观证明责任在诉讼中发生转换会导致程序不安定,认为发生转换的证明责任是属于提供证据责任,即主观证明责任。②

(3)我国台湾地区

我国台湾地区"民事诉讼法"第 277 条于 2000 年修正为:"当事人主张有利于己之事实者,就其事实有举证之责任。但法律别有规定,或依其情形显失公平者,不在此限。"修正理由认为:"在当事人主张之事实真伪不明时,应如何定举证责任之分配,对诉讼之胜败,攸关甚钜。夷考德、日等国之民法及民事诉讼法均未就举证责任直接设有概括性或通则性之一般规定,通常均委由学说、判例而为补充。我国现行法就举证责任之分配,于本条设有原则性之概括规定,在适用上固有标准可循。惟关于举证责任之分配情形繁杂,仅设原则性规定,未能解决一切举证责任之分配问题,于具体事件之适用上,自难免发生困难,故最高法院于判例中,即曾依诚信原则定举证责任之分配。尤以关于公害事件、交通事故、商品制作人责任、医疗纠纷等事件之处理,如严守本条所定之原则,难免产生不公平之结果,使被害人无从获得应有之救济,有违正义原则,爰于原条文之下增订但书,规定'但法律别有规定,或依其情形显失公平者,不在此限',以资因应。"③就证明责任分配的一般原则而言,我国台湾地区以法律要件分类说为通说,④而台湾地区"民事诉讼法"第 277 条但书可谓明文授与法院可以依其自由裁量转换证明责任的分配以求个案的公平。这里规定的证明责任即为客观意义的证明责任。在这里需要进一步探讨的是,在民事诉讼中发生证明妨碍的情形,可否适用"民事诉讼法"第 277 条但书的规定。有学者认为,可以依据危险领域理论,而将证明妨碍归类于可以适用证明责任

---

① [日]村上博巳:《民事裁判における证明责任》,有斐阁 1991 年版,第 178 页。
② [日]小林秀之:《证据法》,弘文堂 1990 年版,第 123 页。
③ 许士宦:《分科六法——民事诉讼法》,台湾新学林出版股份有限公司 2005 年版,第 327 页。
④ 骆永家:《民事举证责任论》,台湾商务印书馆 1981 年版,第 84~85 页。

转换的类型,但是这属于证明责任分配的例外情形,尚待实务予以类型化。①有学者认为,依据"民事诉讼法"第 277 条但书的修正理由,因证明妨碍行为导致依据原先标准分配证明责任属于显失公平时,自可进行证明责任转换。②

(二)自由心证说

1. 自由心证说对证明责任转换说的批判

从历史沿革来看,关于证明妨碍法律效果讨论始于证明责任的转换。但是,主张自由心证说的学者认为将证明责任的转换作为证明妨碍的法律效果至少有下述缺点:其一,承认在诉讼程序中可以转换证明责任将导致诉讼程序不安定;其二,不尽可能就相反事实的存在进行举证,仅仅以与其他证据无关的证明妨碍的存否来决定,过于形式;其三,不问过错轻重,一律课予证明责任转换的效果不当;其四,一律转换证明责任可能使因证明妨碍而遭受不利益的当事人获得超过限度的利益。③ 质言之,操作僵化是证明责任转换说被批判的最主要原因。证明责任转换说存在的诸多缺点为自由心证说的发展提供了空间。

2. 自由心证说的主要观点

自由心证说认为,发生证明妨碍的情形时,法院可以认定举证人的主张为真实。但是如果有其他证据方法存在,而妨碍者申请证据调查时,法院应当依据一般原则进行证据调查。而法院根据调查证据的结果及全辩论意旨,依自由心证,认为举证人的主张不真实的,应当认定为不真实。④ 相较于证明责任转换说承认证明责任分配中的法官自由裁量权,自由心证说认为,证明责任的分配是预先通过法条的规定早于当事人起诉之前即已确立。证明责任并不因具体诉讼中所产生的证明困难或证据方法的偏向存在而有所变动。具体而言,相较于证明责任转换说,自由心证说有以下观点:

其一,因证明妨碍的问题大多发生于诉讼进行过程中,如果依据证明责任转换说,将导致证明责任在诉讼进行的过程中发生变动,造成诉讼程序的不安定。就证明妨碍的构成要件而言,究竟原本负担证明责任的当事人因对方当

---

① 姜世明:《新民事证据法论》,台湾学林文化事业有限公司 2004 年版,第 307~308 页。
② 许士宦:《证据收集与纷争解决》,台湾新学林出版股份有限公司 2005 年版,第 222 页。
③ [日]渡边武文:《証拠に関する当事者行为の规律——证明妨害、违法收集证据の证据能力を中心として》,载新堂幸司主编:《讲座民事诉讼 5 证据》,弘文堂 1983 年版。
④ 骆永家:《证明妨碍》,载《月旦法学杂志》2001 年第 2 期。

事人证明妨碍的行为而陷入多大的证明困难？因该等证明困难是否造成其无法进行证明？以上事实本身均相当难以证明。由此可知，以"陷于证明困难"为标准而决定证明责任转换与否，实在无法保证法院决定证明责任分配标准的明确性与法律适用的安定性。相对于此，自由心证说本于事实审言词辩论终结时，由法官综合全案证据调查的结果与全辩论意旨而进行最终决定评价，所以判决的结论并不僵化而有助于实现个案正义。

其二，依据证明责任转换说，如果实施证明妨碍的当事人无法使法官就系争要件的相反事实形成确信，法院即可认定要件事实存在并依此进行裁判。仅仅因为发生证明妨碍的行为而一律使证明责任发生转换，毫不考虑如果不存在证明妨碍行为法官是否依旧无法对要件事实的存在形成确信，此等立论似乎需要再作讨论。事实上，证明责任转换说此等过于形式化的做法，就裁判结果而言确有不当。相对于证明责任转换说，自由心证说即可灵活因应具体个案多变的状况，有助于实现个案的正义。

其三，证明责任转换说不区分故意或过失，一律使证明责任发生转换，此等机械化的做法也有欠妥当。依据自由心证说，不仅可以区分当事人主观的状态而进行弹性处理，更可细化过失的种类，针对重大过失、轻过失等不同类型而赋予不同的法律效果。①

(三)证明标准降低说

德国将民事诉讼的证明标准设定为确信真实或高度盖然性的标准，由于设定较高的证明标准，以至于在司法实践中经常出现无法实现立法主旨、具体的正义以及适用法规范目的的情形。因此，有必要依据纠纷的类型和具体案件的不同，为实现立法的目的和具体的正义在特定情形下降低证明标准、减轻证明责任。在德国民事诉讼中，有关表见证明的判例和理论基础应运而生。受德国理论的影响，日本也发展出"大致推定"的理论以实现减轻当事人证明负担的目的。

1. 德国

具体至证明妨碍领域，在一方当事人就对方当事人证明事实所需的证据实施证明妨碍行为时，对方当事人因无法接近、使用该证据，往往发生无从使法院就自己所主张的事实形成确信心证的情况，进而导致其败诉。因此，有学

---

① [德]ペーター・アーレンス:《トイツ民事訴訟の理論と実務》，松本博之、吉野正三郎编译，信山社1991年版，第51页。

者倡议将证明标准降低作为证明妨碍的法律效果,在降低程度的选择上则须考量证明妨碍行为人的主观可归责性。① 提出证明标准降低的想法主要也是着眼于如果一律以证明责任转换作为证明妨碍的效果不具备弹性及过于僵化,并且在证明责任转换反而侵害当事人之间的公平时,证明标准的降低可以满足这种情形。德国学界有少数持证明标准降低说的学者将自由心证理解为依据自由裁量的证明标准的确定,并以优越概然性作为其认定事实的证明标准。② 德国学者 Baumgärtel 则主张证明标准的分层(Abstufung des Beweismaβes)理论,其认为主张自由心证说的,不免会赋予法院必要的裁量空间,以便在不同个案中作适当的选择。但是为了保全可预测性的原则,仍然应当寻找若干标准定其分界。此等标准的认定当自可归责性程度出发。详言之,对于故意的证明妨碍行为,法院基本上可以将负证明责任的当事人所主张的事实认定为真实,即可以将故意的证明妨碍行为作为拟制举证者主张事实为真实的凭证。对于重大过失的证明妨碍行为,法院根据低度概然性(eine geringe Wahrscheinlichkeit)的证明标准即可认定当事人所主张的事实为真实。对于轻过失的证明妨碍行为,法院根据优越盖然性(eine überwiegende Wahrscheinlichkeit)的证明标准即可认定当事人所主张的事实为真实。除了上述原则外,仍然可能存在其他例外情形。于该等情形,即使将证明标准降低至低度概然性于当事人仍属不公时,也可能有转换证明责任的必要。例如,当医生违反了文书保管义务时,因该等文书的制作、保存、提出均由医生控制,而并非患者所能影响,所以有必要将转换证明责任作为证明妨碍的法律效果。但其认为此等例外类型,仍须由实务学说建立类型,以确保法治国法律安定性原则的要求。③

2. 日本

受德国学者 Baumgärtel 的影响,日本学者伊藤真认为,从与当事人证明活动相关的事实出发,推导出转换证明责任作为证明妨碍的法律效果甚为困难。毋宁认为,一般而言,由于证明妨碍行为使得证据调查不可能,所以如果法院即便基于负证明责任当事人的举证行为不能形成有关事实的内心确信时,也

---

① [日]渡边武文:《証拠に関する当事者行為の規律——証明妨害、違法収集証拠の証拠能力を中心として》,载新堂幸司主编:《讲座民事诉讼5証拠》,弘文堂1983年版。
② 姜世明:《新民事证据法论》,台湾学林文化事业有限公司2004年版,第297页。
③ 姜世明:《新民事证据法论》,台湾学林文化事业有限公司2004年版,第297~298页。

可以以较低的心证度认定该事实。因而,应当考虑将降低证明标准作为证明妨碍的法律效果。其同时认为,与转换证明责任不同的是,证明主题即便是间接事实与辅助事实①,也能产生降低证明标准的法律效果。②

学者加藤新太郎认为,之所以提出降低证明标准的构想,最初主要是为了克服现实民事诉讼中因证据偏向存在或案情性质而产生的证明困难,此种证明困难与通说采取"无合理怀疑的确信"作为原则上的证明标准相结合,有时反而造成当事人实体法上权利无从实现的不当判决。详言之,证明标准成了因案件证据偏向存在产生不公平和阻碍案件真实发现的帮凶。为了实体法适用前提而进行的事实认定程序依据原则证明标准的要求,却招来抹杀实体法旨趣的违反实体正义的结果和忽略当事人实质平等的违反程序正义的结果。因而,基于实体正义与程序正义,应当认为于适当情形可以降低证明标准。③加藤新太郎进而尝试就证明标准降低所需的要件进行论述,其认为证明标准降低的容许要件应以必要性、相当性、补充性为基础,具体言之应当具备以下要件:(1)事实的证明有性质上的困难;(2)证明困难所产生的结果依据实体法规范目的旨趣会出现显著的不正义;(3)原则的证明标准并无等价值证明的替代方案。符合以上要件时,法律效果原则上应将证明标准降低至相当于"证据优越"的程度。④

---

① 主要事实,也称为法律要件事实,是判断权利产生、变更和消灭等法律效果所直接必要的事实。间接事实是能够借助日常经验法则和逻辑规则推断主要事实是否存在的事实。辅助事实,是指能够明确证据的证据能力和证明力的事实。间接事实虽然不是主要事实,但是经由间接事实的认定可以推断主要事实是否存在,因此间接事实与辅助事实一样,都发挥着证据资料的作用,都属于证明的对象。例如,消费者起诉啤酒生产厂家,要求其赔偿因啤酒瓶爆炸而导致的人身损害。在该案中,"啤酒瓶自行爆炸的事实"为主要事实;"素有酒量的原告当天并未大量饮酒,且身体和精神状态良好的事实"为间接事实,该间接事实意欲表明原告于案发时神志清醒,因此可以排除啤酒爆炸的人为因素,从而推断主要事实的存在;而"原告提供的证人是其亲戚的事实"属于明确证人证言证明力的辅助事实。参见许可:《民事审判方法——要件事实引论》,法律出版社2009年版,第32页。

② 占善刚:《证明妨害论——以德国法为中心的考察》,载《中国法学》2010年第3期。

③ [日]加藤新太郎:《証明度減軽の法理》,载《木川统一郎博士古稀祝贺论文集——民事裁判の充実と促進(中卷)》,判例タイムズ社1994年版。

④ [日]加藤新太郎:《証明度減軽の法理》,载《木川统一郎博士古稀祝贺论文集——民事裁判の充実と促進(中卷)》,判例タイムズ社1994年版。

3. 我国台湾地区

在我国台湾地区,学者许士宦认为其"民事诉讼法"第282-1条既然没有明文肯定可以转换证明责任,那么应当以证明标准降低作为其法律效果以达到证明妨碍的立法目的。就证明妨碍的行为态样而言,可以依据当事人的可归责程度,区分各阶层的证明标准。一方面使法院享有基于自由心证主义所必要的裁量,而在具体事例能于证据法上正确反映证明妨碍的事实;另一方面为确保当事人的预见可能性,设定法院反映各种类证明妨碍的基准。换言之,其运作的标准可以依据妨碍者主观可归责的程度进行区别对待。当当事人故意实施证明妨碍时,通常可以将其作为对方当事人主张的依据,利用"当事人之所以故意妨碍证明,实由于恐其被使用致使对方当事人的主张获得证明,而使自己蒙受不利益"的经验法则,推认对方当事人的主张为真实;而当当事人具有过失时,轻过失的证明妨碍不能与重大过失的证明妨碍降低至同样的证明标准,如于轻过失的情形要求优越的概然性即可,则于重大过失的情形仅要求低度的盖然性即为已足。但是,在上述情形中,即使将证明标准降至低度盖然性,仍不能正确评价当事人的证明困难的,即应当考虑证明责任的转换。[①]

另有学者黄国昌不赞同上述的证明标准分级理论,其认为证明妨碍法律效果的择定应当取向于"对被妨碍者所造成的不公平程度",亦即考虑的焦点应置于"如该证据存在对被妨碍者的证明活动所将产生的影响",而非"妨碍者的主观归责程度"。自此而论,学说上将判断的重点置于"主观归责要件",并依其程度的高低,择定强弱不同的证明妨碍法律效果的见解,有再加检讨的必要。详言之,在系争证据未提出的状况下,的确产生法院无从得知其确切内容的现实上的困难。此时必须面对的首要问题是应当遵循何种基准判断其对待证事实认定的影响。黄国昌认为,法院判断的重心应当置于"妨碍行为对被妨碍者所造成的不公平程度"。而此不公平程度,必须由被妨碍者负证据提出责任加以显示,其所显示的不公平程度越高,法院越得以施加较强的法律效果,以回复当事人之间的公平。在此所谓"不公平程度的显示",是指法院可以依被妨碍者所提出的证据,就"未提出的证据"对"认定待证事实的重要性"加以"形式上客观判断",作为其行使裁量权以择定证明妨碍法律效果的基准。至于妨碍者的主观可归责性是定位在"被妨碍证据的重要性的征表"以及"达成

---

① 许士宦:《证据收集与纷争解决》,台湾新学林出版股份有限公司2005年版,第223页。

第一章　民事诉讼证明妨碍的基本法理考究

制裁目标的工具"两方面。此说在其关于证明妨碍法律效果的选择中,似亦未赞同证明标准降低说。①

4. 我国大陆

我国大陆学者基本不赞成证明标准降低说。张卫平教授认为,大陆法系国家相当一部分学者的观点是,通过降低当事人证明标准,使得当事人即使缺乏某些证据时也能够实现其主张的证明。对方当事人实施证明妨碍行为的结果往往是使负有证明责任的当事人在证明时无法达到所要求的证明标准,从而使自己处于有利的地位。因此,如果能够降低证明标准,这种受妨碍的损失就会因此降低,也同样能够保障权利的实现。张卫平教授进而认为,降低证明标准必须有一个前提,即法官对证明标准的把握可以自由裁量,如果不能自由裁量,也就无法根据个案情况适用证明标准。民事诉讼证明标准,按照大陆法系国家的通说为"高度概然性",是指当事人的证明虽然没有达到使法官对待事实确信只能如此的程度,但已经相信存在极大可能或非常可能如此的程度。而如何把握所谓高度概然性,需要法官的自由裁量。将证明标准从"高度概然性"降为"中度概然性"或"低度概然性",也同样需要法官根据具体情况自由裁量。因为"低度概然性"、"中度概然性"以及"高度概然性"之间的差异并非十分明晰,尤其是在相近概然性之间。而究竟是降为"低度概然性",还是"中度概然性",也需要法官的自由裁量。不过降低证明标准目前在我国是否行得通,是有疑问的。尽管诉讼实践中实际存在着法官自由裁量,但人们的观念和正统的法理并未认可自由心证原则;加之,缺乏社会对法官素质和品性充分和广泛的信任,法官对证明标准的自由判断,必将遭受人们强烈的质疑。因此,张卫平教授认为此对策恐非良策。②

汤维建教授认为,既然仅仅在案件事实处于真伪不明的状态下才构成证明妨碍,现在通过降低证明标准的方法查明案件事实,那么前述行为还能否被视为是证明妨碍行为便值得推敲。况且,证明标准本身就是一个十分模糊的概念,如何衡量法官内心的确信程度本身就难以把握,更不论从一个层次的证明标准降低为另一个层次的证明标准。在案件的实际操作中,证明活动需要借助于法官的内心活动来实现;"高度盖然性""中度盖然性"等证明标准层次的界限

---

① 黄国昌:《民事诉讼理论之新展开》,台湾元照出版有限公司2005年版,第276页。
② 张卫平:《证明妨害及对策探讨》,载何家弘主编:《证据学论坛》(第7卷),中国检察出版社2004年版。

模糊不清,缺乏可操作的量化指标,易受法官的主观影响。因此,与其通过降低证明标准的方法制裁妨碍者,不如由法官直接自由裁量证明妨碍的法律效果。①

(四)其他学说

1. 折中说

另有采折中说的学者认为,在遇有证明妨碍情形时,发生可达到证明责任转换的证明减轻效果。亦即,原则上减轻举证人的证明责任,但是于妨碍者的目标是使举证人不能证明的情形,则转换证明责任。此项见解承认从证明减轻到证明责任转换的广泛效果,固然较能适应各种证明妨碍的形态。但是正因如此,也容易发生法律上不安定的危险。因为对当事人而言,究竟是证明责任的转换抑或止于证明减轻,难以预见。为免致此,仍须开发应承认证明责任转换的典型案例群,并就各种证明减轻予以类型化。② 简言之,折中说的观点为在民事诉讼中发生证明妨碍行为时,给予法院广泛的自由裁量权,使其可以针对个案的不同,从自由心证、降低证明标准直至证明责任转换等法律效果中择一使用。

2. 拟制自认说

在德国,学者施蒂尔纳主张"可推翻的不利拟制说",即认为若不负证明责任的当事人有证明妨碍行为的,则应将负证明责任的一方当事人所提出的主张视为被自认或视为已被证明。仅仅当法院对相对事实获得确信,或在较轻微证明妨碍者能获得优越性的确信时,主要事实的真正拟制才被推翻。③ 自此以后,证明妨碍的法律效果出现了拟制自认说,即当一方当事人的证明妨碍行为造成对方当事人证明困难或证明不能时,视为其承认对方当事人提出的事实主张。

当事人在言词辩论中,对对方当事人主张的事实无明显的争议,并且根据全辩论的内容认定也无争议时,该事实视为自认,这就是所谓的拟制自认。法律拟制为自认者,意味着其无须依据证据加以认定,且就法院受到须将其采为裁判依据的羁束力这点而言,其与自认相同。④ 在此作为证明妨碍法律效果

---

① 汤维建、许尚豪:《建立举证妨碍制度,完善证据立法》,载何家弘主编:《证据学论坛》(第8卷),中国检察出版社2004年版。

② 许士宦:《证据收集与纷争解决》,台湾新学林出版股份有限公司2005年版,第221页。

③ 姜世明:《新民事证据法论》,台湾学林文化事业有限公司2004年版,第297页。

④ [日]三月章:《日本民事诉讼法》,汪一凡译,台湾五南图书出版公司1997年版,第429~430页。

第一章　民事诉讼证明妨碍的基本法理考究

的自认并非一方当事人对对方当事人陈述事实的明确承认,而是一种拟制自认。在诉讼中,一般不会发生妨碍者就被妨碍者主张的事实明确表示承认的情况,因为如果妨碍者意欲就被妨碍者主张的事实明确表示承认的话,其便无须实施证明妨碍。因而,在妨碍者实施了证明妨碍行为且未就被妨碍者主张的事实明确表示承认时,拟制其已经自认被妨碍者主张的事实便作为对其证明妨碍行为的惩罚。

有学者认为,与推定主张成立相比,拟制自认无须推定所需要的前提条件,如经验法则。从理论上讲,作为推定成立的事实主张,如果有相反的证据能够加以证明时,推定的事实不能成立,当事人仍然需要对主张的事实加以证明,亦即,推定的主张存在被推翻的可能性。最高人民法院《民事证据规定》第9条规定,推定的事实,如果对方当事人有相反的证据足以推翻时,当事人依然需要对主张的事实加以证明。拟制自认就不存在这一问题。但拟制自认与自认的基本含义相差较大,实际上拟制自认,不过是想取得自认的效果,即免除主张者对主张事实加以证明而已。因此,在制度上还不如直接规定免除当事人的证明责任以实现权利救济来得自然。因此,该学者认为拟制自认也并非规制证明妨碍的上策。①

3. 推定主张成立说

从各个国家或地区的民事诉讼立法规定②来看,推定主张成立说获得了

---

①　张卫平:《证明妨害及对策探讨》,载何家弘主编:《证据学论坛》(第7卷),中国检察出版社2004年版。

②　德国《民事诉讼法》第427条规定:"如果对方当事人未依法院命令将文书提出,或法院于第426条情形获得确信,认为对方当事人对于文书的所在未尽谨慎注意义务时,便可以将举证人提供的文书膳本视为正确的证书。如举证人未提供文书膳本时,举证人关于证书的性质和内容的主张,视为已得到证明。"日本《民事诉讼法》第224条规定:"(第1款)当事人不服从提出命令时,法院可以认定对方当事人所主张的关于该文书的记载为真实。(第2款)当事人以妨碍对方当事人使用为目的,毁灭有提出义务的文书或致使该文书不能使用时,与前款规定亦同。(第3款)在文书持有人有前两款规定的行为下,对方当事人对于该文书的记载提出具体的主张并以其他的证据用该文书应证明的事实非常困难时,法院可以认定对方当事人对于该事实的主张为真实。"我国台湾地区"民事诉讼法"第345条第1款规定:"当事人无正当理由,不从提出文书之命者法院得审酌情形,认他造关于该文书之主张或依该文书应证事实为真实。"我国最高人民法院《民事证据规定》第75条规定:"有证据证明一方当事人持有证据无正当理由拒不提供,如果对方当事人主张该证据的内容不利于证据持有人,可以推定该主张成立。"

诸多国家或地区民事诉讼立法者的青睐。从上述规定的表述来看,推定对方当事人的主张成立应当属于证据推定的一种。理论上一般认为推定的根据是依据经验法则推定该证据有利于对方当事人。而该经验法则为:在一般情形下,如果是对自己有利的证据,当事人没有理由拒不提供;正是因为对自己不利,才无正当理由拒不提供。①

也有学者质疑推定主张成立说,认为如果证据持有人拒不提供证据材料,便一律推定对方关于证据内容的主张成立,那是否过于主观?而且对方主张什么就是什么,这也并非合理。其实这种情形发生的可能性很小。在证据内容方面,不外乎两个方面:一为是否存在某种事实。二为在存在某种事实的基础上,还存在量的问题,即证据内容涉及数量的确定问题。容易发生与客观事实不一致的情形主要在数量方面。例如,一方当事人认为对方当事人持有的证据——收据可以证明所欠数额为5万元。而对方认为,收据已经丢失无法提出。此时,按照《民事证据规定》,当事人关于债务数额为5万元的主张便可以成立。这样会不会导致主张的随意性,而完全偏离案件的真实呢?这里应当说明的是,即使提出主张的当事人在诉讼一开始就预料对方当事人会拒绝提出证据,也不大可能提出一个大大超出真实数额的主张,因为一旦大大超过,使对方当事人蒙受大的损失,对方当事人如有证据在手,必然出示证据加以证明。在对方当事人拒绝提出证据后,提出主张的当事人想借此变更事实主张是不被允许的,审判人员能够判断该行为的企图。当然,也不排除提出主张的当事人事先将对方持有的证据盗走或销毁,然后提出一个预谋的债权数额,由于对方当事人无法提出证据而使自己的主张推定成立,但这种情形如果数额很大则已经构成刑事犯罪,将被纳入另外一种程序,不是民事诉讼程序所要解决的问题。②

4. 强制措施说

民事诉讼强制措施是指为了维护民事诉讼程序的正常进行而由法律规定的、对有妨害诉讼行为的人实施的带有强制性的排除措施。从立法规定而言,大陆法系国家或地区对于证明妨碍行为均有采取强制措施的规定。德国《民事诉讼法》第372-1条规定,在有确定血统关系的必要时,任何人(不仅包括诉

---

① 张卫平:《证明妨害及对策探讨》,载何家弘主编:《证据学论坛》(第7卷),中国检察出版社2004年版。

② 张卫平:《证明妨害及对策探讨》,载何家弘主编:《证据学论坛》(第7卷),中国检察出版社2004年版。

第一章　民事诉讼证明妨碍的基本法理考究

讼当事人,连第三人特别是当事人的近亲属)都有受检查的义务,特别是有为查明血型而容忍抽血的义务。无正当理由而再次拒绝检查时,可以直接予以强制,特别是为了检查,可以命令拘传。日本《民事诉讼法》第 235 条规定,诉讼外的第三人无正当理由违反文书提出命令的,法院可以对其处以 20 万日元以下的罚款,与旧法规定的 10 万元相比增加了一倍。我国台湾地区"民事诉讼法"第 349 条对于无正当理由不服从文书提出命令的第三人,规定了两种制裁方式:其一为法院可以裁定处新台币 3 万元以下的罚款;其二为有必要时法院可以裁定命为强制处分。其强制处分的内容,是对于不服从文书提出命令的第三人,由法院以强制的方式取出,相当于"强制执行法"中关于物之交付请求权的执行,并准用该规定。①

在我国《民事诉讼法》第 10 章中就规定了一系列对妨害民事诉讼的强制措施。《民事诉讼法》第 111 条中规定的"以暴力、威胁、贿买方法阻止证人作证或者指使、贿买、胁迫他人作伪证"的行为即属于证明妨碍的行为。在民事诉讼实务中,以暴力、威胁、贿买方法阻止证人作证或指使、贿买、胁迫他人作伪证的现象屡见不鲜,尤其是以暴力、威胁、贿买方法阻止证人的情况。一般情形是,当事人向法院提出证人名单后,该证人由于对方当事人的阻碍而不愿或不能出庭作证。在民事诉讼法中,这些妨害行为被归入妨害民事诉讼的行为,其违法性被界定在对民事诉讼秩序的妨害这一层面。对此,采取的对策是,法院可以对行为人处以罚款、拘留等措施。构成犯罪的,依法追究其刑事责任。正因为将这些行为作为妨害民事诉讼行为的一种,因此,在措施上也就必然以维护民事诉讼秩序正常进行为主要目的,主要是通过惩戒达到一般预防的目的,不可能具体考虑证明妨碍的救济问题,这也使得现行民事诉讼法在消除妨碍证明影响方面的对策尚有较大的局限性。②

二、证明妨碍法律效果主要学说之评析

(一)证明责任转换说

首先,就证明妨碍是否可以以证明责任转换作为法律效果而言,理论界和实务界大多持肯定见解,笔者也表示赞成。而且,我国《民事证据规定》第 7 条

---

① 包冰锋、陶婷:《证据收集之程序保障:文书提出命令制度》,载《南通大学学报(社会科学版)》2010 年第 3 期。

② 张卫平:《证明妨害及对策探讨》,载何家弘主编:《证据学论坛》(第 7 卷),中国检察出版社 2004 年版。

明确规定:"在法律没有具体规定,依本规定及其他司法解释无法确定举证责任承担时,人民法院可以根据公平原则和诚实信用原则,综合当事人举证能力等因素确定举证责任的承担。"由于民事诉讼案件千变万化,所以在证明责任分配上要完全排除法院的自由裁量权并非现实。"当然,承认法官在证明责任分配上的自由裁量权并不意味着法官可以在相当多的案件中置法律规定的一般规则和倒置规则于不顾,而依自己的感觉任意地分配证明责任,证明责任的自由裁量规则只应在极为特殊的情形下方可适用。"①在诉讼中出现显失公平的证明妨碍情形,就属于这里所说的极为特殊的情形。此时,法院可以根据公平原则和诚实信用原则,将证明责任的分配规则作出一定的调整,由妨碍者就被妨碍证明的事实承担证明责任。

其次,虽然我国最高人民法院的司法解释承认证明责任转换,但是究竟在何种情况下可以转换证明责任并无确切规定,所以还需要法院在审理时依据个案情形妥善斟酌适用。希望今后适用的案例达到一定数量之后,可以建立类型化的模式,这样也有助于法律程序上的安定。至于因诉讼程序中转换客观证明责任可能造成程序的不安定,笔者认为,可以通过法院的阐明,让当事人事先知晓证明责任转换的情形,这样可以防止当事人受到突袭性裁判。

再次,证明妨碍法律效果的选定应当考虑妨碍者主观方面的差异。证明责任的转换相对于自由心证或者降低证明标准而言,属于较为严重的法律效果,所以遇有故意证明妨碍的情形时才可以适用。实施证明妨碍的当事人既然以故意心态毁灭、隐匿证据,其恶性昭然若揭,可以处以证明责任转换的法律效果。遇有过失证明妨碍的情形时,可以考虑选择诸如降低证明标准等法律效果。

(二)自由心证说

相对于较为僵化的证明责任转换说,自由心证说的优点在于其灵活性。也有学者质疑如果将证明妨碍的法律效果求诸自由心证说,是否会由于完全听任法官自由心证的运作而使证明妨碍理论完全失去意义?②笔者认为不然。因为即便是采用自由心证主义,法官的心证也并非如野马脱缰般毫无限制,通过证明妨碍理论的建立,将更有助于当事人预测法院可能的心证走向。

---

① 张榕:《事实认定中的法官自由裁量权——以民事诉讼为中心》,法律出版社2010年版,第130页。

② [日]中野贞一郎:《民事手续の现在问题》,判例タイムズ社1989年版,第129页。

自由心证说原则上要求法院应当将证明妨碍的行为与其他证据调查的结果综合评价而认定事实。在当事人有证明妨碍的行为时,应当就当事人是故意或过失、该被毁弃隐匿的证据是否属于唯一证据、当事人是否提出反证、在何等范围内决定法律效果可避免使被妨碍者获取过度的利益等因素进行考量,酌定妨碍者应得的法律效果。

(三)证明标准降低说

当诉讼中发生证明妨碍时,通常被隐匿毁灭的证据皆为重要的、能够证明主要事实的证据。一旦证据被销毁,往往会立刻引起被妨碍者证明困难或证明不能,从而导致其败诉。而且,诉讼的胜败不能取决于证据偏向存在甚至是证明妨碍,否则即不符合当事人实质的武器平等原则。而如果被妨碍的证据是重要或甚至唯一的证据,当事人也不可能再提出其他等价的证据方法,这也是诉讼中证明妨碍最常遇见的情况。因此,民事诉讼中的证明妨碍行为基本上都能符合上述加藤教授阐述的证明标准降低的三要件;从而,证明标准降低可以作为证明妨碍的法律效果,应无疑问。在实际的操作方面,学者就证明标准分层的基准见解不一。

笔者认为,虽然学说上常有将证明标准以数字量化,但其实证明标准的问题应当属于价值判断的问题,而并非单纯的数字或几率。详言之,有学者认为当事人主观可归责性可作为证明标准降低的分层依据,也有学者认为重点在于当事人之间不公平的程度,主观可归责性只是判断不公平程度的依据之一。但其实证明标准降低作为证明妨碍的法律效果,其降低程度所应考虑的要素本来就不只当事人的主观可归责性,而是必须依据降低证明标准所需要件,例如因证明妨碍行为造成当事人多大程度的证明困难,综合判断证明标准降低的多寡,才能应付各种各样的诉讼情形。要言之,证明标准降低的程度是综合所有证据调查结果而进行价值判断,而且证明标准降低也常与自由心证相结合。

(四)小结

基于"自由心证的终点即证明责任的起点",原则上在诉讼过程中如果遇有待证事实陷于真伪不明的情况,法院应当优先适用证明责任规范在双方当事人之间公平分配败诉风险。然而,在例外情况下,本案待证事实之所以陷于真伪不明,是出于当事人实施的证明妨碍行为所致,如果此时仍然根据证明责任规范作出裁判,恐将打破当事人之间的实质平等。为了贯彻诉讼法上的诚实信用原则,在当事人实施证明妨碍行为时,法院即应当适用证明妨碍理论以回复双方当事人不平等的诉讼地位。

至于证明妨碍的法律效果,笔者认为,不宜采取划一性的方式制裁妨碍者。虽然采取划一性的方式制裁妨碍者,可以使法院的裁判变得简单、快捷并富有预见性,但是其弊端为法院无法根据证明妨碍行为方式即程度的不同来灵活地作出不同的处理。当事人主张对自己有利的事实或者反驳对方当事人主张的事实均必须提供证据加以证明。从逻辑上分析,即使证据持有人按照举证人的要求提交了相关的证据材料,没有证明妨碍行为,举证人所主张的事实也未必成立,案件事实真伪不明的状态可能依旧存在。换言之,造成案件事实真伪不明的原因或许不止一个,即使证据持有人拒不提供证据,也不能将案件事实真伪不明的缘由完全归于证明妨碍行为。再者,在民事诉讼实践中,证明妨碍行为形态各异,妨碍程度也各不相同,如果一律转换证明责任或者采取某一种制裁措施,既不符合审判规律的客观性,也不利于案件客观真实的发现。

笔者进而认为,不论妨碍者出于故意、重大过失乃至于轻过失而实施证明妨碍行为,法官基于证明妨碍的行为态样、行为人可归责的程度及所妨碍的证据方法对查明待证事实的重要程度等因素进行综合考量,是出于自己内心的自由评价。换言之,法院应当本着诚实信用原则,仔细斟酌妨碍者的主观心态、实施方式、可归责程度及被妨碍证据的重要性等因素,在结合其他证据的基础上采取自由心证的方式对事实作出认定。亦即,此时法院可以选择应当推定举证人的主张为真实,或者直接认定妨碍者拟制自认,或者针对该等事实降低证明标准,甚至在必要时转换证明责任,或者采取罚款、拘留或直接强制等强制措施。如此一来,法院更能弹性因应各个具体案件,更能在法律效果的制裁上适度反映出不同案件的不同处理。当然,多元化法律效果的适用势必会弱化法院裁判的可预见性。因而,为了保障当事人的法定听审请求权,在法院作出判决之前应当令当事人有辩论的机会。

第二章 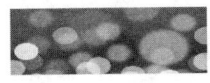医疗诉讼中证明妨碍规则之具体适用

在民事诉讼程序中,证据的运用、证明责任的分配对双方当事人的诉讼结果有着重大影响。民事诉讼程序旨在保障双方当事人享有平等的诉讼地位、诉讼机会以及诉讼风险,这不仅是宪法上人生而平等观念的体现,也是我国民事诉讼法平等原则的具体要求。而这一意旨也被称为武器平等原则。为了贯彻此项原则,许多国家和地区在对其民事诉讼法进行完善的过程中对证据部分均有较为审慎的修改。就医疗诉讼而言,根据证明责任的一般分配规则,主张权利的原告应当对医疗事故的发生过程进行举证,但这对于原告来说往往非常困难,尤其在原告为患者一方的情形下,由于主要病历资料按照法律规定均由医疗机构一方进行保管,故而在发生纠纷后极易出现医疗机构一方拒绝提供病历资料等证据的情形。加之绝大多数患者不了解专业的医疗知识,这容易使得患者一方陷入举证困难或举证不能。但是,如果将此证明责任转移到医疗机构一方,又会使医疗机构为避免其医疗失败造成的不利结果,采取防御型治疗手段,而这对患者来说并非益事,也有碍于医疗进步。因此,医疗诉讼中的证明责任该如何分配,向来是一个两难问题。如何能够平衡兼顾原告、被告的实体利益与程序利益,在民事诉讼法学界已有很多争论。医疗诉讼中的证明妨碍规则在德国和我国台湾地区均有规定,我国现行法律体系中并无明确规定,但近来我国学者对此的讨论和研究有逐年上升的趋势。

第一节 域外医疗诉讼中证明责任分配原则之比较分析

证明责任是民事诉讼的脊椎,证明责任分配是证明责任的核心。事实本身说明过失原则、表见证明、大概推定原则都是在域外司法实务中以判例的形式确立起来的,旨在于当待证事实处于举证困难时,法官在当事人之间分配不

利益风险所采取的一种证明方法。上述三原则的功能在于把因果关系或过失的提供证据的责任转给医疗机构承担,当医疗机构提供的证据不能说服法官形成确实心证时,将承担败诉的风险。

一、事实本身说明过失原则

(一)事实本身说明过失原则的起源

事实本身说明过失原则(Res Ipsa Loquitur)又称为"事实自证原则"。"Res Ipsa Loquitur"一词起源于罗马法,原为"事实说明自己"的意思,其成为一种法律原则始于1614年的Roberts v. Trenayne一案。但该原则正式以说明过失的面貌出现,则是英国法官Baron Pollock在1863年审理Byrne v. Boadle一案时所创。该原则的含义是指:后果严重的事实本身就能够证明造成该后果的行为具有过失,不需要采取其他的证据进行证明。事实本身说明过失原则是一个古老的证明规则,是侵权法中一个相当复杂和难以理解的课题。由于事实本身说明过失原则难以界定,没有人能够肯定使用后的确切效果是什么,也没有人能够预期使用后出现的后果,要试图在其简单的术语所表示的混乱中去追求社会秩序,几乎是一个美好的意愿而已。但是,社会的需要也使法院不得不选择采用这种几乎是非理性的手段。从19世纪以来,至今美国已有37个州在判决中引用了Res Ipsa Loquitur以减轻原告的证明责任负担,其中有34个州将其成功地运用到医疗损害赔偿诉讼中。①

(二)事实本身说明过失原则的成立要件

关于Res Ipsa Loquitur的成立要件,在英美法学说中有二要件说、三要件说和四要件说。二要件说认为Res Ipsa Loquitur的成立须满足:a.发生事故的事物或媒介在事故发生时或以前,曾为被告排他地支配及使用;b.依事故发生时的状态,足以认定被告如尽通常的注意,该事故就不会发生。三要件说又可以分为两种:一种认为Res Ipsa Loquitur的成立要件有:a.在一般情形下,若非出于某人的过失,事故不会发生;b.引起事故的代理人或媒介,必须在被告排他地控制下;c.事故的发生非基于原告的自愿行为或与有过失行为所致。另一种三要件说与此不同的是,要件c为事故的发生。四要件说主张,Res Ipsa Loquitur的成立要件除了前述三要件说的第一种见解提出的三个要件外,还须另一要件即能真正说明事故的证据必须是被告较原告容易取

---

① 龚赛红:《医疗损害赔偿立法研究》,法律出版社2001年版,第273页。

第二章 医疗诉讼中证明妨碍规则之具体适用

得的证据。1986年4月完成的《美国侵权行为法第二次重述》第328条D款规定,Res Ipsa Loquitur的成立要件有三:a.该事件必须属于若无过失通常即不会发生者;b.包括原告及第三人在内的其他归责原因,均须已为证据所充分排除;c.过失发生在被告对于原告的义务范围内。由此可见美国的立法上采取了上述三要件说的第一种见解。①

(三)事实本身说明过失原则适用的原因

在医疗诉讼中适用Res Ipsa Loquitur主要有以下几个方面的原因:

第一,为避免"沉默共谋"现象②的产生。因为在美国的医疗诉讼中,原告负有提出专家证人的责任,根据专家证人的意见来认定被告(医方)的过失。在医师"沉默共谋"的情形下,原告会因无法提供专家证人以证明被告医师有过失而无法胜诉。而适用Res Ipsa Loquitur则可解决患者因医师有"沉默共谋"所造成的不利状况,因为病患只要能证明事故或者伤害的发生及其他一定的成立要件存在,即可适用事实推定而避免遭遇证据不足而败诉的命运。

第二,患者接受治疗时往往处于无意识状态。患者接受治疗时,往往因病情或手术的需要,必须注射麻醉针剂而陷入无意识状态,根本无法知道医生所做的一切,如坚持患者必须在医生一连串的医疗行为中指出过失所在,实在是强人所难。如适用Res Ipsa Loquitur,纵使患者无法具体指出医生的诊疗过失行为,只要能对医生的过失作"一般的主张"患者即可建立表面证据确凿案件,将案件交给陪审团评决;如果医生不能对伤害的发生提出说明,或其说明不够详尽,就会被认为有过失。

第三,医生比患者更接近证据。因为适用Res Ipsa Loquitur成立要件之一是,引起事故的代理人或媒介,必须在被告排他的控制下。医疗行为中很多医疗行为是由医生排他地控制的,比如诊疗行为、病历记录、医疗器材等,都在医生的支配下,患者根本无法接近,因此很难在医疗损害发生后立即保全证据,而医生方面却能有充分的时间补强对其有利的证据,甚至对证据进行销毁。这种情况在医疗诉讼中并不少见。

(四)事实本身说明过失原则的诉讼效果

事实本身说明过失原则在诉讼上的效果主要有三种学说,即过失推断说、

---

① 龚赛红:《医疗损害赔偿立法研究》,法律出版社2001年版,第279页。
② "沉默共谋"是指医疗诉讼中,其他医生通常不愿意担任原告(患方)的"专家证人"(expert witness),提供其专业知识作为对被告(医方)不利的证言的现象。也就是通常所说的"医医相护"。

过失推定说和证明责任转换说。适用 Res Ipsa Loquitur,并不表示原告必将获得胜诉的判决,只不过是在欠缺直接证据的情形下,使原告得以建立表面证据案件(prima facie case),将该案件交由陪审团评议,避免因证据不够充分而遭败诉或驳回的危险。下面分别阐述三种学说的不同含义:

1. 过失推断说

过失推断说认为 Res Ipsa Loquitur 本质上是一种"情况证据"(circumstantial evidence)①,具有过失推断的效力。原告可适用 Res Ipsa Loquitur 建立表面证据案件,使案件能直接进入陪审阶段交由陪审团评决,陪审团有权对被告的过失推断是否成立加以认定。此时,原告的"证据提出责任"及"说服责任"均未转移给被告,也不要求被告必须对原告提出的表面证据加以反驳。也就是说,被告是否有过失由陪审团来认定,即使被告没有提出任何反证,原告也不能直接请求法院依指示判决判被告败诉。但是,被告对于没有过失也可能发生损害或损害是由其他原因所引起等事项提出充分而明白的说明,则 Res Ipsa Loquitur 所形成的推断即被推翻。

2. 过失推定说

该说认为 Res Ipsa Loquitur 的适用将产生过失推定的效果,主要表现为转移"证据提出责任"。根据便利和公平原则,被告较容易明了和解释损害是如何发生的。在过失推定的效果下,除非被告能提出合理的证据推翻其具有过失的推定;否则,原告将获得胜诉的指示判决。值得注意的是,过失推定说与过失推断说都不会发生"说服责任"的转移,原告仍应提出优越证据以证明被告的过失,只不过 Res Ipsa Loquitur 所产生的推定效果,将帮助原告减轻其举证负担,并对被告课以说明的义务而已。

3. 证明责任转换说

该说认为适用 Res Ipsa Loquitur 不仅发生过失推定的效力,还将使证明责任也转移由被告负担,因此被告负有提出优越证据以说明其并无过失的责任。由于此说对诉讼程序的影响很大,在实务中只有科罗拉多、路易斯安那及密西西比等少数州的法院判决采用。

在上述三种学说中,过失推断说为通说。这三种学说的主要目的都是为了使被告对其加害行为提出合理的说明,从这点来看,证明责任转换说显然赋

---

① 所谓"情况证据"是指主要事实以外的其他有关事实,经由推理或判断方式而认定主要事实存否的证据方法,关于过失的有无,往往可依"情况证据"加以证明。

予 Res Ipsa Loquitur 过强的效力,其能否兼顾双方当事人的利益,不无疑问。至于过失推断说和过失推定说,《加州证据法》在 1970 年修正时于第 646 条(b)项明文规定,Res Ipsa Loquitur 原则是一种影响"证据提出责任"的推定。① 这种用立法的方式规定 Res Ipsa Loquitur 在诉讼法上的效果,有利于厘清各学说见解分歧的困扰,也能顾及双方当事人之间的公平与对等。因此,Res Ipsa Loquitur 原则在诉讼法上的效果以过失推定说较为可采。

二、表见证明

(一)表见证明的概念

表见证明(Anscheinsbeweis),系由德国通过判例所形成的概念,最初仅适用于侵权行为诉讼中被害人就过失举证发生困难情形,其后又扩张到因果关系的证明责任。"所谓表见证明,综合判例之意见认为,若在'生活经验法则上表现一定之原因,而且通常皆朝向一定的方向演变',即被认为'经过定型的事象'时,即得直接的推定'过失',或'因果关系'之要件事实存在。相对人若欲推翻此表见证明,必须就该事件通常经过之相反事由,即就事件之经过有其他之可能性,使法官就原来之定型事象发生疑念提出反证。相对人为此之举证成功时,原来负举证责任之一造当事人,必须再就该事件之内容加以说明,使法院获得确实之心证为止。如此以'定型事象之经过',推定有'某种'过失或因果关系之表见证明。就其形式上之作用而言,具有要件事实抽象的认定,以及特别情事责由相对人负举证责任之特性。"② 例如,医生注射部位化脓使患者受到伤害的情形,依通常的生活经验判断,如果不是由于医生的过失,就不会产生患者因注射而化脓的结果。换言之,患者此时无须证明化脓是由于

---

① 《加州证据法》第 646 条规定:"(a)本条所称之被告,包括适用过失推定(res ipsa loquitur)之任何一方当事人。(b)过失推定属于影响提出证据责任之推定。(c)若有证据或经证实之事实得以证明过失推定之存在,而被告已提出证明其无过失之证据或其过失并非造成事故之相当原因时,法院得依请求,对陪审团为如下意旨之谕知:(1)若造成过失推定之事实已被发现或证实,陪审得由此等事实推论被告之过失行为为事故发生之相当原因;且(2)除非衡量案件中所有证据之后,足以相信该事故由被告之过失行为所致之或然性较非由被告之过失行为所致之或然性为高,否则陪审团不得以作成被告之过失行为为事故发生之相当原因之认定。"参见[美]艾伦・辛德等:《加州证据法与异议实务》,蔡秋明、魏玉英译,台湾商周出版公司 2005 年版,第 124 页。

② 雷万来:《民事证据法论》,台湾瑞兴图书股份有限公司 1997 年版,第 280 页。

注射器具不良或注射针剂品质不佳或注射部位消毒不完全等何种原因所造成,就可依据"表见证明"的法理认定过失或因果关系存在。所谓"定型事象的经过"(typischer Geschehensablauf)是指在经验法则的领域中,常有一定事实的发生、经过、结果,必然经过一定的历程者。例如排放重金属于河川内,必然附着于水草及混在浮游生物中,经由鱼贝的吸食积累,人类再食用该含有重金属的鱼贝后,必然因而发生重金属中毒现象。此事象的历程,可勾画一定的形态。当事件的发生,仅须合于上述形态中的一部,即可明其间的因果关系。①

(二)表见证明的适用类型

1. 因果关系的表见证明

由于存有足以发生损害的原因,因此推论其与损害之间具有某种因果关系,典型案例是遗留止血钳案件。原告实施开刀手术之后,因患部未完全治愈,于是在被告医生执刀下再度开刀。但在开刀的时候,发现原告已有身孕二个月了,而且原伤口已经愈合,手术是在极其困难的情形下完成的。手术完成几年后原告常常感到腹部疼痛,甚至手脚感到麻痹。原告于是请其他医生开刀检查,结果在原开刀部位取出3厘米长的止血钳。对此,原审法院认为,除开刀手术以外,无法想象该止血钳由其他途径进入原告体内的可能,例如原告经由口腔喝下等可能性的存在。因而认定被告医生对于该止血钳之遗留在患者体内,应适用"表见证明"。本案的争点未提及因果关系存否的问题,而是完全集中在遗留止血钳行为是否有过失的争点上。联邦最高普通法院认为,单凭手术部位遗留止血钳一点,虽不足以直接认定为医疗过失,但根据遗留的形状、手术的情况等因素综合判断,仍可认为医生有过失,因此驳回被告的上诉。②

2. 过失的表见证明

典型案例: 第一梅毒输血案件。原告的妻子于1942年6月25日,在被告国立医院接受输血,1947年于捐血前血液检查时发现为阳性反应。当时接受输血时,血液供应人在两周前已验出罹患第三期梅毒,但病历表上却记载系在输血一周后验出。原告之妻除具有阳性反应外,既无其他感染梅毒的症状,亦无梅毒患者所特有的肿瘤。而在头盖骨上的肿瘤,亦出现于梅毒治疗之后。鉴定人的鉴定报告称,输第三期梅毒患者的血,虽不能完全否定被感染的可能

---

① 黄丁全:《医事法》,中国政法大学出版社2003年版,第513页。
② 雷万来:《民事证据法论》,台湾瑞兴图书股份有限公司1997年版,第282页。

性,但像这样被感染的还从来没有过。接受输血的人的丈夫及两子,皆呈阴性反应,原审根据以上事实,否定原告之妻罹患梅毒,并认为即使感染梅毒,肇因自第三期梅毒患者处输血的可能性极微。因此,驳回原告之诉。但第三审联邦最高法院则以本案主要是因为原告之妻血液呈阳性反应,且有从梅毒患者处输血的具体线索。而被告主张的肇因于其他疾病,则仅是抽象可能性的陈述,并无具体的主张。因此,在无具体线索说明系输血以外感染梅毒的情况下,推定为因输血导致梅毒感染。联邦最高法院撤销原判决,发回重审。第二梅毒输血案件:1946年接受输血的原告,于两年后发现罹患第二期梅毒。提供血液者感染梅毒的事实,于1947年5月获得确定。但不能确定他是否在1年前就已感染梅毒。原审以供血之人在输血之时是不是梅毒患者只有可能性而已为由,驳回原告之诉。联邦最高法院则以输血是感染梅毒的唯一具体原因的线索,认为应适用表见证明。据此驳回原判决,发回重审。①

(三)表见证明的本质

关于表见证明的本质存在以下几种学说:

1. 证据评价说

证据评价说是德国通说和判例的见解。该说将表见证明归入自由的证据评价(freiek Beweiswurdigung)领域。该说认为,所谓"表见证明"只不过是在自由心证范围内适用经验法则的问题。在自由心证并非容许法官恣意认定事实的前提下,既然证明已达到一般人均毋庸置疑的确信为真实的程度,法官也就无须对其仍持怀疑的态度,应该依据合乎一般生活经验的法则认定事实。根据判例和通说的主张,"表见证明"具有以下特征:其一,表见证明是以具有高度盖然性的经验法则为前提,运用这种经验法则来推定主要事实的存在的间接证明。其二,据以推论基础事实的前提事实,应为一般的、定型的事实,原告对于该事件特有的、个别的事实,并无具体说明的必要。因此,如果适用表见证明理论,对于事实关系未明的空白部分,也可认其具有"某种"过失或是因果关系存在而抽象地认定要件事实。其三,由于表见证明是以事实演变的十有八九均经历同样过程的经验法则为前提,若该固有事实尚有其他变化可能性存在,即不应适用这种经验法则。因此,对于过失或因果关系的推定而言,若有其他足以产生合理疑虑的特别情事存在时,就不得适用表见证明理论。相对人虽然无须就过失或因果关系的不存在负证明责任,但仍应就另一证明

---

① 雷万来:《民事证据法论》,台湾瑞兴图书股份有限公司1997年版,第283页。

主题即特别情事的存在负证明责任,只不过此种反证仅须达到足以动摇法官心证的程度即可。其四,由于表见证明的适用,已使法官就该事实的存在获得确实心证,因此无须考虑证明责任的适用问题。其五,若法院误用表见证明(包括应适用而不适用,或不应适用而适用两种情形)时,将会因违反德国《民事诉讼法》第286条关于自由心证主义的规定,构成上诉第三审的事由。① 换言之,对于法院出现错误适用表见证明的两种情况时,将按德国《民事诉讼法》第286条的规定,可以构成上诉第三审的事由。

2. 证明责任说

证明责任说是少数说。该说认为:一是仅以定型事象不明确为基准,强制法院形成心证,有违自由心证主义原则。二是联邦最高法院经常以表见证明为理由,废弃事实审法院对于主要事实真伪不明的判决,而所谓"主要事实真伪不明"应属于证明责任领域内的问题。三是表见证明并非事实,而是事实的法律评价,因此,表见证明形式上虽然很像证据评价规则,但事实上却是实体法规,具有修正证明责任分配理论的功能。

3. 小结

除此之外,还有实体法说和证明标准说。② 在此,笔者主要介绍上述两种学说。在笔者看来,表见证明自其产生之日起,便发挥着不同的功能。表见证明是以具有高度盖然性的经验法则(定型事象经过)为基础,从加害的客观的事情抽象地推断出"某种"过失或因果关系这样的要件事实,从而为法官对要件事实形成确实心证提供辅助作用。除非对方当事人提出反证证明据以推论的经验法则具有别的、具体的、特定的"特别的情事"存在,不然法官就对该要件事实形成确实心证,从而避免证明责任的适用。适用表见证明是因为在现实生活中,尤其是法官是在面对过去的事实来探求事实真相,正如在玩一个拼图一样,由于现实生活中主客观的原因,在这个拼图上必然会有永远失去的碎片而无法拼成的情形,而法官基于审判权又不得拒绝裁判时,法官基于双方当事人的利益,必须借助一种方法来认定事实。由此可见,表见证明可以认为是法官对事实的认定,是证据评价领域的问题。在适用表见证明时,在高度盖然

---

① 德国《民事诉讼法》第286条规定:"法院必须依全辩论意旨,斟酌证据调查之结果,以自由心证,判断事实上的主张为真实,或非真实。法官必须说明心证依据的理由。法院仅以法律明文规定者为限,受法定证据的拘束。"

② 吴杰:《德国的证明标准的减轻理论之研究——以表见证明为中心》,载田平安主编:《比较民事诉讼法论丛》(第1卷),法律出版社2005年版,第275~283页。

性的经验法则推论下,尽管其中有部分空白之处,但仍然产生推定的效果。在没有其他原因存在时,结果发生的盖然性接近于百分之百的程度。因此,在具体的诉讼主张适用表见证明的一方当事人,必须就定型事象经过前提的间接事实,例如上述案例中没有其他止血钳进入患者体内、没有其他感染梅毒的机会等事实负证明责任。而相对人若欲排除适用表见证明的不利益时,仅须证明有其他过程的可能,使法官就该定型的事象经过产生怀疑即可。正因为表见证明包含着"高度盖然性"和"避免举证困难"的精神,其在一定意义上修正了证明责任分配的理论。因此,表见证明又可界定为证明责任领域。从而,笔者认为:表见证明是以高度盖然性的经验法则(定型事象经过)为基础对要件事实进行推定而产生的效果。表见证明是基于立法的目的即避免"举证困难"和借助"高度盖然性"而产生的一个事实认定的证明手段,它不涉及证明标准问题。法官适用表见证明以减轻一方当事人的提供证据的责任,但并不等于降低了证明标准,只是基于实体法的立法趣旨在当事人之间分配正义与公平。表见证明的准确率是建立在高度盖然性的单一经验法则的基础上。因此,经验法则的如何采用是决定表见证明准确与否的关键。

(四)表见证明与间接证明

表见证明就其根据间接事实适用经验法则以推定待证事实存在的观点而言,应属于间接证明,而非直接证明。但如果从经验法则的适用方法、与间接事实和所要推定的要件事实的排列以及相对人所要采取的诉讼措施来看,两者之间有差别:首先,表见证明的原因事实与结果之间,通常是以定型化的经验法则直接推定待证事实存在。而间接证明则是由多种间接事实的累积,以达到具有高度盖然性的推定效果。因此,主张间接证明的当事人,必须就各个间接事实均为详细的说明及举证。其次,表见证明的推定是一种依一定形态的经验法则所进行的推定,在推定过程中容许空白部分的存在。例如,注射部位化脓,究竟是因针头消毒不完全还是注射部位消毒不完全均可不问,只要一旦出现注射部位化脓,即足以推定医院有过失。而间接证明是依据各种间接事实累积而成的证明方法,若缺一项就足以减低推定的盖然性,因此不能留有空白部分。再次,表见证明的经验法则为单一经验法则,以单一的经验法则就足以推定有过失,而间接证明是将多数的经验法则与其他事实组合来证明推定事实的存在。因此,表见证明通常以反证就足以动摇法官获得的心证,而间接证明必须提出与"本证"相同程度的"间接反证"[1]才能推翻法官的心证。[2]

三、大概推定原则

大概推定原则是日本法通过判例确立起来的一个原则,是指在侵权行为的损害赔偿案件中,如果依据一般情况判断可以认为"非因过失损害不致发生",此时如果原告能证明损害已发生及所谓"非因过失损害不致发生"的情形存在,即可大概推定被告有过失,被告必须就其并无过失的事实或其行为无过失一点提出反证,否则难免将遭受败诉的结果。大概推定原则的目的,在于减轻被害人的举证负担,其主要用于过失的证明,也有用于因果关系存在的证明。大概推定原则的地位,居于事实本身说明过失原则和表见证明理论之间。就其效力而言,近乎表见证明原则;但就推定的对象来看,又偏向于过失的存否,较接近事实本身说明过失原则。由于日本实务见解所建立的大概推定原则,大多运用于过失的认定,较少运用于推定加害行为与所产生损害之间的因果关系。因此,也被称之为"过失的大概推定"原则。

在日本大概推定的典型例子是:在病人做完皮下注射后,被注射部位发生肿胀并伴有疼痛,从这个事实出发可以推定医生在注射时存有未尽注意义务或处理不妥的过失。上述这个推定所依据的经验法则是,如果在注射后注射部位发生与疾病本身无关的脓肿,那么首先可以肯定医生在注射时有一些未尽注意义务或处理不妥的过失。正是依据这条具有高度盖然性的经验法则,可以推定医生存在着过失。而作为医生这一方而言,如果不积极地对自己已经尽了作为医生的注意义务进行证明,那么医生存在过失的事实将由此获得认定。换言之,通过大概推定,原先的证明责任分配被转换,医生对未尽注意义务的过失的不存在承担证明责任。在这种情形下,作为患者的原告而言,关于医生存在过失方面,只要对注射行为及注射后的结果提出主张及举证即可。原告即便未对"有一些未尽注意义务或处理不妥的过失"中的具体过失作出特

---

[1] 当事人请求法院作出一定的判决时,应当主张包含于抽象法律要件事实的主要事实,并且就该事实承担证明责任。但是,抽象的法律规范往往以不特定的概念作为其构成要件,例如"过失"、"归责事由"等。此时,原告往往需要以间接事实,凭借经验法则的适用以推定主要事实的存在。被告固然可以就该间接事实提出反证,致使原推定丧失其基础。但是,有时由于原告握有强而有力的间接本证时,被告为了避免败诉的判决,还可以提出另一事实推翻原来的推定,此即一般所称的间接反证。

[2] 雷万来:《民事证据法论》,台湾瑞兴图书股份有限公司1997年版,第247页。

定,也不妨碍法院认定医生存在过失。此时,也允许作出"或是注射器消毒不完全或是注射部位消毒不完全"这样选择性的事实认定。而作为被告的医生方而言,则需要对其在注射之际有关各个应注意事项的事实(例如,注射部位、注射器及实施注射者的手指等都已经消毒完全)进行证明,或是对患者自身的疾病性质与肿胀发生之间具有高度盖然性进行证明,否则将遭受不利的败诉后果。①

四、各学说之比较分析

事实本身说明过失原则、表见证明、大概的推定原则都是在司法实务中以判例的形式确立起来的,旨在于当待证事实处于举证困难时,法官基于实体趣旨在当事人之间分配不利益风险所采取的一种证明方法。事实本身说明过失原则是在英美法特有的诉讼模式即事实出发型下产生的,有其特有的法律文化背景和思维逻辑。最为重要的是英美国家的法律人才的产生有其严格的程序,例如美国,其法律学校学生有相当比例是已经在心理学、经济学、统计学或社会学等方面取得硕士或博士学位,或在数学、工学等自然科学方面取得学位才入学的。而从德国实行的司法考试来看,民法通常只有"一个"案例,答题时间为"五个小时",可以参考法典,考题内涵盖民法各编,无突袭性的特殊性问题,题目人人皆懂,能否正确或适当解题,必赖长期有系统的学习与训练。因此,在美国、德国这些国家里,上述原则的运用产生了很好的效果。尤其是在实现民事诉讼两大最基本的目标——发现真实与促进诉讼上得到了很好的平衡。

随着司法实践的发展,事实本身说明过失原则在成立要件上标准在放宽,主要表现在:首先对第一个要件即"若非出于某人的过失,该事故不会发生"放宽为:其一,扩大所谓"外行人一般知识"标准;其二,采用"专家证人"的证言。其次,对第二个要件即"引起事故的媒介或代理人,必须在被告排他的控制下"放宽为"排他性控制"不应严格地局限于"物理或现实的控制范围内",而是解释为"须具备控制的权力要件"即可。

由于表见证明原则的运用必须有一典型的事象经过的情形才被考虑,然而由于人体体质殊异,且活体的变化有不可预测性,且受限于医疗科技,医疗行为经常遭遇不同的情况,因而缺乏诊断结果的典型化。因此,于实务上,医

---

① [日]新堂幸司:《新民事诉讼法》,林剑锋译,法律出版社2008年版,第403页。

生可以相对容易动摇原告所为的表见证明,亦即其可以通过证明存在其他非典型事象经过的可能性,而使表见证明不被适用。因此在实务上,即使表见证明在德国实务已采用多年,仍仅于相对少数案例被适用。在我国台湾地区的司法实务中也鲜有判例。① 尽管实务上基于不敢遂将因果关系与过失不明的利益归属于医生,使得表见证明于医疗诉讼中的适用有所保留,但此制度仍属于有利于病人的利器,其价值应值得肯定。②

而大概推定原则尽管有证明责任转化说、证明度降低说和事实推定说之争,但在过失或因果关系"大概推定"的情形下,原告仍负有证明侵权行为成立要件——过失及因果关系存在的责任。只不过原告仅须证明足以推定故意、过失或因果关系的客观性事实,即可认定其已尽证明责任。如果被告提出反证足以动摇法官对此事实的心证,则原告承担不利后果。因此,原告的证明责任并未发生转变。而大概推定主要是借助于间接事实的证明来推定主要事实存在,但并非减轻"证明度"的问题。同理,会赋予法官过大的事实认定空间,难免有流于恣意放任的危险。因此,证明度的降低不是大概推定原则的主题。笔者认为大概推定只是事实上的推定,法官在司法实务中是否适用,取决于经

---

① 比如,台北地方法院2006年度医字第5号判决载明:"按当事人主张有利于己之事实者,就其事实有举证之责任,'民事诉讼法'第277条前段定有明文;因此债权人主张因债务人不完全给付而受有损害者,应举证证明债务人之义务违反与损害之间,有相当因果关系。惟'民事诉讼法'第277条但书亦规定,依其情形显失公平者,不在此限。而就比较法观察,在医疗事故因果关系之认定,德国联邦最高法院系采取表见证明原则,以减轻病人之举证责任,亦即依据经验法则,有特定之事实,即发生特定典型结果者,则于出现该特定结果时,法院于不排除其他可能性之情形下,得推论有该特定事实存在;且德国实务运用表现证明原则之重要案例,为传染与麻醉之情形。又依照美国多数法院见解,原告若能证明以下要件,即得适用'事实说明自己'原则,而推论被告过失行为存在,及被告行为与原告之损害间具有因果关系;(1)若无过失存在,原告之损害通常不会发生。(2)被告对于损害发生之方法,具有排他性之控制力。(3)原告对于损害之发生,并无故意行为或具有任何原因力。从而本院认为,本件原告就其损害与被告之违反从给付义务之间,究竟有无相当因果关系,仍应负举证责任;但因被告具有丰富之医学专业知识,而原告则完全欠缺该等知识,故两造于诉讼上之攻击防御地位明显不平等,且被告诊所中所使用之设备及人员配置,均为被告所能掌握,而为原告所不能控制,因此本院认为应适用'民事诉讼法'第277条但书规定,减轻原告之举证责任,而适用上述表见证明原则。此外被告本于其专业知识,应得以轻易举出相反事证以动摇本院之心证,因此原告举证责任之减轻,对被告而言,应无不公平可言。"

② 姜世明:《新民事证据法论》,台湾学林文化事业有限公司2004年版,第82页。

验法则的运用是否足以认定有过失或因果关系存在的必要性，这种必要性决定法官的心证。

总之，事实本身说明过失原则以及在此基础上演变而来的表见证明和大概推定原则为医疗纠纷案件克服真伪不明提供新的思路。由于医疗诉讼的复杂性和特殊性，在证明责任的分配上如果按以往的原则来分配，会导致当事人之间权利救济的失衡，出现当事人之间举证能力的不对等，无法克服事实真伪不明。两大法系殊途同归地选择个案分配，打破常规思维，把承担因果关系或过失的证明责任风险通过经验法则、推定等认识工具转给医疗机构承担，从而减轻原告的举证负担。事实上，"在举证责任分配问题上，大陆法国家的民事诉讼法均无明文规定，法院在审判实务，大都是以学说及其所依据的原则。德、日、瑞士及我国莫不如此"①。上述三原则的功能在于把因果关系或过失的提供证据的责任转给医疗机构承担，当医疗机构提供的证据不能说服法官形成确实心证时，将承担结果意义的举证责任即败诉的风险。同时，减轻原告（患者）举证负担。因此，上述三原则是法官通过综合考察医疗纠纷的特殊性和当事人的举证能力等因素对当事人的举证责任个案分配的结果，对我国法官在审判医疗纠纷案件时如何有效地克服事实真伪不明问题具有借鉴意义。

第二节　域外医疗诉讼中证明妨碍规则考察
——以我国台湾地区为中心

我国台湾地区2000年修正的"民事诉讼法"第282-1条规定："当事人因妨碍他造使用，故意将证据灭失、隐匿或致碍难使用者，法院得审酌情形认他造关于该证据之主张或依该证据应证之事实为真实。"并且对于各种证据方法，也有较为明确和特别的规定："关于文书，当事人无正当理由不从提出文书之命者，法院得审酌情形认他造关于该文书之主张或依该文书应证之事实为真实（第345条第1款）"；"关于勘验，准用文书之相关规定（第367条）"；"关于当事人讯问，其无正当理由拒绝陈述者，法院得审酌情形，判断应证事实之真伪，当事人经法院命其本人到场，其无正当理由而不到场者，视为拒绝陈述（第367-1条第3款、第4款）"。

---

① 叶自强：《举证责任及其分配标准》，法律出版社2005年版，第53页。

在立法规定的引导下,在台湾地区的司法实践中也不乏相关的案例。比如在我国台湾地区桃园地方法院2006年度医字第4号民事判决中,原告主张被告医生所实施的手术、照护有瑕疵,而从原告所提出的病例来看,很显然能看出被告仅将手术的成功部分加以记载,其他有瑕疵的行为却刻意隐瞒。这个案件的主要争点在于如何评价"被告病例记载的不完全行为",法院认为对此应类推适用"民事诉讼法"第282-1条,进而认为原告主张被告因实施手术过程中有过失致使其受到上述伤害的主张为真实。

不同于我国台湾地区,在德国,所谓证明妨碍是指在诉讼以前或诉讼系属中,通过故意或过失行为,将已经存在的证据方法毁弃或碍难适用。而对于证据方法,德国《民事诉讼法》虽然仅对文书、当事人讯问这两种证据方法设有证明妨碍的明确规定,但实务上却不受此限制,对于勘验、证人以及鉴定人的证据方法,类推适用文书、当事人讯问的有关规定。比较典型的是"纱布案"。该案件的事实是,医生在第一次手术时忘记将用以止血的纱布取出,为取出纱布又进行了第二次手术。医生在将纱布取出后即予以丢弃。患者在手术后提起了医疗损害赔偿诉讼,作为主要证据的纱布其大小、形状对于医生的过错认定具有决定性意义,但由于纱布已经被医生所丢弃,这使得原告无法说明、证明该纱布的大小、形状。德国联邦最高法院认为,医生的这种行为构成证明妨碍。因为该医生在第二次手术取出纱布时,应可以期待其能预见将有医疗诉讼发生,由于作为对医生是否具有过失的纱布属于重要证据,医生应当注意保存该纱布。如果没有予以保存,那么医生是否具有过失一事不能解明的不利益,应由医生自己负担。

下面,笔者就我国台湾地区医疗诉讼中的证明问题及证明妨碍规则的适用现状进行详细阐述。

一、我国台湾地区医疗纠纷概述

自我国台湾地区2000年"民事诉讼法"修正案增加证明妨碍规则以来,证明妨碍规则在医疗诉讼中便开始正式适用。在我国台湾地区,通常认为医疗纠纷是指在医疗过程中,病人与医事人员或医疗机构之间,因伤害、残废或死亡的医疗事故所产生的纠纷。医疗过程中的医疗行为,又可以分为广义医疗行为及狭义医疗行为。广义医疗行为是指与医学知识和技能有关,会产生卫生上危害的行为;狭义医疗行为,则是指与医生执行医疗业务有关的行为。

在我国台湾地区,自2000年来民事医疗诉讼案件有明显增加的趋势。据统计,2000年医疗诉讼一审的判决数为25件,2001年为27件,2002年为29

件,2003 年为 59 件,2004 年为 55 件,2005 年为 60 件,2006 年为 99 件,2007 年为 128 件,2008 年为 86 件,2009 年为 89 件。可以看出,第一审医疗诉讼判决数在 2007 年较之 2000 年比增加了 4 倍之多。在 2007 年达到高峰后,有所下降。但值得注意的是,这在全部的民事诉讼案件中仍然仅占极少数部分,例如 2009 年全部民事诉讼一审案件为 131869 件,相较于地方法院第一审判决,同年的医疗诉讼案件只占 0.67‰。据统计,我国台湾地区于 2000 年至 2009 年 10 年间,医疗诉讼一审的判决数为 657 件,二审的判决数为 299 件。而在有关医疗诉讼所涉及的医疗科别上,根据统计可知最容易产生医疗诉讼的前三科分别为内科(占 26%)、外科(占 24%)和妇产科(占 17%)。①

二、医疗诉讼中证明责任的分配

(一)过失的证明责任分配

1. 我国台湾地区"最高法院"见解

在 2000 年之前,我国台湾地区实务中基本采用是法律要件分类说中的特别要件说来分配当事人的证明责任。在"民事诉讼法"第 277 条增订了但书之后,不少学者虽然仍然主张规范说,但开始有学者基于该条的修正而主张应顾及诉讼法上的观点,提出应采取行为责任说,以针对各种案件类型的特性和需要,分别构建证明责任。在各种学说的影响下,反映到实务操作中也呈现出分歧的现象。特别是关于"民事诉讼法"第 277 条但书适用于医疗诉讼的证明责任分配,我国台湾地区"最高法院"的见解并不一致。其中有认为要适用"民事诉讼法"第 277 条但书,但也有反对者。②

例如,在我国台湾地区"最高法院"2007 年度台上字第 2738 号判决中,"最高法院"维持原审裁判驳回原告的上诉,而不认为要适用"民事诉讼法"第 277 条的但书。其理由是:"按当事人主张有利于己之事实者,就其事实有举证之责任。但法律别有规定,或依其情形显失公平者,不在此限。'民事诉讼法'第 277 条定有明文。依前开规定,并无医院或医师应就其医疗行为先负无侵权行为举证责任之情形,如由主张医院或医师有过失者,先负举证之责,尚无违反上开规定或有显失公平之情形,则上诉人主张本件应由被上诉人先就

---

① 沈冠伶、庄锦秀:《民事医疗诉讼之证明法则与实务运作》,载《政大法律评论》第 127 期。

② 沈冠伶、庄锦秀:《民事医疗诉讼之证明法则与实务运作》,载《政大法律评论》第 127 期。

其医疗行为并无侵权行为负举证之责,显系就消极事实先负举证责任,违反前述举证责任之规定,自应由上诉人先就被上诉人有过失之事实负举证责任。上诉人既未能举证证明被上诉人有过失,即经送鉴定结果,亦认被上诉人之医疗行为并无过失,而上诉人复未能举证证明被上诉人之医疗行为与吴朝心之死亡间有相当因果关系,其依侵权行为及雇佣关系主张被上诉人应负连带赔偿责任,自无理由。综上所述,上诉人依侵权行为、债务不履行及消保法第七条规定之法律关系,请求被上诉人应负连带赔偿责任,核属无据,不应准许。并叙明本件事证已臻明确,两造其余主张,与判决结果不生影响,爰不一一论述。因而维持第一审所为上诉人败诉之判决,驳回其上诉及扩张之诉,经核于法洵无违误。上诉论旨,仍执陈词,就原审证据取舍、认定事实之职权行使,或就原审已论断,泛言违背论理及经验法则,并就原审其他赘述之理由,指摘原判决不当,声明废弃,非有理由。"

又如,我国台湾地区"最高法院"2009年度台上字第276号判决则认为有"民事诉讼法"第277条但书适用的余地。该判决书载明:"按2000年2月9日修正公布实施前之'民事诉讼法'第277条仅规定:当事人主张有利于己之事实者,就其事实负举证责任。就一般诉讼事件言,固可依此项举证责任分配之原则性概括规定为其适用标准。惟关于举证责任之分配情形繁杂,仅设原则性规定,未能解决一切举证责任之分配问题,尤以关于公害事件、交通事件、商品制作人责任、医疗纠纷等事件之处理,如严守原来概括规定之原则,难免产生不公平之结果,使被害人无从获得应有之救济,有违正义原则,故该次修正乃于同条增订但书,规定:但法律别有规定,或依其情形显失公平者,不在此限。以适应实际之需要。查本件林娥香系于1990年4月17日因中耳炎至被上诉人中港院区耳鼻喉科就诊,由医师苏茂昌施行手术治疗,于该日即成为植物人,此为被上诉人所不争执,而被上诉人于2006年6月8日所出具之林娥香诊断证明书仅记载:患者因患右侧慢性中耳炎并胆脂瘤,于1990年4月17日在本院接受右侧中耳显微镜手术(于全身麻醉之下),术后送麻醉恢复室观察,在术后麻醉医师观察中,病人突然发生呼吸困难,麻醉医师立即施予急救,急救后,病人成为植物人等语,并无关于医师苏茂昌如何为林娥香施行中耳炎显微镜手术、麻醉医师又如何为林娥香实施全身麻醉之纪录。如有此纪录亦应由被上诉人保管。查林娥香在被麻醉及手术过程中,全程均在被上诉人医护人员之照护中,竟成植物人状态,倘无此医疗过程之纪录,或被上诉人难以取得此项纪录,而必欲令其负举证责任是否有违公平原则,非无斟酌之余地。上诉论旨,指摘原判决不当,求为废弃,非无理由。"

第二章 医疗诉讼中证明妨碍规则之具体适用

另有我国台湾地区"最高法院"2010年度台声字第236号裁定,认为不应当由被告承担无过失的证明责任。在该案件中,申请人主张前诉程序第一审台湾高雄地方法院2004年度医字第6号及第二审台湾高等法院高雄分院2007年度医上字第5号判决消极不适用"民事诉讼法"第277条但书关于证明责任转换的规定。我国台湾地区"最高法院"则认为,本案并无消极不适用法规的情形,不符合"民事诉讼法"第496条第1款第1项所谓适用法规显然有错误的规定,驳回再审申请,其理由大概为:"又前诉讼程序第二审判决本于其取舍证据及认定事实之职权行使,先行认定相对人之医疗行为并无疏失,嗣以声请人未举证证明手术纪录非当时所作,而不足采,尚无违反举证责任分配之情形。况手术纪录纵系事后补作,亦难据为相对人医疗过失之认定,不足影响裁判结果。声请人未指出医疗常规非属善良管理人应注意之法则,徒托空言原确定裁定违背本院1930年上字第2746号及1953年台上字第865号判例意旨,自无足取。再按2004年4月28日修正公布前医疗法第46条第1项本文规定医院实施手术时,应取得病人或其配偶、亲属或关系人之同意,签具手术同意书及麻醉同意书;在签具之前,医师应向其本人或配偶、亲属或关系人说明手术原因,手术成功率或可能发生之并发症及危险,在其同意下,始得为之。前诉讼程序第二审判决依声请人徐×璋之自承,认定其弟徐×良已签署心脏外科手术同意书,相对人并已于手术前,确实告知徐勤功家属手术可能之不良反应,尚无违反上开规定。末查前诉讼程序第二审判决认定徐勤功于2003年12月才主诉其近7至8个月有心绞痛加重现象,原确定裁定本此事实,自无消极不适用修正前医疗法第48条第2项之情形。从而,声请人以本院原确定裁定有民事诉讼法第496条第1项第1款所定之再审事由,对之声请再审,非有理由,应予驳回。"依照上述裁定理由,可以看出,我国台湾地区"最高法院"在本案诉讼中不认为应转换由被告承担无过失的证明责任。

"最高法院"在上述第二则判决中以"医疗过程记录之欠缺或碍难取得"作为使原告负担证明责任有违反公平原则的具体理由,应当予以肯定,也可认为属于证明妨碍法理的运用。至于其他情形,由于尚缺乏足够案例作为分析材料,现阶段并不能准确归纳出我国台湾地区"最高法院"的观点。

2.第一审和第二审判决见解

如果观察下级审裁判,就过失或可归责性的要件事实,在第一审判决中明确表示应当适用"民事诉讼法"第277条但书规定转换由被告负证明责任或减轻原告的证明责任的案件共有33件,仅占全部第一审判决(657件)的5%。法院明确表示应当由原告负过失的证明责任的判决书(共有139件),占全部第一审判决(657件)的21.2%。至于未明示者则占到73.8%。由于未明示证明责任的分配,意味着仍采用一般证明责任分配原则。因此,关于过失的证明责任,在大多数案件中,仍然由原告即患者承担证明责任。

在第二审判决中也有类似的情形。法院明确表示应当调整由被告承担过失的证明责任的判决数共有11件,占全部第二审判决(299件)的3.7%,而明确表示仍应由原告负过失的证明责任的判决数共有52件,占全部第二审判决(299件)的17.4%;未明示者占78.9%。①

(二)因果关系的证明责任分配

在我国台湾地区第一审判决中,明确表示调整由被告负因果关系的证明责任的共有19件,仅占全部第一审判决(657件)的2.9%;法院明确表示仍由原告负因果关系的证明责任的判决数共有116件,占全部第一审判决(657件)的17.7%。在第二审判决中,明确表示由被告负因果关系的证明责任的共有4件,占全部第二审判决(299件)的1.3%;判决中明确表示由原告负因果关系的证明责任的共有40件,占全部第二审判决(299件)的13.4%。②

(三)其他证明法则的适用

我国台湾地区台北地方法院2006年度医字第14号判决参考、援引德国实务及学说上发展的"重大医疗瑕疵原则"。该判决书载明为:"(二)在医疗诉讼上,德国的所谓'重大医疗瑕疵原则'可供参考。而所谓'重大医疗瑕疵原则',系指原告如已主张并证明存在有'重大医疗瑕疵',而该医疗瑕疵适足以造成损害时,则关于损害赔偿责任成立之因果关系,应由被告证明其不存在,而转换举证责任。故'重大医疗瑕疵原则'的建立,可说是在考量医疗行为的特殊性下,就举证责任之分配,企图平衡医病间之利益。在因果关系之举证责任分配上,既不一概由原告负举证责任,而对其过于严苛,亦避免完全不加任何要件即一味要求医师负举证责任,而过于加重其负担,致生防御性医学。(三)关于医疗瑕疵或医疗错误是否'重大',系根据一般客观之医师观点,依照通常医师所受之教育及医学知识,该医疗瑕疵(包括诊断上错误及治疗上错误)之发生,是不可理解的,而看来应由医师负责,因为该医疗瑕疵不该发生在医师身上。且该医疗瑕疵通常适足以造成损害之发生,于此仅需具有造成损

---

① 沈冠伶、庄锦秀:《民事医疗诉讼之证明法则与实务运作》,载《政大法律评论》第127期。

② 沈冠伶、庄锦秀:《民事医疗诉讼之证明法则与实务运作》,载《政大法律评论》第127期。

害之可能性即足,尚无须如'表见证明'之要件,须达到'典型性'之程度。又'医疗瑕疵'是否重大之判断,系涉及系争医疗行为在客观上是否显然违背一个明确且有效之医学认识与经验,而与医师个人主观上之可非难程度无关。由于在评价该医疗瑕疵是否'重大'时,并不考虑实际上从事医疗行为之医师个人主观上因素,因此,之所以就因果关系转换举证责任,并非对于医师之制裁,而毋宁是因为该重大医疗瑕疵造成医疗处置行为与健康损害间之因果关系难以厘清,而使得原本负举证责任之原告陷入举证困难,因此,应由造成原告在因果关系上举证困难之医师负证明责任,始符公平。于此,原告虽仍须就医师之主观上可归责性(故意或过失)负举证责任,但由于医师如已为必要之注意,通常即可避免重大医疗瑕疵,因此,原告如能证明存在有重大医疗瑕疵时,通常就医师可归责性之证明,亦无困难。医疗瑕疵是否'重大',乃属于法律上评价之问题。故涉及医学专业上之判断,而须进行鉴定。另护士照护上之瑕疵或者照护上之疏失,亦应比照上开医疗瑕疵之准则来处理。"不过,本件判决其实并未为证明责任之转换,亦未对原告为有利之认定。援引德国实务上所发展之此项原则,似未发生积极之作用。

三、医生说明义务及其证明责任

(一)医生说明义务的争论

在主张医生未尽说明义务的案例中,关于医生是否已尽到说明义务而取得病患的同意,如将手术视为对于身体的侵入行为,则具有违法性,而因医生的说明或告知而取得病患的同意即为阻却违法事由,具有阻却违法的抗辩性质。依一般证明责任的分配,应由医生就其已经尽到说明义务而取得病患同意负证明责任。但我国台湾地区实体法学界关于医生说明义务的性质,究竟属于过失要件还是阻却违法要件,仍有争论,这也使得证明责任的分配受到影响。换言之,如果将医生未告知一事视为过失要件,则依一般证明责任分配,原则上是由主张侵权行为损害赔偿责任的原告就医生未尽到说明义务而具有过失一事负证明责任,如于个案中有显失公平者,再依"民事诉讼法"第277条但书转换证明责任。至于关于医疗侵权行为与损害结果之间的因果关系,不论采过失要件说或阻却违法性说,原则上仍然由病患负证明责任。

(二)实务界的见解

在实务上关于医生是否已经尽到说明义务的证明责任,也存在不同见解的裁判。据统计,在一审中,原告有主张医生违背说明义务者共148件,占全部医疗诉讼第一审判决(657件)的22.5%。其中,就证明责任而言,判决理由中表示应由原告(患者一方)就医疗机构一方未尽到说明义务负证明责任者共有 2 件[①],占就说明义务有所争执者(148 件)的 1.4%;而判决理由中明确表示由被告负说明义务违反的证明责任者则有 12 件[②],占就说明义务有所争执者(148 件)的 8.1%;法院未明确表示由原被告负说明义务违反的证明责任的判决共有 134 件,占就说明义务有所争执者(148 件)的 90.5%。在第二审中,原告有主张医生违背说明义务者较第一审比率高,共有 93 件,占全部第二审判决(299 件)的 31.1%;其中,法院明确表示由原告负说明义务违反的证明责任的判决书共有 3 件,占有争执说明义务者(93 件)的 3.2%;法院明确表示由被告负说明义务违反的证明责任的判决数共有 6 件,占 6.5%;法院未明确表示由原告、被告负说明义务违反的证明责任的判决数共有 84 件,占有争执说明义务者(93 件)的 90.3%。[③]

将一审、二审垂直观察,可以发现主张说明义务判决数,从第一审的 22.5%上升到第二审的 31.1%。由此可知,医生是否尽说明义务一事渐为当事人所意识而主张,而成为诉讼上的争点之一。尤其是原告于第一审如因不能证明医疗行为有过失而受败诉判决时,在第二审即试图转而主张医生未尽到说明告知义务,成为新攻击防御方法予以提出。但是,法院在面对"医生违背说明义务"的主张时,并未充分掌握说明义务在构成要件上的定性及地位。有依向来的"积极事实说"认为应当由医生就其告知或说明一事负证明责任,也有依"有利事实说"认为应当由病患方就医生未尽说明义务一事负证明责

[①] 比如云林地方法院 2004 年度医字第 2 号判决载明:"按当事人主张有利于己之事实者,就其事实有举证之责任。但法律别有规定,或依其情形显失公平者,不在此限,'民事诉讼法'第 277 条订有明文。本件原告主张被告未为不手术治疗风险之说明,本诸前述规定,自应就该有利于己之事实,负举证责任。又本件虽属医疗事件诉讼,但被告究竟有无将不进行开刀手术治疗所可能发生之不利结果向丁显亲或其家属说明,基本上并不涉及专业之医学知识,赋予原告举证责任,并无违反武器平等或诚信原则,自无该条但书所称显失公平事情。"

[②] 比如台中地方法院 2006 年度医字第 5 号判决载明:"被告二者在为己××进行系争手术前,须尽充分告知义务,取得己××或其家属即原告无瑕疵之同意,始得阻却该项侵入性医疗行为之违法性,则有关此项阻却违法事由存在之事实,乃有利于被告,依'民事诉讼法'第 277 条前段'当事人主张有利于己之事实者,就其事实有举证之责任'之规定,自应由被告负举证责任。"

[③] 沈冠伶、庄锦秀:《民事医疗诉讼之证明法则与实务运作》,载《政大法律评论》第 127 期。

任,但多仅凭手术同意书的签署即认为病患已为同意。这种认识上的分歧导致实务界在证明责任的分配上存在较大差异。但更多的做法是,对于证明责任的分配不作明确表示。在我国台湾地区,关于说明义务仍然具有学说上的争议而实务界也尚未形成统一见解,这恐怕会使得当事人因无法明确认知到证明责任的分配而未能进行充分的举证,有导致突袭性裁判之虞。

四、当事人声明的证据方法种类

(一)第一审判决中的证据方法种类

在第一审判决中,证据方法以"证人"事项的判决数共有110件,占全部第一审判决(657件)的16.7%;证据方法以"鉴定"事项的判决数共523件,占全部第一审判决(657件)的79.6%;证据方法以"书证"事项的判决数共有569件,占全部第一审判决(657件)的86.6%;证据方法以"勘验"事项的判决数共有3件,占全部第一审判决(657件)的0.5%;证据方法以"当事人询问"事项的判决数共有1件,占全部第一审判决数(657件)的0.2%。①

(二)第二审判决中的证据方法种类

在第二审判决中,证据方法以"证人"事项的判决数共有50件,占全部第二审判决(299件)的16.7%;证据方法以"鉴定"事项的判决数共有103件,占全部第二审判决(299件)的34.4%;证据方法以"书证"事项的判决数共有208件,占全部第二审判决(299件)的69.9%;证据方法以"勘验"事项及"当事人询问"事项的判决数各有1件,占全部第二审判决(299件)的0.3%。②

(三)小结

前述证据方法事项,在一个审理程序中,可能同时采用数种证据方法。因而,前述一、二审的各证据方法合计百分比超过100,这足以呈现出在实务审理程序中,通常所采用的证据方法种类均是数个以上。

无论第一审或第二审,所采用的证据方法以"书证"(主要指病历)居最多,其次是"鉴定",再次是"证人"。由此可见,病历的记载是否翔实、清晰,对于举证的结果,具有重要影响。而且,鉴定调查的比例也高达八成以上。因此,鉴定程序是否健全并足以令当事人信服,对于医疗裁判的信任度,也扮演着重要

---

① 沈冠伶、庄锦秀:《民事医疗诉讼之证明法则与实务运作》,载《政大法律评论》第127期。

② 沈冠伶、庄锦秀:《民事医疗诉讼之证明法则与实务运作》,载《政大法律评论》第127期。

角色。

五、法院依职权调查证据

虽然民事诉讼程序原则上采取辩论主义,但在医疗诉讼中,也有法院依职权进行调查程序的情形,其主要方式是依职权进行鉴定。在前述统计的全部 1065 件判决书中,法院明确引用"民事诉讼法"第 288 条①规定作为依职权调查依据的判决共有 4 则。②

(一)我国台湾地区"最高法院"2007 年度台上字第 757 号判例和台湾高等法院 2004 年度重上字第 256 号判例

我国台湾地区"最高法院"2007 年度台上字第 757 号判例和台湾高等法院 2004 年度重上字第 256 号判例为同一起医疗纠纷案件,双方当事人都没有申请鉴定,但是最终我国台湾地区"最高法院"明确表示:"查法院不能依当事人声明之证据而得心证,为发现事实认为必要时,得依职权调查证据,'民事诉讼法'第 288 条第 1 项定有明文。鉴定为一种调查证据的方法,若当事人诉讼之原因事实涉及专门知识,而该原因事实之真相影响诉讼结果,法院非借由专家知识无法依诉讼资料探求或知悉,自得本于职权送请专门机构鉴定解决,无待当事人之声请,此既为法律明文规定,即无违民事诉讼采当事人进行之原则。上诉人执本件两造均未声请鉴定,原审函请行政院医事鉴定委员会鉴定系争医疗情形,违反民事诉讼采当事人进行主义云云,容有误会,附此叙明。"

(二)台北地方法院 2004 年度再易字第 24 号判例

台北地方法院 2004 年度再易字第 24 号判决书载明:"再审原告虽以原审未向台北市中医师公会而向国泰医院函询,然国泰医院及台大医院均属西医,无法判断再审原告颜面神经麻痹是否与推拿有关,原审竟以国泰医院 2003 年 11 月 25 日函作为判决不利于再审原告之依据,有违'民事诉讼法'第 288 条之规定,而有适用法规显有错误之违法云云,然于人体肩颈部为推拿按摩,是否会伤及颜面神经致眼歪嘴斜,因人体之生理组织结构及相互间连动关系有其恒定性,以此向中医或西医函询,应不致有不同之结果,再审原告于原审既

---

① 我国台湾地区"民事诉讼法"第 288 条规定:"法院不能依当事人声明之证据而得心证,为发现真实认为必要时,得依职权调查证据。依前项规定为调查时,应令当事人有陈述意见之机会。"

② 沈冠伶、庄锦秀:《民事医疗诉讼之证明法则与实务运作》,载《政大法律评论》第 127 期。

未声请向台北市中医师公会函询,则原审为发现真实依职权向再审原告就诊之国泰医院函查,与'民事诉讼法'第288条之规定并无违背,纵认本件以向台北市中医师公会函询为宜,依上开说明,亦属原审证据取舍之问题,与适用法规显有错误有间,不得据为再审理由。再审原告以此主张原确定判决有'民事诉讼法'第496条第1项第1款所规定适用法规显有错误之再审理由,为无可取。"

(三)花莲地方法院1999年度诉字第257号判例

该判决书载明:"原告主张之事实,是被告无医师资格而对原告施以医疗行为,任意为电疗等造成原告身心伤害,但原告却无法提出相关之证据供为参酌。本院认原告之智虑无法为完整之诉讼举证,而依'最高法院'1982年度台上字第2808号判例之旨'要民事诉讼法采辩论主义,举凡法院判决之范围及为判决基础之诉讼资料均应以当事人之所声明及所主张者为限。审判长之阐明义务或阐明权之行使,亦应限于辩论主义之范畴,不得任加逾越,否则即属违背法令。故审判长尚无阐明令当事人提出新诉讼资料之义务。又'民事诉讼法'第288条规定法院不能依当事人声明之证据而得心证,或因其他情形,认有必要时,得依职权调查证据云者,类因当事人本身之鲁钝或受外物之牵制,不谙或不敢声明证据等情形,法院为维持裁判上公平与正义所必要,而后为之',职权向玉里荣民医院查证相关情事。"

六、证明度

(一)民事诉讼中通常的证明度

法官就某事实主张认为其某程度为真实的判断,称之为心证。而就某事实存在与否进行判断的过程,则称之为心证形成的过程。此外,法官的心证到达何种程度时,在诉讼法上才可以认定该事实存在,则属于心证度是否已经达到证明度的问题。亦即,法官的心证事实上已经到达的程度称为心证度,这可能因法官个人的不同而有所差别。而在诉讼法上要认为某事实是真实存在的、从而被要求其应该到达的程度则称之为证明度,这是不论任何法官均应到达而且遵守的标准。[①]

我国台湾地区民事诉讼中通常证明度的标准是什么,在理论界和实务界

---

① 姜世明:《举证责任与证明度》,台湾新学林出版股份有限公司2008年版,第117页。

并未形成一致见解。从实务界的判例来看,有的采用高度盖然性说,有的采用优势证明说,也有的采用证明度降低说。

1. 台湾高等法院2001年度上易字第277号判例:高度盖然性说

该判决书载明:"然按当事人主张有利于己之事实者,就其事实有举证之责任,'民事诉讼法'第277条前段定有明文,而民事诉讼之举证责任与刑事诉讼之举证责任不同,负民事举证责任之一造仅须就其所主张之事实,举证证明该事实之存在具有高度盖然性为已足,毋庸证明至'超越合理之可疑'之程度。"

2. 台湾高等法院2006年度重上字第347号判例:优势证明说

该判决书载明:"至于被上诉人丁××及诉外人庚××涉嫌伪造文书案件,虽经台北地院2006年度诉字第1542号判决丁××及庚××均无罪,已如前述。惟刑事诉讼程序中,检察官对于被告有罪之举证责任,应达到无合理可疑之程度,亦即检察官所提出被告犯罪之证据,须达于依据良知之确信,足以排除一切合理怀疑之程度。但民事诉讼程序并不相同,负有举证责任之一造,就主张有利于己之事实所须负担之举证责任,以达于足可转换举证责任之优势证据程度为已足,而于他造否认其事实主张者,始改由他造负证明优势证据瑕疵之责任。而所谓优势证据,系指证据之证明力,足以使法院对于争执之事实认定其存在,更胜于不存在,亦即可基于事实之盖然性,认为符合真实之经验,而肯定待证事实之存在,而达到盖然之心证;此时法院即应信该当事人所主张之事实为真,反之则应认该当事人主张之事实为伪。而此种差异之原因,在于刑事有罪判决,对于被告之生命、身体、自由等关系重大,一经误判,则将殃及无辜,因此刑事诉讼之证明程度较诸民事诉讼为重。从而被上诉人并未另行提出任何证据以资证明系争赠与契约书及切结书确实为林志忠所书立,本院无从产生信其为真实之盖然心证,因此该等待证事实不明之不利益,即应归属于被上诉人,本院自不能遽为有利于被上诉人之认定。是上诉人主张系争赠与契约书及切结书为虚伪等情,即属可信。系争所有权移转登记之债权原因行为既为无效,则上诉人为真正继承权利人自得对登记名义人提起登记涂销之诉。"

3. 我国台湾地区"最高法院"2010年度台上字第1264号判例:证明度降低说

该判决书载明:"按台湾地区祭祀公业,年代咸亘久远,人物全非,远年旧物,每难查考,致涉有'证据遥远'或'举证困难'之问题。于此情形,当事人自得依'民事诉讼法'第277条但书规定,主张以'证明度减低'之方式,减轻其举证责任。苟当事人之一造依该方式提出相关之证据,本于经验法则,可推知其与事实相符者,亦应认其已有提出适当之证明,他造欲否认其主张,即不得不更举反证以证明之。"

(二)医疗诉讼中的证明度

在我国台湾地区医疗诉讼的第一审判决中,大多数案件均未明确表明证明度是什么。据统计,第一审判决中采用原则证明度即高度盖然性的共有646件,占第一审全部判决数(657件)的98.3%。仅有少数案件降低原则证明度,采用优势证明法则。在第二审判决中,采用原则证明度即高度盖然性的共有296件,占第二审全部判决数(299件)的99%。仅有少数3份判决调整当事人的证明责任分配,这占第二审全部判决数(299件)的1%。①

在概念上界定一个所谓被降低的证明度,并固定其程度,这在实务适用上是非常困难的。因此,关于证明度的降低程度,在不同类型的案件之间未必均应该一成不变,而应当予以类型化。更为重要的是,应当避免发生突袭性裁判,并确保当事人对于程序进行预测的可能性。为此,法官应当将其所形成的暂时性判断(例如:关于证明度的见解及心证度是否已经达到证明度),适时地向当事人予以公开,借此并可以促使当事人调整、协议简化争点。

七、医疗诉讼中证明妨碍规则的适用

通常而言,证明妨碍的表现形式主要有两种:一种是当事人积极的证明妨碍行为(我国台湾地区"民事诉讼法"第282-1条);另一种是当事人消极不履行对证据调查的协力义务(我国台湾地区"民事诉讼法"第345条、第353条、第357-1条、第367-1条、第367-2条)。然而,从医疗民事诉讼的实际情况进行观察,无论在第一审判决还是第二审判决中,法院援引证明妨碍规则下判的案例少之又少。

(一)援引"民事诉讼法"第282-1条的判例:未于病历中记载手术资料

我国台湾地区法院在判决书内明确援引"民事诉讼法"第282-1条的判例仅有1件,即桃园地方法院2006年度医字第4号判决。该判决书载明:"又关于上开二部分之手术过程,被告既未于病历中记载,且经本院谕请被告诉讼代理人通知及本院自行传唤被告于2007年5月23日到庭,被告并未到庭说明,

---

① 沈冠伶、庄锦秀:《民事医疗诉讼之证明法则与实务运作》,载《政大法律评论》第127期。

且其代理人亦称自（本院简易庭）调解后即无法与被告联络等语（本院卷第237、238、248、249页）。是本件纵将现有之病历及照片等资料送鉴定，亦无从为进一步之厘清。况且被告刻意隐瞒，不记载与上开伤害有关之'眼袋去除'、'下巴拉皮'部分之手术资料，类推'民事诉讼法'第282条之1第1项有关妨碍举证之效果规定（即当事人因妨碍他造使用，故意将证据灭失、隐匿或致碍难使用者，法院得审酌情形认他造关于该证据之主张或依该证据应证之事实为真实）之法理，应认原告主张被告因执行手术过程中有过失致其受有上开伤害为真实。"

（二）援引"民事诉讼法"第345条的判例

1. 嘉义地方法院2003年度医字第5号判例：拒不提交产品说明手册

该判决书载明："依VISX公司关于其出售之雷射近视机器之病人必读并需与医生讨论产品说明手册（下称产品说明手册，见原告2007年6月28日书状所附文件），该手册为附于该公司之产品说明。被告坦承系使用该公司产品，则被实无法诿为不知产品说明手册。又该产品说明手册所述均系关于雷射近视手术原因、适合之病人及雷射手术成功率、安全性及并发症、治疗风险及可能发生严重后果之风险等，揆其性质属前揭医疗法第46条第1项、医疗法第58条及前揭'最高法院'2006年台上字第3576号判决，均属应告知病人说明义务之事项。且被告于诉讼程序中引用该雷射机器为手术，依据消费者保护法第24条商品或输入之商品均应依法标示，输入之商品并应附中文标示，则该雷射机器之说明书、该雷射机器之警告标示及制造或经销该雷射厂商全名，自属'民事诉讼法'第344条第1项第1款、第2款、第5款被告有提出义务之文书，被告就下列原厂说明书经本院晓喻均不依法提出。原告经上网查明该厂之说明，依'民事诉讼法'第345条之规定自得认为原告关于下述文书之主张为正当，核先叙明。"

2. 台湾高等法院台中分院2004年度医上易字第3号判例：病例未妥善保存遗失

该判决书载明："被上诉人医院以原始病历业已遗失为由，未依原审裁定提出患者完整病历，是否当然发生上诉人就该项文书之主张为真正之法律效果？（1）按法院认应证之事实重要，且举证人之声请正当者，应以裁定命他造提出文书；就与本件诉讼有关之事项所作之文书，当事人有提出之义务；当事人无正当理由不从提出文书之命者，法院得审酌情形认他造关于该文书之主张或依该文书应证之事实为真实，'民事诉讼法'第343条、第345条第1项分别定有明文，惟上开条文所谓得认他造对该文书之主张为真实，非谓法院得毫无凭据地认定他造就该文书所主张之事实即属真正,盖法院得认他造关于该文书之主张为正当,与该文书之证据价值,系属二事,法院不得仅因负有文书提出义务之一造未提出该项文书,即谓声请提出文书之一造依该文书应证之事项已经证明,仍须斟酌情形,综合全辩论意旨,依自由心证判断要证事实之存否。(2)原审曾于2003年8月13日,裁定命被上诉人医院提出本件患者于该医院就诊之全部病历,被上诉人医院于同年9月14日,具状表示本件患者于被上诉人医院就诊之原始病历业已遗失,并另提出该患者于被上诉人医院就诊时之电子病历复印本一册。然原审依被上诉人声请,将该电子病历复印本送请'行政院卫生署'医事审议鉴定委员会,鉴定被上诉人戊××于2001年7月6日为患者进行骨科手术,于手术前就患者身体状况是否适合进行该手术之评估,与施用手术及麻醉之方法有无疏失之处,经'行政院卫生署'函覆以:该份病历资料不完整,必须另行提供患者于被上诉人医院就医期间之完整病历(包括护理记录、所有检验报告、手术记录、X光片、CT片等),始得就本院嘱托鉴定事项进行鉴定,有'行政院卫生署'2004年6月10日卫署医字第0930211761号函附卷可稽,足见被上诉人医院提出之本件患者电子病历复印本,并非该患者在被上诉人医院就诊之'全部'病历,自难认该被上诉人已遵照原审上开裁定意旨提出文书。而依被上诉人所提出之被上诉人医院个人借阅病历资料一览表之电脑纪录,显示本件患者陈潘桂香之病历资料于2002年3月12日由刘骥借阅(见原审卷一第190页),而证人刘骥于原审上开言词辩论期日否认其本人有借阅该病历资料,并称伊其习惯,办公室里的人包括甲××及另一位小姐,如果要调阅病历,伊会让他们盖章,只要告诉伊一声就好(见原审卷一第167页);被上诉人因而质疑系争病历资料系遭上诉人之孙甲××以刘骥名义借阅后,未予归还。上诉人则以系争病历资料于2002年3月12日借阅后,历经数月未归还,且连同病历借阅通知单亦一并遗失,已违反被上诉人医院病历借阅规则,被上诉人复无未能提出其他相关借阅之电脑资料可供查询,亦因而质疑被上诉人有隐匿病历资料之嫌;然两造就其质疑,均未能提出具体事证以为证明,尚难尽信。而依前揭条文规定与说明可知,被上诉人医院以原始病历业已遗失为由,未提出患者完整病历,并不当然发生须认定上诉人就该项文书之主张为真正之法律效果,亦即,被上诉人对上诉人应否负侵权行为及不完全给付之损害赔偿责任,仍须由法院依调查证据之结果加以认定,则上诉人主张:被上诉人医院既怠忽其提出患者病历之义务,本院应依其主张,认被上诉人为患者进行上开手术有怠于进行术前评估、未善尽告知患者与家属之义务及手术与麻醉方法失当等医疗过失云云,自无可采。"

在本案中,被告医院以原始病历已经遗失为由,没有提出患者的完整病历,仅仅提供部分病历资料即电子病历复印本一册。法院认为,被告的行为已经构成证明妨碍行为。但是,被告的证明妨碍行为又不能直接发生原告就该病历的主张为真正的法律效果,更不能直接认定病历应证的事实为真实。最终,法院主要是根据多名证人,即参与手术进行的其他医生及护理人员的证言,就被告无过失一事形成肯定心证,而且手术后身体出现的病症及死亡结果,也与被告施行的骨科手术没有因果关系。

3. 台湾高等法院2000年度上字第404号判例:病历记录不完整

该判决书载明:"按医师执行业务时,应制作病历,记载病人病名、诊断及治疗情形;病历内容应清晰、详实、完整;医院、诊所诊治病人时,得依需要,并经病人或其配偶、亲属之同意,商洽病人原诊治之医院、诊所,提供病历摘要及各种检查报告;病历摘要应载明主诉、检查结果、诊断、治疗经过、注意事项、出院后医嘱或建议事项,医师法第12条;医疗法第48条第2项前段、第51条;医疗法施行细则第48条分别定有明文。病历内容应比病历摘要详实、完整,则医师制作之病历尤应详实载明病人主诉、检查结果、医师诊断及治疗情形。而医师对病患治疗时,牵涉医疗专业及病患个人隐私,通常不容第三人在场闻见,因而于医疗事故纷争,医师是否已尽善良管理人注意义务为病患治疗,常须借助病历记载而为判读,因而医师于医疗事故讼争事件,有提出记载完整病历义务('民事诉讼法'第344条第1项第5款规定及其立法理由说明参照),如医师未能提出病历或所提出病历记载不完整,其情形与无正当理由不从提出文书之命相同,法院得审酌情形认他造关于该文书之主张或依该文书应证之事实为真实('民事诉讼法'第345条规定参照)……查丁××医师并未于门诊记录单记载病人主诉、检查病患情形,仅记载诊断结果及使用药物,如前述,且依长庚医院提出朱国健病历,朱国健自1996年11月20日起至12月4日因带状泡疹造成神经性疼痛至疼痛科、神经科及皮肤科就诊,其后至1997年7月2日前并无就诊资料,朱国健于1997年7月2日及7月4日至长庚医院胃肠科及神经内科就诊,距前次就诊时间已达7个月,在此期间,病患身体可能有所变化,自应详细记载病患主诉情形并为检查,以判断是否与7个月以前病史相关,丁××医师未为记载,显然违反应于病历详实载明病人主诉及就病人主诉检查结果义务,丁××医师未于门诊记录单记载病患主诉及检查结果,仅简单记载诊断结果,不足以证明朱国健求诊时仅主诉肩部不舒服及医师检查结果确无发烧、呼吸困难、发绀及心律不整现象……丁××医师不但未于门诊记录单明确记载朱国健主诉情形,甚且对朱国健主诉情形无片语只字记载,

第二章 医疗诉讼中证明妨碍规则之具体适用

违反前述应于病历详实记载义务,本院无从由记录医疗行为之病历判断丁××医师治疗过程已否尽善良管理人注意义务,此项举证责任不利益,自应由医师负担。上诉人此部分主张,应可采信。"

在本案中,病患至被告医院就诊,其受雇医生疏未给予心脏听诊检查,更未嘱咐其接受心电图等检查及住院做进一步的观察治疗,仅仅开立对心脏毫无用处的止痛药,致使患者在家中因心脏疾病死亡。其中就病历部分,该医生仅仅记载诊断结果及使用药物,未详细记载主诉及检查结果;对于此行为,法院认为应当适用"民事诉讼法"第345条规定的法律效果。正因为医生对于病历记载不完整,其无法证明病患求诊时仅主诉肩部不舒服及医生检查结果确无发烧、呼吸困难、发绀及心律不整现象,因而举证不能的后果应当由被告承担。

4. 台湾高等法院2004年度重上字第95号判例:检查结果遗失

该判决书载明:"关于被上诉人未提出萤光眼底摄影片,是否应依'民事诉讼法'第345条第1项规定,认上诉人主张依该文书应证被上诉人可查知其罹患青光眼之事实为真实部分:(一)按'民事诉讼法'第345条第1项规定:'当事人无正当理由不从提出文书之命者,法院得审酌情形认他造关于该文书之主张或依该文书应证之事实为真实。'(二)按医疗法第48条第1项规定:'医院、诊所之病历,应指定适当之场所及人员保管,并至少保存十年。'医疗法施行细则第41条第1项第1款规定:'医事检验应作成报告,连同病历保存。'上诉人……并提出台中市卫生局卫医字第0910023600号函,表示病历包括萤光眼底摄影片(本院卷一第218页)……本件被上诉人于1991年4月15日施作眼底萤光摄影,应至少保存摄影片至2001年4月15日止,被上诉人未提出摄影片,应有未合。(三)医审会第89381号鉴定书记载本件萤光眼底摄影检查,依据检查报告记录,无法诊断为青光眼(原审卷二第170页)。第90180号鉴定书记载:萤光眼底摄影检查结果为无渗漏,意指没有在不该有萤光显现的部分出现萤光显现,此状况可能发生在正常眼、青光眼,也可能发生在浆液性中心视网膜炎。萤光眼底摄影检查不一定可检验出视神经萎缩或视神经盘病变(原审卷三第132页)。(四)马偕医院马院医眼字第920719号函表示:'萤光摄影检查有助于浆液性中心视网膜炎之诊断,但对青光眼之诊断帮助甚小。'(本院卷二第186页)再于马院医眼字第921907号函表示:'萤光眼底摄影检查适用于诊断浆液性中心视网膜炎,但不适于诊断青光眼。'(本院卷二第236页)(五)综上,被上诉人未提出萤光眼底摄影片,虽有未合。但该检查方式适用于判断是否属于渗出型浆液性中心视网膜炎,不能用以判断是否罹患青光

民事诉讼证明妨碍规则之具体适用

眼,故无从依'民事诉讼法'第345条第1项规定,径认上诉人主张依摄影片应证被上诉人可查知其罹患青光眼之事实为真正。"

在本案中,上诉人因左眼角膜炎至被上诉人医院就诊,医院直接开给含类固醇眼药。上诉人主张医院未参考之前的病史、测量视力、检查视野及眼压、施作裂隙灯检查,仅以眼底镜检查,导致医院未发现上诉人有青光眼的早期病征视神经盘病变萎缩,误诊为左眼浆液性中心视网膜炎,而施用类固醇,引发青光眼,视神经萎缩,视力模糊,且未诊断右眼,致延误治疗青光眼的时机。而且,医院未提出的萤光眼底摄影片,属于广义的病历,应当提交。但是,医审会和马偕医院函释都认为萤光眼底摄影检查不一定可以检验出视神经萎缩或视神经盘病变,其不适于诊断青光眼。就此部分,法院认为,虽然医院未提出萤光眼底摄影片的行为有不当之处,但是该检查方式不能用以判断是否罹患青光眼,所以不能直接认定上诉人主张依摄影片应证被上诉人医院可查知其罹患青光眼的事实为真正,从而判决患者方败诉。换言之,虽然法院认为医院方已经违背文书提出命令,但是却没有对医院方施以证明妨碍的制裁。亦即,并非只要医院方一违背检查义务或者检查结果保存义务,就应当对医院方课以证据法上的制裁。而是应当要看医院没有进行的检查或者没有保存的检查结果在医学上是不是完全必要的,而且医院方的证明妨碍行为与应证事实之不能解明之间必须具有因果关系。如果不具备因果关系,即使医院方违反了证据保存义务,也不能直接课以证明妨碍的制裁。

5. 嘉义地方法院2009年度医字第8号判例:病历未记载诊疗过程

该判决书载明:"医师对病患治疗时,牵涉医疗专业及病患个人隐私,通常不容第三人在场闻见,因而于医疗事故纷争,医师是否已尽善良管理人注意义务为病患治疗,常须借助病历记载而为判读,因而医师于医疗事故讼争事件,有提出记载完整病历义务('民事诉讼法'第344条第1项第5款规定及其立法理由说明参照),如医师未能提出病历或所提出病历记载不完整,其情形与无正当理由不从提出文书之命相同,法院得审酌情形认他造关于该文书之主张或依该文书应证之事实为真实('民事诉讼法'第345条规定参照)。再者,医师未能提出病历除应负前述程序法上效力外,前揭法条关于病历记载义务之规定,其目的在于使诊治医师准确掌握病人病情,以提供治疗准确性,俾利病患身体健康之复原,病历记载义务可谓系医疗品质之确保与帮助,其所保障之目的,包括病人个人之生命、身体及健康等重要权利……是以,病历记载义务之规定,不得谓非保护他人为目的之法律,而违反保护他人之法律,依民法第184条第2项规定,即应推定有过失。……被告抗辩其于2008年1月3日进行甲状腺囊肿硬化治疗当日,实无暇同时记载治疗过程于书面,与原告所受之损害并无因果关系,既无因果关系,自不得将此无关损害发生之事实'推定'为被告之过失云云,显系卸责之词或与前述法律规范目的不符,自无足取。"

嗣后,病患方上诉至台湾高等法院台南分院,该院 2011 年医上易字第 1 号判决载明:"基上,本件虽因被上诉人戴在松未按医疗法规记载病历,以致关于'注射进入甲状腺囊肿酒精剂量'、'执行经皮酒精注射是否有利用相关辅助仪器'等事项,均无法由病历记载得知。惟如前述,依被上诉人自行制作之治疗说明书上之记载,依医疗常规所施行之酒精注射治疗,其风险仅有极少数(更低 1%)声音沙哑,且系暂时性,数天后即可恢复正常,然上诉人在 2008 年 1 月 3 日接受被上诉人戴在松之上开酒精注射治疗后,竟导致左侧声带麻痹之不可逆之伤害,被上诉人戴在松所实施之医疗行为具有疏失,系造成上诉人前揭伤害结果之原因,应堪认定。"从台湾高等法院台南分院的判决来看,对于医院方并未将诊疗过程记入病历的部分,法院虽然没有明确援引"民事诉讼法"第 345 条的规定,但是仍然是作出了对于实施证明妨碍者不利的事实认定。

第三节 我国医疗损害责任透析

一、我国医疗损害责任制度的历史沿革

医疗诉讼是民事诉讼中较为特殊的一种诉讼形态,在 1978 年改革开放之前,我国的医疗损害赔偿制度在医疗服务福利化的基础上,并没有特别突出地显露出其重要性,相关的纠纷案件不多。在改革开放之后,随着医疗体制改革的不断发展,医疗损害责任纠纷开始逐渐增多,相应的法律规范逐渐发展。30 年来,我国的医疗损害责任制度经历了从限制患者赔偿权利阶段到加重医疗机构证明责任阶段再到进行反思和理性思考阶段。[1]

(一)限制患者赔偿权利阶段

改革开放之初,规制医疗损害责任纠纷并没有统一的法律和法规。随着这类纠纷的不断增加,为了规范医疗机构的医疗行为,确定医疗损害责任,国

---

[1] 杨立新:《侵权责任法》,法律出版社 2010 年版,第 404 页。

务院于 1986 年 6 月 29 日出台了《医疗事故处理办法》(以下简称《医疗办法》),于 1987 年 1 月 1 日生效实施。这个行政法规出台的背景,是实行公费医疗的福利化政策,医疗机构医疗行为的性质是社会福利保障。因此,对于医疗机构在医疗活动中造成患者人身损害的赔偿责任,采取严格限制政策。这种限制赔偿政策突出地表现在两个方面:第一,限制医疗事故责任构成,明确规定只有构成医疗责任事故和医疗技术事故,受害患者一方才可以请求赔偿;明确规定医疗机构即使存在医疗差错也不承担赔偿责任,因而受害患者的很多损害无法得到应当得到的救济。第二,限制赔偿数额,《医疗办法》第 18 条明确规定:"确定为医疗事故的,可根据事故等级、情节和病员的情况给予一次性经济补偿。补偿费标准,由省、自治区、直辖市人民政府规定。"尽管那时实行低工资制度,全社会的消费水平普遍较低,但对于造成患者严重损害的,这样低标准的赔偿数额,显然也不能补偿受害患者的实际损害,受到损害的权利无法得到全面救济。可见,《医疗办法》过于考虑我国医疗服务的福利性质,偏重于对医疗机构的保护,严重限制了受害患者一方的民事权利,因而受到各界普遍反对。法院的判决不断突破《医疗办法》规定的限制受害患者赔偿权利的政策底线,最高人民法院的司法解释也有松动①。但这些做法没有,也不可能从根本上改变限制赔偿这种不利于保护受害患者合法权益的被动局面。②

(二)加重医疗机构证明责任,初步形成防御性医疗阶段

2002 年 4 月 4 日,国务院将《医疗办法》修订为《医疗事故处理条例》(以下简称《医疗条例》)予以公布,并于 2002 年 9 月 1 日施行。《医疗条例》在一定程度上改变了对受害患者的赔偿权利进行严格限制的做法。例如将医疗事故改分为四级,废除一次性限额赔偿制并定出明确的赔偿标准,医疗事故鉴定由卫生行政主管部门主管改为由医学会主管等。但这些措施并没有从根本上改变对医疗事故损害赔偿予以限制的基本做法,也没有摆脱行政机关偏袒医疗机构的嫌疑。为了平衡医患关系,最高人民法院于 2002 年 4 月 1 日起实施

---

① 最高人民法院于 1992 年 3 月 24 日《关于李新荣诉天津市第二医学院附属医院医疗事故赔偿一案如何适用法律问题的复函》中指出:"《医疗事故处理办法》和《天津市医疗事故处理办法实施细则》,是处理医疗事故赔偿案件的行政法规和规章,与《民法通则》中规定的侵害他人身体应当承担民事赔偿责任的基本精神是一致的。因此,你院应当依照《民法通则》、《医疗事故处理办法》的有关规定和参照《天津市医疗事故处理办法实施细则》的有关规定,根据该案具体情况,妥善处理。"

② 杨立新:《侵权责任法》,法律出版社 2010 年版,第 404~405 页。

的《民事证据规定》第 4 条第 8 项明确规定:"因医疗行为引起的侵权诉讼由医疗机构就医疗行为与损害结果之间不存在因果关系及不存在医疗过错承担证明责任。"这种过错和因果关系的双重推定及证明责任倒置,使医疗机构在医疗损害责任纠纷诉讼中处于严重的不利诉讼地位。这两个不同的行政法规和司法解释,一个要保护医疗机构的特权,一个要给受害患者以更优越的民事诉讼地位;一个在于减轻医疗机构的责任,一个在于加强对受害患者的权利保护,因而存在较大的矛盾。

最高人民法院于 2003 年 1 月 6 日出台《关于参照〈医疗事故处理条例〉审理医疗纠纷民事案件的通知》①,其中规定"一、条例施行后发生的医疗事故引起的医疗赔偿纠纷,诉到法院的,参照条例的有关规定办理;因医疗事故以外的原因引起的其他医疗赔偿纠纷,适用民法通则的规定。人民法院在条例施行前已经按照民法通则、原《医疗事故处理办法》等法律、法规审理的民事案件,依法进行再审的,不适用条例的规定。二、人民法院在民事审判中,根据当事人的申请或者依职权决定进行医疗事故司法鉴定的,交由条例所规定的医学会组织鉴定。因医疗事故以外的原因引起的其他医疗赔偿纠纷需要进行司法鉴定的,按照《人民法院对外委托司法鉴定管理规定》组织鉴定。人民法院对司法鉴定申请和司法鉴定结论的审查按照最高人民法院《关于民事诉讼证据的若干规定》的有关规定处理。三、条例施行后,人民法院审理因医疗事故引起的医疗赔偿纠纷民事案件,在确定医疗事故赔偿责任时,参照条例第 49 条、第 50 条、第 51 条和第 52 条的规定办理"。而于 2003 年 12 月 26 日公布、2004 年 5 月 1 日起实施的《关于审理人身损害赔偿案件适用法律若干问题的解释》规定的人身损害赔偿标准大大高于《医疗条例》第 50 条至第 52 条规定的标准。由于起诉医疗事故责任的受害患者一方得到的赔偿数额大大低于以医疗过错起诉得到的人身损害赔偿数额,因而医疗损害责任中医患之间的矛盾更加突出。因此,更多的受害患者一方愿意选择医疗过错的案由向法院起诉,以避开适用《医疗条例》规定的过低标准。由于过错和因果关系两个推定的证据规则的适用,使医疗机构陷入不利的诉讼地位。在审理案件时,法官明知对同样的医疗损害责任纠纷,却可以进行医疗事故和医疗过错的区分是不

---

① 根据最高人民法院《关于废止 1997 年 7 月 1 日至 2011 年 12 月 31 日期间发布的部分司法解释和司法解释性质文件(第十批)的决定》,最高人民法院《关于参照〈医疗事故处理条例〉审理医疗纠纷民事案件的通知》因与《侵权责任法》等法律规定相冲突,已经于 2013 年 4 月 8 日正式废止。

合理的,并且采取不同的赔偿标准处理同样的医疗损害责任纠纷也是不符合民事权利保护的法律要求的。但是,拘泥于最高人民法院确定的"条例施行后发生的医疗事故引起的医疗赔偿纠纷,诉到法院的,参照条例的有关规定办理;因医疗事故以外的原因引起的其他医疗赔偿纠纷,适用民法通则的规定"的原则,更多地默许甚至鼓励受害患者一方提起医疗过错诉讼。基于医学会对医疗事故鉴定的垄断,司法鉴定机构普遍开展医疗过错鉴定,形成了医疗损害责任鉴定的双轨制,进一步加剧了混乱局面。正因为如此,医疗机构及医务人员普遍陷入了恐慌之中,为了保存证据应对严重的医疗诉讼和赔偿责任的压力,对患者普遍实行过度检查等手段保留证据,大大增加了患者的医疗费负担;进而对具有一定风险的医疗行为进行推诿甚至拒绝治疗,进一步加剧了医患矛盾,造成了较为明显的防御性医疗态势。医患之间互不信任,医患关系空前紧张。据中华医院管理学会2005年6月至7月对270家医院的调查,3家医院每院年均发生医疗纠纷30余件,年均医疗纠纷赔偿数额100多万元。全国73.33%的医院出现过患者及家属殴打、辱骂医务人员现象;59.63%的医院发生过因病人对治疗的结果不满意,围攻、威胁院长的情况;76.67%的医院出现过患者及其家属在诊疗结束后拒绝出院,拒交住院费;61.48%的医院出现过因病人去世,病人家属在医院摆设花圈、设置灵堂等现象。[①] 对此,有学者指出,最高司法机关对医疗行为引起的侵权诉讼规定在因果关系和过错要件上实行证明责任倒置,虽然可以大大改变受害患者的诉讼地位,有利于保护受害患者的合法权益;但证明责任倒置的范围过于宽泛,其结果必然是强加给医疗机构以过重的责任,最终损害的是全体患者。因为医院的赔偿责任最终还是要分散由全体患者分担,最终受到损害的还是全体患者。[②]

(三)进行反思和理性思考阶段

正是在医疗机构全面防御、医疗费用普遍提高、医患关系日益紧张的态势下,法律界和医学界对此都开始进行反思和理性思考,深入探讨医疗损害责任纠纷法律适用的应然对策。针对这些问题,医学界和法律界各自提出不同的意见,促使立法机关作出最后的决策。在2008年7月2日立法机关主持召开的医疗损害责任座谈会上,与会的法学专家、医学专家、医方律师和患方律师

[①] 张新宝:《中国医疗损害赔偿案件的过失认定》,载朱柏松等著:《医疗过失举证责任之比较》,华中科技大学出版社2010年版,第61页。

[②] 杨立新:《闲话民法》,人民法院出版社2005年版,第427～428页。

代表等经过充分讨论,对当前的医患关系形势的判断都是一致的。共同认为立法机关必须采取措施,在《侵权责任法》中对医疗损害责任制度作出明确、统一的规定,以平衡医患之间的利益关系及受害患者与全体患者之间的利益关系,并且认为这是作出法律决策的最好时机。我国学术界和实务界对医疗损害责任的这些思考,尽管还只是表现在理论的反思和制度设计层面,司法实践和立法制度还没有开始进行实质性的变革;但这无疑是一个极好的开端,为我国医疗损害责任制度进行改革已经奠定了良好的思想和理论基础。①

二、我国医疗损害责任制度改革的基本目标和基本内容

(一)改革我国医疗损害责任制度应当遵循的基本目标

在医疗损害责任制度发展的第三个阶段刚刚开始的时候,恰好正在制定《侵权责任法》。在起草这部法律时,应当冷静地思考医疗损害责任制度的应然模式,并确立医疗损害责任制度的基本目标。这个基本目标是:建立一个一元化结构的医疗损害责任制度,改变二元结构医疗损害责任的法律适用矛盾状况;建立统一的、完善的医疗损害责任制度,统筹兼顾,公平、妥善地处理受害患者的利益保护、医疗机构的利益保护以及全体患者利益保护之间的平衡关系,推进社会医疗保障制度的健全发展,保障全体人民的医疗福利。②

(二)《侵权责任法》改革医疗损害责任实现的基本内容

《侵权责任法》重新构造我国的医疗损害责任制度,其基本内容是"一元化、三类型",包括以下六个方面:

1. 统一医疗损害责任概念

《侵权责任法》应当摒弃医疗事故责任和医疗过错责任两个不同概念,使用统一的"医疗损害责任"概念。③ 应当看到,这不仅仅是一个侵权责任法的概念的统一,更重要的是结束医疗损害责任分割的法制不统一现状,统一法律适用规则。事实上,医疗事故和医疗过错两个概念并不存在原则的差别,对其强制性地进行分割,刻意强调其差别,是没有道理的。将所有的医疗损害纠纷都规定为医疗损害责任,置于这个统一的概念之下,就能够制定一个统一的、一元化结构的医疗损害责任制度,保证适用法律的统一;用统一的尺度保护受

---

① 杨立新:《侵权责任法》,法律出版社 2010 年版,第 407 页。
② 杨立新:《侵权责任法》,法律出版社 2010 年版,第 416 页。
③ 杨立新:《医疗损害责任概念研究》,载《政治与法律》2009 年第 3 期。

害患者一方的权利,维护司法权威和法律权威。

2.确定医疗损害责任的归责原则体系和基本类型

借鉴各国医疗损害责任的侵权法规则,应当确定我国医疗损害责任的归责原则系由过错责任原则、过错推定原则和无过失责任原则构成。① 同时,根据医疗损害责任的具体情形和法律规则的不同,可以将医疗损害责任分为三种基本类型,即医疗技术损害责任、医疗伦理损害责任和医疗产品损害责任,分别适用不同的归责原则和具体规则。

3.确定认定医疗过失的一般标准

《侵权责任法》明确规定认定医疗过失的标准是违反注意义务,医疗机构违反自己的注意义务,即存在医疗过失。根据不同医疗损害责任的类型,将医疗过失分为医疗技术过失和医疗伦理过失。分别确定医疗技术过失的标准和医疗伦理过失的标准。②

4.确定医疗损害责任纠纷案件证明责任规则

在医疗技术损害责任中,应当由受害患者一方承担证明责任。受害患者一方无法举证证明的,可以有条件地实行证明责任缓和;能够证明表现证据的,推定医疗机构有医疗过失。如果受害患者能够证明医疗机构存在法定情形,亦推定医疗过失。

医疗伦理损害责任实行过错推定原则,原告负担医疗违法行为、损害事实和因果关系要件的证明责任。对医疗伦理过失要件实行推定,只要医疗机构没有尽到告知义务等伦理注意义务的,就推定为有过失;实行证明责任倒置,由医疗机构负担证明责任。

在药品、消毒药剂、医疗器械和血液及制品等医疗产品损害责任中,医疗违法行为、损害事实和因果关系要件都由受害患者一方负担证明责任。如果医疗机构认为损害是由受害患者故意引起的,那么由医疗机构承担证明责任;医疗机构不能证明的,成立医疗损害责任。对于医疗机构或者医疗产品销售者的过失,应由受害患者一方证明。

因果关系的证明责任应当由受害患者一方负担,在一般情况下,不能证明的,不构成医疗损害责任。但是,如果存在客观情况,受害患者一方无法完成

---

① 杨立新:《论医疗损害责任的归责原则及体系》,载《中国政法大学学报》2009年第2期。

② 杨立新:《医疗过失的证明及举证责任》,载《法学杂志》2009年第6期。

第二章 医疗诉讼中证明妨碍规则之具体适用

证明任务,且医疗机构及医务人员的医疗行为很可能会造成该患者人身损害的,在达到表见证明规则的要求时,可以推定该诊疗行为与患者人身损害之间存在因果关系。①

5. 适用统一的人身损害赔偿标准并予以适当限制

医疗损害责任的赔偿不应当单独制定标准,在具体实施中,因医务人员的医疗过失造成患者人身损害的,由所属的医疗机构承担损害赔偿责任;在确定赔偿标准上,实行统一的人身损害赔偿标准。应当特别注意的是,医疗损害责任的赔偿有自己的特点,为了保障全体患者的利益不受损害,对医疗机构的损害赔偿责任应当进行适当限制。② 这种限制表现在四个方面:第一,医疗机构的赔偿责任,在确定时必须适用原因力规则,根据医疗行为对造成损害的原因力,确定具体的赔偿数额,将受害患者自身的疾病原因造成的损害结果予以扣除。第二,对医疗损害责任的精神损害抚慰金进行适当限制,医疗机构具有重大过失的,限制抚慰金限额,一般不超过 5 万元人民币;医疗机构具有一般过失的,可以不承担抚慰金赔偿责任。第三,实行损益相抵,受害患者基于受到医疗行为损害而取得的其他补偿金,应当从赔偿金中予以扣除。③ 第四,对于造成残疾的受害患者,应当给予其他未来的赔偿,可以更多地适用定期金赔偿,而不采取一次性赔偿;不仅可以减轻医疗机构当时的赔偿负担,且在承担责任的原因消灭后,能够及时消灭医疗机构的赔偿责任。④

6. 医疗损害责任鉴定的性质为司法鉴定

《侵权责任法》对医疗损害责任的鉴定没有明文规定,但既然医疗损害责任不再以医疗事故作为基本类型,那么也就没有必要执行《医疗条例》关于医疗事故鉴定制度的规定。因此,应当明确,医疗事故鉴定的性质为医学技术鉴定没有根本的改变,医疗损害责任鉴定的性质是司法鉴定,具体组织责任鉴定的不应当是医学研究机构,而是法院和法官的职责。医学会不应当插手医疗损害责任鉴定的具体事宜,不得干预鉴定的过程和结果,保证医疗损害责任鉴定依照司法鉴定的程序进行。而且,应当打破由医疗研究部门独家垄断的做法,实行科学的、符合司法规律的医疗损害责任鉴定制度。对医疗损害责任医

---

① 曾淑瑜:《医疗过失与因果关系》,台湾翰芦图书出版有限公司 2007 年版,第 350 页。
② 杨立新:《医疗过失损害赔偿责任的适当限制原则》,载《政法论丛》2008 年第 6 期。
③ 杨立新:《医疗侵权法律与适用》,法律出版社 2008 年版,第 132 页。
④ 杨立新:《侵权责任法》,法律出版社 2010 年版,第 418 页。

学司法鉴定意见应当像对待其他司法鉴定一样,法官有权组织并进行司法审查,有权决定是不是应当重新鉴定,有权决定对鉴定意见是否采信,并且鉴定专家有义务出庭接受当事人的质询。如果有充分的根据,法官有权依据调查的事实,或者根据更有权威的鉴定意见而否定先前的鉴定意见。只有这样,才能够保证医疗损害责任认定的准确性和合法性,能够充分保护患者的合法权益不受侵害。①

三、我国医疗损害责任的类型及其内容

(一)医疗技术损害责任

《侵权责任法》第 54 条、第 57 条和第 58 条规定的是医疗技术损害责任。第 54 条规定:"患者在诊疗活动中受到损害,医疗机构及其医务人员有过错的,由医疗机构承担赔偿责任。"第 57 条规定:"医务人员在诊疗活动中未尽到与当时的医疗水平相应的诊疗义务,造成患者损害的,医疗机构应当承担赔偿责任。"第 58 条规定:"患者有损害,因下列情形之一的,推定医疗机构有过错:(一)违反法律、行政法规、规章以及其他有关诊疗规范的规定;(二)隐匿或者拒绝提供与纠纷有关的病历资料;(三)伪造、篡改或者销毁病历资料。"

医疗技术损害责任,是医疗损害责任的基本类型之一,是指医疗机构及医务人员在医疗活动中,违反医疗技术上的高度注意义务,具有违背当时的医疗水平的技术过失,造成患者人身损害的医疗损害责任。

1. 医疗技术损害责任的类型

(1)诊断过失损害责任

诊断过失损害责任是常见的医疗技术损害责任。最典型的诊断过失就是误诊。在一般情况下,法院对诊断过失损害责任的判断是非常谨慎的。一般认为,判断误诊的标准是:一个理性的医生不可能出现这样的错误,才可以被认定为误诊,才会承担赔偿责任。因此,我们可以确定这样的标准,即一个理性的医师在疾病诊断中,作出了不符合当时医疗水平的对患者疾病的错误判断,而如果是一个理性的医生是不可能出现这样的错误,这就是诊断过失。②

(2)治疗过失损害责任

医疗机构及医务人员在治疗中,未遵守医疗规范、规章、规程,未尽高度注

---

① 杨立新:《侵权责任法》,法律出版社 2010 年版,第 419 页。
② 杨立新:《侵权责任法》,法律出版社 2010 年版,第 421 页。

意义务,实施错误的治疗行为,造成患者人身损害的,即为医疗过失损害责任。例如,在脊椎穿刺行为中,本身就具有一定的危险,只有当这种方式没有必要或者在施行过程中有错误,并且造成了患者的人身损害时,才能认定为治疗过失,构成治疗过失的医疗技术损害责任。

值得注意的是,在通常情况下,治疗过失损害责任须经证明。但是,在涂改、销毁、隐匿或者拒不提供病历以及其他医疗资料时,则可以推定为医疗过失。这是因为,病历是患者及其治疗的基本医疗档案材料,并且是由医院建立、管理、保存的,患者自己无法掌控,医院必须以善良管理人的高度注意义务,妥善保管。患者及其家属或者关系人有权查阅、复制病历,医疗机构不得拒绝。医疗机构应当保持病历的完整性和真实性,不得涂改、销毁和隐匿。因医疗机构涂改、销毁或隐匿病历造成他人损害的,医疗机构应当承担赔偿责任。例如,2004年6月3日早晨7时许,患者崔立娥在怀孕38周后感到腹部阵痛,到某区第二医院就诊生产。产科医生检查后认为,"胎位为正常头位、胎心正常;宫口未开,胎膜未破"。经崔立娥同意,决定实施剖宫产手术。上手术台时医院停电,麻醉师打开窗帘,借助自然光线做了硬膜外麻醉。9点来电后,医生才用B超做术前胎心检查,胎心已由入院时的140次/分减弱为34次/分。医生补了麻醉药后开始手术。孩子出生后不久死亡,医生又为崔切除子宫。崔向法院起诉,要求赔偿。医院在答辩时称,孩子在患者肚子里已经死亡,医院没有过错,不承担赔偿责任。经《文检技术检验报告》确认,该病历袋被打开过,病历中有后来被改过的痕迹。法院据此判决医院因私拆封存病历袋并涂改病例,致使无法进行医疗事故鉴定而承担赔偿责任,一次性赔偿崔立娥人身伤害损失和经济损失共20.6万元。①

(3) 护理过失损害责任

医护人员在护理中违反高度注意义务,造成患者人身损害,也构成医疗技术损害责任。例如,护士甲将肌肉松弛剂放置在儿科病房的冰箱中,标注的标志不明显。护士乙误将该针剂当成肝炎疫苗,给数个婴儿注射,造成一死数伤的后果,就是典型的护理过失,构成医疗技术损害责任。

(4) 感染、传染损害责任

医疗机构承担的是治病救人的高尚责任,在医疗机构内部,必须管控感染,防止感染、传染。如果医疗机构以及医务人员未善尽高度注意义务,出现

---

① 杨立新:《侵权责任法》,法律出版社2010年版,第422页。

院内感染或者传染,造成患者感染新的疾病损害生命健康的,应当承担医疗过失损害责任。①

2. 医疗技术损害责任的归责原则

对于医疗技术损害责任,也就是一般的医疗损害责任纠纷案件,应当适用过错责任原则确定侵权责任。据此,确定医疗机构承担侵权赔偿责任,应当具备侵权责任的一般构成要件,即违法行为、损害事实、因果关系和医疗过失。在证明责任的分配上,实行一般规则,即"谁主张、谁举证",四个要件均须由受害患者承担证明责任。应当注意的是,有两个例外:其一,即在某些情况下,具备法定情形,直接推定医疗机构及医务人员有过错。其二,借鉴德国医疗损害责任中的表见证明规则和日本的大致推定规则,在具有特殊情况时,可以实行证明责任缓和,减轻受害患者一方的证明责任。②

(二)医疗伦理损害责任

医疗伦理损害责任规定在《侵权责任法》第55条、第56条和第62条。第55条规定:"医务人员在诊疗活动中应当向患者说明病情和医疗措施。需要实施手术、特殊检查、特殊治疗的,医务人员应当及时向患者说明医疗风险、替代医疗方案等情况,并取得其书面同意;不宜向患者说明的,应当向患者的近亲属说明,并取得其书面同意。医务人员未尽到前款义务,造成患者损害的,医疗机构应当承担赔偿责任。"第56条规定:"因抢救生命垂危的患者等紧急情况,不能取得患者或者其近亲属意见的,经医疗机构负责人或者授权的负责人批准,可以立即实施相应的医疗措施。"第62条规定:"医疗机构及其医疗人员应当对患者的隐私保密。泄露患者隐私或者未经患者同意公开其病历资料,造成患者损害的,应当承担侵权责任。"

医疗伦理损害责任,是医疗损害责任的基本类型之一,是指医疗机构和医务人员违背医疗良知和医疗伦理的要求,违背医疗机构和医务人员的告知或者保密义务,具有医疗伦理过失,造成患者人身损害以及其他合法权益受损的医疗损害责任。这类医疗损害责任的构成,必须具备医疗伦理过失,即医疗机构或医护人员在医疗活动中,未对病患履行充分告知或保密等义务,或者存在未取得病患同意即采取某种医疗措施或者停止继续治疗等疏忽和懈怠。③

---

① 杨立新:《侵权责任法》,法律出版社2010年版,第422页。
② 杨立新:《侵权责任法》,法律出版社2010年版,第425页。
③ 杨立新:《侵权责任法》,法律出版社2010年版,第429页。

1.医疗伦理损害责任的类型

医疗机构和医务人员违背医疗良知和医疗伦理,违反告知或保密义务的医疗伦理损害责任的基本类型分为五种:

(1)违反资讯告知损害责任

违反资讯告知损害责任,是指医疗机构未对病患充分告知或者说明其病情,未对病患提供及时有用的医疗建议的医疗损害责任。这种医疗损害责任违反的是医疗良知和医疗伦理,属于没有善尽对患者所负的告知义务、说明义务、建议义务等积极提供医疗资讯义务的侵权责任。

(2)违反知情同意损害责任

违反病患同意损害责任,是指医疗机构及医护人员违反其应当尊重病患自主决定意愿的义务,未经病患同意,即积极采取某种医疗措施或者消极停止继续治疗的医疗损害责任。这种医疗损害责任类型,违反的也是医疗良知和医疗伦理;不经患者同意,就采取积极行为或者消极行为,侵害患者自我决定权的医疗损害责任。

(3)违反保密义务损害责任

由于医患关系的特殊性,医生掌握着患者的病患情况、病史情况以及其他的个人重要信息;这些都是患者的重大隐私信息,医疗机构及医生和相关知情人员负有保密的义务。医疗机构及医务人员违反保密义务,泄露患者隐私或者其他秘密造成损害的,构成违反保密义务损害责任。这种行为造成的不是人身损害事实,而是隐私权等权利的损害事实。

(4)违反管理规范损害责任

违反管理规范损害责任,是医疗机构违反行政管理规范,造成受害患者的身份权等权利损害的医疗损害责任。

(5)组织过失损害责任

医疗机构在医疗组织中,违反医院管理规范,疏于及时救助义务,或者延误治疗时间等,构成组织过失损害责任。疏于及时救治义务的医疗行为,是违反医疗组织管理规范的医疗损害责任。医疗机构对于危急病患负有救治的义务。医疗机构对危急病患拒绝治疗,或者无故拖延诊断、治疗而致损害的,医疗机构应当承担赔偿责任。这种侵权行为是一种不作为的侵权行为,是违背作为义务的不作为侵权行为。如果医疗机构具有合法的免责事由,可以免除自己的责任。例如因不可抗力导致医疗机构无法对患者诊断、治疗的,医疗机构不承担赔偿责任。①

2.医疗伦理损害责任的归责原则

医疗伦理损害责任应当实行过错推定原则,直接推定医疗机构存在过失;除非医疗机构能够证明自己的医疗行为没有过失,否则应当就其医疗伦理过错造成的损害(包括人身损害和精神损害)承担赔偿责任。在我国,对于医疗伦理损害责任实行过错推定原则的理由是:第一,资讯、保密等义务是医疗机构及医务人员应当履行的高度注意义务,是否履行,医疗机构及医务人员具有主动权,有责任提供证据证明。第二,受害患者一方在诉讼中已经证明了医疗机构及医务人员违反告知、保密等义务,按照违法推定过错的规则,可以推定医疗机构及医务人员存在过错。第三,在医疗中,患者通常处于被动状态,而医疗机构通常在告知等义务履行以及取得患者知情同意的时候,要签署同意书;因此,告知等义务的履行,通常可以通过提出"患者同意书"而得到证明。尽管实行推定过错,但如果医疗机构及医务人员已经善尽上述义务者,是能够举出证据证明自己没有过错的。因此,医疗伦理损害责任实行过错推定原则,是客观的,实事求是的,并非给医疗机构及医务人员增加诉讼上的负担,并不违反诉讼中的武器平等原则。②

(三)医疗产品损害责任

《侵权责任法》第59条规定的是医疗产品损害责任,即"因药品、消毒药剂、医疗器械的缺陷,或者输入不合格的血液造成患者损害的,患者可以向生产者或者血液提供机构请求赔偿,也可以向医疗机构请求赔偿。患者向医疗机构请求赔偿的,医疗机构赔偿后,有权向负有责任的生产者或者血液提供机构追偿"。

1.医疗产品损害责任的概念及性质

医疗产品损害责任,是指医疗机构在医疗过程中使用有缺陷的药品、消毒药剂、医疗器械以及血液及制品等医疗产品,从而造成患者人身损害,医疗机构或者医疗产品生产者、销售者应当承担的医疗损害赔偿责任。近年来,医疗产品损害责任纠纷不断发生。在这类侵权纠纷的适用法律中,最大的难点就在于不知道这类案件的性质是什么,究竟是医疗损害责任纠纷,还是产品责任纠纷?如果这种纠纷案件的性质是医疗损害责任纠纷,似乎应当是过错责任,

---

① 杨立新:《侵权责任法》,法律出版社2010年版,第432页。
② 杨立新:《侵权责任法》,法律出版社2010年版,第440页。

第二章 医疗诉讼中证明妨碍规则之具体适用

而不是无过失责任。如果是产品责任纠纷,就应当是无过失责任,不论医疗产品的使用者即医疗机构以及生产者、销售者是否有过失,都应当按照无过失责任的要求承担责任。杨立新教授认为,医疗产品损害责任既是医疗损害责任,也是产品责任,是兼有两种性质的侵权行为类型,是医疗损害责任中的一个基本类型。由于医疗产品损害责任具有产品责任性质,应当适用无过失责任原则,以更好地保护患者的合法权益。①

2. 医疗产品损害责任的归责原则

之所以医疗产品损害责任适用无过失责任,是因为医疗产品存在缺陷本身就是一种过错。现代社会对医疗产品质量的要求越来越具体详细,如果医疗产品不符合规定的质量要求,则医疗产品的生产者就具有过错,除非现有的科学技术无法发现。确定医疗产品损害责任是无过失责任,其立意是确定这种侵权责任不考察过错;无论其有没有过错,只要受害人能够证明医疗产品具有缺陷,即构成侵权责任。受害人不必证明医疗产品生产者的过错,因而也就减轻了权利人的诉讼负担,有利于保护受害人的权利。②

第四节 我国医疗诉讼中证明妨碍规则之具体适用

一、我国现行程序法和实体法相关规定透析

(一)1982 年《中华人民共和国民事诉讼法(试行)》的规定

1978 年 12 月召开了中国共产党十一届三中全会,提出了健全社会主义民主和加强社会主义法制的任务,这标志着国家的法制建设进入了全面恢复和发展的阶段,我国的民事诉讼立法工作也被作为国家法制建设的一项工程来抓。1979 年 9 月,全国人大常委会法制工作委员会成立了民事诉讼法起草小组,开始着手起草民事诉讼法。1982 年 3 月 8 日,第五届全国人民代表大会常务委员会第二十二次会议讨论通过了《中华人民共和国民事诉讼法(试行)》[以下简称《民事诉讼法》(试行)]并于 10 月 1 日起在全国实行。这部法

---

① 杨立新:《侵权责任法》,法律出版社 2010 年版,第 445 页。
② 杨立新:《侵权责任法》,法律出版社 2010 年版,第 446 页。

典，是新中国成立以来的第一部民事诉讼法典，是我国民事诉讼法制建设道路上的一个重要里程碑。

《民事诉讼法（试行）》第 77 条规定："诉讼参与人或者其他人有下列行为之一的，人民法院可以根据情节轻重，予以训诫、责令具结悔过或者予以罚款、拘留；构成犯罪的，依法追究刑事责任：（一）伪造、隐藏、毁灭证据；（二）指使、贿买他人作伪证；（三）隐藏、转移、变卖、毁损已被查封、扣押的财产；（四）以暴力、威胁或者其他方法阻碍司法工作人员执行职务，或者扰乱司法机关的工作秩序；（五）对司法工作人员、证人、鉴定人、勘验人、诉讼参加人、协助执行的人，进行侮辱、诽谤、诬陷、殴打或者以其他方法进行打击报复；（六）有义务协助执行的人，对人民法院的协助执行通知书，无故推拖、拒绝或者妨碍执行。"其中，"伪造、隐藏、毁灭证据"即属于典型的证明妨碍行为。有学者认为，"伪造、隐藏、毁灭证据"是指"造假证据，作伪证；把证据隐藏起来，不按人民法院的通知提供；或者把证据毁灭掉，使证据失去了存在，无法起到证明作用。"[①]

那为何《民事诉讼法（试行）》要针对伪造、隐藏、毁灭证据的行为适用民事诉讼的强制措施呢？当时的立法者已经认识到，证据是人民法院认定案件事实的基础，有了可靠的证据，才能使案件得到正确处理；无数事实证明，有些案件处理不当，往往是由于证据不足，或者证据是假的、不真实的。因此，伪造、隐藏和毁灭证据，都是妨害民事诉讼、干扰审判工作的一种极其严重的行为，这些行为是通过行为人的作为或不作为，使得那些能够证明案件真实情况的证据无法提供出来，或者起不到证明案件事实的作用，或者起相反的作用。从而使人民法院作出对案件事实的错误认定、对案件作出不正确的处理。伪造证据是行为人有意制造假证据。这种所谓"证据"，本来是案件中所没有的，行为人为了达到非法的目的或取得不正当的利益而伪造出来的。这种行为不但其动机不好，而且手段恶劣，造成的后果往往也比较严重。隐藏和毁灭证据，是行为人把能够证明案件事实的证据隐藏起来，或者毁灭掉，从而使人民法院在审理案件中认定案件事实时，无从取得和收集可靠的、充分有力的证据。行为人实施这两种行为，是由于这些证据对其不利，是为了逃避某种法律义务或取得对自己有利的裁判。为了维护正常的诉讼秩序，法院对伪造、隐藏、毁灭证据的行为人不仅可以采取罚款、拘留等各种妨害民事诉讼的强制措施，有的

---

① 柴发邦、赵惠芬：《中华人民共和国民事诉讼法（试行）简释》，法律出版社 1982 年版，第 60 页。

视情节和后果的严重程度,还可依法追究其刑事责任。根据《民事诉讼法(试行)》第78条的规定,罚款的金额,为人民币200元以下;拘留的期限,为15日以下。①

从主体来看,伪造、隐藏、毁灭证据的行为人,有可能是当事人本人,也有可能是其他诉讼参与人,甚至是案外人。从伪造、隐藏、毁灭证据的范围来说,较多的是书证、物证,但也有其他证据。比如,四川三台县处理一个宅基地案件,被告的诉讼代理人在闭庭后阅读法庭笔录时,将其本人及对方当事人签名盖章的法庭笔录撕毁,并且拒不接受法庭的批评教育,改正错误。三台县法院认为其行为构成了毁灭证据(当事人的陈述是证据的一种),妨害了民事诉讼的正常进行,因而对其采取拘留措施。②

(二)1991年《民事诉讼法》的规定

《民事诉讼法(试行)》颁布之后,我国社会经济发生了重大变化,而且,全国人民代表大会及其常务委员会相继制定了《民法通则》《专利法》《商标法》《著作权法》《涉外经济合同法》等许多实体法,这也需要在《民事诉讼法(试行)》中作出与之相衔接配套的规定,增加新的内容。人民法院在贯彻实施《民事诉讼法(试行)》中积累了不少经验,这就需要将经审判实践检验、证明是行之有效的正确经验加以总结,上升为法律。《民事诉讼法(试行)》本身有的条款不够完善,也需要加以修改、补充。1988年,全国人大常委会法制工作委员会组织人员,进行广泛的调查研究,着手修改《民事诉讼法》。至1991年,提出了《中华人民共和国民事诉讼法(草案)》,并提交第七届全国人民代表大会第四次会议讨论通过,1991年4月9日《中华人民共和国民事诉讼法》正式颁布,并于同日开始施行。这部法典的出台,标志着我国民事诉讼立法进入了一

---

① 有学者认为,民事诉讼法只规定了罚款的最高限额为200元,没有规定罚款起点,幅度大,不好掌握,主张规定几个细杠杠。也有学者认为,我国幅员辽阔,城乡差别较大,行为人的行为千差万别,经济状况参差不齐,应该允许人民法院根据具体情况灵活处置,不宜也很难规定过细过死。待民事诉讼法试行一段时间之后,在总结各地经验的基础上,再对罚款起点加以适当明确,或许会好些。从理论上说,起点不宜规定得太低;否则,不能充分发挥其强制作用。参见田平安:《正确适用民事诉讼的强制措施》,载《法学季刊》1984年第2期。

② 柴发邦等:《民事诉讼法讲座》(上册),西南政法学院诉讼法教研室1983年版,第330~331页。

个新的历史阶段。①

  1991年《民事诉讼法》第102条规定:"诉讼参与人或者其他人有下列行为之一的,人民法院可以根据情节轻重予以罚款、拘留;构成犯罪的,依法追究刑事责任:(一)伪造、毁灭重要证据,妨碍人民法院审理案件的;(二)以暴力、威胁、贿买方法阻止证人作证或者指使、贿买、胁迫他人作伪证的;(三)隐藏、转移、变卖、毁损已被查封、扣押的财产,或者已被清点并责令其保管的财产,转移已被冻结的财产的;(四)对司法工作人员、诉讼参加人、证人、翻译人员、鉴定人、勘验人、协助执行的人,进行侮辱、诽谤、诬陷、殴打或者打击报复的;(五)以暴力、威胁或者其他方法阻碍司法工作人员执行职务的;(六)拒不履行人民法院已经发生法律效力的判决、裁定的。人民法院对有前款规定的行为之一的单位,可以对其主要负责人或者直接责任人员予以罚款、拘留;构成犯罪的,依法追究刑事责任。"1991年《民事诉讼法》第102条第1款第(1)项的规定与1982年《民事诉讼法(试行)》第77条第1款第(1)项的规定相比,"伪造、隐藏、毁灭证据"修改成"伪造、毁灭重要证据,妨碍人民法院审理案件的"。从条文对比来看,删除了"隐藏"二字,增加了"重要"二字,并增加了"妨碍人民法院审理案件的"。笔者认为,《民事诉讼法》制定时,不应删除"隐藏"二字,因为隐藏证据也属于证明妨碍的行为之一,也会导致法院认定案件事实有所偏差。所以,没有理由将隐藏证据行为排除在民事诉讼强制措施规制的行为之外。此外,就证据的特性而言,《民事诉讼法》增加了"重要"二字,即伪造、毁灭重要证据,不是一般的证据,而是涉及案件性质或者认定主要事实的证据,是关系到最后如何判决的证据。对于这些行为的处罚最轻也是罚款、拘留,情节严重构成犯罪的,应当依法追究刑事责任。② 根据1991年《民事诉讼法》第104条的规定,对个人的罚款金额,为人民币1000元以下;对单位的罚款金

---

① 从历史发展的角度看,从1949年新中国成立到1991年《民事诉讼法》的正式颁布施行,这部法典的诞生足足走过了42个年头。虽然不能说天若有情天亦老,不过确实经过了较世界上任何一个国家民事诉讼程序立法都要漫长的道路。比如,法国《新民事诉讼法典》从1969年由当时法国的司法部长让·弗瓦耶主持的民事诉讼法改革委员会起至1976年1月1日正式施行止,经过了7年;《德意志联邦共和国民事诉讼法》从1870年德意志帝国成立起至1877年1月30日公布,经过了7年;日本明治维新以后,仿效1877年德国民事诉讼法,于1890年制定出日本民事诉讼法,前后也不过十余年时间。参见廖中洪:《中国民事诉讼程序制度研究》,中国检察出版社2004年版,第59页。

② 最高人民法院民事诉讼法培训班编:《民事诉讼法讲座》,法律出版社1991年版,第133页。

第二章　医疗诉讼中证明妨碍规则之具体适用

额,为人民币 1000 元以上 30000 元以下;拘留的期限,为 15 日以下。①

伪造证据,是指行为人故意以弄虚作假的方式制造根本就不存在的证据以歪曲案件事实真相。毁灭证据,是指行为人将现有能够证明重要案件事实的证据销毁、灭失或加以破坏。② 根据最高人民法院《关于诉讼代理人查阅民事案件材料的规定》第 9 条的规定③,人民法院对修改、损毁、抽取案卷材料的诉讼代理人,可以依照伪造、毁灭重要证据的行为处理。

(三)《关于民事经济审判方式改革问题的若干规定》和《民事证据规定》

从 20 世纪 80 年代末期开始,我国法院系统开始了民事审判方式改革的探索。改革的主要动因是源于经济的快速发展给我国社会各领域带来的巨大变化。④ 作为民事审判方式改革的经验总结,最高人民法院于 1998 年 7 月 11 日颁布实施《关于民事经济审判方式改革问题的若干规定》(以下简称《审改规定》),其中第 30 条规定:"有证据证明持有证据的一方当事人无正当理由拒不提供,如果对方当事人主张该证据的内容不利于证据持有人,可以推定该主张成立。"该条规定可以认为是我国首次以司法解释的形式对证明妨碍行为处以私法层面的制裁。

虽然当时该条规定并未在学界引起重视,没有明确提出证明妨碍的概念,一般的民诉教材也不涉及证明妨碍的问题,⑤但在实务中已经有所运用,典型

---

① 虽然 1991 年的《民事诉讼法》之后于 2007 年和 2012 年经过两次修正,但是两次修正案均未涉及原先第 102 条的规定。恰好两次修正案均涉及了原先第 104 条的规定,即提高了罚款的数额。由于社会生活环境发生了很大变化,原先的罚款数额所体现的惩罚力度已经大大缩水。过低的罚款数额对于妨害民事诉讼进行的行为人已经难以形成强有力的威慑。鉴于此,2007 年修正案大幅度提高了罚款的数额,将罚款的数额提高至原规定的 10 倍,即对个人的罚款金额,为人民币 1 万元以下;对单位的罚款金额,为人民币 1 万元以上 30 万元以下。2012 年修正案继续提高罚款的数额,规定为对个人的罚款金额,为人民币 10 万元以下;对单位的罚款金额,为人民币 5 万元以上 100 万元以下。

② 唐力主编:《民事诉讼法精要与依据指引》,人民出版社 2005 年版,第 309 页。

③ 最高人民法院《关于诉讼代理人查阅民事案件材料的规定》(2002 年 11 月 15 日最高人民法院发布,2002 年 12 月 7 日起施行)第 9 条规定:"诉讼代理人查阅案件材料时不得涂改、损毁、抽取案件材料。人民法院对修改、损毁、抽取案卷材料的诉讼代理人,可以参照民事诉讼法第 102 条第 1 款第(1)项的规定处理。"

④ 唐力:《论民事审判改革之诉讼结构调整》,载《现代法学》1998 年第 4 期。

⑤ 据笔者的不完全考察,我国民事诉讼法学教材首次对证明妨碍问题进行阐述的当属田平安教授主编的《民事诉讼法学原理》。参见田平安主编:《民事诉讼法学原理》,厦门大学出版社 2005 年版,第 170 页。

案例即是"陈某某、林某诉日本三菱汽车工业株式会社损害赔偿案"。虽然法院在判决中并未明确使用"证明妨碍"一词，但是判决所采用的法理即是证明妨碍理论。之后，2002年4月1日起施行的最高人民法院《民事证据规定》第75条再次规定："有证据证明一方当事人持有证据无正当理由拒不提供，如果对方当事人主张该证据的内容不利于证据持有人，可以推定该主张成立。"①《民事证据规定》第75条的规定只是重申了《审改规定》第30条的规定，其内容精神并无二致。至此，在我国民事诉讼中一旦当事人或其他诉讼参与人实施了证明妨碍行为，人民法院既可以对其采取公法层面的制裁，也可以采取私法层面的制裁，使其承担诉讼上的不利益。从而，我国的证明妨碍规则初步得以确立。②

(四)《医疗条例》

《医疗条例》就证据保存的方法作出了具体规定，对证明妨碍规则的具体

---

① 《民事证据规定》是我国第一部比较系统地针对民事诉讼证据问题作出的司法解释。由于《民事证据规定》确立了一系列证据新规则和新理念，使其不仅对证据制度的改革而且对整个诉讼制度的改革都具有非同寻常的意义。自2002年4月1日施行至今，《民事证据规定》经历了从满载盛誉到出现争议，从严格适用到出现两难困惑的过程。尽管《民事证据规定》在适用中也逐渐暴露出一些问题，但其变革创新我国民事诉讼制度所具有的标本性样本意义仍是值得肯定的，尤其是其在商事和知识产权案件中所起到的重要作用，就契合了现代民事诉讼法的改革趋势。由于条文规定不够完善、法律体系不够协调、条文理解上的不统一，加之在适用过程中新情况、新问题的出现，导致《民事证据规定》必须以开放的态度，直面实践中的矛盾和争论，从而更好地发挥其法律规则具有的工具性价值。在《民事证据规定》实施八周年理论研讨会上，刘敏教授认为，《民事证据规定》第75条确立的证明妨碍制度仍有待细化完善，应对证明妨碍发生的时间、对方当事人的主观过错、行为方式、后果等作出明确规定。参见《〈证据规定〉运行八年得与失》，载《人民法院报》2010年5月5日。

② 最高人民法院民事审判第四庭和中国海事局于2006年1月19日联合发布《关于规范海上交通事故调查与海事案件审理工作的指导意见》[法民四(2006)第1号]，其中第1条第9款规定："海上交通事故发生后，逃逸船舶拒绝接受海事调查或者诉讼中拒绝承认发生碰撞事故，受害船舶当事人有证据证明逃逸船舶当事人持有证据可以证明事故发生的相关事实，逃逸船舶无正当理由拒不提供的，海事法院在案件审理中根据最高人民法院《关于民事诉讼证据的若干规定》第75条的规定，结合证明案件事实的有关证据，可以作出逃逸船舶妨碍举证的不利推定。"该条规定参照《民事证据规定》第75条的规定初步确立了海事特别诉讼程序中的证明妨碍规则。由于该条规定只适用于海事特别诉讼程序，因而在此不作详细讨论。

构建有所裨益。《医疗条例》第16条规定:"发生医疗事故争议时,死亡病例讨论记录、疑难病例讨论记录、上级医生查房记录、会诊意见、病程记录应当在医患双方在场的情况下封存和启封。封存的病历资料可以是复印件,由医疗机构保管。"第17条规定:"疑似输液、输血、注射、药物等引起不良后果的,医患双方应当共同对现场实物进行封存和启封,封存的现场实物由医疗机构保管;需要检验的,应当由双方共同指定的、依法具有检验资格的检验机构进行检验;双方无法共同指定时,由卫生行政部门指定。疑似输血引起不良后果,需要对血液进行封存保留的,医疗机构应当通知提供该血液的采供血机构派员到场。"第18条规定:"患者死亡,医患双方当事人不能确定死因或者对死因有异议的,应当在患者死亡后48小时内进行尸检;具备尸体冻存条件的,可以延长至7日。尸检应当经死者近亲属同意并签字。"这些具体的证据保存规定对证明妨碍规则的具体构建有着重要意义。

(五)《侵权责任法》

我国《侵权责任法》对于医疗损害责任的归责原则有较为全面的规定。一般的医疗损害责任纠纷案件,应当适用过错责任原则确定侵权责任。据此,确定医疗机构承担侵权赔偿责任,应当具备侵权责任的一般构成要件,即违法行为、损害事实、因果关系和医疗过失。通常情形下,这四个要件均须由受害患者承担证明责任。但在某些情况下,具备法定情形,直接推定医疗机构及医务人员有过错。即《侵权责任法》第58条规定,患者有损害,因下列情形之一的,推定医疗机构有过错:(1)违反法律、行政法规、规章以及其他有关诊疗规范的规定;(2)隐匿或者拒绝提供与纠纷有关的病历资料;(3)伪造、篡改或者销毁病历资料。在这些情形下,法官可以直接推定医疗机构及医务人员有过失,除非医疗机构能够举证证明其医务人员没有过失。事实上,这三种情形特别是第一种情形,是已经能够确定医疗机构的过错,因此,这种过错推定几乎不可能推翻。但就第(1)项同时应注意的是,医务人员有过错与违反法律、行政法规、规章以及诊疗规范的规定并不是等同的概念。例如,遇有抢救危机患者等特殊情形,医务人员可能采取不太合规范的行为;如果证明在当时情况下该行为是合理的,就可以认定医疗机构没有过错。而第(2)项和第(3)项这两种情形,一方面反映了医疗机构的恶意;另一方面也使得患者难以取得与医疗纠纷有关的证据资料,这时再让患者举证已不合理。因此,在这种情况下可以推定医疗机构有过错。① 这样的规则，能够制裁意图逃脱责任的有过失的医务人员的违法行为，对医务人员和医疗机构起到一般预防的作用。

据此来看，这种例外情形与本书所讨论的医疗诉讼证明妨碍制度有相通之处。实际上，在《侵权责任法》实施之前，实践中存在这样的情形，即人民法院在查明被告医疗机构及其医务人员显然违反有关诊疗规范，或者有隐匿有关病历资料甚至伪造、篡改、销毁有关病历资料的事实的情况下，仍然认定医疗机构不存在过错或者采纳所谓不构成医疗事故的鉴定意见，作出被告医疗机构不承担侵权责任的判决。全国人大法律委员会和全国人大常委会法制工作委员会认为，按照民法原理及《侵权责任法》的立法思想，违反有关诊疗规范，或者隐匿有关病历资料甚至伪造、篡改、销毁有关病历资料，这类行为本身即是过错。对这种情形，人民法院应当直接根据"违反有关诊疗规范，或者有隐匿有关病历资料甚至伪造、篡改、销毁有关病历资料"的事实，认定被告医疗机构有过错，既不应要求原告证明被告有过错，也不得许可被告举证证明自己无过错。基于上述考虑，《侵权责任法》专设第58条加以规定。对于"推定医疗机构有过错"的理解，学界存在不同看法。梁慧星教授认为，该条所谓"推定医疗机构有过错"，属于不允许被告以相反的证据予以推翻的推定而与通常所谓"过错推定"不同。而全国人大常委会法制工作委员会则认为，患者有损害，因本条规定情形之一的，推定医疗机构有过错，并非当然认定医疗机构存在过错。也就是说，医疗机构可以提出反证，证明自己没有过错。②

依据梁慧星教授的观点，现代民法上的"推定"，是一种技术性法律概念，是立法者于制定法律规范时预先作出的"假定"，即基于法定的某种事实之存在而"假定"存在另一种事实。现代法律中有两种"推定"：第一种是许可被推定人以反证予以推翻的推定；第二种是不允许被推定人以反证予以推翻的推定。法律上通常规定的"过错推定"是第一种"推定"，即许可被推定人以相反的证据予以推翻的推定；法律规定第二种推定，属于特别情形。这两种过错推定在法律条文表述上有明显的区别。第一种过错推定或者真正的过错推定，即许可被推定人以相反的证据予以推翻的推定，法律条文通常表述为"不能证明自己没有过错的，应当承担侵权责任"，如《侵权责任法》第85条、第88条、

---

① 全国人大常委会法制工作委员会民法室：《中华人民共和国侵权责任法条文说明、立法理由及相关规定》，北京大学出版社2010年版，第236页。

② 梁慧星：《论〈侵权责任法〉中的医疗损害责任》，载《法商研究》2010年第6期。

第二章 医疗诉讼中证明妨碍规则之具体适用

第 90 条的规定。第二种过错推定,亦即"不可推翻的过错推定",如《侵权责任法》第 58 条的规定。严格来说,第二种过错推定不是真正的推定,实际上是立法者预先作出的"直接认定"而非"假定",其法律效力等同于另一个技术性概念"视为"。所谓"视为",是法律的直接认定,不允许被告推翻此项认定,如《合同法》第 158 条的规定①。《侵权责任法》第 58 条规定的"推定医疗机构有过错",亦是如此。人民法院一经审理查明,案件存在《侵权责任法》第 58 条规定的三种法定情形之一的,即应认定被告医疗机构有过错,并驳回被告医疗机构关于不存在过错的主张(或抗辩)。②

那既然如此,本条何以不采用"视为"概念,明文规定"视为医疗机构有过错"呢?这是因为,在民法立法习惯上,"视为"用于"客观事实"的认定,即基于某种"客观事实"之存在而直接认定另一种"客观事实"之存在;"推定"用于"主观事实(状态)"之认定,即基于某种"客观事实"之存在而假定某种"主观事实(状态)"之存在。《侵权责任法》第 7 章虽然采用了"过错客观化"的判断方法,但并不改变"过错"仍然属于"主观心理状态"的本质。本条不用"视为医疗机构有过错"而用"推定医疗机构有过错",是民法立法习惯使然。全国人大法律委员会在审议《侵权责任法(草案)》时,主持审议的主任委员胡康生即已指出,《侵权责任法》第 58 条所谓"推定医疗机构有过错"不同于《侵权责任法》第 6 条第 2 款所谓"推定过错",而是"直接认定"。③

(六)小结

尽管《侵权责任法》第 58 条以较高的法律位阶将医疗诉讼证明妨碍的行为后果予以规制,较之《民事证据规定》和《医疗条例》有立法技术上的细化,但仍然存在着一些问题:

第一,该条只规定了医疗机构作为妨碍者应承担的法律后果,而对妨碍者

---

① 《合同法》第 158 条规定:"当事人约定检验期间的,买受人应当在检验期间内将标的物的数量或者质量不符合约定的情形通知出卖人。买受人怠于通知的,视为标的物的数量或者质量符合约定。当事人没有约定检验期间的,买受人应当在发现或者应当发现标的物的数量或者质量不符合约定的合理期间内通知出卖人。买受人在合理期间内未通知或者自标的物收到之日起两年内未通知出卖人的,视为标的物的数量或者质量符合约定,但对标的物有质量保证期的,适用质量保证期,不适用该两年的规定。出卖人知道或者应当知道提供的标的物不符合约定的,买受人不受前两款规定的通知时间的限制。"
② 梁慧星:《论〈侵权责任法〉中的医疗损害责任》,载《法商研究》2010 年第 6 期。
③ 梁慧星:《论〈侵权责任法〉中的医疗损害责任》,载《法商研究》2010 年第 6 期。

为患者一方或第三人的情形未加以规制。例如,在医疗诉讼中患者家属拒绝提供患者遗体,导致大体解剖进行不能,从而无法查清案件事实。此种情况下的不利后果不应由医疗机构承担,而应认定患者家属一方为证明妨碍,法官可据此进行规制。又如,医学会拒绝提供医疗事故的鉴定意见,从而使案件事实无法查明,这种情形下也不应由双方当事人承担不利后果。

第二,该条规定了实施证明妨碍行为的法律后果为"推定医疗机构有过错",但在何种程度上存在过错未加以明确。根据全国人大法工委的观点,违反有关诊疗规范,或者隐匿有关病历资料甚至伪造、篡改、销毁有关病历资料,这类行为本身即是过错。但讨论就此打住,并未对过错的程度及范围进行研究。笔者认为,《侵权责任法》第58条如此规定容易造成实践中法官运用本条的随意性。如此粗线条的法律规范很难说符合证明妨碍规则维护当事人之间公平的价值理念。例如,病历资料中只有部分事实可用于查明某项事实,但医疗机构实施了证明妨碍行为,则推定其全部有过错。这种做法似乎过于严苛。如前文所述,如果一味加重医疗机构的证明责任,令其承担不利的法律后果,可能并不利于对患者的保护,更有碍于医疗进步。故此,笔者认为"推定医疗机构有过错"应当细化,以适应实践需要。

第三,从该条规定的措辞来看,"违反法律、行政法规、规章以及其他有关诊疗规范的规定;隐匿或者拒绝提供与纠纷有关的病历资料;伪造、篡改或者销毁病历资料"在主观方面均为故意,即只有医疗机构故意实施妨碍行为的情形下才可对其进行规制,而对于过失妨碍行为则未有相应的法律后果。而类似的情况有,《医疗条例》第9条虽然规定"严禁涂改、伪造、隐匿、销毁或者抢夺病历资料",但也并未规定如果实施以上行为的法律后果为何。笔者认为,这种立法缺失会造成对患者保护的缺口,不利于缓解在妨碍者为医疗机构一方时患者举证困难的问题。

二、在医疗诉讼中引入证明妨碍理论的必要性与可能性

根据上文的分析,不难看出在我国始终存在着对医疗机构和患者之间保护不平衡的问题。立法部门往往倾向于保护医疗机构一方,而这一做法从不同方面损害到了患者的切身利益。医患之间的矛盾已从纠纷中转移到了纠纷外,中央电视台《新闻30分》曾经报道北京某医院因护士给婴儿打吊针两次未成功遭到婴儿家长拳打脚踢的事件,而这种医患矛盾纠纷在全国医疗系统中天天都会发生。2013年10月25日浙江温岭袭医事件更是将医患纠纷推向一个顶峰。而随着时代发展和立法当中利益集团的博弈,从我国现行医疗体

第二章　医疗诉讼中证明妨碍规则之具体适用

制和社会总体需要来看,包括《侵权责任法》在内的法律法规无不开始强调对患者进行保护。虽然医患之间的保护平衡需要兼顾,但考虑我国现实需要,在未来的一段时间内仍会着重对患者的保护。而医疗诉讼中证明妨碍的被妨碍者主要为患者,所以有必要尽快建立医疗诉讼中的证明妨碍规则,以更完善地保障患者权益。医疗诉讼的特点也决定了证明妨碍规则构建的必要性与可能性。

(一)医疗纠纷的专业性

医疗纠纷中证明妨碍的一个特点就是侵权人具有相当的专业知识。医务人员这一职业,与律师、会计师等职业都属于需要取得相关职业资质之后才能上岗的职业。而同时,医生这一行业也被相关的专业性很强的法律法规所约束。所以民事诉讼中的医疗纠纷所涉及的责任的专业性很强,这一类型的医疗纠纷侵权责任可以划分为专家责任。[①]

所谓"专家",有学者对其的解释是:"具有专业知识或专门技能,依法取得国家认可的专业资格证书或执业证书,向公众提供专业服务的人。"[②]而在英语里"专家"被称为"expert",而日语中则是"专门家",都是指具有一定专业知识或是专业技巧的人;而医务人员就属于专家定义之内。在医疗纠纷中的侵权方医务人员,主要是指医生。这里的医生是具有相关执业医生资格和医学知识与技能、能够为患者提供医疗服务的人,而医生作为专家也具备了专家的特点。首先,医生的工作环境决定了他们是通过专业知识也就是脑力劳动为患者服务,具有高度的专门性;其次,医生这一职业高度重视职业道德并与患者具备极强的依赖关系;再次,医生的执业也必须取得执业医师资格;最后,医生也具有较高的社会地位。因此,医生在医疗纠纷中所负的责任,应当属于专家责任。由于专家责任的存在,医生在诊疗过程中履行其具有一定专门知识、专门技能的义务。与此相对应,医疗纠纷诉讼中的患者却不具备这样的专业知识,加之实践中,患者接受医院或者医生的治疗的基本前提是患者对医院或者医生具有绝对性质的信任。患者对医院或者医生的信赖,也促使患者缺乏基本的证据收集意识和证据保存意识。同时,即使少数患者有较强的证据收集意识和证据保存意识,专业知识方面的不平等以及患者方专业知识的匮乏

---

① 谢庭树:《医疗纠纷中证明妨碍研究》,2013年山东财经大学硕士毕业论文。
② 中国民法典立法研究课题组:《中国民法典·侵权行为编草案建议稿》,载《法学研究》2002年第2期。

也使得医疗过程中一般的患者不可能充分认识对以后医患纠纷解决具有决定意义的证据,从而也不大可能保存这样的证据。另外,即使少数患者意识到医疗过程中的某证据,在将来可能发生的医患纠纷诉讼中的作用,但专业知识方面的欠缺可能导致的结果是其收集证据能力的不足。这种情况结合在一起决定了医患纠纷诉讼中,作为患者方的当事人在证据的收集、保存、提交等方面处于绝对的弱势地位。①

(二)医疗纠纷中证据的特点以及证据偏在

另外还应当看到,与一般民事案件不同,民事医疗纠纷诉讼中的证据分布极端不平衡,一般把这种证据分布不平衡称为证据偏在。证据偏在一定程度上影响了患者在医疗纠纷中诉讼的举证能力,从而影响了案件正义的实现。在医疗纠纷中,证据偏在主要存在于以下证据类型。

1. 书证。在民事诉讼医疗纠纷中,书证主要是病历或病案。病历是医生及医务人员对患者就医的全过程进行诊断和治疗的专业性记录,其是医务工作人员通过问诊、查体、辅助检查、诊断、治疗和护理等医疗活动所取得的有关资料,并通过归纳分析,整理形成的医疗活动记录。因此,病历中所记载的患者医疗信息是医疗侵权诉讼中最为关键的证据之一。除病历外,书证还包括由医生或医疗工作者所出具医疗证明、检验报告、辅助检查报告、科室工作记录、处方及药房记录等。实践中除了少量的书面证据,如检验报告、诊断报告、处方等为患者掌握外,其他的书证一般为医院掌握。一般来讲作为医疗纠纷诉讼中最重要书证的病历,多为医院掌握,在当前广泛采用电子病历的情况下,就更是如此了。

2. 物证。在诊疗过程中有可能存在的物证包括药品以及其包装或容器,输液或者输血的残余液体,在诊疗过程中采样收集的生理组织等。虽然这些物证形式简单,取得也相对容易,但是患者在治疗期间一般无法意识到要留存这些物证。实践中,大部分的物证在治疗过程中被销毁或者由于其自身的特点比较难以保存而被损毁。如果能够留存这些证据,能够对整个医疗行为是否合法在民事医疗纠纷诉讼中会起到巨大的辅助证明作用。因此在民事医疗纠纷诉讼中,物证是法官厘清事实真相的重要依据之一。但是这些物证,像输液的剩余液体或者在治疗中采集的病人的生理组织等都会被医院所处理,在常规的医疗纠纷中,患者一方很难收集到这些相关的证据。

---

① 谢庭树:《医疗纠纷中证明妨碍研究》,2013年山东财经大学硕士毕业论文。

第二章 医疗诉讼中证明妨碍规则之具体适用

3. 视听资料。在医疗纠纷诉讼中，视听资料以两种形式最为常见。第一种是录音，由于通过录音来记录整个诊疗救治的过程对于患者来说最为容易和方便，所以录音这种形式的视听资料为患者所常用。但是对于录音来说，只能针对某一次或者几次治疗行为，而疾病的治疗是一个周期性、长期性的复杂过程，所以往往无法通过一次或者几次的录音来还原整个案件的真相，所以录音具有一定的局限性。监控录像则是另一种较为先进的视听资料证据，随着科技的发展，很多具备条件的医院都在诊室或者治疗室内安装了录像设备，通过录像来记录整个诊疗过程，这样的记录可以达到比较完整的证明效果。而这些视听资料的采集设备一般都是医院一方所安装，所以病人想要接触到这些资料，更是难上加难。

4. 鉴定意见。民事医疗纠纷诉讼中鉴定意见主要有三种类型，即尸检报告、司法鉴定报告和医疗事故鉴定报告。(1)尸检报告。根据司法实务来看，尸检报告与司法鉴定报告、医疗事故鉴定报告在鉴定方式上存在一定的交叉，但其与后者并不完全相同。通常来说，对于患者死亡的医疗争议，确定患者死因是查明事实真相的关键，而尸检则是查明患者死因的最直接的方法。(2)司法鉴定报告。民事医疗纠纷诉讼中的司法鉴定主要是对医疗过程中是否存在过错及过错与损害后果之间的因果关系，责任比例或损失参与度等方面做出报告。此外，司法鉴定是多方面的，还包括对证据材料真伪的鉴定。(3)医疗事故鉴定报告。医疗事故鉴定报告在我国现行的医疗诉讼中起到了至关重要的作用，一般包括双方当事人的基本情况及要求、当事人提交的材料和医学会的材料、对鉴定过程的说明、医疗行为是否违反医疗卫生管理法规、医疗过失行为与人身损害后果之间是否存在因果关系、医疗过失行为在医疗事故损害后果中的责任程度、医疗事故等级和对医疗事故患者的医疗护理医学建议等等。①

通过对比以上几种类型的民事医疗纠纷中的诉讼证据，可以发现这些证据与普通民事诉讼中证据的不同之处，概括说来其具有以下几个特点：

第一，医疗纠纷证据具有极强的医学专业性。医疗行为是指那些具有医学专业知识，并取得医师执业资格的专业人士在获得政府许可的情况下通过运用专门的医学设备或者药物对患者所实施的各种诊疗行为。因此不具有医学专门知识和未获得医疗执业资格证者不得从事任何医疗行为。在整个医疗

---

① 谢庭树:《医疗纠纷中证明妨碍研究》，2013年山东财经大学硕士毕业论文。

过程中,医生和其他医务人员针对患者所采用的医疗器械和药品都显现出医学专业性极强的特点。

第二,医疗纠纷证据具有易被篡改和灭失的特点。由于医疗纠纷证据在患者出院前都是由医方所掌握,书证、物证和视听资料都存在着易被篡改和灭失的风险。例如,作为书证的病历资料都是医生所书写,医生可从维护自身利益的角度来篡改病历。虽然我国的相关法律法规对病历等医疗文书的形成及保管有着严格的规定,但由于医疗行为的持续性、长期性,医生可在较为充裕的时间,随时按照自己的意愿来涂改病历。此外,病历一般归医院单方所持有,在空间上也无法避免医务人员对其进行添加、修改。此外,民事医疗纠纷中的物证在医疗机构随处可见而且还极易被污染,例如血液、药品等,这些物品需要专门特殊的保存,否则很有可能会导致污染变质而失去证据法律效力。通常来说,视听资料一般是保存、固定证据的好办法,但由于医疗机构的监控录像由医院单方制作和保管,医方可能随时会根据自己的意愿对其进行删减和丢弃。至于尸检报告、鉴定报告,其在一方面是以书证和物证为基础资料作出的,如果基础资料存在某些缺陷时,就不能保证鉴定结果的真实性、客观性和权威性;从另一方面来看,尸检报告和鉴定报告很容易受到人为主观因素的影响而违背事实真相,从而得出不正确或不科学的鉴定结果。

第三,在通常情况下,民事医疗纠纷中的大部分证据由医方所单独持有。大部分医疗纠纷证据是医方对患者进行诊疗过程中产生和形成的。医疗纠纷中的大部分证据由医方所单独保管,在少数情况下由患者保管。根据《医疗条例》的相关规定,医方负有保管病历等相关证据的义务。如果医方保管不当,致使医疗病历丢失的,或者医疗机构故意篡改、销毁、涂改病历的,医方不仅要承担病历丢失的民事责任和行政责任,甚至还有可能承担刑事责任。如果医方所保留的相关证据由于各种原因而致使其不复存在,这就会造成法官对整个医疗纠纷事实真相无法查清的后果,从而会影响患方的利益。因此,正是因为在民事医疗纠纷中的证据具有以上三个特点,才导致了医方单独掌握着绝大多数证据,而这些证据又对民事医疗纠纷来说具有不可替代性的关键性作用,从而使得患者一方在主张权利时出现了举证上的困难,这也就体现了在民事医疗纠纷诉讼中突出的证据偏在问题。①

---

① 谢庭树:《医疗纠纷中证明妨碍研究》,2013年山东财经大学硕士毕业论文。

三、我国医疗诉讼中证明妨碍规则的适用

(一)医疗诉讼中证明妨碍的构成要件

从我国《侵权责任法》第 58 条的规定来看,仅有两个可以在证明妨碍规则中得到体现的要件:一是主体要件,即只规定了医疗机构实施妨碍行为的情形;二是客观行为要件,即该条的第 2 款、第 3 款所规定的隐匿或者拒绝提供,以及伪造、篡改或者销毁与纠纷有关的病历资料。而对例如主观要件、客体要件等其他方面则未加以具体规定。比如,认定医疗机构构成证明妨碍的主观方面是否仅限于故意实施证明妨碍还是也包含过失的证明妨碍,证明妨碍行为是否要有法定后果等。对这些现实存在的问题,法条仍是语焉不详。下面笔者对医疗诉讼中证明妨碍的各个构成要件加以分析。

1. 主体要件

医疗机构和患者均可构成证明妨碍,但一般而言前者为主体的概率较大。我国的医疗机构是指依法定程序设立的从事疾病诊断、治疗活动的卫生机构的总称。医院、卫生院是我国医疗机构的主要形式,此外,还有疗养院、门诊部、诊所、卫生所(室)以及急救站等。基于此处仅围绕证明妨碍这一问题进行讨论,我们不妨将主体分为不负证明责任的医疗机构与负证明责任的医疗机构两类主体。

当主体为不负证明责任的一方当事人时,可因其故意或过失行为毁灭重要证据,或者手中持有重要证据而拒不提交,致使双方当事人争议的待证事实无据可证,形成待证事实真伪不明的状态,从而使负证明责任的患者一方承担举证不能的败诉危险。对于此类主体实施证明妨碍行为,学界并无异议。在实践中,证明妨碍行为发生的形态也往往是如此。然而,当主体为负证明责任的一方当事人时,是否还能构成证明妨碍呢?对此,学理上有所争议。例如,如果负有证明责任的患者一方将相关的证据灭失、隐匿或变造,比如患者家属将过世患者的遗体火化,导致无法进行大体解剖来查明死亡原因时,是否也应该适用证明妨碍规则,学理上有不同看法。

笔者认为,不应把证明妨碍问题简单理解为"不负证明责任的一方当事人"对"负证明责任一方当事人"实施妨碍,而是应作广义理解,即也存在着"负证明责任的一方当事人"对"不负证明责任的一方当事人"实施妨碍行为。当负证明责任的医疗机构针对自己的本证实施证明妨碍行为,固然无须适用证明妨碍的规定;但是当其针对对方当事人的反证实施证明妨碍行为时,就应当受到此规则的约束。从民事诉讼证明活动来看,确实也存在不负证明责任的

患者一方在收集证据来证明自己否认或反驳的事实时，负证明责任的医疗机构一方针对其实施证明妨碍的问题。这就是说不论主体是否负证明责任，实施此类行为均具有妨碍司法公正的危害性，因此均应纳入证明妨碍的主体之中。

（1）医疗机构的证明妨碍行为

医疗机构几乎掌握着患者就医的所有关于诊疗护理情况的证据材料，因此，医疗机构就很容易毁损、隐匿这些证据材料，造成患者举证不能或者举证困难。在具体的医疗纠纷中，医疗机构可以将病历毁损、篡改、隐匿起来，而这些病历资料对患者的病情以及损害后果的证明有着重要的作用。

（2）患者的证明妨碍行为

在举证能力上总体处于弱势的患者，在医患纠纷诉讼中也可能因故意或者过失造成要件事实真伪不明，从而影响医疗机构的举证行为。比如，需要特别对患者身体进行检查，以便做医学鉴定时，又或者患者死亡，发生医患纠纷后需要对尸体做法医病理鉴定时，由于传统文化及风俗的影响，患者及其家属往往不愿意接受身体检查和尸体检验。而身体检查和尸体检验是查清患者受伤和死亡真相的重要手段。因此，为了平衡医患双方的利益，也为了在一定程度上保护医疗机构的合法权益，在患者及其家属无正当理由不配合身体检查或者尸体检验等情况下，患者及其家属的行为即构成证明妨碍。

2. 客体要件

证明妨碍的客体要件，是指证明妨碍行为作用的对象，即可以被妨碍的证据方法。我国《民事诉讼法》中并没有证据方法的概念，学界也较少论及证据方法的问题。仅仅是我国《民事诉讼法》第63条规定了八种证据种类，即当事人陈述、书证、物证、视听资料、电子数据、证人证言、鉴定意见和勘验笔录。由于医疗诉讼证明妨碍有其自身特殊性，因此在医疗诉讼中，证明妨碍的客体主要是住院志、医嘱单、检验报告、手术及麻醉记录、病历资料、护理记录和医疗费用等资料。

3. 主观要件

如前所述，虽然我国《侵权责任法》已经作出了有关证明妨碍的规定，但其将主观方面限定为故意，并无过失情形。根据证明妨碍一般理论，对于医疗诉讼证明妨碍的主观故意要件应当使用双重条件：一是医疗机构故意实施毁损证据等证明妨碍行为；二是明知证据对于证明待证事项的重要性，并且知悉证明妨碍行为的后果。而对于后者的认识，"不必清晰意识特定人而具体指向其使用的程度，仅致将来与他人间发生纷争情形，该证据若存在或许他造使用而

第二章 医疗诉讼中证明妨碍规则之具体适用

对己不利益程度即为已足"。①

对于过失是否构成证明妨碍,学界有不同观点。笔者赞成在医疗诉讼中承认过失证明妨碍。过失是指,医疗机构应当预见自己的行为可能造成患者证明不能,因为疏忽大意而没有预见,或者已经预见而轻信能够避免,以致患者证明不能的。同故意实施的证明妨碍一样,医疗机构的过失证明妨碍亦须具备两个要件,即医疗机构对某一证据具备证明功能并在将来的诉讼上可被患者利用的情况,以及该证据的毁损应当能够认识而未注意或认识。②

4.客观要件

(1)行为要件

即作为与不作为。作为即伪造、篡改或者销毁病历资料,不作为即隐匿或拒绝提供与纠纷有关的病历资料。在我国,病历资料按照法律规定由医疗机构保管,在发生医疗侵权诉讼时,患者可以要求复制相关资料。如果医疗机构拒不提供或称病历资料因保管不善已丢失,均在行为方面构成证明妨碍。

《侵权责任法》第61条明确规定:"医疗机构及其医务人员应当按照规定填写并妥善保管住院志、医嘱单、检验报告、手术及麻醉记录、病理资料、护理记录、医疗费用等病历资料。患者要求查阅、复制前款规定的病历资料的,医疗机构应当提供。"可见在我国,医疗机构及其医务人员负有病历保存义务。而此处的"保存"应作广义理解,既包括制作、存放病历,又包括将其作为证据提交给患者或法院。当医疗机构及其医务人员违反该义务,造成患者就待证事实举证不能或困难,并具有主观可归责性时,就构成证明妨碍,法官应当对其采取应有的制裁措施。

随之而来的问题是:病历保存义务的目的是否包括证据保存?如果包括,则在诉讼系属之前,不论是否可期待医生能够预见诉讼的提起,只要违反该义务并具有主观可归责性,就构成证明妨碍;如果不包括,则必须可合理期待医院和医生能够预见诉讼的发生,而其仍然出于故意或过失,以作为或不作为的方式违反病历保存义务,才能构成证明妨碍。一般认为,病历的制作目的如下:(1)确保患者治疗的安全性,并协助后续治疗。病历的制作可确保患者获得适当的后续治疗。即使是由同一医生持续治疗,但如果没有病历,仅凭医生

---

① 许士宦:《证据收集与纷争解决》,台湾新学林出版股份有限公司2005年版,第215页。

② 许士宦:《证明妨碍》,载《月旦法学杂志》2001年第9期。

的记忆,很难清楚记忆每次的诊断。此时,正确、翔实的病历记载不可或缺。病历如果记载得不完整,可能影响后续的治疗。(2)确保患者能通过病历资料来审查医生的诊疗是否适当。(3)有助于患者了解治疗信息,以行使自我决定权。患者有权利知悉治疗经过及其健康状况,并可以通过病历上的记载,征询意见,以作出适当的决定。但是,"病历制作如果仅具有上述目的,则违背病历制作义务,仅属违背实体法上的义务,其法律效果充其量仅为实体法上的损害赔偿,不能直接推论出在证据法上的效果"①。

考察域外做法,德国实务否认病历保存义务具有证据保存目的,对于医疗机构违反病历保存义务的行为,通过重大医疗瑕疵原则来减轻患者的证明责任。所谓重大医疗瑕疵原则,是指患者如果主张并证明医疗机构的医疗行为存在重大瑕疵,并且该瑕疵足以造成患者损害的,则对于因果关系的证明责任转由医疗机构承担。该原则试图平衡医患双方的证明责任:因果关系的证明责任既不一概由患者承担,以免对其过于严苛;又避免完全不加任何限制而一味要求医院承担证明责任,过于加重其负担,以致产生防御性医疗。我国台湾地区实务界则认为病历除了具有协助医生后续治疗的作用外,还具有在将来发生的诉讼中作为证据使用的证明功能。因此,对病历的制作、修改都作出了严格规定。

在我国,实务界并未建立或承认重大医疗瑕疵原则,在现阶段也难以采取该操作方式。与其迂回地适用该原则,不如直接承认病历的制作除为实体法上的义务外,也因其在诉讼中是不可或缺的证据而承认其具有证据保存目的。由于医生的病历保存义务,既有《侵权责任法》的明文规定,又有医生职业伦理规范予以要求,所以该义务具有实体法上的义务性质。又因为该义务具有证据保存的目的,所以当医生违反诉前证据保存义务导致患者在诉讼中陷入证明困境时,不论医生能否预期诉讼发生的可能性,只要具有主观可归责性,都构成证明妨碍,应当承担诉讼上的不利益。②

(2)时间要件

在诉讼系属中的证明妨碍行为当然是证明妨碍概念的典型。然而,对于诉讼系属前是否能构成证明妨碍行为,涉及诉讼系属前有无在双方当事人之

---

① 沈冠伶:《证明妨碍法理在医疗民事责任诉讼之适用》,载《台大法学论丛》第38卷第1期。

② 张彬:《论证明妨碍在医疗诉讼中的适用》,2012年中国政法大学硕士论文。

间产生协力义务。特别是在当事人就将来可能成为诉讼上的证据,未予以适当保存的情况下是否能够适用证明妨碍规则,有所争论。

笔者认为,对于诉讼系属之前的证明妨碍亦有规制必要。我国《医疗机构病历管理规定》对医生的病例记载和保管义务有明确规定,许多三级甲等医院的病历更是规定可保存20年。如果不承认诉讼系属之前的证明妨碍行为,那么就意味着医院方可以在诉讼之前任意地篡改、毁灭病历。因此,不管是医院方还是患者方,只要在诉讼前实施证明妨碍行为,都应当受到法律的制裁。

(3)结果要件

医疗机构的证明妨碍行为造成对方当事人证明不能或证明困难而使案件事实无法查明,陷入真伪不明,即医疗诉讼证明妨碍的结果要件。也就是说,不仅应当有医疗机构的证明妨碍行为,还应当有因此产生患者证明不能或证明困难的情况。所谓证明不能,就是举证活动已经终局,无法再有提出证据的可能,比如病历资料已经毁损。所谓证明困难,则是指因为医疗机构的证明妨碍行为使患者必须付出更多心力才能举证证明于其有利的事实,比如医疗机构故意隐藏病历资料,导致患者举证陷入困难。

(4)因果关系

医疗诉讼证明妨碍中的因果关系是指,医疗机构的证明妨碍行为作为原因,待证事实证明不能或证明困难的状态作为结果,在它们之间存在的前者引起后者,后者被前者所引起的客观联系。具体到医疗诉讼中,就是医疗机构所实施的妨碍行为与患者的证明不能或证明困难之间存在的前后联系。例如因为医院拒不提供病历资料,致使患者对某一事实举证不能,便是存在因果关系。

(二)医疗诉讼中证明妨碍的法律效果

在考虑证明妨碍的法律效果时,一般应考虑三大价值目标:救济、惩罚和预防。① 我国在讨论证明妨碍的法律效果时,时有以"制裁"笼统概述的现象,并未区分救济和制裁(包括惩罚和预防)。然而,救济目标与制裁目标对于证明妨碍法律效果的选择,存在相冲突的考虑因素。救济目标在于维护双方当事人的诉讼公平,在适用证明妨碍的法律效果时,法院所考虑的因素更多的在于妨碍行为对被妨碍人所造成的不公平的程度。反之,制裁目标在于对妨碍人的妨碍行为进行惩罚,在适用证明妨碍的法律效果时,法院更多考虑的是妨

---

① 黄国昌:《民事诉讼理论之新展开》,北京大学出版社2008年版,第228页。

碍人主观可归责性的高低。①

1.《侵权责任法》的路径选择

证明妨碍的法律效果的首要目标应当在于救济被妨碍当事人的诉讼权利,回复双方当事人的诉讼公平。而为实现这一目标,首先要明确妨碍行为对被妨碍人造成的不公平程度,而这一不公平体现在"因存在证明妨碍行为使特定证据缺失所形成的证明状态"与"未欠缺该特定证据所应形成的证明状态"之间的落差,当这一落差的存在致使被妨碍人证明不能时即可适用证明妨碍规则予以规制。为了避免因存在上述证明落差而导致的诉讼不公,多数国家和地区都采取推定被妨碍人的主张为真实的方式予以救济,例如我国《侵权责任法》第 58 条规定,直接推定医疗机构存在过错。这种推定在德国被称为"拟制",但可以反驳。② 在美国司法实践中则称为"证明妨碍推定"(spoliation inference)。

在确定了以"推定患者主张真实"的方式回复诉讼公平之后,即产生了"如何确定被推定为真实的主张的范围"的问题,因为在诉讼中,被妨碍人可能存在多种主张,包括证据主张、事实主张和权利主张。从我国现行立法来看,《侵权责任法》第 58 条规定了,在医疗损害赔偿诉讼中,证明妨碍的法律效果是直接推定患者所提出的医疗机构的医疗行为存在过错的事实主张为真实。之所以如此规定,是因为基于证明妨碍规则的目的在于回复无此妨碍行为时的状态,原则上仅认定被妨碍人对于该证据内容的主张为真实即为已足,而当被妨碍人处于该证据形成过程之外而难以得知该证据内容时,如果强制要求被妨碍人明确该证据的内容未免过于苛刻,因而此时就应认定该证据应证的事实为真实。③ 我国《侵权责任法》第 58 条的规定正体现了法律对医患双方在诉讼上的公平的维护,但是在医疗机构可以证明患者能够对相关证据的内容进行具体主张时,法院应当要求患者对证据的内容予以具体化,并只能推定患者对该证据内容的主张为真实。同时,该条的不足之处在于,仅将证明妨碍的法律效果限定于患者对医疗机构存在过错的事实主张,而对构成侵权的其他要件事实则未予以明确,特别是医疗行为与患者的损害结果之间的因果关系要

---

① 黄国昌:《民事诉讼理论之新展开》,北京大学出版社 2008 年版,第 254 页。
② [德]罗尔夫·施蒂尔纳、康斯坦茨:《民事诉讼中案件事实阐明时的当事人义务——兼论证明妨碍理论》,载[德]米夏埃尔·施蒂尔纳:《德国民事诉讼法学文萃》,赵秀举译,中国政法大学出版社 2005 年版。
③ 许士宦:《证明妨碍》,载《月旦法学杂志》2001 年第 9 期。

件。对于这些要件事实,患者仍然存在举证上的困难,因而在司法实践中,应当将该条所规定的证明妨碍的法律效果扩大至患者的其他主张。①

2.证明妨碍救济功能的完善

《侵权责任法》对医疗损害赔偿诉讼中证明妨碍的法律效果仅仅规定了推定主张成立,而关于证明妨碍的救济方式,德、日学说及判例一直存在较大争议。② 主要存在证明责任转换说、自由心证说、证明标准降低说和折中说等学说。③ 笔者持多元说,认为不宜采取划一性的方式制裁妨碍者。虽然采取划一性的方式制裁妨碍者,可以使法院的裁判变得简单、快捷并富有预见性,但是其弊端为法院无法根据证明妨碍行为方式即程度的不同来灵活地作出不同的处理。当事人主张对自己有利的事实或者反驳对方当事人主张的事实均必须提供证据加以证明。从逻辑上分析,即使证据持有人按照举证人的要求提交了相关的证据材料,没有证明妨碍行为,举证人所主张的事实也未必成立,案件事实真伪不明的状态可能依旧存在。换言之,造成案件事实真伪不明的原因或许不止一个,即使证据持有人拒不提供证据,也不能将案件事实真伪不明的缘由完全归于证明妨碍行为。此外,在民事诉讼实践中,证明妨碍行为形态各异,妨碍程度也各不相同,如果一律转换证明责任或者采取某一种制裁措施,既不符合审判规律的客观性,也不利于案件客观真实的发现。

在医疗诉讼中,不论妨碍者出于故意、重大过失乃至于轻过失而实施证明妨碍行为,法官基于证明妨碍的行为形态、行为人可归责的程度及所妨碍的证据方法对查明待证事实的重要程度等因素进行综合考量,是出于自己内心的自由评价。换言之,法院应当本着诚实信用原则,仔细斟酌妨碍者的主观心态、实施方式、可归责程度及被妨碍证据的重要性等因素,在结合其他证据的基础上采取自由心证的方式对事实作出认定。如果出现《侵权责任法》第58条规定的情形,那么按照法律规定就应当直接推定医疗机构有过错。如果出现《侵权责任法》第58条规定情形之外的证明妨碍行为,那么法院可以选择推定举证人的主张为真实,或者直接认定妨碍者拟制自认,或者针对该等事实降低证明标准,甚至在必要时转换证明责任,或者采取罚款、拘留或直接强制等

---

① 谷佳杰:《论证明妨碍在医疗损害赔偿诉讼中的适用——以〈中华人民共和国侵权责任法〉第58条为视角》,载《证据科学》2013年第2期。

② 许士宦:《证明妨碍》,载《月旦法学杂志》2001年第9期。

③ 包冰锋:《多元化适用:证明妨碍法律效果的选择路径》,载《现代法学》2011年第5期。

强制措施。

(三)案例分析

1. 唐××诉某医院案——患者一方的证明妨碍行为致其败诉①

该案的基本案情如下:原告唐××,系死者唐某某之母。原告叶某某,系死者唐某某之子。原告叶××,系死者唐某某之夫。被告杨某某,系自流井区某诊所负责人。

2006年8月17日上午8:30左右,唐某某因发烧到被告杨某某的自流井区某诊所就诊,被告杨某某将唐某某的病情诊断为"轻型中暑",并对唐某某采取输液方式进行治疗至同日13:30左右,而后唐某某与其子叶某某一起离开诊所,回到家中。同日15:32,自贡市第四人民医院120急救中心接到急救电话,15:42,120的医务人员到达时,发现唐某某已死亡,并初步诊断为:"猝死原因待查,脑卒中?中暑?呼吸道窒息?"2006年8月19日,原告将唐某某的尸体火化。被告具有执业医师资格,被告的诊所也具有合法的营业执照和医疗机构执业许可证。

原告认为被告未尽告知义务和及时转诊义务,且在诊断处理上存在一定的问题,导致唐某某丧失及时救治的机会,被告应承担唐某某死亡的民事赔偿责任。2006年10月10日,原告起诉至法院要求被告赔偿医疗费237.3元、丧葬费7909元、被抚养人生活费5000元、交通费154元、死亡补偿金70000元、精神抚慰金5000元,合计88300元;诉讼费由被告承担。被告杨某某辩称,对唐某某的整个诊疗过程中不存在处理不当,也尽到了告知义务,不存在过错,不承担赔偿责任,诉讼费由原告自己负担。

法院经审理后认为,医疗行为与损害后果之间存在因果关系是医疗损害赔偿纠纷的必备要件之一。根据《民事证据规定》第4条第1款"因医疗行为引起的侵权诉讼,由医疗机构就医疗行为与损害结果之间不存在因果关系及不存在医疗过错承担举证责任"的规定,被告杨某某应对唐某某的死亡后果与其医疗行为之间不存在因果关系负证明责任。但原告明知唐某某猝死原因待查的情形下即将尸体火化,导致无法确定唐某某猝死的原因,致使被告杨某某对其医疗行为与唐某某的猝死之间不存在因果关系举证不能,其过错在于原告。因此,若仍一味要求被告杨某某承担其医疗行为与唐某某的猝死不存在

---

① 丁向东:《医疗损害赔偿纠纷中的证明妨碍》,http://article.chinalawinfo.com/Article_Detail.asp?ArticleID=43953,下载日期:2014年8月28日。

第二章 医疗诉讼中证明妨碍规则之具体适用

因果关系的证明责任,则显失公平。相反,原告对唐某某的死亡系非自然死亡是明知的,且唐某某在家死亡后,其尸体一直由原告自行控制、保管。因此,相对被告杨某某而言,原告更容易,也更有义务查明唐某某的死亡原因。而原告在未查明唐某某猝死原因的情况下即将唐某某的尸体火化,过错在原告,由此引起的不利后果也应由原告自行承担,亦即原告应对唐某某的猝死与杨某某的医疗行为之间存在因果关系负有证明责任。但原告没有证据证明唐某某的死亡后果与被告的医疗行为之间存在因果关系。据此,根据《民事证据规定》第2条"当事人对自己提出的诉讼请求所依据的事实或者反驳对方诉讼请求所依据的事实有责任提供证据加以证明。没有证据或者证据不足以证明当事人的事实主张的,由负有举证责任的当事人承担不利后果"的规定,判决驳回了原告的诉讼请求。

本案的争议焦点或者说处理上的难点,在于唐某某死亡后,原告即自行将其尸体火化,致使唐某某的死亡原因客观上无法查明。虽然唐某某的死亡原因客观上无法查明,但法官不能因为案件事实真伪不明就拒绝裁判。因此,法官必须就唐某某尸体火化后,致使死亡原因不能查明这一客观法律后果进行裁决,即裁决由谁对此负担不利的法律后果。根据法定的证明责任分配规则,被告杨某某必须就其医疗行为与唐某某的死亡后果之间不具有因果关系承担证明责任,如果不能证明不具有因果关系,即应对唐某某的死亡后果承担赔偿责任。但在本案纠纷发生之前,唐某某的尸体已经被火化,作为鉴定死亡原因的唯一载体已灭失,致使被告杨某某客观上不能举证证明其医疗行为与死亡后果之间不具有因果关系。换句话说,正是由于原告的证明妨碍,才导致被告客观举证不能。

就本案而言,原告违反了证明妨碍的相关理论,应该没有什么疑义,但要就此苛以原告不利的证明责任,似乎缺少法律依据作为支撑,因为我国现行的司法解释规定的证明妨碍制度没有涵盖本案的妨害行为。于此情形下,法院根据《民事证据规定》第7条"在法律没有具体规定,依本规定及其他司法解释无法确定举证责任承担时,人民法院可以根据公平原则和诚实信用原则,综合当事人举证能力等因素确定举证责任的承担"的规定,根据公平原则、诚实信用原则,以及综合了当事人举证能力确定了证明责任的承担。原告明知唐某某猝死原因待查的情形下即将尸体火化,导致唐某某猝死的原因真伪不明,正由于原告的这一妨碍行为,阻却了被告的证明责任的完成,致使被告杨某某对其医疗行为与唐某某的猝死之间不存在因果关系举证不能,原告对此存在过错。若仍一味要求被告杨某某承担其医疗行为与唐某某的猝死不存在因果关系的证明责任,则有违公平正义。因此,此情况下,应作出对原告不利的推定,即首先推定被告初步完成了证明责任,即被告已证明其医疗行为与死亡后果之间不具有因果关系,除非原告有相反证据证明被告的医疗行为与死亡后果之间具有因果关系;否则,被告即完成了证明责任。因此,此时因果关系的证明责任即转移给了原告,此亦为证明妨碍的应有结果。

从举证能力角度分析,上述处理结果也不违背公平和诚实信用原则。因医疗行为引起的侵权诉讼中,《民事证据规定》之所以规定医疗机构就医疗行为与损害后果之间不具有因果关系承担证明责任,最高人民法院民一庭负责人就审理医疗纠纷案件的法律适用问题答记者问中回答了立法考虑:一是患者的医学知识非常有限,并且其在治疗过程中也是处于被动服从的地位,医疗机构在治疗过程中则具有主动性,具有专业知识和技术手段,并掌握着相关资料。二是证明责任应当由距离证据最近,或者控制证据源的一方当事人负担。诊疗过程中的检查、化验、病程记录都由医疗机构方面实施或掌握,医疗机构是控制证据源、距离证据最近的一方,由其承担证明责任,符合证明责任分配的实质标准。三是对因果关系和医疗过失的认定,涉及医学领域中的专门问题,一般都要通过鉴定才能认定。此情形下,医疗机构所需要做的,不过是申请鉴定、启动鉴定程序,并没有过分加重医疗机构的负担。也就是说,立法者分析了这些因素后,认定医疗机构就因果关系的证明责任强于或优势于患者。但本案中,原告对唐某某的死亡系非自然死亡是明知的,且唐某某在家死亡后,其尸体一直由原告自行控制、保管,且对于纠纷的发生与否,被告是处于被动地位的。换句话说,在纠纷发生前,被告不可能,也无权主动阻挡原告对唐某某的尸体所做的处分行为。因此,相对被告杨某某而言,原告离证据的距离更近,收集证据的能力更强,且原告是诉求的发动者,其更有义务在诉求发动前即固定唐某某的死亡原因。也就是说,从全案看,原告就唐某某的死亡是否与被告的医疗行为之间具有因果关系的举证能力强于或优势于被告。

因此,在唐某某死亡原因真伪不明的情况下,法院将证明医疗行为与损害结果之间具有因果关系的证明责任分配给了原告,符合公平原则、诚实信用原则,以及证明责任强者负担证明责任的原则。同时,客观上也暗合了原告因为自身的证明妨碍行为,最终导致自己承担了不利的法律后果。

2.秦某等与山东省立医院医疗损害赔偿纠纷——患者因无法证明医院隐匿病历而败诉

(1)程序回溯

秦某、李某与山东省立医院(以下简称省立医院)医疗纠纷一案,济南市槐

第二章 医疗诉讼中证明妨碍规则之具体适用

荫区人民法院已经于2002年1月17日作出〔2001〕槐民初字第1255号民事判决,秦某、李某不服,向济南市中级人民法院提起上诉。济南市中级人民法院于2002年6月20日作出〔2002〕济民五终字第323号民事判决。秦某不服,向山东省高级人民法院申请再审。山东省高级人民法院于2010年7月10日作出〔2010〕鲁民监字第151号民事裁定,指令济南市中级人民法院再审本案。济南市中级人民法院于2010年9月26日作出〔2010〕济民再字第106号民事裁定,撤销原一、二审判决,发回济南市槐荫区人民法院重审。济南市槐荫区人民法院于2013年8月21日作出〔2011〕槐民再初字第1号民事判决,秦某、李某不服,再次向济南市中级人民法院提起上诉。济南市中级人民法院于2013年12月17日最终作出再审终审判决,驳回上诉,维持原判。

(2)原被告主张及答辩意见

2001年9月6日,原告秦某、李某起诉至济南市槐荫区人民法院称,李某顺系秦某之夫、李某之父。1998年3月11日,李某顺因病到省立医院治疗,由于省立医院对治疗严重不负责任,导致李某顺死亡,故诉求法院判令省立医院支付误工费、护理费、丧葬费、死亡补偿费、精神损失赔偿金8万元。重审中秦某、李某变更诉讼请求为,要求省立医院支付死亡赔偿金515100元、精神损害抚慰金10万元、被抚养人生活费7889元、丧葬费21418.5元、医疗费3466元、住院伙食补助费150元、误工费850元、护理费850元、交通费1110元、鉴定费10900元、鉴定差旅费5000元、复印费732.5元、诉讼费5820元、律师费36267元,共计709553元。后增加诉讼请求,要求省立医院支付律师费6万元、鉴定人员出庭费5000元。

被告省立医院辩称,死者李某顺因病在我院去世,其入院后我们采取了积极治疗措施,并无治疗错误,且此医疗事件已经区、市、省三级医疗事故鉴定委员会鉴定不属医疗事故,故法院应驳回秦某、李某的诉讼请求。(1)关于法律适用问题,本案起诉时间是2001年9月,当时的案由是医疗事故损害赔偿,以医疗事故的案由审理的。先后经一审、二审、再审,按照相关法律规定,再审应当就原来的审理进行实体问题的审理,本案应当就是不是医疗事故进行审理,而今天又以医疗赔偿作为案由审理此案,其诉讼请求不应当得到支持。(2)本案经过多次审理,事实已经非常清楚,在诉讼的过程当中,医疗行为得当,不属于医疗事故,所以按医疗事故条例的相关规定,省立医院不承担赔偿责任,相应的证据是三级鉴定委员会的鉴定结论及病案记录。

(3)一审法院审理意见

济南市槐荫区人民法院〔2011〕槐民再初字第1号民事判决查明,死者李某顺系秦某之夫,李某之父。李某顺于1998年3月7日以急症在省立医院住院治疗,诊断为尿毒症、左输尿管结石、右肾结石,12日行双肾穿刺置管引流,15日夜病情恶化,16日下午5时去世。死亡原因为尿毒症,肾功能衰竭,呼吸循环衰竭。1998年10月19日,济南市槐荫区医疗事故鉴定委员会认定该事件不属医疗事故。秦某不服,要求重新鉴定。1999年1月26日,济南市医疗事故鉴定委员会《关于李某顺医疗事件的鉴定意见》认定该事件不属医疗事故。秦某仍不服,又提出重新鉴定。2000年11月20日,山东省医疗事故技术鉴定委员会《关于李某顺医疗事件的鉴定书》仍认定该事件不属医疗事故。重审中,秦某、李某提出鉴定申请,要求对诊疗过程有无过错,过错与李某顺的死亡是否存在因果关系及死亡诊断是否正确进行鉴定。2013年1月5日,湖北同济法医学司法鉴定中心(以下简称同济鉴定中心)作出的同济司法鉴定〔2012〕法医病理 FI-052 号《法医学鉴定意见书》(以下简称《同济司法鉴定意见》)载明,根据审核送检病历资料、医患双方代表意见陈述及相关专家会诊结果,综合分析认为:第一,由于被鉴定人李某顺死亡后未进行尸体解剖,因此对准确判断死因及诊疗行为是否存在过错有一定的局限性。第二,根据现在病历资料,尤其被鉴定人李某顺入院前后血红蛋白、血压变化及高烧等临床表现,分析认为李某顺死亡原因考虑为尿毒症继发重症感染、失血失液性休克可能性较大。第三,被鉴定人李某顺1998年3月11日住省立医院前有冠心病及脑血栓病史,住院前门诊化验 BUN34.23 mmol/L、CREA829.70 umol/L,已达到肾功能衰竭尿毒症期,表明被鉴定人李某顺住院时病情已较为严重,其死亡主要是自身疾病发展演变所致。第四,被鉴定人李某顺1998年3月11日至3月16日在省立医院住院期间,医方根据临床表现及相关临床检验结果,诊断为"左输尿管结石、右肾结石,双肾积水,尿毒症,双肾多发性囊肿"依据充分,给予B超定位下肾穿刺术,医方并不违反当时医疗常规。第五,被鉴定人李某顺1998年3月16日在B超定位下调整引流位置后,尿液引流通畅,虽然3月13日病程记录要求"注意保持引流通畅,防止出现梗阻后的积尿现象",但依然发生引流管弯折或堵塞导致的尿液引流不畅。根据现有病历资料,医方16日对其进行处理,不能确定患者病情加重与引流管堵塞有关。第六,被鉴定人李某顺入院时已告病危,但整个住院期间,对患者病情观察,如生命体征(BP、HR、R)记录不详细,尤其血压记录较少。3月11日入院时血压22/12kpa(第一次),3月15日19:30病程记录血压15/9kpa(第二次),3月16日14:00后才有多次记录,表明医方在病情观察中存在一定失误。第七,1998年3月11日至3月16日被鉴定人李某顺住院期间,3月11日至3月14日医

第二章 医疗诉讼中证明妨碍规则之具体适用

方使用奥复星 0.4g,15 日选择奥复星 0.4g＋头孢拉定 5g,16 日选择美士灵 2g 进行抗感染治疗,但被鉴定人李某顺术后第三天(15 日)出现发热,第四天出现高热,且一般情况较差,分析认为医方抗感染治疗强度不够,存在一定失误。第八,被鉴定人李某顺 1998 年 3 月 7 日在该院门诊检测血 HGB78g/L、WBC8.3×109/L,表明患者入院前已达中度贫血程度,医方在患方住院后未及时检查血常规,也无贫血诊断,3 月 16 日 15:00 检查血 HGB15g/L、WBC15.4×109/L,已达重度贫血程度并伴感染,而这是在当天输血 400 ml 后检测的结果,表明医方对患者贫血或对引流术后可能继发的出血关注不够,未及时进行处理(如输血等),存在一定的失误。第九,1998 年 3 月 12 日泌尿科讨论及 3 月 15 日肾内科会诊,均考虑进行血透,但该意见未得到执行,医方存在一定的失误。第十,被鉴定人李某顺 1998 年 3 月 12 日在 B 超引导下行双肾穿刺置管引流术,术后第一天引流出血性液体约 2500 ml,3 月 14 日引流出血性液体约 5000 ml,15 日引流 3000 ml,且出现呕吐、嗜睡、神志不清及持续发热表现,3 月 16 日高热,除 13 日记录"引流出的液体血色浓",其他几日均未见引流液的描述情况。综上所述,被鉴定人李某顺 1998 年 3 月 11 日至 3 月 16 日在省立医院住院期间发生死亡,其死亡主要是自身疾病发展演变所致,但医方在诊断治疗中存在一定的失误,这些失误与被鉴定人李某顺死亡之间存在一定的因果关系,建议过错参与度为 10%～30%(仅供委托单位参考)。秦某、李某认为此鉴定意见以偏概全,属于"鉴定意见明显依据不足",要求重新鉴定。

济南市槐荫区人民法院〔2011〕槐民再初字第 1 号民事判决认为,李某顺与省立医院医患关系明确。根据《同济司法鉴定意见》结论:认为被鉴定人李某顺 1998 年 3 月 11 日至 3 月 16 日在省立医院住院期间发生死亡,其死亡主要是自身疾病发展演变所致,但医方在诊断治疗中存在一定的失误,这些失误与被鉴定人李某顺死亡之间存在一定的因果关系,建议过错参与度为 10%～30%。《同济司法鉴定意见》鉴定程序合法,鉴定意见无明显依据不足,秦某、李某要求重新鉴定的申请不予允许。秦某、李某要求省立医院赔偿有理,应予支持。根据《同济司法鉴定意见》,结合省立医院的过错情况,省立医院以 20%承担赔偿责任为宜。秦某、李某要求省立医院赔偿死亡赔偿金、精神抚慰金、被抚养人生活费、丧葬费、住院伙食补助费、鉴定费和鉴定人员出庭费有理,应予支持;秦某、李某要求省立医院赔偿医疗费证据不足,不予支持;秦某、李某未提交误工证明及护理证明,要求赔偿误工费、护理费的要求,不予支持;秦某、李某要求的交通费用与李某顺的诊疗无关,不符合法律规定,不予支持;秦某、李某要求省立医院赔偿鉴定差旅费、复印费、律师费不属于人身损害赔偿范围,于法无据,不予支持。本案经济南市槐荫区人民法院审判委员会研究决定,判决:1)被告省立医院于本判决生效之日起10日内赔偿原告秦某、李某住院伙食补助费30元。2)被告省立医院于本判决生效之日起10日内赔偿原告秦某、李某精神抚慰金10000元。3)被告省立医院于本判决生效之日起10日内赔偿原告秦某、李某丧葬费4283.7元。4)被告省立医院于本判决生效之日起10日内赔偿原告秦某、李某死亡赔偿金103020元及被抚养人生活费1577.8元。5)被告省立医院于本判决生效之日起10日内赔偿原告秦某、李某鉴定费2180元及鉴定人员出庭费1000元;如果未按本判决规定的期间履行给付金钱义务,应按照《民事诉讼法》第253条之规定,加倍支付延迟履行期间的债务利息。6)驳回其他诉讼请求。案件受理费11200元,两原告秦某、李某负担8960元,被告省立医院负担2240元。

(4)上诉理由及答辩意见

之后,秦某、李某不服一审重审判决,向济南市中级人民法院提起上诉称:1)省立医院存在隐匿病历情形。本案发生在《侵权责任法》实施之前,应适用《民事证据规定》第25条的规定,省立医院应就其医疗无过错与患者损害后果无因果关系进行证明,而省立医院拒不能提供全套病历原件,我方申请法院调取,法院不予准许。省立医院应承担举证不能的责任,就秦某、李某的损失承担全责。2)作为鉴定检材的病历不真实。《司法鉴定程序通则》第14条规定:"司法鉴定机构收到委托,应当对委托的鉴定事项进行审查,对属于本机构司法鉴定业务范围,委托鉴定事项的用途及鉴定要求合法,提供的鉴定材料真实、完整、充分的鉴定委托,应当予以受理。"第16条第2款规定:"具有下列情形之一的鉴定委托,司法鉴定机构不得受理……(二)鉴定材料不真实、不完整、不充分或者取得方式不合法的……"《同济司法鉴定意见》是在不真实的病历基础上做出的,不能作为判决依据。鉴定人出庭认为病历不真实与鉴定人无关是违法的。3)《同济司法鉴定意见》没有以技术规范为标准。依据《司法鉴定程序通则》第22条第1款的规定:"司法鉴定人进行鉴定,应当依下列顺序遵守和采用该专业领域的技术标准和技术规范:国家标准和技术规范。"《同济司法鉴定意见》没有以技术规范为标准,而是在鉴定人自定标准基础上做出的。4)《同济司法鉴定意见》不能作为定案证据。鉴定人出庭接受质询后,秦某、李某认为该鉴定意见不能作为证据使用,要求重新鉴定。因为该鉴定意见不符合《民事证据规定》第27条第2款、第3款之规定。综上所述,原审法院认定事实不清,适用法律错误,在程序上和事实认定上具有严重瑕疵,请求二

第二章 医疗诉讼中证明妨碍规则之具体适用

审法院查明事实,依法改判,支持秦某、李某的上诉请求。

被上诉人省立医院辩称,原审判决认定事实清楚,适用法律正确,程序合法,请求维持。

(5)二审法院意见

经济南市中级人民法院查明,原审判决查明的事实属实,予以确认。济南市中级人民法院认为,根据《民事证据规定》第4条的规定,因医疗行为引起的侵权诉讼,由医疗机构就医疗行为与损害结果之间不存在因果关系及不存在医疗过错承担举证责任,实行的是因果关系推定和过错推定。《侵权责任法》明确规定了医疗损害责任的归责原则是过错责任,在举证责任分配上实行"谁主张谁举证"的原则,即患者应当就医疗机构的过错承担举证责任。只有在《侵权责任法》第58条规定的如医务人员有违规治疗行为或者隐匿、拒绝提供与纠纷有关的医疗材料,伪造、篡改、销毁病历资料等情形下,才适用过错推定的原则,实行举证责任倒置。因伪造、篡改、涂改或以其他不当方式改变病历资料内容等情形导致医疗行为与损害后果之间是否存在因果关系及医疗机构、医务人员是否有过错无法认定的,由改变病历一方当事人承担不利的法律后果;病历制作方对病历资料的内容存在明显矛盾或错误不能作出合理解释的,应当承担不利的法律后果;病历仅存在错别字、未按病历书写规范书写等形式瑕疵的,不影响病历的真实性的认定。本案中,1998年10月19日济南市槐荫区医疗事故鉴定委员会、1999年1月26日济南市医疗事故鉴定委员会、2000年11月20日山东省医疗事故技术鉴定委员会均认定该事件不属于医疗事故。秦某、李某在原审时依法复印了李某顺的病历,在原审经过质证;在一审法院重审向鉴定机构提交鉴定材料时,对李某顺的病历等鉴定材料进行了再次确认。秦某、李某申请法院调取病历,不符合法律规定,本院不予准许。秦某、李某认为省立医院存在隐匿病历情形、作为鉴定检材的病历不真实没有事实依据。《司法鉴定程序通则》第22条规定:"司法鉴定人进行鉴定,应当依下列顺序遵守和采用该专业领域的技术标准和技术规范:(一)国家标准和技术规范;(二)司法鉴定主管部门、司法鉴定行业组织或者相关行业主管部门制定的行业标准和技术规范;(三)该专业领域多数专家认可的技术标准和技术规范。不具备前款规定的技术标准和技术规范的,可以采用所属司法鉴定机构自行制定的有关技术规范。"该规定明确了司法鉴定人进行鉴定应当遵守和采用该专业领域的技术标准和技术规范,秦某、李某认为《同济司法鉴定意见》没有以技术规范为标准,没有事实和法律依据,其申请重新鉴定,本院不予准许。李某顺与省立医院医患关系明确,根据《同济司法鉴定意见》结论,李某顺的死亡与省立医院在诊断治疗中一定的失误存在一定的因果关系,省立医院应当承担相应的赔偿责任。综上所述,秦某、李某的上诉请求不成立,不予支持。原审判决认定事实清楚,适用法律正确,程序合法,应予以维持。

3. 徐某峰、徐某鑫等与肥城市人民医院医疗损害责任纠纷——医院方因伪造病历被判承担主要责任

(1)一审法院审理意见

肥城市人民法院经审理查明,患者李某丙因乳腺恶性肿瘤于2013年7月12日8时入住肥城市人民医院住院治疗。2013年7月13日行右乳肿物活检右乳癌改良根治术,于同年同月26日出院。同年同月30日,患者李某丙继续住院治疗,并进行第一次化疗后,于2013年8月7日出院。2013年8月11日7时35分,患者李某丙因感染性休克继续进入肥城市人民医院住院治疗。2013年8月12日7时30分,患者李某丙经抢救无效死亡。肥城市人民医院病案号0000525120病例中入院记录记载:月经婚育史……23岁结婚,育一子,配偶及孩子健康。家族史:父母分别于3年、2年前因"心血管疾病"去世,无兄弟姐妹,否认家族性遗传病史及类似病史。第2页患者家属签字为患者李某丙姐姐李红梅签字。病历中2013年7月30日10:50分被告肥城市人民医院进行首次病程记载。2013年7月31日记载患者今日入院。肥城市人民医院检验报告单中标本号:105采样时间为2013-7-30 8:34 接收时间2013-7-30 10:34。项目:WBC白细胞4.04 参考范围4—10 单位10*9/L;项目15NEUT%中性粒细胞百分比43.7↓单位50~70%;项目20NEUT#中性粒细胞绝对值1.42↓2-7 10*9/L。另有一份报告单显示项目除WBC白细胞3.24不同外,标本号、采样时间、接受时间等均完全相同。另查明,患者李某丙姐妹三人,其父原告李某英,其母原告李某兰。1998年患者李某丙和原告徐某峰结婚,2000年婚生儿子徐某鑫。原告李某兰无收入来源。四原告因其亲属李某丙死亡造成的损失有:死亡赔偿金515100元(25755元/年×20年),丧葬费21418.5元,被抚养人生活费76260.33元(李某兰15778元/年×7年÷3人=36815.33元;徐某鑫15778元/年×5年÷2人=39445元),医疗费4787.56元,李某丙住院9天的误工费635.04元(70.56元/天×9天),护理费635.04元(70.56元/天×9天),伙食补助费90元(10元/天×9天),处理丧葬事宜的误工费635.04元(70.56元/天×3天×3人),处理丧葬事宜人员交通费1000元,精神抚慰金30000元,以上共计650561.51元。庭审中,被告提出对标本号为105的两份检验报告单的真实性进行鉴定,后又表示不再申请鉴定。

第二章　医疗诉讼中证明妨碍规则之具体适用

肥城市人民法院认为,当事人对自己提出的主张,有责任提供证据。卫生部制定的《病历书写基本规范》第 3 条规定:"病历书写应当客观、真实、准确、及时、完整、规范。"《医疗机构病历管理规定》第 5 条规定,医疗机构应当严格病历管理,严禁任何人涂改、伪造、隐匿、销毁、抢夺窃取病历。《医疗事故处理条例》第 9 条规定,严禁涂改、伪造、隐匿、销毁、抢夺病历。患者同一次住院只能有一份客观、真实、准确、完整、规范的住院病历。本案患者李某丙的三份病历与客观事实存在多处不符,特别是同一标本同一时间出现两份白细胞数值不同的检验报告单。原告对病历的真实性均不予以认可。被告对同一标本同一时间出现两份白细胞数值不同的检验报告单未能作出合理的解释。原告认为检验报告中白细胞数值×中性粒细胞百分比=中性粒细胞绝对值,被告肥城市人民医院出具的白细胞数值为 4.04 的检验报告单系造假行为,法院应予确认。由于被告肥城市人民医院伪造病历,致使鉴定医疗过错的依据无法确定。根据《侵权责任法》第 58 条的规定,肥城市人民医院的行为属于伪造病历资料,患者有损害的,推定医疗机构有过错。被告肥城市人民医院无证据证实不存在诊疗过错,依法应对患者李某丙的死亡承担侵权赔偿责任。考虑到患者李某丙身患癌症,其死亡与自身身体情况也有一定原因,被告肥城市人民医院承担 70%的责任,死者因自身原因承担 30%的责任。原告认为依据患者的白细胞数值(低于 4000),不应当实施化疗,肥城市人民医院不当医疗行为致使患者李某丙死亡的主张,法院应予支持。精神损害抚慰金,考虑肥城市人民医院的过错程度、侵权行为所造成的后果及当地平均生活水平,法院酌定为 30000 元。肥城市人民医院关于患者李某丙死亡之事实并非由于被告的诊疗行为造成,未提供证据证实,法院不予采信。原告第一次住院花费系治疗原发疾病的正常花费,原告要求被告承担的诉讼请求,法院不应支持。据此,肥城市人民法院判决:1)被告肥城市人民医院于本判决生效之日起 10 日内赔偿原告徐某峰、徐某鑫、李某英、李某兰因其亲属李某丙死亡造成的损失包括死亡赔偿金、丧葬费、被抚养人生活费、医疗费、处理丧葬事宜的误工费、处理丧葬事宜人员交通费、精神抚慰金等共计 464393.06 元;2)驳回原告徐某峰、徐某鑫、李某英、李某兰对被告肥城市人民医院的其他诉讼请求。

(2)上诉理由及答辩意见

上诉人徐某峰、徐某鑫、李某英、李某兰不服原审判决上诉称,上诉人亲属李某丙因乳腺恶性肿瘤于 2013 年 7 月 12 日入住肥城市人民医院住院治疗,2013 年 8 月 7 日出院,2013 年 8 月 11 日因感染性休克继续进入肥城市人民医院住院治疗,经过分析检查,血细胞几乎为零,各项指标都下降。2013 年 8

月12日7时30分,李某丙因肺内重度感染、呼吸衰竭,经抢救无效死亡。肥城市人民医院的错误:一是对死者李某丙进行第一次化疗前没有进行最主要的化疗前血象分析,化疗期间又没有对患者进行血象分析,致使李某丙的血细胞几乎为零,造成肺内严重感染。二是伪造病历,检验报告单造假。从法律上讲,如果存在伪造病历的情况,适用举证责任倒置,医院应证明自己在诊疗过程中无过错,其未向法院提交充分证据证明其所实施的医疗行为与患者的损害结果之间不存在因果关系,从而应当承担败诉的责任。从情理上讲,患者李某丙虽然患有癌症,但不一定会死亡,由于病历不真实,导致无法进行因果关系鉴定,应由肥城市人民医院承担全部责任,原审判决认定上诉人自行承担30%的责任属适用法律错误。综上,请求撤销原判,改判肥城市人民医院承担全部赔偿责任。

上诉人肥城市人民医院不服原审判决上诉称,原审判决认定事实错误,上诉人的行为不属于伪造病历,两份检验报告单均来自上诉人的档案,说明上诉人没有故意规避责任,不具有掩盖事实的行为,不应推定上诉人有过错。是否属于伪造检验报告单应由特定机构进行评估,不应由法院认定。死者李某丙系乳腺癌晚期,导致患者死亡的主要原因是其自身疾病,上诉人对患者的治疗采取了相应的治疗措施,做到了注意义务,符合化疗规范。一审判决适用《侵权责任法》第58条第3款,属适用法律错误,本案不是医疗机构伪造病历的情形,不应适用该条款,应由患者方举证证实其死亡与上诉人有因果关系及过错程度、参与度等。综上,请求撤销原判,依法改判或发回重审。

上诉人徐某峰、徐某鑫、李某英、李某兰针对上诉人肥城市人民医院的上诉理由答辩称,原审判决认定事实清楚,证据确凿,肥城市人民医院伪造病历,原审判决适用《侵权责任法》第58条的规定是正确的,其上诉理由不能成立。

上诉人肥城市人民医院针对上诉人徐某峰、徐某鑫、李某英、李某兰的上诉理由答辩称,原审法院认定事实和适用法律错误,肥城市人民医院不应承担全部责任,也不应承担主要责任,原审判决承担责任比例过重,应依法改判或发回重审。

(3)二审法院审理意见

山东省泰安市中级人民法院经审理查明的事实与原审判决查明的事实一致,予以确认。山东省泰安市中级人民法院认为,本案争议的焦点是上诉人肥城市人民医院对于患者李某丙的死亡是否有过错及过错程度如何。根据患者李某丙的病情及在上诉人肥城市人民医院处住院治疗的情况,患者李某丙于2013年7月30日在上诉人肥城市人民医院进行第一次化疗,当天上诉人肥城市人民医院对同一份血液标本在同一时间作出两份白细胞数值不同的检验报告单,其对该两份检验报告单未作出合理解释,属于伪造病历,根据《侵权责任法》第58条的规定,应推定上诉人肥城市人民医院有过错,原审判决对此认定事实清楚,适用法律正确,依法应予维持。原审判决根据医院的过错程度及患者自身的病情,酌情确定由上诉人肥城市人民医院承担70%的赔偿责任,由患者自行承担30%的责任,符合法律规定和本案实际情况,依法予以维持。双方均对原审判决不服提起上诉,但上诉理由均缺乏事实和法律依据,依法不予支持。综上,原审判决认定事实清楚,适用法律正确,山东省泰安市中级人民法院于2014年6月18日判决驳回上诉,维持原判。

4. 昆明某肛肠医院有限公司与术某义医疗损害责任纠纷——医院方因未妥善保管病历被判承担次要责任

(1)一审法院审理意见

一审法院云南省昆明市官渡区人民法院认定的案件事实:原告术某义于2012年9月7日到被告昆明某肛肠医院有限公司肛肠科门诊就诊,经诊断为混合痔、肛裂。2012年9月8日原告到被告处住院治疗,住院期间进行了混合痔切除术及肛裂切除术,于2012年9月20日出院。原告于2012年10月1日入石屏县中医院住院治疗,经诊断为混合痔术后感染,2012年10月9日出院。2012年11月至2012年12月,原告陆续到昆明市中医院、解放军昆明总医院、昆华医院门诊就医,经诊断为肛门湿疹、肛门狭窄等,累计支出医疗费7220.36元。2012年12月12日经昆明法医院司法鉴定中心鉴定:原告肛门狭窄,影响排便功能构成六级伤残,支出鉴定费780元。昆明市官渡区卫生执法监督局于2013年1月11日对原告在被告处就医的病历资料进行了封存,保存于被告处。审理中,原、被告双方对涉案被告的医疗行为是否构成医疗过错产生争议,依原告申请,一审法院依法委托昆明法医院司法鉴定中心进行医疗过错鉴定。在鉴定过程中,鉴定中心发现医院提交的"封存病历袋"的封口部分打开,随后拍照记录并告知双方当事人该情况,原告当即表示拒绝用此病历进行鉴定。鉴定中心认为原告对病历资料的真实性提出质疑,本案即不具备鉴定条件,随后做退鉴处理。一审法院收到退鉴函后即向被告询问封存病历袋的封口瑕疵情况,被告称其也不知情,不是人为撕开的。一审法院开庭审理本案后,结合双方当事人举证,依法向双方当事人阐明了其各自应负的举证责任,并告知双方当事人有义务配合鉴定中心进行鉴定,关于病历资料是否有被拆封、伪造、篡改,可在鉴定中提出并进一步进行核查,双方当事人随即表示同意进行鉴定。为查明案件事实,一审法院依职权启动鉴定程序,并依法委托云南公正司法鉴定中心对本案进行鉴定。在鉴定过程中,原告在病历袋拆封时表示无异议,但在专家会诊前又对所有病历材料真实性提出异议,鉴定中心随后又做退鉴处理。鉴于上述情况,本案未有鉴定结论在案。

一审法院认为:患者在诊疗活动中受到损害,医疗机构及其医务人员有过错的,由医疗机构承担赔偿责任。医疗损害责任存在四项构成要件,即:诊疗行为、损害结果、因果关系和诊疗过错。1)关于诊疗行为:原、被告双方对原告因患病在被告处就医的事实不持争议,确认原、被告存在医疗服务合同关系。2)关于损害后果:原告现肛门狭窄等,原、被告双方不持争议,被告虽对伤残鉴定不予认可,但又未能指出鉴定做出的程序、依据事实、法规的不当之处,亦未申请重新鉴定,故对被告辩解不予采纳。对原告肛门狭窄,达六级伤残的损害事实予以确认。3)关于举证规则:本案在适用"谁主张、谁举证"的基础上,应当适用最高人民法院《民事证据规定》第4条第8项关于"因医疗行为引起的侵权诉讼,由医疗机构就医疗行为与损害结果之间不存在因果关系及不存在医疗过错承担举证责任"的规定。即:由患方对诊疗行为和损害结果承担举证责任,依法推定医方的诊疗行为与损害结果之间存在因果关系及诊疗过错;再由医方对其诊疗行为与损害结果之间不存在因果关系及诊疗过错承担举证责任。4)关于因果关系及医疗过错责任:本案中,被告保存的病历资料在完整性上存在瑕疵,原告对其真实性提出怀疑后,被告未做合理解释也未举证证实其保存的病历资料是真实、完整的。原告拒绝认可病历资料的真实性后,鉴定中心即认为本案丧失鉴定基础,致本案无鉴定结论在案。被告亦未能提交其他证据证实其诊疗行为与损害结果之间不存在因果关系及诊疗过错。故推定被告的诊疗行为存在过错,并与原告的损害结果之间存在因果关系。基于医疗科学的疑难复杂性、医疗技术手段的局限性、医疗行为存在的合理风险性等因素,结合医疗行为在损害后果中的责任程度、损害后果与原发疾病之间的关系,酌定由被告对原告的合理损失承担40%的民事赔偿责任。原告产生的合理损失为:1)原告除在被告医院外其他医院为治疗手术后手术创面感染及肛门狭窄共支付医疗费7220.36元;2)营养费,结合原告伤情,酌情认定3个月的营养期,可予每天30元的营养费,确定为2700元;3)残疾赔偿金210750元;4)交通费,结合原告到昆明治疗而乘坐交通工具的实际需要等因素,认定其提供发票金额2136元;5)住宿费,结合原告到昆明治疗而住宿的实际需要等因素,认定其提供发票金额3794元;6)鉴定费780元;7)精神损害抚慰金5000元;8)住院伙食补助费450元,石屏县中医院住院9天,以每天50元标准计算;9)误工费,结合原告在石屏县中医院住院9天,以及在昆明市各医院治疗的事实,酌情以云南省2012年度国有经济单位在岗职工平均工资45081元,支持30天,即3705.29元。上述各项损失合计236535.65元,40%即为94614.26元。原告诉请的其在被告处的医疗费不属于本案致损范围,不予支持。原告诉请的护理费无证据证实,不予支持。原告诉请的公证费不属于必然合理损失,不予支持。据此,一审法院判决:1)由被告昆明某肛肠医院于判决生效之日起30日内赔偿原告术某义经济损失94614.26元;2)驳回原告术某义的其他诉讼请求。

(2)上诉理由及答辩意见

一审判决宣判后,某医院不服,向云南省昆明市中级人民法院提起上诉,请求:撤销一审判决,改判驳回被上诉人的诉讼请求,一审、二审案件受理费由被上诉人承担。其主要上诉理由:1)本病例出现的肛门狭窄是术后并发症,且能够治愈,被上诉人不构成伤残,更不可能构成六级伤残,被上诉人拒绝配合上诉人进行符合诊疗规范的治疗,后果应由其自行承担;被上诉人提交的昆明法医院司法鉴定中心〔2012〕LC字第5222号法医临床鉴定意见书,因鉴定材料未经当事人质证,系单方鉴定,鉴定人未出庭接受质询,故鉴定程序违法,该鉴定意见不能作为认定损害后果的证据。2)本案未进行医疗事故鉴定及医疗过错鉴定,一审判决在无鉴定结论的情形下以上诉人未能提交证据证实其诊疗行为与损害结果之间不存在因果关系及诊疗过错,进而推定上诉人的诊疗行为有过错,并与被上诉人的损害后果之间存在因果关系为由,判决上诉人承担40%的赔偿责任错误。3)上诉人提交的手术同意书证明上诉人的诊疗行为已尽到诊疗的注意义务,一审法院未准许上诉人对本案进行医疗事故技术鉴定的申请,剥夺了上诉人的举证权。4)本案适用过错原则确定侵权责任,应由被上诉人承担举证责任,只有存在《侵权责任法》第58条规定的三种情形之一时,才适用过错推定原则,才由上诉人承担举证责任。医疗损害责任的举证是通过专业人员的鉴定实现的。本案应适用《侵权责任法》,而不应适用最高人民法院《民事证据规定》,被上诉人不尽举证责任,应承担举证不能的法律后果。综上所述,请求二审法院依法改判。

被上诉人术某义答辩称:1)一审判决对举证责任分担正确,且被上诉人已经尽到举证责任;2)伤残等级系按法律规定作出,且上诉人在一审中对被上诉人构成六级伤残并未提出异议;3)上诉人对病历资料保管不善,导致病历被拆封,故致使本案不具备鉴定条件;4)被上诉人签署手术同意书是基于对上诉人的信任,并未看告知事项,上诉人也未交代相关事宜,被上诉人对手术后果及方案不清楚。综上所述,请求驳回上诉,维持原判。

(3)二审法院审理意见

二审中,上诉人认为一审判决载明一审法院告知过双方当事人有义务配合做鉴定,病历资料是否有被拆封、伪造、篡改的情形,可在鉴定中提出并一步进行核实,但实际一审法院未进行相应的告知。对此,本院认为,一审在卷的询问笔录记载有法庭就上述事项向双方当事人进行过相应的告知,故对上诉人的异议观点,二审法院不予采纳。因上诉人对被上诉人提交的昆明法医院司法鉴定中心〔2012〕LC字第5222号法医临床鉴定意见书评定结论质疑,对此,二审法院已依职权通知鉴定人出庭接受质询,鉴定人对上诉人提出的相关问题进行了解释。经质询,昆明法医院司法鉴定中心出具的鉴定意见书鉴定主体具备相应资质,鉴定程序合法,二审法院予以采信。综上所述,二审经审理查明的案件事实与一审确认的案件事实一致。

本案争议的焦点是:赔偿责任如何承担及赔偿损失如何认定?

二审法院认为:《侵权责任法》第54条规定:"患者在诊疗活动中受到损害,医疗机构及其医务人员有过错的,由医疗机构承担赔偿责任。"第58条规定:"患者有损害,因下列情形之一的,推定医疗机构有过错:(一)违反法律、行政法规、规章以及其他有关诊疗规范的规定;(二)隐匿或者拒绝提供与纠纷有关的病历资料;(三)伪造、篡改或者销毁病历资料。"本案中,上诉人在保管经昆明市官渡区卫生执法监督局封存的病历的过程中,未尽妥善保管义务,封存的病历袋封口出现脱胶及撕裂的情况,使被上诉人对病历的真实性、完整性质疑,导致本案无法进行医疗过错鉴定。上诉人保管病历不善,构成妨碍证明的行为,使得被上诉人无法主张权利、法院无法查明真相。因此,可以推定上诉人存在过错,其应对被上诉人的损失承担赔偿责任。一审判决根据本案的实际情况,结合医疗行为在损害后果中的责任程度、损害后果与原发疾病之间的关系,酌定由上诉人承担40%的责任适当。上诉人关于对本案进行医疗事故技术鉴定的申请,因客观上不具备鉴定的条件,同时,根据其行为已推定其存在过错,亦无进行鉴定的必要,故对上诉人的该项申请,二审法院不予准许。另外,关于本案赔偿数额的认定问题。关于争议的医疗费,上诉人认为被上诉人产生7220.36元的医疗费过高,但未就此提交相应的反驳证据,故对上诉人的该项异议观点不予采纳。关于争议的营养费,根据被上诉人的伤情,一审法院以每天30元的标准,酌情支持3个月趋于公平、合理,上诉人关于不需要营养费的上诉理由不成立,二审法院不予采纳。关于争议的残疾赔偿金,因被上诉人构成六级伤残,故一审判决认定残疾赔偿金为210750元正确,上诉人认为不需要残疾赔偿金的上诉理由无事实及法律依据,二审法院不予采纳。关于争议的鉴定费,因被上诉人提交了相应的鉴定费单据,上诉人关于鉴定费与本案无关的上诉理由不成立,二审法院不予采纳。关于争议的交通费、住宿费、误工费,因被上诉人居住在石屏县,到昆明进行相关的治疗客观上会产生相应的交通费、住宿费和误工费,一审法院根据被上诉人提交的证据确定交通费 2136 元、住宿费 3794 元、误工费 3705.29 元并无不妥,二审法院予以确认。关于争议的精神损害抚慰金,根据被上诉人的伤情,一审判决支持 5000 元符合客观实际,上诉人关于精神损害抚慰金不应支持的上诉理由不成立,二审法院不予采纳。因双方当事人对一审判决确认的其余赔偿数额无异议,二审法院予以确认。综上所述,被上诉人的各项损失为:医疗费 7220.36 元、营养费 2700 元、残疾赔偿金 210750 元、交通费 2136 元、住宿费 3794 元、误工费 3705.29 元、住院伙食补助费 450 元、鉴定费 780 元、精神损害抚慰金 5000 元,共计 236535.65 元,同时,根据上述责任认定,以上损失由上诉人承担 40%,即 94614.26 元的赔偿责任。

综上所述,上诉人的上诉请求不成立,二审法院不予支持。一审判决认定事实清楚,处理结果正确,二审法院依法予以维持,并于 2014 年 7 月 8 日判决驳回上诉,维持原判。

第三章 亲子关系诉讼中证明妨碍规则之具体适用

在亲子关系诉讼中,子女与父亲是否具有血缘上的关系,往往成为此类诉讼中重要的争点。在尚无DNA鉴定方法可供使用的时代,当事人往往必须通过一些间接证据,例如被指为血缘上的父亲曾与其母同居等,来间接判断当事人之间是否存在血缘上的父子关系。但是时至今日,血型鉴定或DNA鉴定作为证明方法已经被民众广为接受,而且血缘鉴定是自然科学的方法,不会受到当事人或者法院主观判断的影响,又兼具极高的准确性。往往这些证据方法一旦在法庭上提出,当事人之间胜败立判,几乎没有再争执的余地,是最具决定性的证据方法。所以,在亲子关系诉讼中,当事人往往需要通过血缘鉴定的方式厘清亲子关系是否存在。

但是,要进行血缘鉴定,必须取得相关当事人的血液。就原告而言,要求其提供血液以供鉴定一般不存在障碍。但是对于被告而言,则涉及勘验忍受义务(抽血)及勘验物提出义务(提供血液)的问题。亲子关系诉讼的血缘鉴定,一方面涉及原告的诉讼权、证明权和身份权利的确认,另一方面则涉及被告的隐私权、人格权和身体不被侵犯的权利。这两方面的权利在亲子关系诉讼中具有高度的冲突性。一般而言,如果为追求社会公益而强调血缘的客观真实,那么对于血缘鉴定自然可以作出较为强制性的规定。但是,如果不将血缘的客观真实作为认定亲子关系的唯一考量,那么对于被告的相关权益有予以衡量的必要。在亲子关系诉讼中的证明妨碍问题主要就是指一方当事人拒绝进行血缘鉴定时应当如何处理的问题,本章亦是围绕此问题展开讨论。

第三章　亲子关系诉讼中证明妨碍规则之具体适用

第一节　亲子关系诉讼及其证明

一、亲子关系诉讼概述

"亲子关系，在民法中称为父母子女关系，在民事诉讼中称为亲子关系。"①亲指父母，子指子女。亲子关系经历了从父权到子女权利的演变。"在罗马法和日耳曼法中强调家父的父权（patriapotestas，Munt），将其作为父母子女关系法的主要内容。"②父权强调父亲对子女的支配权，子女对于家庭和父亲的依附关系。"在施瓦布明镜（Schwabenspiegel，约 1270 年）中明确记载到，丈夫在危急情况下有权出售子女。"③丈夫的父权体现在对家庭成员的人身处分和支配，体现在对家庭方式的决定以及子女何时脱离家庭的绝对决定权等。近代早期的专制国家依然承认父亲对子女的巨大支配权，甚至包括父亲可以决定子女的宗教信仰以及对子女行为的完全监控权，这被认为是警察控制国家的一种手段④。启蒙运动时期最大的特点就是照料义务取代了父权，强调父母对子女的权益体现在照料上，其出发点就不再是父权，而是子女的人权。而后经历过 19 世纪的短暂父权思想复辟后，进入 20 世纪引入子女利益原则，因此 20 世纪也被称为子女的世纪，特别是 1989 年 11 月 20 日通过的《联合国儿童权利公约》。⑤

亲子关系首先经历了家族本位时代，即注重家族权，注重族长对于家族成员的支配。其后随着社会结构分化，人口流动加剧，原本稳固的家族结构开始逐渐解体，变成零散的家庭组成，此时的虚化的家族权逐渐被父权取代，进入

---

① 史尚宽：《亲属法论》，中国政法大学出版社 2000 年版，第 532 页。
② ［德］迪特尔·施瓦布：《德国家庭法》，王葆莳译，法律出版社 2010 年版，第 257 页。
③ ［德］迪特尔·施瓦布：《德国家庭法》，王葆莳译，法律出版社 2010 年版，第 257 页。
④ ［德］迪特尔·施瓦布：《德国家庭法》，王葆莳译，法律出版社 2010 年版，第 258 页。
⑤ 余卫琪：《亲子关系诉讼中的血缘鉴定问题研究》，2013 年西南政法大学硕士论文。

了亲本位时代。嗣后,子女权益保护观念愈发盛行,对于子女权益保护的理念逐步渗透到亲子关系中,原本的亲本位时代渐被子女本位取代。史尚宽先生认为,真正的亲子关系应当树立社会本位的概念,即应当以父母子女的共同美满生活及幸福为目的,而构成社会的健全的有机的单位细胞(原则上以父母子女组成的小家庭)以谋社会的发展,即应为社会本位的亲子法。①

基于社会本位理念,在处理亲子关系过程中,法官面临着众多利益平衡的难题。越来越多的潜在利益和价值被挖掘出来,填附到司法过程中。因此,解决亲子关系纠纷已经不是简简单单的"以事实为依据,以法律为准绳",而是在双方当事人之间利益取舍时更多关注难以表达利益诉求的未成年子女以及双方家庭的和谐稳定,甚至关注整体社会道德考量。②

二、亲子关系诉讼与婚生推定制度

亲子关系既包括自然的亲子关系,也包括拟制的亲子关系。自然的亲子关系又可以分为婚生子女关系与非婚生子女关系。非婚生子女关系又可分为准婚生子女关系与事实上的子女关系。婚生子女关系是指由婚姻关系受胎而生的子女;反之,非婚生子女则为非由婚姻关系受胎而生的子女。③ 而亲子关系诉讼则相对简单,只要涉及双方当事人对亲子关系存否存在争议的诉讼,就属于亲子关系诉讼。在我国,亲子关系诉讼主要包括两类:一是亲子关系确认;二是亲子关系否认。当然这不是诉讼类型的分类,因为涉及亲子关系的诉讼不仅是确认之诉,也可能是形成之诉等其他诉讼类型。比如在日本,亲子关系诉讼包括嫡出子(亲生子)否认之诉、认领子女之诉、认领无效之诉、撤销认领之诉、以确定父亲为目的的诉讼以及亲子关系存否确认之诉六种类型④。

但是无论是何种诉讼,不可避免地是都涉及一点,亲子关系在诉讼之前所处的状态如何界定。因此必须设计一套制度确定暂时无法得到科学事实确认的亲子关系,这就是婚生子女推定制度。

---

① 史尚宽:《亲属法论》,中国政法大学出版社2000年版,第532页。
② 余卫琪:《亲子关系诉讼中的血缘鉴定问题研究》,2013年西南政法大学硕士论文。
③ 陈棋炎、黄宗乐、郭振恭:《民法亲属新论》,台湾三民书局2000年版,第249页。
④ [日]松本博之:《日本人事诉讼法》,郭美松译,厦门大学出版社2012年版,第291页。

(一)婚生推定制度概述

婚生推定制度,也称为婚生子女推定制度,是指在子女出生满足一定条件下自动推定其为夫妻双方的婚生子女。婚生子女推定一般是指父之推定,母亲身份可由受胎事实和分娩事实判断。婚生子女需满足一定条件,各国由于传统习俗不一,因此其条件也各有所异。《法国民法典》第311条规定,法律推定子女系在其出生之日前的第300日至第180日期间受胎,第300天与第180天包括在内。视子女的利益所要求,受胎时间推定为该时期的任何时刻。为推翻此推定,任何相反证据均得受理之。《瑞士民法典》规定在婚姻存续期间或婚姻解除后的300日内出生的子女,推定夫为父。在上述期限后出生的子女,除非在婚姻解除前受胎的,否则前款推定不能成立。如夫被宣告失踪,则上述300日期限,以发生生命危险之日或最后音讯之日开始算起。我国台湾地区"民法"规定,婚生子女推定需满足以下条件:(1)须其父母有婚姻关系存在;(2)须为其父之妻所分娩;(3)须其受胎系在婚姻关系存续之中;(4)须其母之夫之血统。① 我国台湾地区"民法"与《德国民法典》的规定有所不同,即子女出生在婚姻关系确立前,是否子女因父母结婚而自动转换为婚生子女,德国认可该做法,我国台湾地区反之。

根据上述婚生推定制度,可以看出该制度主要包含两方面的推定:一是受胎期间的推定;二是夫之子女的推定。受胎期间的推定主要是推定从子女出生回溯第181天至第302天②为受胎期间,在此期间出生的子女都视为在婚姻存续期间受胎;夫之子女的推定是前述受胎期间的推定的延续,受胎于婚姻存续期间而出生的子女推定为母亲丈夫的子女。这种婚生子女的推定虽然在一定程度上依然坚持血缘决定论,但是由于彻底贯彻血缘客观根本无法实现,因此采取法律推定的方式将亲子关系予以确定,实现家庭身份关系的最初稳定和未成年子女的权益最大化。③

(二)非婚生子女认定

非婚生子女,简言之就是非由婚姻关系受胎出生的子女。非婚生子女认

---

① 史尚宽:《亲属法论》,中国政法大学出版社2000年版,第256页。
② 各个国家和地区的规定有所不同,我国台湾地区和日本都是采用第181天至302天,而瑞士采用300天为标准。
③ 余卫琪:《亲子关系诉讼中的血缘鉴定问题研究》,2013年西南政法大学硕士论文。

定是指无婚姻关系的父母对自己所生子女的认定,包括男女非婚同居生育的子女。① 严格言之,所谓非婚生子女,仅指未经生父任意认领或抚育亦未经强制认领而生父母又未结婚,而与生父之间不发生法律上之亲子关系之"非婚生子女"而已。② 我国对非婚生子女一般称之为私生子。自古以来对非婚生子女的歧视是全面和彻底的,世界各国莫不如是。布莱克斯通这样论述:"私生子无法律能力,主要表现为,该私生子不能作为任何人的继承人,除了他自身,他也不能有继承人,因为作为非婚生子,他与任何人都没有亲属关系,他也没有依其血统可追根溯源承继而来的祖先。"③以欧洲大陆为例,古代欧洲在基督教教义的影响下④,认为婚姻是维系家族与传宗接代的制度,教会强调一夫一妻婚姻制度的神圣性,认为是教会七大圣事之一(sacrements)。对于无法定婚姻关系存在而出生的子女采取敌对的态度,在法律上予以歧视。非婚生子女被视为"不属于任何人的子女",被认为是被诅咒的种子⑤,也禁止非婚生子女寻求其亲父母,即"禁止父之搜索"。《法国民法典》立法之时,拿破仑便宣布私生子的命运——"知悉私生子之双亲,对社会并无利益"⑥。因此,于1804年法国民法典上,法律只有自愿认领的规定,而明文禁止强制认领。这也是中世纪的"禁止父之搜索"思想在拿破仑时期的体现。

近代人权思想的兴起与传播逐渐打破了中世纪传承下来的"禁止父之搜索",开始重视保护子女的利益,并提出了非婚生子女与婚生子女同属父母的血统,不应因父母之过而影响其人权。⑦ 我国现行法律实现了将婚生子女和非婚生子女进行同等保护。比如,我国《婚姻法》第25条规定:"非婚生子女享有婚生子女的同等权利,任何人不得加以危害和歧视。不直接抚养非婚生子

---

① 巫昌祯、夏吟兰主编:《婚姻家庭法学》,中国政法大学出版社2007年版,第137页。
② 陈棋炎、黄宗乐、郭振恭:《民法亲属新论》,台湾三民书局2000年版,第256页。
③ [美]哈里·D.格劳斯、大卫·D.梅耶:《美国家庭法精要》(第5版),陈苇等译,中国政法大学出版社2010年版,第82页。
④ 基督教圣经上,保罗认为不结婚比结婚好,但与其欲火攻心,倒不如嫁娶为妙。亦为了避免淫乱,男子各自应有自己的妻子,女子各自应有自己的丈夫。由此可知,其反对婚姻之外淫乱。因此,由有罪恶的性关系所生子女,必须代赎父母的罪恶。参见林秀雄:《我国认领制度之矛盾》,载《法学丛刊》1988年第2期。
⑤ 林秀雄:《我国认领制度之矛盾》,载《法学丛刊》1988年第2期。
⑥ 林秀雄:《婚姻家庭法之研究》,中国政法大学出版社2001年版,第218页。
⑦ 林秀雄:《婚姻家庭法之研究》,中国政法大学出版社2001年版,第218页。

女的生父或生母,应当负担子女的生活费和教育费,直至子女能独立生活为止。"《继承法》第 10 条也明确了非婚生子女和婚生子女享有同样的继承权。非婚生子女地位转化为婚生子女有两个途径:一是准正;二是认领。准正是指非婚生子女生父母缔结婚姻关系,该非婚生子女自动转为婚生子女。认领是指该非婚生子女生父承认该子女是其子女的制度。认领主要包括自愿认领和强制认领两种。自愿认领是指生父承认该非婚生子女是自己所生,并自愿承担抚育责任,无须他人或法律的强制。① 强制认领,亦称为亲之寻认,谓应被认领人对于应认领而不为认领之生父,向法院请求确定生父关系之存在。② 强制认领,从本质上来说是确认父子关系存在,而不是父之寻认这样带有强烈父权意思的含义。认领制度经历过主观主义到客观主义的发展过程,特别是在强制认领方面,更是将事实上的父子关系作为认领的基础,而不再如主观主义般如此重视父亲本身的意思自愿。

(三)我国婚生推定制度的立法缺憾

回到我国的婚姻立法,关于婚生推定无疑是令人深感缺憾的地方。翻遍整篇《婚姻法》,也未能发现婚生推定制度的片语只言。虽然《婚姻法》第 25 条宣称婚生子女和非婚生子女享有同等待遇,但是如何界定婚生子女和非婚生子女却毫无规范可言。现实绝对不会因为立法本身的回避就会规避掉实践中所出现的问题。审判实践中,将婚姻关系存续期间妻子受胎所生的子女推定为夫妻双方的婚生子女已经成为认定父母子女关系的默认规则,③但是该默认规则至少无法解决以下问题:妻子于婚姻存续期间受胎,离婚并再婚后生产,该子女生父为谁?该默认规则也未明确生产和受胎是否都需要于婚姻存续期间发生,如否,期间为何?④

(四)亲子关系诉讼的基本形态

亲子关系纠纷是指法律上的亲子关系与事实上的亲子关系不一致造成的纠纷。由于婚生推定制度本身并不严格以事实上的亲子关系作为其唯一的事

---

① 巫昌祯、夏吟兰主编:《婚姻家庭法学》,中国政法大学出版社 2007 年版,第 137 页。

② 史尚宽:《亲属法论》,中国政法大学出版社 2000 年版,第 568 页。

③ 最高人民法院中国应用法学研究所编:《案例解读婚姻法司法解释(三)》,人民法院出版社 2011 年版,第 198 页。

④ 余卫琪:《亲子关系诉讼中的血缘鉴定问题研究》,2013 年西南政法大学硕士论文。

实基础,而仅以婚姻存续期间以及受胎事实为推定的事实前提。一旦事实上的亲子关系与法律上推定的亲子关系不一致或可能不一致时,推定为父之人与子女之间就产生了激烈的身份冲突,继而产生了亲子关系纠纷。亲子关系诉讼是指在案件审理中涉及亲子关系查明的诉讼。这些诉讼都一致要求法院确认或否认一定的亲子关系,因此亲子关系诉讼首先是对争议的亲子关系进行查明和确认。申言之,亲子关系诉讼最核心的内容就是对事实亲子关系的查明。亲子关系诉讼包括确认之诉以及形成之诉。其中确认之诉是其基本而且主要的形态。[①] 确认之诉是指原告请求法院确认其与被告之间存在或者不存在某种民事法律关系或某种法律关系是否有效的诉。[②] 因此在我国,亲子关系诉讼主要包括确认亲子关系不存在及确认亲子关系存在两种基本形态。

2011年8月13日起施行的最高人民法院《关于适用〈中华人民共和国婚姻法〉若干问题的解释(三)》(以下简称《婚姻法解释(三)》)第2条规定:"(第1款)夫妻一方向人民法院起诉请求确认亲子关系不存在,并已提供必要证据予以证明,另一方没有相反证据又拒绝做亲子鉴定的,人民法院可以推定请求确认亲子关系不存在一方的主张成立。(第2款)当事人一方起诉请求确认亲子关系,并提供必要证据予以证明,另一方没有相反证据又拒绝做亲子鉴定的,人民法院可以推定请求确认亲子关系一方的主张成立。"由此可见,在我国亲子关系诉讼主要包括确认亲子关系不存在之诉与确认亲子关系存在之诉两种情形。

三、亲子关系诉讼证明的特殊性

(一)要件事实的证明

所谓要件事实,是指判断权利发生、变更或消灭等法律效果所需的直接必要事实[③]。而由于亲子关系确认是生物学的问题,对于亲子关系诉讼中,其要件事实的证明必须依赖于血液技术的发展。随着科学技术的进步,到了19世纪末,人类开始通过对血型的检测、比对来确认亲子关系。根据孟德尔遗传定律,人们认识到人类的血型是按照遗传基因传给下一代的,所以一定血型的父母所生育的子女也具有相应的血型。这为通过血型鉴定确认亲子关系奠定了

---

① 余卫琪:《亲子关系诉讼中的血缘鉴定问题研究》,2013年西南政法大学硕士论文。
② 李龙:《民事诉讼标的理论研究》,法律出版社2003年版,第170页。
③ 陈计男:《民事诉讼法论》(上),台湾三民书局2005年版,第463页。

基础。用血型检验来鉴定亲子关系的血型系统主要有:ABO 血型系统、MN 血型系统、Rh 血型系统、Ss 血型系统和 hp 血型系统。检验的血型越多,其准确性越高。如果血型检测的结果表示无遗传关系时,可以作出否认亲子关系的结论;但结果存在遗传关系时,并不能完全确认亲子关系。①

到了 20 世纪 70 年代,人们发现可以利用人类白细胞抗原(HLA)来做亲子鉴定,准确性可以达到 80%,再结合血型检测,能够达到较高的准确度,但结合血型检测做比对比较复杂。在我国,科学的亲子鉴定出现在 20 世纪 80 年代初,采用的是人类白细胞抗原检测方式。但由于其准确性仍存在一定问题,因此,最高人民法院 1987 年 6 月 15 日以法(研)复〔1987〕20 号《关于人民法院在审判工作中能否采用人类白细胞抗原做亲子鉴定问题的批复》,在同意采用此项技术进行亲子鉴定的同时强调:"鉴于亲子鉴定关系到夫妻双方、子女和他人的人身和财产关系,是一项严肃的工作,因此,对要求做亲子鉴定的案件,应从保护妇女、儿童的合法权益,有利于增进团结和防止矛盾激化,区别情况,慎重对待。对于双方当事人同意作亲子鉴定的,一般应予准许;一方当事人要求作亲子鉴定的,或者子女已超过 3 周岁的,应视具体情况,从严掌握,对其中必须做亲子鉴定的,也要做好当事人及有关人员的思想工作。人民法院对于亲子关系的确认,也要进行调查研究,尽力收集其他证据。对亲子鉴定结论,仅作为鉴别亲子关系的证据之一,一定要与本案其他证据相印证,综合分析,作出正确的判断。"②目前,鉴定亲子关系用得最多的是 DNA 分型鉴定,检材主要为人的血液。另外,人的毛发、唾液、口腔细胞及骨头等都可以用于亲子鉴定。DNA 亲子鉴定,否定亲子关系的准确率几近 100%,肯定亲子关系的准确率达到 99.99%。③

正是因为 DNA 技术使得亲子关系鉴定达到如此高的准确率,因此,人民

---

① 奚晓明主编:《最高人民法院婚姻法司法解释(三)理解与适用》,人民法院出版社 2011 年版,第 49 页。

② 有观点指出,该批复作出的时间是 1987 年,内容主要是针对当时利用人类白细胞抗原(HLA)作亲子关系鉴定的问题。而利用人类白细胞抗原(HLA)作亲子关系鉴定,准确率仅有 90%,尚未达到非常精确的程度,因而批复规定不能将其作为认定亲子关系的唯一证据。参见何诘祢:《亲子关系确认诉讼的证明妨碍问题研究》,2012 年华东政法大学硕士论文。

③ 奚晓明主编:《最高人民法院婚姻法司法解释(三)理解与适用》,人民法院出版社 2011 年版,第 49~50 页。

法院在审判实践中已经将其作为判断亲子关系是否存在的重要证据。只要是由具有鉴定资质的鉴定机构通过合法程序作出的亲子关系鉴定,是可以为人民法院采信作为认定亲子关系是否存在的依据的。① 换言之,DNA 鉴定可以作为证明亲子关系诉讼要件事实的证明度极高的证据。

(二)间接事实的证明

所谓间接事实,是指在借助于经验法则及逻辑法则的作用在推断要件事实过程中发挥作用的事实。例如,"突然资金周转不灵"的事实是可以用于推定"金钱的授受"这一要件事实的间接事实。② 如前所述,亲子关系诉讼的关键是对争议的亲子关系进行查明和确认。然而,在往昔血缘鉴定不发达的年代,法医学对于亲子血缘关系虽然有可能百分之百地证明其不存在,但是却无法百分之百地证明其存在,亦即在诉讼上欲直接证明该要件事实非常困难。即使在 DNA 鉴定技术颇为精湛的今日,也会因为其他因素,而无法随心所欲地以此为证据方法。此时,亲子血缘关系存在的要件事实,即不能仅依赖医学上的鉴定方法,而必须通过其他间接事实的证明加以推认。亦即,法院必须从多数的事实群中择定证明要件事实所必要的间接事实,进而加以综合归纳后,依经验法则形成要件事实存否的心证。因此,时至今日,在亲子关系诉讼中,利用若干间接事实推断亲子关系存否仍然有其必要。至于亲子关系诉讼中所必要的间接事实为何,虽然委诸法官依个案认定,然而参考相关学说、判例,大致上仍然可以归纳出某些主要类型③,详述如下:

1. 生母于受胎可能期间内与被告发生性关系

日本战前大审院的判决认为,这一事实在判断父子女关系上是不可或缺的,亦即是证明父子女关系的必要条件。如果原告无法证明有该事实,那么将因此遭受败诉判决。然而,一旦该事实得到证明,便使得父子女之间具有血缘关系的事实存在几率极高;并且,也足以作为启动血缘鉴定的具体线索。由此可见,该间接事实在法庭的举证活动上,扮演着举足轻重的角色,可以说是从"开启诉讼的钥匙"转变成"通往胜诉判决的捷径"。

---

① 奚晓明主编:《最高人民法院婚姻法司法解释(三)理解与适用》,人民法院出版社 2011 年版,第 50 页。

② [日]高桥宏志:《民事诉讼法——制度与理论的深层分析》,林剑锋译,法律出版社 2004 年版,第 340 页。

③ 吕世文:《强制认领之变革与亲子关系解明协力义务》,2008 年台湾政治大学硕士论文。

第三章 亲子关系诉讼中证明妨碍规则之具体适用

2. 生母于受胎可能期间内与被告以外的其他男性有性关系

这即是所谓的"不贞抗辩"。被告能够证明原告有上述事实，可以产生子女与被告之间父子女关系存否真伪不明的效果，非婚生子女或生母或其他法定代理人仍然可以补强其他间接事实或证据以提高法官的心证度。所谓的"不贞抗辩"在诉讼上的地位是血缘关系存在（要件事实）的间接事实，在诉讼法上属于间接反证，是被告用以妨碍或动摇法官对要件事实存在形成确信的手段。

3. 被告有身为父亲般的言行

所谓身为父亲般的言行，譬如为子女命名、出生申报、寄给母子生活费、扶养子女、支付生产费用、曾经承认自己为孩子父亲、抱小孩的父爱展现等等。这些事实可以作为认定父子女关系存在的补强事实。我国台湾地区司法实务上不乏采用此间接事实之例。譬如，我国台湾地区高等法院2002年家上字第180号判决载明："依被上诉人所提出上诉人与陈××于1996年8月15日及同月28日在被上诉人家中拍摄四纸照片所示，上诉人或身着汗衫或袒裎上身，头发未经梳理或倚身椅中，将陈××抱坐腿上或任陈××趴躺于胸口，所流露神情自然、轻松、慈爱，俨然父女天性，绝非如上诉人所称仅是见小孩可爱抱抱而已……综合前述各项客观情事，应认被上诉人主张上诉人与其怀孕生女陈××，陈××与上诉人具有亲子血缘关系之主张为正当。故本件虽未经医学鉴定，亦无碍事实认定。"

4. 父子女之间外貌相似

在认定父子女之间的亲子关系时，有时会进行所谓"人类学的检查"，亦即对于生母、子女及被告之间外观上的类似性进行比对检查，譬如头盖、眉毛、眼、耳、鼻、口、额、指纹、足纹等等。这种人类学的检查，性质上应当属于证据方法中的鉴定或勘验，虽然其相当程度倚赖鉴定人或勘验人的主观判断，但是如果检查结果能明确得出父子女之间具有外貌相似的特征，也不失为推认父子女关系存在的间接事实。譬如，东京高等裁判所昭和50年11月26日判决载明："从耳垢型、PTC型、味觉型、皮肤纹理（指纹、掌纹、足趾纹、足纹）的检查观察，Y与X之间虽然没有积极性的证据可以证明其父子关系，至少就父子关系的存在而言并非不可思议；再就颜貌诸特征的检查而言，眉毛、眼裂的局部性症状、上唇的形状、耳壳的下半部、鼻头的显着特征等，该等资料已经达到对父子关系的存在可以作出积极肯定的程度。"

5. 父子女之间的血型不相违背

这一事实，是依据血型鉴定所得出的结果。现在一般常用的是ABO式血型检查法,亦即将父母的血液型加以组合后,得出子女可能的血型与不可能的血型。就血型鉴定作为证据方法的价值而言,其仅仅能明确否定父子女关系的存在,而无法积极肯定父子女关系的存在。如果实施血型鉴定的结果,能够得出父子女之间血型不相违背的判断,也属于推认亲子关系存在的补强事实。

我国台湾地区高等法院1999年家上字第199号判决就将血型不相冲突作为认定亲子关系存否的间接事实,其判决书载明:"况经观诸温××血型为AB型,被上诉人血型为A型,而上诉人血型为B型,有法务部调查局检验通知书及上诉人之兵籍表可参,则温××之血型亦与认定其与上诉人间有血缘关系并不冲突等情节以观,益证被上诉人主张上诉人系温××之生父,应属可取。"①

(三)亲子关系诉讼中证明妨碍问题的提出

如前所述,通过DNA亲子鉴定,否定亲子关系的准确率几近100%,肯定亲子关系的准确率达到99.99%,DNA亲子鉴定可以作为证明亲子关系诉讼要件事实的证明度极高的证据。不管是从生物学意义上,还是法律条文规定来看,DNA亲子鉴定已被界定为证明亲子关系存在与否的直接证据。

但是,并非每个纠纷的当事人都愿意配合进行亲子鉴定。强制进行亲子鉴定又会涉及对当事人人权的侵犯,有违法律尊重保护人权的精神。此时,间接证明就显得尤为重要。其可以通过疑似生父与生母是否在其受孕期间发生性关系,子女与疑似生父外貌、习性的高度相似性,疑似生父对子女过往的态度等多角度收集证据来证明其亲子关系存在与否。但是,此类间接证据证明力相对较弱,不见得能够达到法官内心确信的程度。亲权诉讼经常就像一场由敌对双方讲述相互矛盾的故事的战争,直接可靠的证据十分难以获取,因为相关的事实都发生在极其私密的场合。亲子关系诉讼中间接证据的收集更是难上加难。

申言之,间接证据难以取得及证明力较弱的现状,以及DNA鉴定在亲子血缘确定方面的高度可信性,使得DNA亲子鉴定等科学证据成为亲子关系诉讼中确定要件事实的决定性证据,也决定着法官对整个案件的裁判。DNA亲子鉴定必须依赖双方当事人乃至第三人提供血缘样本或毛发组织等身体组

---

① 吕世文:《强制认领之变革与亲子关系解明协力义务》,2008年台湾政治大学硕士论文。

第三章 亲子关系诉讼中证明妨碍规则之具体适用

成部分予以配合鉴定,但该证据资料特殊性本身就使得对方当事人或第三人很容易因为各种原因拒绝配合鉴定。在实践中往往极容易出现一方当事人强烈地要求进行鉴定,而另一方当事人却百般阻扰拒绝鉴定。因此,研究亲子关系诉讼中的证明妨碍问题,最主要的,也最具价值的研究点就在于当事人拒绝血缘鉴定这一问题。

第二节 拒绝血缘鉴定规制法则的域外考察

一、英美法系

(一)美国

1. 不利推定与民事上藐视法庭罪

美国由于近年来非婚生子女人数增加及离婚案件增多,联邦议会及各州议会面对此类观象,便修正法律谋求彻底保护子女的利益。统一州法全国协议会所提案的关于亲子关系的州法规的模范,例如《统一亲子法》(Uniform Parentage Act,1973年),从法律上平等的观点,强调在法律上对非婚生子女的权利也应当予以平等保护。而且,就确定亲子关系存否的问题,该法的规定是,法院为亲子关系存否的确定,可以根据当事人的申请,命令进行血型检查、鉴定。并且,各州大多规定了有关亲子关系推定的条文。其中,比较典型的就是《明尼苏达州法规》第257条的规定。该条文明确规定:"(1)法院于当事人申请时,应要求子女、母亲或被诉的父亲接受血型检查或遗传基因检查。有关该检查结果的资料,应当提供于受检查的全体当事人。就该检查结果的异议应于预审程序开始日前15日以内提出记载异议内容的书面材料。……(5)(b)依据美国血液银行协会承认的检查机构所作的血型检查或遗传基因检查结果,提出被诉的父亲肯定几率为99%以上的证据时,被诉的父亲认定为亲生父亲。再者,对此有异议的当事人就自己并非其生父承担明白且确信的证明责任。……(6)当对该检查结果无异议时,可以容许作为证据。"各州法院一般都规定,在当事人无正当理由不服从检查命令时,基于有关亲子关系法律可以适用懈怠命令就亲子关系存否的确定进行缺席裁判或作出对不服从检查命令者不利益的裁判,或者根据民事上藐视法庭罪对其处以一定的罚款或拘留。

2. 子女最佳利益的优先性

依照《统一亲子法》第4条及参考该法的州法规规定,存在下述四种情形的,推定亲子关系存在:(1)父母结婚,子女在婚姻关系存续期间出生的;(2)子女从父母的婚姻无效、撤销、分居或因死亡、离婚而婚姻关系解除之日起300天以内出生的;(3)父母结婚,父亲已经认领子女的;(4)母亲婚前已经怀孕,子女在父母结婚后出生,其后父亲已经认领子女的。这种亲子关系的推定在普通法影响之下属于效力颇强的推定,很多州与上述明尼苏达州法规一样均规定,有关亲子关系的推定,仅仅可以依照明白且确信的证据予以推翻。这种明白且确信的证据,从民事诉讼的证明标准来看,属于要求达到非常高的证明程度。但是,依照衡平法的原理,亲子关系推定的否认在一定情形下也是不被允许的。换言之,法院在维护子女最佳利益情况下,利用禁反言(estoppel)①等原理,不允许推翻已经被推定存在的亲子关系。美国的判例理论认为,基于子女有知悉自身身份关系的权利,原则上要求透过比较科学的证据,使子女知悉其真实的血亲关系。这种法理,是基于子女最佳利益的理念,认为子女的利益优先于受检当事人的利益,特别是父亲、母亲及被推定为父亲者等人的利益。②

(二)英国

1. 不利推定的制裁

同属英美法系的英国在拒绝血缘鉴定的制裁措施方面要简单很多。相较于美国对于拒绝血缘鉴定的两种制裁模式,英国只有一种制裁模式,即推定一方主张成立。英国1969年《家族法改革法》(Family Law Reform Act,1969年)规定,在亲子关系诉讼中,法院根据当事人的申请,有权指示进行血缘鉴

---

① 有关禁反言的法理,本是以商法为探讨中心的领域,后与时推移,渐重于民法、行政法乃至诉讼法的领域。一般而言,民事诉讼上的禁反言是指,在诉讼过程中,一方当事人先前曾经在诉讼中采取一定的态度(先行行为),但是在对方当事人信赖其上述态度并据以构筑其诉讼地位或策略之后,该当事人采取异于前述态度的举动(矛盾行为)。在此情形下,如果认定上述矛盾行为的效果将造成对方当事人的不利益,法院应当依照诚实信用原则否定后行矛盾行为的效力,或以该后行矛盾行为不合法处理。禁止反悔及矛盾行为重在保障对方当事人的利益,在基于一方当事人已有的陈述和行为,另一方当事人基于充分的信任而为的行为应当受到法律的保护,不允许一方当事人事后反悔或采取矛盾的行为来损害对方当事人的正当利益。参见田平安主编:《民事诉讼法原理》,厦门大学出版社2005年版,第191页。

② 许士宦等:《父子关系诉讼之证明度与血缘鉴定强制——以请求认领子女及否认婚生子女之诉为中心》,载民事诉讼法研究基金会编:《民事诉讼法之研讨(九)》,台湾三民书局2000年版。

定。并且,如果当事人不遵守法院的指示,则赋予法院有权根据该当事人不遵守指示这一点进行适当的事实推定。这种指示仅限于在民事诉讼中进行,不得发出与民事诉讼没有关系的血缘鉴定指示。

此外,该法并未采用直接强制受检人进行血缘鉴定的方法。在英国,实施医疗行为需要被实施对象同意的自己决定权在传统上已然确立,抽血化验也属于这种医疗行为。所以,该法不规定强制血缘鉴定,而是将法院从该当事人不遵守指示这一点进行对其不利的事实推定作为拒绝血缘鉴定指示的制裁。①

2. DNA 鉴定入法与不利推定的契合

在 DNA 鉴定开发之前,一般的血液鉴定作为否定亲子关系的证据固然已经充分,但是未必能成为确定亲子关系的决定性证据。然而,1985 年 DNA 鉴定开发之后,已经提供肯定的决定性证据。英国 1987 年制定有关确定亲子关系利用 DNA 鉴定的法律。该法接受了 DNA 鉴定的方法,并认为其对于确定生物学上的亲子关系比一般的血液鉴定更为正确且有效。为了使法院发出的指示鉴定中也包含 DNA 鉴定,该法将血液检查的用语,修正为"科学的检查",并且 1989 年明确修正为"以确定血液或身体组织的遗传性特征为目的的检查"。同时,修正了《家族法改革法》第 20 条,明确规定这种检查无须当事人的申请,法院可以根据自己的判断而发出鉴定指示。之所以赋予法院独自判断的权力,是与扶养费请求及继承权主张或取得英国国籍的案件有关,防止当事人共谋而确定亲子关系所带来的危险。这种法院依职权采取的指示鉴定,虽然可以评价为倾向于真实主义或血统主义,但是终究是以民事诉讼的系属为前提。

不过,DNA 鉴定对父子关系存在或不存在均具有证明力,所以根据不遵守鉴定指示所能推定出的事实状态,也因这种证明力作用方向的不同而发生变化。一般而言,就是法院作出对不遵守指示的当事人不利的事实推定。例如,当血液鉴定指示遭到拒绝时,可否从该拒绝的态度推定亲子关系的成立,向来存有议论。但是因 DNA 鉴定具有极高的信赖性,是否存在亲子关系的疑问完全可以依据该鉴定予以澄清,所以当被指名为父亲者不遵从鉴定指示

---

① 许士宦等:《父子关系诉讼之证明度与血缘鉴定强制——以请求认领子女及否认婚生子女之诉为中心》,载民事诉讼法研究基金会编:《民事诉讼法之研讨(九)》,台湾三民书局 2000 年版。

的情形,法院可以推定亲子关系存在。①

3. 发出鉴定指示的判断基准

关于法院应当依据何种基准判断是否发出鉴定指示,学说上认为,应当依据利益衡量决定。当进行血液鉴定或 DNA 鉴定所获的利益高于不利益时,即可发出指示。法院的判例则是以子女的最佳利益作为判断标准,仅仅当认为符合子女最佳利益时才应当发出鉴定指示。例如,在受胎可能期间,该子女的母亲与未婚夫及其他男子均有性关系存在,那么当其他男子申请血缘鉴定时,法院可以基于下述理由驳回该申请:该子女的母亲与未婚夫已经结婚,两者经营安定的家庭,该子女也在其中接受养育,成为其夫的男子也已经扮演子女父亲的角色,而且将来的情况也系如此时,不得进行或许打破此种安定状态的科学鉴定。这就是所谓的子女最佳利益凌驾于真实主义或血统主义的判断。②

二、大陆法系

如前所述,在亲子关系诉讼中,拒绝 DNA 亲子鉴定是最为主要的证明妨碍行为。为了规制该证明妨碍行为,法院命令该当事人或第三人配合采取或提供血液、毛发等进行 DNA 鉴定时,当事人或第三人对此所产生的义务,在大陆法系称之为勘验协助义务。

(一)德国

1. 勘验及勘验对象

在德国,勘验是指法院对人和物的有形特征和状况或者对录音固定下来的言论获得直接的感官认知。勘验可以通过任何感官完成,不仅仅是通过作为常见的面部感官完成。根据《德国民事诉讼法》第 372 条第 1 款的规定,由于正确观察勘验对象经常需要以特殊的专业技术知识或者其他专业知识作为前提条件,因而受诉法院可以命令一位或数位鉴定人参与勘验。

勘验只能在特定的标的——勘验对象上进行。根据《德国民事诉讼法》的

---

① 许士宦等:《父子关系诉讼之证明度与血缘鉴定强制——以请求认领子女及否认婚生子女之诉为中心》,载民事诉讼法研究基金会编:《民事诉讼法之研讨(九)》,台湾三民书局 2000 年版。

② 许士宦等:《父子关系诉讼之证明度与血缘鉴定强制——以请求认领子女及否认婚生子女之诉为中心》,载民事诉讼法研究基金会编:《民事诉讼法之研讨(九)》,台湾三民书局 2000 年版。

第三章 亲子关系诉讼中证明妨碍规则之具体适用

规定,勘验对象包括:其一,争议案件本身;其二,举证人本人或者其所占有的物;其三,对方当事人或者其所占有的物,包括其在准备性书状中引用或者其根据私法①应当交出或者向对方出示的物;其四,第三人或者其所占有的物,如自愿供法院查看的法定代理人、证人或者第三人根据私法应当交给当事人或者向其出示的物;其五,为确定血统需要进行血样采集或者其他遗传生物学检查的当事人和第三人(辅助参加人、证人和当事人或第三人的父母、祖父母或者兄弟姐妹);其六,所有种类的电子文件。②

2.勘验协助义务

勘验命令依申请或者依职权作出。其经常与鉴定证据相联系,因为证据显著性的情形经常只能基于特别的专门知识和指南才能感知。德国并没有在其《民事诉讼法》中规定普遍的勘验协助义务。《德国民事诉讼法》第144条③也没有为此提供根据,而只是为法院开启了即使没有证据提出也可作出特别的出示勘验客体或忍受勘验命令的可能性。该命令可以针对当事人,自2002年1月1日修法后也可以针对第三人作出。即便德国立法不存在普遍的勘验协助义务,判例也肯定存在勘验协助义务,只要履行该义务对于当事人来说不是过高要求,例如可以忍受进入其地产、抽血、检查身体、检查精神状态等。

(1)立法规定

《德国民事诉讼法》第372-1条规定了在必须确定血统的时候,当事人有容许以验血的方法接受检查的义务,即勘验协助义务。④ 亦即,在《德国民法

---

① 比如德国《民法》第809条规定:"就某物而言,对该物的占有人享有请求权或欲确知自己是否享有此种请求权的人,如该物的检查由于这一原因而对其有利益,则可以请求占有人向其出示该物以供检查,或许可其检查。"参见陈卫佐译注:《德国民法典》,法律出版社2006年版,第302页。

② 德国立法机关之所以将电子文件也规定为勘验的标的,是因为电子文件很容易受到篡改,其这种特性决定了不能一般地适用关于书证证明价值的呆板规定。参见[德]罗森贝克等:《德国民事诉讼法》,李大雪译,中国法制出版社2007年版,第876页。

③ 《德国民事诉讼法》第144条规定:"法院可以命令进行勘验,并可命令鉴定人进行鉴定。这种程序,依照因申请而命令勘验或鉴定的规定。"参见《德意志联邦共和国民事诉讼法》,谢怀栻译,中国法制出版社2001年版,第38页。

④ 《德意志联邦共和国民事诉讼法》,谢怀栻译,中国法制出版社2001年版,第91页。

典》第 1600-3 条和第 1600-4 条的情形①,或在其他情形,有必要确定血统时,每个人都应受检查,特别是抽取血样以检查其血型。但是这种检查,必须符合于公认的科学原理,足以阐明事实真相;而且根据检查的方式和检查的结果对于受检查人和《德国民事诉讼法》第 383 条第 1 款第 1 项至第 3 项里的其亲属发生的影响,这种检查是受检查人可以接受的,也无害于其健康时,才可以。此时准用《德国民事诉讼法》第 386 条至第 390 条的规定。无正当理由而再次拒绝检查时,可以直接予以强制,特别是为了检查,可以命令拘传。

(2)立法争议与文本解读

立法时,对于该条规定曾经存在争议:主张规定该条的人认为,为了确定亲子关系,应该运用现代医学来解决诉讼中的争议问题;但也有人认为,把这种检查当作证据方法,涉及受检查人的人权问题,应该慎重对待。因而,现在的条文规定:在有确定血统关系的必要时,任何人(不仅包括诉讼当事人,连第三人特别是当事人的近亲属)都有受检查的义务,特别是有为查明血型而容忍抽血的义务。如果他们在国外,这一点原则上也适用,对此不能提出禁止摸索证明的抗辩。但是这种检查必须是遵照科学上公认的原则,具有确定事实关系的作用,而且限于受检查人可以接受的情形。至于如何算是可以接受,则需要斟酌检查方法与检查结果对受检查人及其近亲属的法律地位的影响,以及受检查人的健康情况来决定。根据这些理由而不可接受检查时,就没有容忍检查的义务,可以拒绝检查,这时准用关于证人拒绝作证的规定(第 386 条至第 390 条)。换言之,对于拒绝鉴定的理由是否存在,要作出中间判决。对此中间判决可以提起即时抗告。中间判决确定性地宣布拒绝不正当的,则不经申请就应当让受检查人负担由拒绝造成的费用,同时对其处以 1000 欧元以下的罚款;不能交纳罚款的,处 6 周以下的拘留。但是如果没有提出理由,或者提出理由而经判决驳回,判决确定后仍然拒绝受检,可以同证人一样受到制裁(第 390 条)。受到制裁后再次拒绝时,则可以采取强制措施,即可以直接予以

---

① 《民法典》第 1600-3 条和第 1600-4 条是关于认定和推定父亲与子女亲生关系的规定。如果依该两条的规定不能确定时,就有必要进行检查来确定。最初规定这种检查方法的是在纳粹时期的 1938 年 4 月 12 日的《亲属法规修正法》第 9 条,之后 1943 年 2 月 6 日的法令又作了规定。该规定本来属于纳粹法令,但是在德国投降后并未废除。在英占区,1947 年 6 月 17 日命令把这一规定增加到民事诉讼法典中,规定在"勘验"节内。1950 年联邦德国全部整理《民事诉讼法典》时,仍留下该条规定。如此一来,便正式确定了该条规定的地位(以后只是修改了本条中引用的《民法典》的条文号码,条文内容没有变动)。

强制,尤其是可以命令强制性地带去检查。①

此外,合理的拒绝应当具有非常特殊的理由。拒绝的理由不能是,血统也可以通过其他方式查明并且受检查人没有与子女的母亲发生过性关系,或者只是在受孕期之前与其发生过性关系;拒绝理由也不能是在前面进行的婚姻撤销诉讼中已经确定性地认定原告不是受检查人的子女。合理性的审查要求权衡受检查人的人身利益与第 372-1 条所保护的利益。在亲子关系诉讼中,即使检查有可能招致刑事追究的危险,当事人和证人也不能合理地拒绝检查。因为在上述诉讼中,最重要的问题在于澄清子女的法律地位。在其他的诉讼中,当事人或证人在有被刑事追究危险时是否有理由拒绝检查存在争议。对方当事人不合理地彻底拒绝检查的,举证人的主张可以视为已经得到证明。仅仅暂时的拒绝不足以这样处理。②

(二)日本

1. 勘验概述

勘验是指法官根据感官的作用,直接经过检查物体的性质、状态及事物的现象而得到的结果作为证明资料的调查证据。③ 勘验的客体被称为勘验的目的或勘验物,即五官能感触之物均可成为勘验物。勘验对象既可以是有形物,也可以是无形物。④ 如果不把文书所记载的内容作为证据而是检查文书所用的纸张的质地和笔迹或者不把询问证人的陈述作为证据而是检查其身体,均属于勘验。

《日本民事诉讼法》规定的证人询问等其他四种证据调查类型都是将他人形成的事实判断传达给法官。比如,证人询问是将证人的事实判断在法庭上传达给法官,书证也是将特定人的判断、记录、思想等在法庭上传达给法官。而勘验的特点在于法官实际接触对象物体并直接作出事实判断。由于直接主义的极端必要性,因此实务中应努力做到由审判组织全体成员实际进行勘验。

---

① 许士宦等:《父子关系诉讼之证明度与血缘鉴定强制——以请求认领子女及否认婚生子女之诉为中心》,载民事诉讼法研究基金会编:《民事诉讼法之研讨(九)》,台湾三民书局 2000 年版。

② [德]罗森贝克等:《德国民事诉讼法》,李大雪译,中国法制出版社 2007 年版,第 879 页。

③ [日]兼子一、竹下守夫:《民事诉讼法》,白绿铉译,法律出版社 1995 年版,第 128 页。

④ [日]中村英郎:《新民事诉讼法讲义》,陈刚等译,法律出版社 2001 年版,第 213 页。

当然这只是一个努力的方向,由受命法官和受托法官进行的勘验并不因此而违法。勘验必须通过法官五官的作用,一般是通过视觉来完成的。此外,也会利用其他感官器官,比如噪音调查时要利用听觉,恶臭检查时要利用嗅觉,食品质量检查时要利用味觉,触摸产品时要利用触觉。①

2.勘验程序

勘验不能由法院依职权进行,而是应当由当事人提出申请。但是,根据《日本民事诉讼法》第151条第1款第5项的规定,作为释明处分的勘验属于诉讼指挥的一种,可以依职权进行。作为释明处分的勘验不属于证据调查,只有在当事人的主张不明确而法官为了了解其主张内容或者为了把握案情全貌明确诉讼关系才可以进行勘验。

根据《日本民事诉讼法》第232条第1款的规定,勘验的程序大体上准用书证的程序。勘验程序首先因当事人的申请而开始,申请必须载明应证明的事实和勘验的目的。如果需要持有人出示勘验物或者容忍法院的勘验行为,申请人还须依照文书提出命令申请的方式在申请中加以记载。如果是单纯的勘验申请而不需要出示勘验物或容忍勘验行为,比如公共道路的勘验,则法院采取默示或明示的方式作出证据决定后即可进行勘验。

由于准用书证的规定,当举证人持有勘验物时,其可主动将物品提交于法院并申请勘验。如果当事人想要法院对对方当事人或第三人所持之物进行勘验,那么可以通过以下两种方法来实现:第一,向法院申请要求法院向对方当事人或第三人做出提交勘验物的命令;第二,向法院申请要求法院做出交付委托。对于勘验标的物,不能准用特定文书的程序,但是可以准用"in camera"程序。②

3.勘验协助义务

(1)勘验协助义务的含义

日本的勘验协助义务包括勘验物提出义务和勘验容忍义务。勘验物提出义务,是指当勘验标的物为举证人的对方当事人或第三人所持有时,持有人应当承担的向法院提交勘验标的物的义务。勘验容忍义务,是指在勘验标的物难以被移动的情形下,法院需要在其所在场所进行勘验时持有人负有容忍法

---

① [日]高桥宏志:《重点讲义民事诉讼法》,张卫平、许可译,法律出版社2007年版,第163页。

② [日]新堂幸司:《新民事诉讼法》,林剑锋译,法律出版社2008年版,第426页。

第三章 亲子关系诉讼中证明妨碍规则之具体适用

院进行勘验的义务。这两者结合在一起构成勘验协助义务。

(2)勘验协助义务的范围

《日本民事诉讼法》并未对勘验协助义务的范围作出直接的规定(有关证人义务的规定是《日本民事诉讼法》第 190 条,有关文书提出义务的规定是《日本民事诉讼法》第 220 条,有关鉴定人义务的规定是《日本民事诉讼法》第 212 条),而是仅仅规定:当持有人无正当理由不遵从提出命令时,如果是当事人,法院可以准用《日本民事诉讼法》第 224 条的规定(不遵从文书提出命令的效果)①;如果是第三人,法院则可以对其处以 20 万日元以下的罚款。旧《日本民事诉讼法》也采用同样的规定,但是与旧法中文书提出义务被视为限制义务不同,旧法认为勘验物属于与持有人思想内容或精神生活无关的客观存在。因此,与提出文书相比,提出勘验物被视为持有人一种较轻的负担,进而勘验协助义务被视为一种一般化的义务。只要不属于证言拒绝事由的范围,持有人都应当提出勘验物。1996 年修正后的《日本民事诉讼法》,虽然将提出文书义务的范围扩张至一般性的义务,但是在有关勘验物提出制度的设计上没有发生变化。

此外,有关《日本民事诉讼法》为何不在勘验部分设置类似于第 220 条(文书提出义务的范围)②这样的规定,有学者认为:一方面,《日本民事诉讼法》第 220 条规定本身,在形式上仍然保留有限定列举主义的残骸,因此无论是设置准用该整条法条的规定,还是设置仅准用该条第 4 款的规定,都不能说是妥当

---

① 日本《民事诉讼法》第 224 条规定,当事人不服从提出命令时,或者当事人以妨碍对方当事人使用为目的,毁灭有提出义务的文书或致使该文书不能使用时,法院可以认定对方当事人所主张的关于该文书的记载为真实。而且,当文书持有人有前述两种行为,对方当事人对于该文书的记载提出具体的主张并以其他的证据用该文书应证明的事实有显著困难时,法院可以直接认定对方当事人关于该事实的主张为真实。

② 日本《民事诉讼法》第 220 条规定:"在下列场合,文书持有人不得拒绝提出文书:(一)当事人在诉讼上所引用的文书由自己持有时;(二)对文书持有人举证人可以请求交付或阅览的;(三)文书为了举证人的利益而制作或为举证人与文书持有人的法律关系而制作的。(四)下列情形除外:1.文书记载持有人或与持有人有第 196 条各项所列关系的人同条规定事项时;2.提出关于公务员职务秘密的文书有损害公共利益、对执行公务显著障碍之虞时;3.文书记载第 197 条第 1 款第 1 项规定事实或同款第 3 项规定事项且未免除保密义务时;4.文书专供持有人利用时(公务员有组织使用的国家或地方公共团体持有的文书除外);5.文书涉及刑事诉讼案件或记录少年保护案件及这些案件中被扣押的文书时。"

的处理;另一方面,既然勘验协助义务已经被视为一种一般性的义务,而且也存在着相当成熟的学说,因而只要将其委诸解释论即可,而无须在立法上作出规定。①

(3)勘验协助义务的违反

据上所论,勘验协助义务属于公法上的一般性义务,因此对于勘验的相关命令必须提供协助。但这只是就观念上而言,并不意味着可以强制提供协助。换言之,法律并不允许对勘验标的物采取直接强制措施。比如法院命令被告须容忍对其工厂内的机械的勘验行为,但被告大门紧闭,拒绝勘验人员进入,此时勘验人员并不能强行进入被告工厂。如前所述,对于被告这一违反协助义务的行为可以分情形采取不同的制裁措施:针对当事人的措施是真实拟制,针对案外第三人的措施是罚款。对于一般的情形而言,此种程度的制裁已经足够。在文书持有人违反文书提出义务的情形下,也同样不得采取直接强制措施。

(4)人事诉讼程序中的勘验协助义务

人事诉讼亦称身份关系诉讼,其以身份关系的争讼为调整对象,在价值取向、适用程序、诉讼法理及程序法则等方面与普通民事程序存在诸多不同。因此,世界上的诸多国家和地区都单独设立了人事诉讼程序或家事诉讼程序,从而,形成了解决财产关系和身份关系泾渭分明的双轨操作程序。日本是世界上将人事诉讼程序法单列的为数不多的几个国家之一,1898年诞生了日本第一部《人事诉讼程序法》,该法基本上照搬《德国民事诉讼法》第六编的内容,只是在立法体例上做了调整,即采用了单行立法,继而成为世界上第一部人事诉讼程序法的单行本。《日本人事诉讼程序法》自问世以来,基本上未做过重大改动。现行《日本人事诉讼法》是在旧法《日本人事诉讼程序法》基础上修订而成,于2003年7月颁布,2004年4月开始正式实施。② 就人事诉讼程序中的

---

① [日]新堂幸司:《新民事诉讼法》,林剑锋译,法律出版社2008年版,第426页。
② [日]松本博之:《日本人事诉讼法》,郭美松译,厦门大学出版社2012年版,第2页。

第三章 亲子关系诉讼中证明妨碍规则之具体适用

勘验协助义务而言,《日本人事诉讼法》第19条①排除了《日本民事诉讼法》第224条(对违反文书提出命令采取真实拟制的制裁措施)的适用,这是因为人事诉讼更为重视实体真实的缘故。

日本学界一般认为,的确不能因为当事人或第三人没有对证据调查提供协助,就以高度概然性推认对方当事人的主张或待证事实为真,因为不提供协助的动机可能多种多样。因此,从实体真实的观点来看,《日本人事诉讼法》并没有因为相关人员违反协助义务而适用真实拟制的规定也具有一定的合理性。但是如此一来,由于拒绝证据调查而导致不负担证明责任的一方当事人胜诉的几率得到提高也不妥当,因此也有日本学者建议可以借鉴德国法上的做法:只有在为了确认血缘关系而有必要进行血型检查的情形下(检查的必要性),依据科学原理,该检查结论对于明确事实关系具有约束力(解明的可能性),可以期待被检查人同意进行该项检查(容忍的期待可能性),而且不得损害被检查人的身体健康(方法的相当性)。只有满足了上述要件,被检查人才负担容忍血液检查的义务。如果被检查人没有正当理由屡次拒绝检查的话,法院可以采取直接强制措施,特别是可以强行带离。不仅是诉讼当事人,案外第三人也同样负担此义务。②

简而言之,日本的勘验协助义务与证人义务相同,属于一般义务,只要不具有正当理由便不得拒绝。但是,在认领子女或否认子女等人事诉讼程序中,即使当事人违反该义务,也不受直接强制或间接强制的制裁。法院不得以当事人违反勘验协助义务,而拟制对方当事人所主张的待证事实为真实,仅仅可以将其拒绝的态度作为全辩论意旨,而纳入法官自由心证考虑的范畴。③

---

① 《日本人事诉讼法》第19条(民事诉讼法规定适用的例外)规定:"(第1款)人事诉讼程序中,不适用民事诉讼法第157条、第159条第1款、第207条第2项、第208条、第224条、第229条第4项、第244条以及同法第179条规定中关于当事人在法院作出的自认事实的部分规定。(第2款)关于人事诉讼的诉讼目的,不适用民事诉讼法第266条及第267条之规定。"参见[日]松本博之:《日本人事诉讼法》,郭美松译,厦门大学出版社2012年版,第367页。

② [日]高桥宏志:《重点讲义民事诉讼法》,张卫平、许可译,法律出版社2007年版,第167页。

③ 许士宦等:《父子关系诉讼之证明度与血缘鉴定强制——以请求认领子女及否认婚生子女之诉为中心》,载民事诉讼法研究基金会编:《民事诉讼法之研讨(九)》,台湾三民书局2000年版。

(三) 法国

根据《法国民法典》第311条的规定,无论是亲子关系不存在之诉(包含否认婚生子女等否定亲子关系之诉)或亲子关系存在之诉(包含认领子女等搜索父、母之诉),法院均可以命令当事人进行血缘鉴定,以全部证据方法决定最确实的亲子关系。在否认婚生子女之诉中,原告必须证明有远离他乡或某种生理上不能与妻同居的而不能为父的事实。而且,判例也承认所有的证据方法,特别是承认血液鉴定。此等情形说明,法律规定和实务操作均倾向于生物学上的真实主义。但是,法国于1994年制定《生命伦理法》,并增订《民法》第16-1条及第16-11条,规定应当尊重人体完整性和不可分性原则,关于血液采集及DNA鉴定,没有经过受检者的同意不得实行。因此,直接强制进行血缘鉴定固然不可能,以罚款进行间接强制也不可能。但是,根据《法国民事诉讼法》第11条的规定,法院可以依照受检者不当拒绝的态度,推断出全部的法律效果。①只有存在不提交证据材料的正当理由时,《法国民事诉讼法》第11条赋予法官的权力才会受到限制。这种正当理由可以是出于"尊重私生活"的原因,但如果这一措施对保护他人的权利与自由实属必要时,不在此限。②

根据《法国民法典》1955年7月15日及1972年修正案,承认在非婚生亲子关系的诉讼中,可以比较检查子女与疑似父亲的血液,利用血缘鉴定以确定生物学上真实的亲子关系。并且,随着近年来医学的发展,利用DNA鉴定亲子关系的证明几乎达到100%的准确度。不过,在诉讼中是否进行血缘鉴定属于法官自由裁量的范围。对事实审法院而言,鉴定是其权力而非义务,因为鉴定经常是作为证据调查而进行。从而,即使当事人要求进行血缘鉴定,法院也并非必须要进行鉴定。

此外,即使在亲子关系能证明至几乎100%准确度的今天,在法国法上,为家族的和平、家庭的稳定及子女的利益等,并非全部的身份均可争执。因此,鉴定并非经常可行。例如,《法国民法典》第322条规定:"凡出生证书所赋予以及依该证书所占有的身份,任何人不得为相反身份的主张。反之,任何人

---

① 《法国民事诉讼法》第11条规定:"(第1款)当事人有义务协助证据调查;但当事人不予协助或拒绝协助的后果,应由法官决断。(第2款)如一方当事人持有某项证据材料,法官得应他方当事人之请求,令其提交;不予提交者,必要时,得科处逾期罚款;法官应当事人之一的请求,得要求或命令第三人提交由其持有的全部文件,不予提交者,必要时,得科处前述相同之罚款,但如有合理障碍不能提交之情形,不在此限。"

② 罗结珍译:《法国新民事诉讼法典》,法律出版社2008年版,第30页。

第三章 亲子关系诉讼中证明妨碍规则之具体适用

亦不得对依出生证书所占有的身份,提出争议。"由此可见,法国法的特征是,不论生物学上的真实情况如何,此种身份受到法律保护而且能避免涉讼,从而也能避免予以血缘鉴定。而且,全部的亲子关系在超过法律所规定的时效期间(原则上是30年)后,在诉讼上法院必须依职权加以调查。即使当事人合意予以争执,也不能进行诉讼。如此一来,结果就变成生物学上的鉴定或遗传学上的鉴定,在法律上均不被容许。①

伴随着现代科学技术的发展,在关于请求认领子女等搜索非婚生亲子关系的诉讼中亲子关系几乎能得到确切证明,所以1993年1月8日的修正案删除了《法国民法典》第340-1条有关不受理事由的规定。该条规定,亲子关系搜索之诉,于下述情形不予受理:第一,在怀胎的法定期间中,其母亲公然行为不检,或能证明其母亲与他人发生关系者。但是,从血液检查或其他全部确实的医学方法,归结该人不能为父亲的情形,不在此限。第二,被主张为父亲者,在同一期间中,因远离他乡或其他原因,在物理上不可能为父亲的情形。第三,被主张为父亲者,以血液检查或其他全部确实的医学方法证明不能为其父亲的情形。虽然在亲子关系诉讼中,可以利用全部的证据方法予以证明,血液鉴定及DNA鉴定也是证据方法之一,经常成为证据调查的对象,但是1994年《生命伦理法》则限制了DNA鉴定的利用,其仅仅可以在诉讼程序中以及为医学和科学研究的目的才能进行。而且,个人不得自由委任DNA鉴定,否则会受到刑事处罚。未经认可之人或机关也不得进行该种鉴定,违反者也应当受到刑事处罚。再者,在搜索非婚生亲子关系之诉中,法院虽然可以命令进行DNA鉴定,但是其前提是原告必须先证明被告有"重大嫌疑"以推定亲子关系存在的真实性,不得直接命令进行DNA鉴定。由此可见,在法国,在父母亲搜索子女的案件中,固然可以直接证明,但是在子女探索父母亲的案件中,则要求将先期证明作为前提。此可窥知,法国认为子女与有养育意愿的父母亲生活为善良的价值观。②

---

① 许士宦等:《父子关系诉讼之证明度与血缘鉴定强制——以请求认领子女及否认婚生子女之诉为中心》,载民事诉讼法研究基金会编:《民事诉讼法之研讨(九)》,台湾三民书局2000年版。

② 许士宦等:《父子关系诉讼之证明度与血缘鉴定强制——以请求认领子女及否认婚生子女之诉为中心》,载民事诉讼法研究基金会编:《民事诉讼法之研讨(九)》,台湾三民书局2000年版。

(四)我国台湾地区

1.勘验的基本含义

在我国台湾地区,勘验是指法官以其五官的感觉作用,直接亲自检验物体性状的调查证据行为。勘验的主要目的在于法官获得判断某系争事实的基础。勘验的方法可以是视觉、听觉、嗅觉、味觉和触觉。被勘验的物体称之为勘验物,或勘验标的物。勘验物不以物为限,人的身体有时也可以作为勘验的客体。而且,勘验物也不限于有体物,无体物也可以作为勘验的客体。勘验所得结果为法官对形、色、音、质、量等性质状态的认识。

2.勘验程序

勘验程序,大致上准用书证的程序。但是准用书证的程序,并非千篇一律于任何情形一概适用,必须书证的规定不抵触勘验的性质,勘验程序才可以准用书证的程序。勘验程序的启动分为当事人申请和法院依职权启动。

(1)当事人申请

当事人申请勘验应当表明勘验的标的物及应当勘验的事项。申请勘验时,应当提出勘验的标的物。如果勘验客体是不动产或人,不能提交于法院的,那么申请人应当表明已经准备接受勘验。如果勘验物为对方当事人所持有,申请人应当申请法院命令对方当事人提出勘验物或容忍勘验。如果申请勘验的标的物为第三人所持有,申请人应当申请法院命令第三人提出勘验物或容忍勘验,或者定由举证人提出该物的期间。①

当事人申请勘验可以以言辞或书状的方式向受诉法院提出。如果法院认为此申请与待证事实有关且属重要,即申请人的申请为正当,而且勘验物并非举证人所持有,应当以裁定命令对方当事人或第三人提出勘验物或容忍勘验。当第三人持有勘验物时,法院更可以裁定由举证人提出该物的期间。法院在做出此裁定之前,应当使该第三人有陈述意见的机会。

此外,机关保管或公务员执掌的勘验标的物,不问其有无提出的义务,法院可以进行调取。但是勘验物如果涉及公务员职务上应守秘密的事项,应该经过监督长官的同意。除了该勘验物的提出有妨害国家利益的,该监督长官不得拒绝同意。如果监督长官予以拒绝,法院为了判断其有无拒绝提出的正当理由,必要时可以命令其提出,并以不公开的方式进行审查。②

---

① 陈计男:《民事诉讼法论》(上),台湾三民书局2005年版,第531页。
② 陈荣宗、林庆苗:《民事诉讼法》,台湾三民书局2005年版,第522页。

第三章 亲子关系诉讼中证明妨碍规则之具体适用

（2）法院依职权

法院因阐明或确定诉讼关系，或因使辩论易于终结，或者不能依当事人所声明的证据而形成心证或因其他情形认为必要时，可以依职权进行勘验。此外，法官在实施勘验时，必须辅助其五官作用以期达成正确的判断。然而，遇有法官欠缺勘验所必要的专门知识或经验的情形时，可以以具有专门知识的人作为鉴定人，命令其到场。例如，在检查病人病情时，可以以医师为鉴定，命令其到场。如果法官不到场，仅仅由医师检查病情，便属于纯粹的鉴定，与此处勘验上的鉴定有所不同。勘验上的鉴定，是鉴定人在法官进行勘验时到场的鉴定。由于勘验上的鉴定是实施勘验时所进行的鉴定，所以法官可以依职权命令进行此种鉴定。

（3）勘验笔录

如果勘验由受诉法院进行，那么应当于言词辩论笔录内明确记载其勘验所得的结果。如果是由受命法官或受托法官进行勘验的，那么应当将其结果记载于调查笔录。勘验结果应当由法官谕示，由书记官记录；必要时可以以图画或照片作为笔录的附件，粘贴其后并加以说明。勘验的经过或结果，如果有利用科技设备形成录音或录影的，或有其他有关物件的，可以将其附于卷宗，以使勘验所得结果更臻明确。①

3. 勘验协助义务的产生

在我国台湾地区，当事人或第三人是否有依法院的命令提出勘验物或容忍勘验的义务？《德国民事诉讼法》及修正前的《日本民事诉讼法》均未规定，所以学者之间对此有不同意见。② 1996 年修正后的《日本民事诉讼法》第 233 条第 1 款已经规定准用第 223 条关于文书的规定，当事人或第三人均有依法院的命令提出勘验物或容忍勘验的义务。我国台湾地区"民事诉讼法"在 2000 年修改之前因未设明文规定，通说认为提出勘验物或容忍勘验的义务是公法上的一般义务，无论当事人或者第三人均负有该义务。③ 修正后的"民事诉讼法"第 367 条已经增列第 344 条及第 348 条准用的规定，明示当事人和第三人均负有提出勘验物或容忍勘验的义务，以杜争议。

---

① 许士宦：《分科六法——民事诉讼法》，台湾新学林出版股份有限公司 2005 年版，第 383 页。

② 陈计男：《民事诉讼法论》（上），台湾三民书局 2005 年版，第 532 页。

③ 石志泉：《民事诉讼法释义》，台湾三民书局 1982 年版，第 405 页；曹伟修：《最新民事诉讼法释论》，台湾金山图书公司 1976 年版，第 1123 页。

如前所述,勘验物由对方当事人或第三人持有时,与文书提出命令的程序相同,申请人向法院申请对方当事人或第三人提出勘验物或忍受勘验的命令。如果勘验物能够在法庭上提出,那么申请人申请法院发出勘验物提出命令;如果勘验物的移动确有困难而必须由法官进入现场进行勘验的,那么申请人申请法院发出忍受勘验命令。是否采纳勘验申请,由法院自由裁量。如果法院发出勘验物提出命令或忍受勘验命令,而且相对人或第三人没有正当事由拒绝,那么其便负有勘验物提出义务或忍受勘验义务,统称为勘验协助义务。因此,勘验协助义务从含义上说,包括了勘验物提出义务和忍受勘验义务。勘验协助义务,与证人义务相同,均属于服从国家审判权的人所负有的公法上的一般义务。① 勘验协助义务为一般义务,而文书提出义务现今也已经扩展为一般义务,由于两者性质已经趋于相同,所以有关勘验程序准用书证程序的规定原则上并无不妥。

4. 违反勘验协助义务的制裁

(1)于一般诉讼程序的适用

勘验属于公法上的一般义务,从而在法官命令进行勘验时,受勘验之人必须加以协助。因此,对于不服从勘验物提出命令或忍受勘验命令的,属于违反勘验协助义务,应当准用书证程序的规定而有制裁的效果。详言之,当事人无正当理由不服从勘验物提出命令或忍受勘验命令的,法院可以认为申请人关于勘验物存在、性状等的主张或者关于依勘验应证事实的主张为真实;当事人实施证明妨碍,故意将勘验物隐匿、毁坏或者致不堪使用者亦同。第三人无正当理由不服从勘验物提出命令或忍受勘验命令的,法院可以处以新台币3万元以下的罚款;甚至于必要时,法院并可以裁定命为强制处分,其强制处分的执行准用"强制执行法"中关于物之交付请求权执行的规定。第三人不服法院对其进行罚款和强制处分的裁定,均可以提出抗告。对于法院强制处分的裁定提出抗告的,在抗告中并不停止执行,但是对法院罚款的裁定,在抗告中应当停止执行。

(2)于人事诉讼程序的适用

勘验协助义务在人事诉讼程序中体现得最为明显的便是《德国民事诉讼法》第372-1条的规定,即为了确认血统,如果符合检验血型的必要性,该检验是依据科学上所认定的原理来证明事实关系,并且受检者有忍受的期待可能

---

① 骆永家:《民事诉讼法Ⅰ》,台湾三民书局1999年版,第253页。

第三章 亲子关系诉讼中证明妨碍规则之具体适用

性,以及无害于受检者的健康等要件,那么相对人有忍受血液检验的义务。从而,在无正当理由一再拒绝检验时,法院可以命为直接强制,尤其是命强制检验。总之,在德国,允许对于当事人及第三人,就血液采取(勘验忍受义务)与血液提供(勘验物提出义务)采取直接强制的方式。相对于此,我国台湾地区"民事诉讼法"就第三人违反勘验协助义务,已经设置有概括性的直接强制规定,反而是对于当事人违反勘验协助义务并未设有直接强制的规定。

就第三人违反勘验协助义务而言,我国台湾地区"民事诉讼法"虽然已经设置有概括性的直接强制规定,但遇有第三人无正当理由不服从勘验命令的,法院"于必要时",可以裁定命为强制处分。然而,何种情形才属于"必要",条文并未明确规定,完全由法院自由裁量判断。就当事人违反勘验协助义务而言,我国台湾地区"民事诉讼法"并未设有可以直接强制的规定,而是仅仅有前述可以拟制为真实的规定。就拟制真实的规定是否可以适用于人事诉讼程序的问题,我国台湾地区理论界和实务界分别表示有不同的意见。

理论界持肯定学说的学者认为,在父子关系诉讼中,负有血液检验协助义务者无正当理由拒不遵从勘验命令时,法院可以予以制裁。此种制裁方式,由法院审酌血液检验的勘验事项与应证事实之间的关联及其他证据的存否,而选择认定对方当事人关于勘验事实的主张抑或应证事实的主张为真实。法院对于无正当理由拒不配合血缘鉴定的当事人适用真实拟制的规定,是作为一种事实上的间接强制手段,可以促使当事人不致妨碍证据收集并进而有助于协助证据调查及发现真实,而且与人事诉讼基于高度发现真实而限制辩论主义的特殊性及旨趣完全共通。① 在实务界,我国台湾地区"最高法院"2002年度台上字第2366号判决载明:"……然为此亲子血缘鉴定必须被上诉人本身参与始可,如需被上诉人之血液等,亦即勘验之标的物存在于被上诉人本身,而被上诉人拒绝提出时,虽法院不得强令为之,惟依'民事诉讼法'第367条准用同法第343条、第345条第1项规定,法院得裁定命被上诉人提出该应受勘验之标的物,被上诉人若无正当理由不从提出之命者,法院得审酌情形认他造即上诉人关于该勘验标的物之主张或依该勘验标的物应证之事实为真实,即受诉法院得依此对该阻挠勘验之当事人课以不利益。"

理论界持否定学说的学者认为,人事诉讼程序毕竟适用职权探知主义,与

---

① 许士宦:《证据收集与纷争解决》,台湾新学林出版股份有限公司2005年版,第496页。

辩论主义不同,法院仍然首先应当尽力依职权探知,不宜仅凭当事人不尽协力义务,即迳行拟制对方当事人的主张为真正。而且,在职权探知主义下纵然适用有关拟制真实的规定,仍然属于自由心证的范畴,法院必须斟酌全辩论意旨,并适用适当的经验法则,且须使当事人于裁判前有辩论的机会,以避免发生突袭性裁判。① 也有学者认为,在否认子女之诉或认领子女之诉等亲子关系诉讼中,如果被告(疑似生父)拒绝血缘鉴定时,法院并不能依据"民事诉讼法"第367条准用第344条、第345条的规定拟制真实。因为第344条的文书与亲子关系诉讼中属于勘验对象而与人体密不可分的血液、毛发,不可相提并论。文书提出义务的客体范围,其文义射程难以认为及于血缘鉴定的客体。② 以上争论尚有待理论进一步发展和立法进一步完善予以消弭。

三、比较分析

(一)协助血缘检查义务的法定

在亲子关系诉讼中,为确定生物学上父子关系的存否,当事人或者第三人负有血缘检查义务,已经为上述各个国家或地区的法律所明确规定。除美国规定法院在当事人申请时才可以命令当事人或其他利害关系人接受血缘检查外,英国、法国、德国、日本和我国台湾地区均承认法院可以依职权命令当事人等接受血缘检查。不过,当事人在诉讼上是否负有一般义务,或法院于任何情形均可以命令当事人接受血缘检查?日本法虽然规定当事人在诉讼上就血缘检查等勘验协助义务负有一般义务,但是德国法则明确规定在一定条件下当事人才负有此义务。而在英、美等国,是以子女的最佳利益作为判断标准,以决定是否进行血缘检查。进行血缘检查虽然有助于血统真相的厘清,但是对于子女的利益有害时,子女的利益应当优先于血统主义或真实主义。在法国法上,为了子女利益及家族和平、家庭安定,承认身份占有及时效制度,生物学上的真实状态并非恒定优先,因此,血缘鉴定等并非经常可能。法国法上亲子关系证明的制度,并非绝对的、僵硬的制度,而是依照各种利益衡平、调和而予

---

① 沈冠伶:《民事证据法与武器平等原则》,台湾元照出版有限公司2007年版,第289页。

② 姜世明:《民事证据法实例研习(一)》,台湾正点文教出版顾问有限公司2005年版,第137页。

第三章 亲子关系诉讼中证明妨碍规则之具体适用

探究的统合性制度。①

(二)拒绝检查的正当事由或拒绝权

在亲子关系诉讼中,即使当事人负有血缘检查的协助义务,在具备正当事由时,仍然可以拒绝受检。这些可以拒绝的正当事由为何,上述各个国家或地区均未作出明文规定。但是具备下述情形时,当事人可以拒绝接受检查,似乎已经为各个国家或地区所承认:第一,检查有害于当事人健康的情形;第二,检查无助于血统查明的情形;第三,检查为不可能期待的情形。在德国,应受检查人不当拒绝履行血缘检查勘验协助义务的,法院可以对其实施直接强制,所以关于当事人等应负该协力义务的要件,规定得特别详细。依据这些规定的反面解释,当不具备这些要件之一时,当事人就不得据以拒绝受检。比如,审判实务认为,即使接受检查有致当事人或第三人受刑事追诉之虞,也不得据以拒绝接受检查。②

(三)不当拒绝血缘鉴定的制裁

当事人无正当理由不服从法院所发出的血缘鉴定命令时,法院可否对其进行直接强制呢?在美国、英国、法国、日本和我国台湾地区均不许对负有协助义务的当事人直接强制接受检查。英、美等国基于尊重自己决定权的立场,否定直接强制的可能性;而法国、日本和我国台湾地区也是基于尊重人体完整性、不可分性原则,认为血缘鉴定仅仅可以在受检者同意的情形下进行。这些国家,基于尊重人的尊严原则,不许法院对身体施加强制力。但是,德国却认为这属于身体不可侵犯原则的例外,在血统主义、真实主义的要求下,就亲子关系诉讼中最有助于事案解明的血缘鉴定证据,实施间接强制无效果时,可以以直接强制的方式进行。关于血缘鉴定义务的履行,不得直接强制,并非意味着不可间接强制,可以直接强制也并非意味着不可先施行间接强制。在英国、美国、法国和我国台湾地区,在当事人无正当理由拒不同意血缘鉴定时,法院对该不服从指示或命令者,可以从其拒绝的态度拟制一定事实为真实,而作出对其不利的裁判,以示制裁。在此种情形下,法国法不允许通过科处罚款进行

---

① 许士宦等:《父子关系诉讼之证明度与血缘鉴定强制——以请求认领子女及否认婚生子女之诉为中心》,载民事诉讼法研究基金会编:《民事诉讼法之研讨(九)》,台湾三民书局2000年版。

② 许士宦等:《父子关系诉讼之证明度与血缘鉴定强制——以请求认领子女及否认婚生子女之诉为中心》,载民事诉讼法研究基金会编:《民事诉讼法之研讨(九)》,台湾三民书局2000年版。

间接强制,但是美国法则允许科处民事上藐视法庭罪作为间接强制。在德国,在对受命检查而不当拒绝者施以直接强制之前,法院可以依职权命令其负担因拒绝所产生的费用,并科处罚款,在不能追缴时,处以拘留。但是,日本法的规定最为保守,既排除直接强制也排除间接强制,法院仅仅可以将当事人的不当拒绝作为全辩论意旨,以供认定事实而已。①

第三节　我国亲子关系诉讼中证明妨碍规则之具体适用

一、我国亲子关系诉讼中证明妨碍规则的立法现状

(一)最高人民法院《关于人民法院在审判工作中能否采用人类白细胞抗原作亲子鉴定问题的批复》

1. 批复内容

1986年上海市高级人民法院向最高人民法院递交了〔1986〕沪高法办第152号《上海市高级人民法院关于当事人要求作亲子鉴定的情况和处理意见的请示报告》。在该请示报告中,上海市高级人民法院对1982年以来全上海市法院审结的当事人要求做亲子鉴定的38个案件进行研究,同时走访了上海市中心血站等部门。该请示报告主要内容为:(1)区分归纳了若干特定涉及亲子鉴定的案件情形②。(2)技术部门对于该项技术的支持意见。(3)由于亲子鉴定涉及夫妻双方、子女和他人的人身关系和财产关系,必须从保护妇女、儿童的合法利益,有利于家庭和睦团结和防止矛盾激化出发,区别情况慎重对

---

① 许士宦等:《父子关系诉讼之证明度与血缘鉴定强制——以请求认领子女及否认婚生子女之诉为中心》,载民事诉讼法研究基金会编:《民事诉讼法之研讨(九)》,台湾三民书局2000年版。

② 主要包括夫妻之间要求做亲子鉴定;未婚男女发生性关系,女方怀孕,男方坚不认账;已婚妇女与"第三者"或未婚妇女与已婚男子发生抚养纠纷;产妇分娩后医务人员将婴儿性别搞错,父母拒领。

第三章　亲子关系诉讼中证明妨碍规则之具体适用

待。(4)八项具体建议①。该八项建议主要从法官调查证据、子女最佳利益以及法官利益衡量三方面出发，可以说很多建议在今天看来都是科学合理的。

首先，最高人民法院在其批复中同意了采用 HLA 技术进行亲子关系鉴定的做法。其次，最高人民法院认为亲子鉴定是一项关系到夫妻双方、子女和他人人身关系、财产关系的严肃工作，因此应坚持保护妇女儿童合法权益以及有利于增进团结和防止矛盾激化两大原则，区别情况，慎重对待。再次，最高人民法院认为亲子鉴定涉及人身权益，应以当事人双方同意为基础。同时如果一方当事人要求做亲子鉴定，或者子女超过 3 周岁的，应当视情况从严把握。对其中必须做亲子鉴定的，要做好当事人及有关人员的思想工作。最后，明确人民法院对亲子关系的认定应当进行调查研究，尽力收集其他证据。亲子鉴定结论只是作为证据之一，要与本案其他证据相印证。

2.评析

最高人民法院在 20 世纪 80 年代对于亲子鉴定技术如何适用于亲子关系诉讼的认识是十分进步的，虽然有所缺憾，但是整体来说是符合身份关系诉讼的基本特点的，同时充分认识到血缘鉴定问题的复杂性，并提出了若干极具智慧的意见。

(1)进步性

该批复的进步性主要体现在以下几个方面：

第一，强调了法院在审理身份关系诉讼中的调查职责，符合职权探知主义精神。在批复中最高人民法院认为不能将亲子关系诉讼的血缘事实查明全部寄托在鉴定证据上，而应该充分尊重法官的自由心证，综合其他证据做出正确

---

① 八项具体建议主要包括：(1)丈夫猜疑妻子生活作风不正，缺乏依据，要求做亲子鉴定，妻子坚决不同意的，不能硬要女方做亲子鉴定。(2)丈夫提出一定根据证明妻子与第三者有性关系，要求做亲子鉴定，女方为澄清事实，出于自愿的，可准做鉴定。(3)已经人民法院调解或判决离婚(或不准离婚)，时隔多年，子女已经长大，现男方要求做亲子鉴定但提不出足够根据的，或者男方虽然提出一定的根据，但女方否认，坚持不同意做亲子鉴定的，以不做为宜。(4)未婚男女有性关系，所生婴儿，男方否认为自己所生，任何一方要求鉴定，均可准许。(5)因怀疑是否亲生而拒领置于产院中的婴儿，任何一方要求鉴定，均应同意。(6)做亲子鉴定的子女年龄，原则上规定在 3 周岁以下。超过 3 周岁的，应视具体情况，从严掌握。(7)对于亲子关系的确认，必须坚持调查研究，尽力收集其他证据，作适当处理，不要轻易同意当事人的鉴定要求。对可做可不做的，应做好当事人的思想工作，以不做为宜。必须鉴定的，对鉴定结论也要坚持与其他证据相印证，作出正确判断。(8)对鉴定结论应当庭宣读，鉴定书附卷，并可在法律文书中引用。

判断。这样一来即可避免陷入法定证据制度。

第二,首次并且着重提出了子女利益原则。在亲子关系诉讼中不免涉及众多利益衡量,然而毫无疑问的是在繁多的利益中子女利益具有优先地位。而最高人民法院在此批复中应该是首次明确而且进行了比较科学的阐释。首先明确应当从保护妇女、儿童利益出发,同时子女超过3周岁,应当从严把握的做法更是首创。因为子女成长至3周岁,心智已然较为成熟,认知能力也初步具备,同时其与原有家庭的抚养关系已经形成,父母子女之间的心理联系也十分深厚,因此应该在此时为保护稳定的子女与父母的心理联系以及子女稳定的成长环境,从严把握审慎对待。①

第三,首次提出"必须做亲子鉴定"的说法,并认为对必须做亲子鉴定的当事人应当做好其与相关人员的思想工作。最高人民法院认为在特定案件中法官应当将血缘真实作为案件的至高追求,而要求当事人双方共同努力揭示血缘真实。当然是否可以理解为最高人民法院认同强制鉴定则争议较大,同时由一简单的批复作出认可对当事人人身强制的做法也显然不符合我国立法法的规定。②

(2)局限性

当然该批复存在进步性的同时,还具有一定的局限性,主要表现在以下几个方面:

第一,该批复仅仅是一个笼统的、指导性的意见,仅要求对亲子鉴定案件"区别情况,慎重对待",而没有作出明确的操作标准。这致使在实务上对同一类案件往往在不同法院甚至同一法院作出不同的判决结果,在具体操作中难以妥帖把握这一尺度。

第二,该批复坚持当事人自愿原则,规定对双方当事人同意做亲子鉴定的,一般应予准许。但是,亲子关系纠纷案件属于身份关系案件的范畴,由于这类案件大多涉及社会公益,原则上,这类案件实行法院职权探知主义原则,而不实行辩论主义原则,因此对当事人之间的意思自治严格加以限制。由此可见,该批复中所确定的进行亲子鉴定应当征得双方当事人同意的原则与此相抵触。亦即,对于亲子关系纠纷案件是否采用亲子鉴定的方式,不能根据当

---

① 余卫琪:《亲子关系诉讼中的血缘鉴定问题研究》,2013年西南政法大学硕士论文。

② 余卫琪:《亲子关系诉讼中的血缘鉴定问题研究》,2013年西南政法大学硕士论文。

第三章 亲子关系诉讼中证明妨碍规则之具体适用

事人的意思自治,而应当根据个案的具体情形。在个案当中,只有当法院认为实行实体真实主义有助于实现该个案的公平正义时,应当依职权决定采用亲子鉴定的方式。在个案当中,如果法院发现实现实体真实与实体法及公共政策的基本要求不符时,应当禁止采用亲子鉴定的方式。①

(二)《民事证据规定》

本部分主要评析《民事证据规定》中涉及亲子关系诉讼的若干条文,主要包括《民事证据规定》第 8 条关于自认不适用于身份关系诉讼的规定以及第 75 条的关于证明妨碍的规定。

1.《民事证据规定》第 8 条

《民事证据规定》第 8 条第 1 款规定:"诉讼过程中,一方当事人对另一方当事人陈述的案件事实明确表示承认的,另一方当事人无需举证。但涉及身份关系的案件除外。"这里所说的涉及身份关系的案件除外,意思是说身份关系的案件不适用自认,或者说自认不适用身份关系的案件。这里说的身份关系案件,主要是指两类身份关系案件:一类是婚姻案件,如离婚、无效婚姻、撤销婚姻等;另一类是亲子关系案件,如子女收养、子女认领、否认子女关系等。

那为什么身份关系案件不适用自认规则呢?首先,身份关系案件不仅涉及双方当事人的利益,而且还涉及社会公共利益。因为婚姻家庭问题涉及千家万户,婚姻是家庭的基础,家庭是社会的细胞,如何对待和处理婚姻家庭问题,对于社会的发展有着巨大的影响。因而对于身份关系案件应当慎重对待,即使当事人未提出的事实也应酌情考虑,所以不适用自认规则。其次,与其他案件有所不同,身份关系案件是一种特殊关系的案件,要求裁判务求真实。② 既然在客观上追求案件真实,为了避免虚假自认造成对他人利益和社会公共利益的侵犯,从而排除对自认规则的适用。

2.《民事证据规定》第 75 条

《民事证据规定》第 75 条规定:"有证据证明一方当事人持有证据无正当理由拒不提供,如果对方当事人主张该证据的内容不利于证据持有人,可以推定该主张成立。"在《婚姻法解释(三)》出台之前,该条规定处理亲子关系诉讼中一方当事人拒绝亲子鉴定的主要依据。一般认为,该条规定属于证明妨碍

---

① 毕玉谦:《民事诉讼证明妨碍研究》,北京大学出版社 2010 年版,第 588~589 页。
② 梁书文主编:《〈关于民事诉讼证据的若干规定〉新释解》,人民法院出版社 2011 年版,第 171~172 页。

的一般性条款,适用于一方当事人无正当理由拒不提供相关证据的情形。该条规定并未像《民事证据规定》第8条第1款规定那样明确排除适用于身份关系诉讼,因此,从这种条文的对比来看,该条规定应当是可以被直接适用于身份关系诉讼。

但是,从另外一个角度来看,该条规定在很大程度上又不能适用于身份关系诉讼。原因有二:第一,只要一方当事人提出鉴定,那么另一方拒绝鉴定的行为将可以直接导致一方当事人的主张成立的推定效果。该做法不符合职权探知主义原则。在亲子关系诉讼中不能完全依赖于当事人举证,法院应当在适当及必需之时采用职权调查证据,这样才可使身份关系诉讼的判决更加符合客观真实。第二,该条规定只要有证据证明一方持有证据,那么适用在亲子关系诉讼中,提出申请鉴定的一方根本无须任何证据即可从对方拒绝鉴定行为中获得胜诉判决,因为对方当事人持有该证据是客观事实无须任何举证。这样草率的推定不符合先前批复所体现的谨慎对待原则,将会使法院在审理亲子关系诉讼案件中使用推定过于随意草率,不利于维护家庭和睦以及社会关系稳定。① 正因为理论界和实务界对于《民事证据规定》第75条是否适用于亲子关系诉讼和如何适用存在较大争议,所以在实践中,有些法院适用《民事证据规定》第75条处理一方当事人拒绝作亲子鉴定的情形,有些法院也排除其适用。这些广泛存在的争议和困惑为下一步司法解释的出台,提供了巨大的空间和素材。

(三)《婚姻法解释(三)》

2011年8月13日起施行的《婚姻法解释(三)》第2条规定:"(第1款)夫妻一方向人民法院起诉请求确认亲子关系不存在,并已提供必要证据予以证明,另一方没有相反证据又拒绝做亲子鉴定的,人民法院可以推定请求确认亲子关系不存在一方的主张成立。(第2款)当事人一方起诉请求确认亲子关系,并提供必要证据予以证明,另一方没有相反证据又拒绝做亲子鉴定的,人民法院可以推定请求确认亲子关系一方的主张成立。"相较于之前的司法解释,该条规定对于如何处理拒绝做亲子鉴定的情形给出了比较明确的方案。本条司法解释起草过程中,曾就以下两个问题存在较大争议:

---

① 余卫琪:《亲子关系诉讼中的血缘鉴定问题研究》,2013年西南政法大学硕士论文。

第三章 亲子关系诉讼中证明妨碍规则之具体适用

1.关于亲子鉴定是否可以强制进行

(1)否定说

否定说的观点认为,亲子鉴定涉及人身权利,特别是当事人的隐私权,也涉及人与人之间亲情的变化和家庭关系的稳定。因此,除非当事人双方自愿,不应采取强制的方式进行鉴定,亦不能适用有关举证妨碍的证据规则。否则,等于变相强制。支持这一观点的人还从保护公民个人隐私、保护未成年人合法权益,保护妇女合法权益,维护婚姻家庭关系的稳定等角度出发,论证其观点。还有人提出最高人民法院1956年9月25日给河北省高级人民法院《关于徐某某所生的小孩应如何断定生父问题的复函》①,认为根据最高人民法院的上述司法解释,应认定此种情形属于男方主张否认亲子关系但证据不足,对其主张,人民法院不应予以支持。

(2)肯定说

肯定说的观点则认为,随着科学技术的发展,亲子鉴定已经达到极高的准确率,而且亲子鉴定检材的收集方法对人体健康不存在损害。因此,在司法审判中应当充分利用现代科学技术的成果,以增强人民法院民事判决的准确性。当然,亲子鉴定不是判断亲子关系的唯一方法,如果法官通过当事人的举证、质证,就能够对此问题作出判断,则没有必要进行亲子鉴定。但主张亲子鉴定就一定损害婚姻家庭关系的和睦、不利于未成年子女的健康成长的观点不能成立。因为夫妻之间一旦因为子女是否亲生而产生怀疑,不仅直接影响夫妻之间的感情,而且还会影响父亲对子女的感情。加之我国实行严格的计划生育政策,一对夫妻原则上只能生育一个孩子,如果男性公民在不知情的情况下养育了他人的子女,后来虽然取得了相关证据,但仅仅因为女方不同意进行亲子鉴定,则只能继续抚养他人的子女,而其本人又丧失了生育自己亲生子女的权利。这不仅有失公平,而且容易激化矛盾,引发极端事件。②

---

① 该复函的内容为"徐某某1954年4月与高某某通奸,同时与其夫同居,因此小孩究竟为徐某某与谁发生关系时受孕,是难以断定的。化验血型的方法并不能断定小孩究竟系由谁所生。根据请示所提情况,徐某某的丈夫向徐某某提出离婚,且不承认小孩是他生的。按这小孩是在双方婚姻关系存在中所生的,男方现主张非其所生,应提出证据证明。男方既提不出任何证据而法院亦无法另找证明方法,在这种情况下,法院只能认为男方的主张不能证明,在这认定下对小孩问题予以判决"。

② 奚晓明主编:《最高人民法院婚姻法司法解释(三)理解与适用》,人民法院出版社2011年版,第51~52页。

(3) 最高人民法院观点

最高人民法院认为,上述两种观点均有一定的道理,但并不全面。现代科学技术使得亲子鉴定成为人民法院可以用来判断亲子关系的一个有效方法(技术手段),但不是唯一的方法。不能在任何情况下无条件地采取这一方式。应该看到,亲子鉴定对婚姻家庭特别是人们之间的亲情具有较大的冲击力,是一把双刃剑。如果通过鉴定,肯定了一个家庭中的父亲和子女具有亲子关系,也就是说这个男性不仅是子女法律意义上的父亲,而且也是其生物学意义上的父亲。一般来说,这是皆大欢喜的事情,可以促使这个男性对其配偶、子女更好地履行义务,但也不排除其配偶认为丈夫的行为侮辱了自己的人格,因而坚决与其离婚的可能。如果鉴定结果是家庭中的丈夫与其法律意义上的子女根本不具有血缘关系,也就是说子女与其父不具有亲子关系,则若不能排除抱错婴儿的情形,这个家庭的解体几乎是必然的。正是因为亲子鉴定对于一个家庭及其亲属可能具有的颠覆性意义,因此,人民法院在选择适用这一方法时必须持一种审慎的态度,应当将鉴定的过程、结果的意义向当事人作适当的释明,防止极端事件的发生。首先,如果当事人所举出的证据足以证明其主张的,没有必要做亲子鉴定;其次,一方当事人已经举出相关证据,令人相信其主张可能成立,另一方虽加以反驳,但又没有任何相反的证据支持其观点,则人民法院应当考虑支持当事人提出的进行亲子鉴定的申请。但如果提出否认亲子关系一方只有怀疑,而没有相关的证据令人相信其主张可能成立,只是希望通过亲子鉴定证实或者否认其怀疑,则受诉法院不宜轻易支持其关于进行亲子鉴定的申请,而应当向当事人释明亲子鉴定可能给其婚姻家庭和配偶、子女带来的伤害,对于确实没有证据的,应当驳回其诉讼请求。①

2. 在一方当事人不同意进行亲子鉴定的情况下,究竟采直接强制的方式还是间接强制的方式

关于在一方当事人不同意进行亲子鉴定的情况下,究竟采直接强制还是间接强制的问题,本条司法解释最终选择了间接强制的方式。亦即,在一方当事人已经就其提出的确认或者否认亲子关系的主张举出证据加以证明,虽然穷尽其举证能力仍然不足以证实其主张确实成立,故申请通过亲子鉴定的方式证明其主张,另一方不同意其主张但没有任何相反的证据或所举的证据不

---

① 奚晓明主编:《最高人民法院婚姻法司法解释(三)理解与适用》,人民法院出版社2011年版,第51~52页。

第三章 亲子关系诉讼中证明妨碍规则之具体适用

足以反驳对方主张,却又坚决不同意进行亲子鉴定的情况下,人民法院可以推定提出确认或者否认亲子关系一方的主张成立。在本条司法解释制定过程中,有一种观点认为应当借鉴德国的民事立法中采取强制鉴定的办法,理由是:第一,现代亲子鉴定的科学性能够为人民法院判决的正确性提供保障。与直接鉴定的方式比较,推定仍然存在一定或然性,也就是说推定可能正确,也有可能错误。例如,一黄姓男子在离婚诉讼中提出怀疑在自己驻外期间,其妻与郭姓男子同居,儿子黄某某实际上为其妻与郭某所生。黄姓男子举出郭某的离婚判决作为证据,其中记载了郭某与黄妻同居是导致郭某离婚的主要原因,但黄妻坚决否认儿子黄某某系其与郭某所生并提出在其受孕前后黄某曾回国探亲。由于黄妻坚决不同意让儿子做亲子鉴定,而黄某又举出了否认亲子关系的相关证据,故受诉法院判决推定黄某某与黄某不具有亲子关系。但结案后黄妻带黄某某做了亲子鉴定,证明黄某某与黄某具有亲子关系,并向法院申请再审,人民法院只得通过再审纠正原判决的错误。因此,在一方当事人坚决不同意做亲子鉴定的情况下,只有直接强制才能够保证人民法院的判决不会出现错误。间接强制是达不到这一目的的。目前,我国司法公信力尚不高,最大限度地减少错判才是硬道理。而且,亲子鉴定无损人体健康,即使是未成年人,也不会因此受到健康方面的损害。至于鉴定结果,则是双方当事人本身应该承受的,对于未成年人,可以采取适当的保护性措施,由其监护人选择恰当时机,告知真相。这样做较让当事人承受错误判决的效果更好。①

最高人民法院认为,在民事诉讼中对当事人的人身实施强制,应当是一件十分慎重的事情。特别是亲子鉴定可能还要涉及对不是案件当事人的未成年人实施强制的问题,因此,应当尽可能避免这种情况的发生。司法审判的特征之一就是法官总是在事后对一个事实是否发生、如何发生、发展作出判断。为了避免主观臆断,就必须遵循司法审判的内在规律,依靠证据去无限接近事实真相。换言之,就是判决中确认的事实是在特定的时间内和特定条件下被证据证明的事实而非客观真实。所以有些当事人败诉,并非因其完全没有道理,而是因为没有或缺少证据。上述案例中虽然黄某之妻最终通过亲子鉴定确认了黄某某与黄某之间具有亲子关系,其就子女抚养和财产分割问题申请再审在一定程度上也获得了人民法院的支持,但不能说原来的判决错误。由于黄

---

① 奚晓明主编:《最高人民法院婚姻法司法解释(三)理解与适用》,人民法院出版社2011年版,第52~53页。

某之妻当时对举证反驳黄某的主张采取了消极的态度,又坚决抵制亲子鉴定,因此,在当时的条件下,由其承担败诉的后果是十分正常的。与直接强制比较而言,间接强制可能造成的当事人与法院之间的对立的可能性相对小一些。在这种情况下,提供检材、做鉴定对于当事人来说是一种选择而不是必须。目前采用直接强制的方式所面临的一个最大问题是缺少立法的支持,在没有法律规定的情况下,由司法解释作出涉及对公民人身进行强制的规定不符合我国立法法的精神。但是,采取间接强制的方法,符合《民事证据规定》第75条的精神。①

二、我国现行司法解释的理解与适用

目前,人民法院处理拒绝做亲子鉴定情形的主要依据便是《婚姻法解释(三)》第2条的规定。本条司法解释由于公布时间不长,理论争议也较大,各界对其理解也不一致。下文拟就本条司法解释的内容、含义和注意问题进行阐述。

(一)本条司法解释的内容

本条解释规定了两种涉及亲子关系的诉讼:(1)否认婚生子女之诉,也就是本条第1款规定的夫妻一方向人民法院起诉请求确认亲子关系不存在。它主要包括三种情形:第一,在离婚诉讼中丈夫提出其本人与其妻于婚姻关系存续期间所生育子女之间不具有亲子关系,因此,要求法院在判决双方离婚后,自己不承担抚养子女的义务。有的还要求其妻赔偿其因受骗抚养非婚生子女的费用。申请进行亲子鉴定的一般为男方。第二,婚姻关系存续期间,夫妻双方请求确认与子女不具有亲子关系。此种情形,一般常见于子女于出生时被医院抱错或者被他人调包等情况。申请亲子鉴定的为双方当事人。第三,离婚诉讼中双方就直接抚养子女的权利争执不下,女方突然提出男方与孩子不具有亲子关系作为独自抚养子女的理由。双方均有可能申请亲子鉴定。(2)认领婚生子女的诉讼,即本条第2款规定的当事人一方起诉请求确认亲子关系。它通常包括两种情况:第一,原告起诉请求人民法院确认他人的子女或者被社会福利机构领养、流浪的未成年人与自己具有亲子关系。第二,子女要求确认某人与自己具有亲子关系(系生父或母)。上述两种情况一般均是提出主

---

① 奚晓明主编:《最高人民法院婚姻法司法解释(三)理解与适用》,人民法院出版社2011年版,第53~54页。

第三章 亲子关系诉讼中证明妨碍规则之具体适用

张的一方当事人申请亲子鉴定。①

(二)本条司法解释的含义

本条司法解释主要包含以下几层含义:(1)夫妻一方向人民法院提起婚生子女否认之诉,负有举证证明其主张的责任。这是主张利己事实者负证明责任的证据原则在具体案件中的体现。《民事证据规定》第2条第1款规定:"当事人对自己提出的诉讼请求所依据的事实或者反驳对方诉讼请求所依据的事实有责任提供证据加以证明。"因此,要求提起婚生子女否认之诉的当事人承担举证义务符合《民事证据规定》的精神。(2)提起婚生子女否认之诉的当事人所举证据对于其主张所依据的事实是必要的。根据形式逻辑的要求,欲达到证明目的,证据必须满足必要和充分两个条件,本条司法解释采用了"必要"来描述原告举证所要达到的一种证明程度。其想表达的意思是如果只是怀疑或者臆想而没有证据支持,换言之,原告的证据尚不足以使裁判者相信可能确有其事的程度,则原告的诉讼请求可能直接被驳回。这时其提出进行亲子鉴定的申请也不会得到支持。反之,提起婚生子女否认之诉的当事人所举证据尽管不够充分,但这些证据足以使裁判者相信可能确有其事,则提供证据责任转移给另一方当事人。②(3)另一方当事人没有相反证据又拒绝做亲子鉴定,是指另一方当事人虽然反驳否认婚生子女的诉讼请求,但没有证据或者证据不足以支持其观点,并且拒绝做亲子鉴定。其中拒绝做亲子鉴定,既可以是其本人拒绝配合收集亲子鉴定所必需的检材,也包括利用其直接抚养或控制未成年子女的条件,拒绝让未成年子女提供检材进行亲子鉴定。(4)无论是婚生子女否认之诉还是非婚生子女认领之诉,本司法解释所提供的是在一方当事人已经提出了必要证据,而另一方当事人没有相反证据又不配合亲子鉴定的情况下,处理此类问题的一种方法,而不是处理此类案件的原则。因此,两款规定均分别表述为人民法院"可以"推定主张亲子关系不存在一方请求成立和人民法院"可以"推定请求确认亲子关系一方的主张成立。借鉴立法技术分析可知,"可以"不同于"应当",是可以这样,也可以不这样的意思。司法解释的起草者选择"可以"一词所要表达的意思是,这里不过是提供了一种适用针对一方当事人没有证据又拒绝做亲子鉴定的情况下,人民法院适用证据规定处

---

① 奚晓明主编:《最高人民法院婚姻法司法解释(三)理解与适用》,人民法院出版社2011年版,第56页。

② 奚晓明主编:《最高人民法院婚姻法司法解释(三)理解与适用》,人民法院出版社2011年版,第56页。

理此类纠纷的方法。但不能将其绝对化,因为真实的血缘关系并非亲子关系成立的唯一要素,亲子身份关系的安定,婚姻、家庭的和谐稳定和未成年子女利益最大化仍然是人民法院处理涉及亲子关系的案件时所应遵循的原则。机械地理解本条司法解释,则可能导致裁判者一味地追求血缘真实,而忽略当事人在常年共同生活中形成的亲情,损坏当事人现存的家庭模式和现实生活利益。裁判者应当极力避免产生如此消极的裁判效果。①

理解本条司法解释的关键在于,对提起亲子关系诉讼的一方当事人来说,其提供的证据可能不够充分,但必须能够形成合理证据链条证明当事人之间可能存在或者不存在亲子关系。其申请亲子鉴定只是对所举证据的一种补充(补强)而不是作为其主张的唯一证据。对其所举证据与待证事实之间的关系可以从两个方面来把握:第一,所举证据是否形成合理的链条,达到使裁判者相信可能确实存在这样的事实;第二,按照民事诉讼证据规则,其举出的证据虽不充分,但足以达到转移提供证据责任的条件。当然,所谓使裁判者相信,不应理解为某个裁判者的主观臆断,而是指裁判者遵循现代自由心证原则,即依照法定程序,全面、客观地审核证据,依据法律规定,遵循法官职业道德,运用逻辑推理和日常生活经验对证据进行综合判断后得出的结论。②

(三)在审判实践中适用本条解释应注意的问题

1. 由于我国至今没有亲属法,现行法律中也没有关于婚生子女否认之诉与认领非婚生子女之诉的诉讼主体的规定。因此,应注意本条两款司法解释的适用范围。由于本司法解释是针对适用婚姻法所产生的问题所作,故对提起婚生子女否认之诉的主体的表述为"夫妻一方"。但在现实生活中,确实存在原来具有夫妻关系的一方于离婚后提起婚生子女否认之诉的情形。起诉的目的既可能是为了变更子女抚养且不承担支付抚育费的义务,也可能另有原因。对于当事人民事权利的限制,应当由法律而不是司法解释作出规定。因此,虽然本条解释中出现了婚生子女否认之诉主体的表述,但不应机械地理解为提起诉讼的权利主体只能是夫妻一方,当事人离婚后或者子女成年后就没有权利提起婚生子女否认之诉。

2. 提起非婚生子女认领诉讼的当事人应当是诉讼时该子女法律意义上的

---

① 奚晓明主编:《最高人民法院婚姻法司法解释(三)理解与适用》,人民法院出版社2011年版,第56~57页。

② 奚晓明主编:《最高人民法院婚姻法司法解释(三)理解与适用》,人民法院出版社2011年版,第57~58页。

父母之外的自然人。需要注意的是,并非只要原告完成了举证责任,人民法院均要适用本条司法解释第2款的规定,支持其主张。尽管我国法律中缺少有关认定亲子关系的标准的规定,但婚姻关系存续期间出生的子女一般应认定为婚生子女是人民法院在审判实践中掌握的一项不成文的办案规则。①

相对于婚生子女否认之诉而言,非婚生子女认领之诉的情况更为复杂。首先,诉讼不限于夫妻或曾经的夫妻之间。其次,非婚生子女的认领之诉既有出于抚育未成年子女的迫切需要,由该子女的母亲代子女主张其曾经的丈夫或者同居者与子女之间具有亲子关系的;也有未成年子女的父或母(也可能是父母一起)主张与别人收养的子女具有亲子关系的;甚或是曾经遗弃自己妻子或怀孕女友的男人在女方带未成年子女再婚重组家庭后,提起非婚生子女认领之诉。在不同情况下,人民法院支持提起非婚生子女认领诉讼一方当事人的主张的标准,不仅是审判实践中存在的一个难题,在理论上也仍然存在争议。确认亲子关系,实质上是人们追求血缘真实的需要。自然血缘关系与法律上的亲子关系相一致是现代社会中人们公认的一种理想状态。但由于种种原因,这种血缘关系与法律上的亲子关系的不一致经常出现在人们的生活中。对于提起非婚生子女认领之诉的当事人的主张是否予以支持,不能简单地认为当事人提供了必要的证据、对方当事人没有证据亦拒绝做亲子鉴定,就一概要适用本条司法解释的第2款推定主张确认亲子关系一方的请求成立。应当根据案件的具体情况,决定是否需要推定亲子关系成立,支持原告的诉讼请求。对于有迫切抚育需要的未成年人,则应果断适用本条司法解释第2款的规定,判决确认亲子关系,以保护未成年人的合法权益。对于请求认领已经跟随母亲另组家庭生活的未成年人为其婚生子女的当事人,人民法院在具备本司法解释第2款条件的情况下,还应权衡支持其诉讼请求对未成年子女的影响、该子女是否已经被继父通过法律程序收养、子女是否因年幼适宜随母亲生活以及主张认领非婚生子女的一方是否曾因虐待、遗弃子女被判刑等情况。这些均应成为人民法院综合考量是否适用本条司法解释支持其主张的因素。对于成年子女请求确认亲子关系,由于不涉及其父或母的抚养义务,对于亲子鉴定应当严格掌握。如果其提供的证据不足以令裁判者相信可能确有其事,而对方当事人没有证据或证据不够充分但拒绝亲子鉴定,则人民法院应当在

---

① 奚晓明主编:《最高人民法院婚姻法司法解释(三)理解与适用》,人民法院出版社2011年版,第58~59页。

真实血缘联系与当事人身份关系及家庭的和谐、稳定以及自然人的名誉权之间进行衡量,以决定是否要通过推定确认亲子关系。①

3.子女利益最大化原则在审判实践中的体现。1989年联合国《儿童权利公约》第7条规定:子女有"尽可能知道谁是其父母并受其父母照料的权利"。这一权利不仅关系到子女获得确切的生活保障,而且关系其人格的健康发展。我国是《儿童权利公约》的签约国,国家的司法审判活动应当贯彻公约的上述精神。在审理涉及亲子关系的婚姻家庭案件中,未成年子女利益最大化原则是人民法院考量衡平各方当事人利益时不能忽略的一个原则。但对于具体案件中,如何看待未成年人的意思表示,则始终存在不同认识。我国《民法通则》将10周岁以上的未成年人规定为限制民事行为能力人。限制民事行为能力人可以进行与他的年龄智力相适应的民事活动;其他民事活动由他的法定代理人代理,或者应征得他的法定代理人的同意。正是因为亲子鉴定必须有未成年人的配合,因此,对于10周岁以上的未成年人,人民法院不能简单地强制其进行亲子鉴定,而应当对其意思表示给予一定的重视。在决定是否进行亲子鉴定的问题上,要考虑其对事件的理解程度和态度,通过其监护人做好工作,避免极端事件的发生。如果10周岁以上的未成年人了解情况后,坚决抵制亲子鉴定,人民法院不能简单地认定未成年人的监护人没有证据而又拒绝亲子鉴定,进而判决支持提起身份确认之诉的当事人胜诉。②

三、案例分析

(一)刘某金与赵某生身父女确认纠纷案——法院不支持拒绝亲子鉴定的不利推定③

1.案情介绍

1981年,赵某之母沈某英与赵某成登记结婚。1987年9月24日,沈某英生育赵某。2003年6月22日,赵某之母沈某英与刘某金在电话里争吵,通话内容为赵某不是赵某成的亲生女儿,其内容被赵某成听见。2004年1月4

---

① 奚晓明主编:《最高人民法院婚姻法司法解释(三)理解与适用》,人民法院出版社2011年版,第59页。

② 奚晓明主编:《最高人民法院婚姻法司法解释(三)理解与适用》,人民法院出版社2011年版,第59~60页。

③ 本案被全国各地的新闻媒体广泛关注,引起理论界和实务界的热议。具体案情可参见《拒绝亲子鉴定能否推定其为生父》,载《法制日报》2009年7月23日。

第三章 亲子关系诉讼中证明妨碍规则之具体适用

日,赵某成为验证赵某是不是其亲生女儿,委托重庆市计划生育科学研究所进行了鉴定,结论为:赵某与赵某成不具有亲生父女关系。同年,赵某成以沈某英、刘某金为被告,赵某为第三人向重庆市南岸区人民法院提起民事诉讼(以下简称前案),其诉讼请求为:(1)请求确认沈某英和刘某金与赵某系父母子女关系;(2)判令沈某英、刘某金赔偿其精神损害赔偿金8万元,两人互负连带责任;(3)判令刘某金赔偿抚养费、教育费、保姆费、鉴定费等共计74688元。赵某在答辩中称,希望通过亲子鉴定弄清自己的父亲是谁。

2004年9月8日,重庆市南岸区人民法院作出〔2004〕南民初字第1324号民事判决,案由为生身父母子女确认纠纷,判决:(1)确认赵某与被告沈某英、刘某金之间存在生身父母子女关系;(2)被告沈某英、刘某金共同赔偿赵某成精神抚慰金10000元,沈某英与刘某金对该款的给付相互负连带清偿责任;(3)刘某金向赵某成支付抚养费60503元以及鉴定费用3200元,合计63703元;(4)驳回赵某成的其他诉讼请求。宣判后,刘某金不服,向重庆市第一中级人民法院提起上诉。2004年12月14日,重庆市第一中级人民法院作出〔2004〕渝一中民终字第3683号民事判决:(1)维持一审判决第四项,即驳回原告赵某成的其他诉讼请求;(2)撤销一审判决第一项、第二项和第三项,改判沈某英赔偿赵某成精神抚慰金10000元。二审案由确定为侵权赔偿纠纷。

2006年1月,赵某诉至重庆市南岸区人民法院(以下简称后案),请求确认自己与刘某金系父女关系。2006年1月6日,重庆市南岸区人民法院将本案移送至重庆市涪陵区人民法院。在后案一审中,刘某金答辩称:(1)1986年初,刘某金就到湖北省工作,没有也不可能与赵某母亲发生性关系;(2)本案已经重庆市南岸区人民法院和重庆市第一中级人民法院审理终结,现赵某以同样的请求起诉,违背了一事不再理的规定,应驳回赵某的起诉;(3)赵某起诉系因其母曾向刘某金借款2万元不还,被刘某金起诉判决后,恶意诉讼。刘某金提交了〔2004〕南民初字第1115号民事判决书为证。

诉讼中,赵某提出申请,请求法院通知刘某金提供基因样本,以鉴定其与赵某是否存在亲子关系。法院征询刘某金意见,刘某金拒绝提供基因样本,且未说明合理的理由。

赵某提交了如下证据:

第一,摄于2003年6月的照片两张,照片显示了赵某之母沈某英与刘某金裸体在床,拟证明刘某金与赵某之母沈某英发生过性关系。

第二,鉴定书一份,拟证明赵某与赵某成不具有亲子关系。

第三,〔2004〕南民初字第1324号民事判决书、〔2004〕渝一中民终字第

3683号民事判决书,拟证明赵某之母沈某英与刘某金存在性关系;本次诉讼是确认之诉,而前次诉讼是侵权之诉,本次诉讼与前次诉讼不同,不违背一事不再理的原则;在侵权诉讼中,刘某金不同意作亲子鉴定,南岸区人民法院据此推定赵某与刘某金亲子关系成立,在本案中刘某金不同意作亲子鉴定,可推定亲子关系成立。

第四,证人沈某英出庭作证,拟证明在1985年7月至1986年农历冬月28日间刘某金与沈某英多次发生性关系,并致其怀孕,生育赵某。

第五,证人赵某成出庭作证,拟证明听沈某英说过与刘某金曾多次发生性关系,并生育赵某;赵某不是其亲生女儿。

重庆市涪陵区人民法院审理认为:亲子关系属人身关系中的身份关系,依照科学规律和法律规定,身份关系的成立,只能基于血缘即生育和法律的拟制即收养而成立。本案中,赵某证明了其母与刘某金具有性关系,那么就证明了其母与刘某金有生育赵某的可能性;因为血缘关系存在与否,尚需科学的验证,当今最为科学的手段就是进行亲子鉴定,但亲子鉴定非赵某一人即能完成,而是需要刘某金的协助与配合。为此,赵某在诉讼中申请了法院调取刘某金的基因样本,赵某的证明责任即已完成。诉讼中,法院依法将赵某申请鉴定的情况告知了刘某金,而刘某金在并无合理理由的情况下,拒绝就其与赵某之间是否具有亲子关系接受鉴定。《民事证据规定》第75条规定:"有证据证明一方当事人持有证据无正当理由拒不提供,如果对方当事人主张该证据的内容不利于持有人,可以推定该主张成立。"依此规定,针对刘某金拒绝接受鉴定的行为,可以作出对刘某金不利的推定,即赵某与刘某金的亲子关系成立。对赵某的诉讼请求,予以支持。据此,一审判决确认被告刘某金是赵某的生身父亲。

刘某金不服重庆市涪陵区人民法院民事判决,向重庆市第三中级人民法院提起上诉,请求撤销原判,依法改判。理由:(1)一审法院受理和审理本案违背了一事不再理的原则。刘某金与赵某之间是否存在生身父女关系已经重庆市第一中级人民法院于2004年12月14日所作出的〔2004〕渝一中民终字第3683号民事判决进行了确认,现赵某提起诉讼违背了一事不再理的原则。(2)原判认定事实证据不足。原判认定刘某金与赵某的母亲在1986年前后有性关系证据不足。(3)一审适用推定确认亲生父女关系错误。人的身份关系不能在没有科学依据的情况下随便推定,确认亲生父母子女关系,要有推断的基础事实及其与推定事实之间存在逻辑关系的证据,才可适用推定原则,否则不能适用推定原则。

被上诉人赵某答辩称:(1)本案未违背一事不再理的原则。重庆市第一中级人民法院所审理的是侵权之诉,而现赵某提起的则是确认之诉,其诉讼主体及地位不同。(2)本案可以适用推定。因为刘某金与赵某的亲子鉴定结果是本案判决的关键依据,赵某已申请进行亲子鉴定,但刘某金拒绝提供基因样本,同时刘某金与赵某的母亲有着不正当的性关系,依照《民事证据规定》第75条规定,可适用推定。重庆市第三中级人民法院经审理认定赵某证据不足,不同意对刘某金强制作亲子鉴定,也不同意对此适用类推原则,驳回了赵某的诉讼请求。本纠纷的前后两案至此尘埃落定,以赵某的最终败诉告终。

2.笔者见解

首先,前案是确认之诉还是侵权之诉。

确定诉讼的性质对于案件的正确审理是十分必要的,其直接影响到法律规则的选择适用。在前案中,赵某成的诉讼请求既有确认请求,也有损害赔偿请求。杨立新教授认为,就赵某成的起诉而言,他首先享有的是婚生子女否认的请求权。其次,在确定了赵某是非婚生子女的前提下,他享有的是起诉刘某金欺诈性抚养关系的侵权损害赔偿请求权①,他不享有婚生子女认领的请求权。在婚生子女的法律关系中,婚生子女否认和非婚生子女认领是两个案件,并不是一个案件,而欺诈性抚养关系的侵权损害赔偿则又是一个案件。现在的案件之所以处理得不尽如人意,很多人都不满意这样的判决结果,就是因为这样的问题被混淆在一起了,最终造成现在这个结果。②

对此,笔者认为,本案为侵权之诉,只是包括了确认前提;南岸区人民法院将案由列为生身父母子女确认纠纷有误,重庆第一中级人民法院将案由确定为侵权赔偿纠纷正确。日本学者中田淳一有一理论观点值得注意,即所谓的

---

① 1992年4月2日,最高人民法院于《关于夫妻关系存续期间男方受欺骗抚养非亲生子女离婚后可否向女方追索抚养费的复函》中指出:"你院'关于夫妻关系存续期间男方受欺骗抚养非亲生子女离婚后可否向女方追索抚养费的请示'收悉。经研究,我们认为,在夫妻关系存续期间,一方与他人通奸生育了子女,隐瞒真情,另一方受欺骗而抚养了非亲生子女,其中离婚后给付的抚育费,受欺骗方要求返还的,可酌情返还;至于在夫妻关系存续期间受欺骗方支出的抚育费用应否返还,因涉及的问题比较复杂,尚需进一步研究,就你院请示所述具体案件而言,因双方在离婚时,其共同财产已由男方一人分得,故可不予返还,以上意见供参考。"

② 杨立新:《论婚生子女否认和非婚生子女认领及法律疏漏之补充》,载《人民司法》2009年第17期。

"确认之诉原型观"。根据该理论,确认之诉是三种诉讼类型中最纯粹和最基本的一种。给付之诉,特别在给付金钱或者其他标的物方面,是原告将其特定具体的请求权存在的事实加以主张的一种"确认之诉"而已。因此法院对于给付之诉所下的本案判决,其既判力常常是针对原告主张的给付请求权存在与否作为其决定的对象。简而言之,给付判决是以给付请求权的存在与否为判决对象,所以在本质上,给付之诉应当属于确认之诉的一种,给付之诉只是确认之诉的一种特殊形态而已。判决是法院的确认作用,法院的本案判决,对其作为诉讼标的的法律关系有既判力。从确认的作用的角度看,确认之诉实际上是各种诉讼类型的基本形态。① 基于"确认之诉原型观",本案属于包含了确认前提的侵权之诉。

此外,有人认为,赵某成无权提出确认沈某英和刘某金与赵某系父母子女关系的诉求,最多只能提出确认其与赵某无父女关系的消极确认之诉。在确认刘某金与赵某是父女关系的确认之诉中,赵某成的主体资格不适格。② 对此,笔者认为,赵某成是适格当事人。判断是不是确认之诉的适格当事人,先看其是否具有"确认利益"(Feststellungsinteresse)。对此,各国民事诉讼法对于确认之诉的提起均限于"原告有即受判决的法律上的利益"。③ 所谓即受判决的法律上的利益,是指法律关系存在与否不明确,原告主观上认为其在法律上的地位有不恰当的状态存在,而且这种不恰当的状态能够以确认判决的方式消灭掉的情形。如果经法院的确认判决不能消灭掉上述不恰当的状态,就不能认为有即受判决的法律上的利益。另外,确认利益限于现在存在的利益,至于过去或者将来应产生的法律关系,不能作为确认之诉的诉讼标的。④

在确认之诉中,只需是主张法律关系存在与否有不明确的人,对于争执其主张的人提起,而且对确认判决有法律上的利益的人,就是适格的当事人。在确认之诉中,如果就作为诉讼标的的权利或法律关系,其成立或存在与否不明确,主体之间有争执,有要求确认判决的必要,即所谓有承受确认判决的法律上利益,既不限于该权利或法律关系的主体,也不限于就该权利或法律关系有

---

① 李龙:《民事诉讼标的理论研究》,法律出版社2003年版,第37~38页。
② 《拒绝亲子鉴定能否推定其为生父》,载《法制日报》2009年7月23日。
③ 例如《德国民事诉讼法》第256条第1款规定:"确定法律关系成立或不成立的诉讼,承认证书的诉讼,或确定证书真伪的诉讼,只在法律关系的成立与否、证书的真伪由法院裁判并即时确定、对于原告有法律上的利益时,原告才可以提起。"
④ 李龙:《民事诉讼标的理论研究》,法律出版社2003年版,第170页。

管理权的人,都可以作为原告。与其利害关系相立而争执其法律关系的人就是适格的被告。换言之,原告只需主张其就诉讼标的的法律关系有确认利益,就是适格的原告当事人;被告只需就该确认的诉讼标的的法律关系有反对利益存在,就是适格的被告当事人。可见,确认之诉的当事人适格,是依所谓作为确认利益(即即受判决的法律上的利益)的权利保护利益来确定的。① 在本案中,赵某成与赵某不存在亲子关系,而根据沈某英即生母的陈述,刘某金为疑似生父;赵某成起诉请求确认沈某英和刘某金与赵某系父母子女关系是有确认利益的。何况本案赵某成并未单独提起确认之诉,而是作为侵权之诉的前提列于诉讼请求当中,实属恰当。

其次,后案的审理是否违背一事不再理的原则。

有人认为,赵某的起诉违背了一事不再理的原则,应驳回赵某的起诉。理由是赵某成在前案中即有请求确认沈某英和刘某金与赵某系父母子女关系的诉讼请求,与赵某起诉的诉讼请求一致;同时赵某在前案中作为第三人参加了诉讼,赵某在答辩中希望通过亲子鉴定弄清自己的父亲是谁,赵某有确认与刘某金是否有父女关系的请求。南岸区人民法院作出的确认赵某与被告沈某英、刘某金之间存在生身父母子女关系的判决已经二审判决撤销,且赵某成的该项诉讼请求(请求确认沈某英和刘某金与赵某系父母子女关系)已被驳回。现赵某在就同一事项进行起诉违背了一事不再理原则,故应当驳回赵某的起诉。有人认为,赵某起诉未违背一事不再理的原则。理由是:诉的构成要素包括诉的主体、诉讼标的和事实、理由。三要素完全重叠的两个案件在一定的条件下构成重复起诉。对重复起诉的通常识别方法是案由是否相同,当事人是否相同,理由是否相同。依此,后案和前案是两个案件,而不是一个诉。因而不构成重复起诉,也不能说法院对此案进行审理违背了"一事不再理"的原则。②

笔者认为,后案的审理不违背一事不再理的原则。第一,赵某成在前案中之所以提出确认沈某英和刘某金与赵某系父母子女关系的诉讼请求,目的是在于其后的赔偿请求得以支持,仅仅是侵权赔偿的前提而已。南岸区法院确认赵某与被告沈某英、刘某金之间存在生身父母子女关系的判决已经被重庆第一中级人民法院撤销。重庆第一中级人民法院的二审判决内容仅仅为沈某

---

① 李龙:《民事诉讼标的理论研究》,法律出版社2003年版,第202~203页。
② 《拒绝亲子鉴定能否推定其为生父》,载《法制日报》2009年7月23日。

英赔偿赵某成 10000 元的精神抚慰金,并未涉及赵某与刘某金之间是否存在生身父母子女关系。换言之,二审判决虽然撤销了原判中确认赵某与沈某英、刘某金之间存在生身父母子女关系的认定,但对于赵某是否与沈某英、刘某金之间存在生身父母子女关系并未作出肯定与否的判决;而且,二审判决在论理部分也未对确认生身父母关系的诉讼请求是否成立,是否应当驳回进行表述。再者,根据既判力理论,既判力的客观范围原则上仅限于法院在判决主文中显示的判断,判决理由中的判断没有既判力。① 如前所述,在本案中,二审判决主文内容仅仅为沈某英赔偿赵某成 10000 元的精神抚慰金,并未就赵某与刘某金之间是否存在生身父母子女关系进行判断。因而,就赵某与刘某金之间是否存在生身父母子女关系这一点而言,并未产生既判力。因此,赵某的起诉未违背一事不再理的原则。

再次,亲子鉴定要求被拒后,法院能否直接适用对拒绝者不利的推定。

关于确认亲子关系能否适用推定的问题向来存有争议。理论界和实务界基本形成以下两种观点:一种观点认为,亲子鉴定涉及人身,不能强制;但是如果一方当事人申请进行亲子鉴定,另一方当事人无正当理由拒绝亲子鉴定的,依据《民事证据规定》第 75 条,可以推定对其不利的事实成立。另一种观点认为,最高人民法院《关于人民法院在审判工作中能否采用人类白细胞抗原做亲子鉴定问题的批复》中指出亲子鉴定应双方自愿。因此,亲子鉴定不能强制,而且不能根据《民事证据规定》第 75 条进行推定。因为适用推定,事实上就是强迫另一方必须接受亲子鉴定,违反了自愿的原则,有可能侵犯人身权。②

---

① 之所以判决理由中的判断没有既判力,其原因主要有三:一是理由判断所涉及的当事人提出的诉讼请求本身,并未经当事人作为争点在诉讼中认真加以辩论,因而为了避免对未经当事人认真对待的请求作出判断而造成突然袭击,不能认可关于此类理由判断具有既判力;二是如果允许法院对当事人没有认真争执的争点作出的判断产生既判力,当事人就丧失在今后别的诉讼中就未经争执的争点展开争执的可能,而且也不能提出与被作出了判断的争点相矛盾的主张;三是从法院的立场上说,如果法院在前诉关于结论的理由判断不具有既判力,则法院在后诉可以迅速且有效地进行诉讼指挥。例如,在贷款返还请求诉讼中,被告主张不存在债务的同时,又主张债务已经偿还。法院可以只认定债务已经偿还,并不审理债务是否成立,从而判决被告胜诉。之后,被告可以偿还的债务其实是原告的不当得利为由再次提起诉讼。而在后诉中,被告关于不当得利的请求不因前诉的判断被排除,同时法院也可以不受前诉判断的约束,就不当得利作出新的判断。参见常怡主编:《民事诉讼法学》(法学研究生精品教材),中国法制出版社 2008 年版,第 125 页。

② 《拒绝亲子鉴定能否推定其为生父》,载《法制日报》2009 年 7 月 23 日。

第三章 亲子关系诉讼中证明妨碍规则之具体适用

笔者认为,对于赵某所主张的生身父母确认纠纷可以适用推定,理由如下:第一,对于刘某金在沈某英受孕赵某期间是否与沈某英发生性关系的问题。对于赵某而言是很难举证的,因为男女之间的不正当性关系,本身较隐秘,这种隐私不便于让他人知道,也不可能保全和留存有证据。现有沈某英的陈述和所提供的两张照片就基本可推定在受孕赵某期间刘某金与沈某英有发生性关系的可能性。第二,亲子关系属人身关系中的身份关系,这种血缘关系存在与否,当今最为科学的手段就是进行亲子鉴定,而亲子鉴定非赵某一人即能完成,而是需要刘某金提供基因样本,赵某在本案一、二审中都提出了进行亲子鉴定的申请,但刘某金拒绝提供基因样本进行鉴定,依照《民事证据规定》第75条可以作出不利于刘某金的推定,即赵某与刘某金之间存在亲子关系。第三,最高人民法院在《关于人民法院在审判工作中能否采用人类白细胞抗原作亲子鉴定问题的批复》中指出"对要求作亲子关系鉴定的案件,应从保护妇女、儿童的合法权益,有利于防止矛盾激化出发,区别情况,慎重对待"。本案在刘某金一再拒绝亲子鉴定的情况下推定赵某与刘某金之间存在亲子关系的处理,也是从保护妇女、儿童的合法权益出发来处理。因此,可以适用推定。第四,本案赵某的起诉并非空穴来风、无端栽赃,从本案提供的几份间接证据来看,认定刘某金为赵某疑似生父有着相当的合理性。比如,赵某和赵某成不存在亲子关系的鉴定结论,沈某英有关刘某金为赵某生父的陈述,沈某英与刘某金存在性关系的照片,赵某与刘某金外貌长相十分相似等等。就赵某而言,其在本案中已经穷尽了一切可能的举证手段,最终事实的认定只有依赖亲子鉴定,但是刘某金却无正当理由拒绝做亲子鉴定。因而,法院可以根据《民事证据规定》第75条作出不利于刘某金的推定,即赵某与刘某金之间存在亲子关系。质言之,就命令进行亲子鉴定而言,法院应当就当事人的主张有"大致上信其为真"的心证时,才可以命令当事人进行亲子鉴定,此为保障当事人身体自由权及隐私权所必要的折中。在无论如何均不能就事实存否获得心证时,鉴于我国现行仍无直接强制亲子鉴定的规定,法院可以依据证明妨碍的原理拟制当事人所主张的事实为真实。

(二)李某诉李某生非婚生子生身父亲确认纠纷一案——法院支持拒绝亲子鉴定的不利推定

1.案情介绍

2001年农历正月,原告李某之兄及其父母均外出打工,原告李某一人独自在家生活。同年5月1日,被告李某生到原告李某家向原告借农具,在归还农具时,两人发生了两性关系,此后连续数月,双方保持着两性关系。2001年

10月13日,被告准备外出打工时,原告告知已怀孕,被告当时虽然不太相信,但承诺怀孕了其会负责任,同时要求原告不得告诉父母。同年10月下旬,被告外出打工后一直无音信。2002年2月16日晚,原告有妊娠反应,在其母亲追问下,原告将实情告诉了母亲,原告之母即到被告家将原、被告的关系和原告即将分娩告知被告之母。当晚,被告之兄李某根、原告之母等人陪同原告乘车到江西省分宜县人民医院妇产科,由李某根为原告办理了住院手续并支付了住院等费用750元。2002年2月17日凌晨,原告生下一男婴,因原、被告两家均表示不要该男婴而被他人抱养。被告通过其兄李某根得知原告生下一男婴且原告指认其为该男婴的生父后,于2月20日从打工处赶回家。在原告家里,被告听原告陈述他俩关系后没有否认其与原告有过性关系,但在其表兄叫出去交谈后,被告回屋就否认自己是原告所生男婴的生父。事后,被告向洞村司法所提出作亲子鉴定,该所召集原、被告及其父母到场征求意见后,双方达成了由洞村司法所安排去南昌作亲子鉴定的协议。2002年3月初,原告找回了被他人抱养的男婴准备去南昌做亲子鉴定,并按协议向洞村司法所预交鉴定费3000元,因被告未按协议去洞村司法所预交鉴定费,该所于3月14日到被告村找来被告要其预交鉴定费,被告得知原告找回了被他人抱养的男婴后,即拒绝作亲子鉴定。此后,被告外出未回家。诉讼中,法院先后两次合法传唤被告,被告无正当理由拒不到庭。最终法院判决支持原告的诉讼请求,宣判后双方当事人均表示服判。

2. 法院见解

江西省分宜县人民法院在本案中认为:本案原、被告虽然有过性关系事实,但还不足以证明原告所生男婴与被告具有亲子关系。要确认本案的亲子关系,最充分、最真实的关键证据是亲子鉴定。但原告要完成该项举证,必须被告协助,提供血样进行鉴定才能查明待证事实,被告没有法定事实与理由不应拒绝。所以,被告能够协助原告提供本案关键证据且应该协助,却拒不协助,妨害了原告举证。根据公平和诚实信用的原则,从保护妇女、儿童的合法权益出发,原告举证不能的后果不应由原告承担,而应依法将举证责任转换给被告,被告在诉讼外和诉讼中拒绝亲子鉴定的事实,视为放弃举证权利,被告不举证应对待证事实承担不利的法律后果。本案原告虽然没有直接证明其所主张的事实,但依据目前原告提供的证据事实和被告拒不进行亲子鉴定及经法院合法传唤无正当理由拒不到庭的事实,根据社会生活经验和生活逻辑,可以得出原告主张事实的真实性远远高于被告否认事实的真实性。因此,依据经验法则和《民事证据规定》的标准,应认定原告主张的事实真实。故原告要求确认其所生男婴与被告具有亲子关系的诉讼请求理由充分,于法有据,法院予以支持。[①]

(三)刘乙与方某离婚后损害责任纠纷一案——法院认为原告未达到"必要证据"的标准而判其败诉

1. 案情介绍

本案上诉人(原审原告)为刘乙,被上诉人(原审被告)为方某。刘乙、方某原系夫妻,于2007年5月19日登记结婚,于2011年12月19日生育女儿刘甲,于2012年8月27日登记离婚。2013年6月,刘乙以刘甲非其与方某所亲生为由诉至上海市黄浦区人民法院,要求方某返还抚养费人民币259116.73元,并要求方某赔偿其精神损失费8万元。

一审法院经审理后认为,当事人对自己主张的事实有义务提供证据证明。刘乙起诉请求确认亲子关系不存在,方某对此予以否认,则刘乙应提供必要证据予以证明,然刘乙提供的证据均缺乏证明力,法院无法采信,故刘乙应承担举证不能的法律后果。况且根据刘甲的出生日期和刘乙、方某结婚登记日期,方某系在婚后与刘乙共同生活期间怀孕,刘乙虽怀疑方某与其他异性有染,但对此未提供证据证明,故刘乙要求返还抚养费以及支付精神损失费的诉讼请求缺乏事实依据,法院对此均不予支持。一审法院据此作出判决:驳回刘乙的所有诉讼请求。

刘乙不服上海市黄浦区人民法院〔2013〕黄浦民一(民)初字第4178号民事判决,向上海市第二中级人民法院提起上诉。上诉人刘乙称:上诉人已提供必要证据(即亲子关系的鉴定报告)证明其与刘甲不存在亲子关系,在没有证据推翻上诉人的证据而被上诉人又拒绝亲子鉴定的情况下,应推定上诉人的主张成立。上诉人并非无理怀疑被上诉人对婚姻不忠,被上诉人确在婚姻关系存续期间与其他男子关系密切、超乎寻常,故上诉人对刘甲血缘关系的怀疑是有迹可循的。故上诉人要求撤销原判,改判支持其向原审法院提出的全部诉讼请求。被上诉人方某答辩称:不同意上诉人的上诉请求。原审认定事实清楚,适用法律正确,应维持原判。

2. 法院见解

二审法院经审理查明,原审查明事实属实,予以确认。二审法院另查明以

[①] http://fyxfy.chinacourt.org/public/detail.php? id=431,下载日期:2014年9月2日。

下事实:亲仁亲子鉴定基因检测中心于2013年4月7日作出遗传检验报告,结论为:排除检材一是检材二的生物学父亲。该报告同时注明:因为本中心不核对鉴定人的身份信息,所以个人DNA亲子鉴定遗传检验报告不具有法律效力,仅供委托个人参考,不能用作司法用途。

二审法院认为,根据相关司法解释规定,夫妻一方向人民法院起诉请求确认亲子关系不存在,并已提供必要证据予以证明,另一方没有相反证据又拒绝做亲子鉴定的,人民法院可以推定请求确认亲子关系不存在一方的主张成立。本案的争议焦点即为上诉人作为主张亲子关系不存在的一方,是否已提供必要证据。上诉人为其主张提供了相关单位出具的遗传学检验报告,但该报告仅对上诉人提供的检材负责,而上诉人提供的检材是否来自刘甲本人,该检验报告中并未提及,上诉人亦未提供任何证据以证明其提交检材的来源。综上,虽然被上诉人拒绝配合做亲子鉴定,但上诉人提供的证明尚未达到"必要证据"的证明标准,上诉人的上诉请求,缺乏事实依据,难以采信。最终,二审法院判决驳回上诉,维持原判。

(四)马××与姜××婚姻家庭纠纷一案——原告因成年子女拒绝作亲子鉴定而败诉

1. 案情介绍

本案上诉人(原审原告)为马××,被上诉人(原审被告)为姜××和马××1。马××与姜××于1988年1月27日登记结婚,1989年11月9日生育一女孩即马××1。2012年12月20日马××诉至辽宁省葫芦岛市龙港区人民法院要求与姜××离婚,龙港区法院于2013年3月25日作出〔2013〕龙民一初字第00017号民事判决书,判决准予马××与姜××离婚并就财产进行依法分割。且该判决在本院认为中论述"马××以与姜××婚后生育子女不是马××亲生的而要求姜××支付精神抚慰金和抚养费,其提供的检材不能确定是其女马××1的血样本,姜××否认该鉴定。马××申请法院鉴定,因其女已成人,拒绝鉴定,故对马××要求姜××支付精神损失和抚养费本院不予支持"。马××不服一审判决,上诉至辽宁省葫芦岛市中级人民法院。在审理过程中,马××于2013年8月9日提出撤诉申请,葫芦岛市中级人民法院于2013年8月9日作出〔2013〕葫民一终字第00251号民事裁定书,准予马××撤诉。

另查明,马××怀疑婚后生育的马××1不是亲生子女,于2012年9月私自采集血样本进行DNA亲权鉴定,结论为马××与马××1亲权关系可能性为0%,姜××以鉴定检材不真实、不合法否认该结论,马××向法院申请

第三章 亲子关系诉讼中证明妨碍规则之具体适用

鉴定,姜××同意,但马××1不同意,不配合鉴定。马××无其他相关证据证明。

一审法院认为,本案中马××提交的DNA亲权鉴定,已经有人民法院生效判决确定对该鉴定不予采信,对马××要求姜××返还马××1抚养费11万元以及姜××赔偿马××精神损失30万元的诉讼请求,已经有生效判决作出认定,故对马××诉姜××的诉求部分不予受理。父母对子女有抚养教育义务。马××向法院申请鉴定,姜××同意,但马××1不同意,不配合鉴定。《婚姻法解释(三)》第2条规定:"夫妻一方向人民法院起诉请求确认亲子关系不存在,并已提供必要证据予以证明,另一方没有相反证据又拒绝做亲子鉴定的,人民法院可以推定请求确认亲子关系不存在一方的主张成立。"但本案马××1不配合鉴定,其现已成年,故不能适用本规定。马××也无其他相关证据,故不能认定马××与马××1之间亲子关系不存在。马××系马××1的父亲,因此马××有抚养马××1的义务。因此,法院对于马××要求马××1返还其抚养费11万元的诉讼请求,不予支持。一审法院判决驳回马××的诉讼请求。

一审判决后马××不服,向辽宁省葫芦岛市中级人民法院提起上诉称:一审法院的判决错误。在诉讼中姜××拒绝亲子鉴定,然后在他人的指点下又以马××1不同意为由拒绝鉴定,拒绝鉴定说明了姜××完全清楚马××1不是我女儿。法院应当采信我提交的鉴定书,天下没有一个父亲伪造证据证明女儿不是亲生,请求二审法院支持上诉请求。

被上诉人姜××辩称:上诉人马××以同一法律事实、同一诉讼标的、采取两个案由进行重复诉讼浪费司法资源。除已经三次庭审质证过的DNA亲子鉴定报告外,上诉人仍未提供任何新的证据。答辩人为证明自己的清白同意重新鉴定,因女儿马××1拒绝而未能进行。马××1已成年,具有完全行为能力是否同意配合鉴定,并不取决于答辩人。故一审判决并无不当应予维持。

2.法院见解

二审法院认为,《婚姻法解释(三)》第2条的规定适用于子女未成年的情形,如果成年子女拒绝亲子鉴定,能否由此推定亲子关系不存在,法律并未作出明确规定。因亲子鉴定需要提供父、母、子三方基因样本来鉴定,本案姜××的女儿马××1经法院采取各种方式联系拒不到庭,上诉人马××又无法说服马××1配合鉴定。上诉人提供的DNA亲子鉴定报告因程序不合法,已被法院生效判决确定对该鉴定不予采信。故上诉人马××提供的证据不足以证实其与马××1亲子关系不存在。亲子关系作为一种血缘关系,在没有合法的亲子鉴定即没有科学依据的情况下,不宜随意推定且于法无据,法院亦不能强制性地对此进行委托鉴定。因此,法院最终判决驳回上诉,维持原判。

第四章 知识产权诉讼中证明妨碍规则之具体适用

第一节 知识产权诉讼概述

一、知识产权诉讼的概念与特征

(一)知识产权诉讼的概念

知识产权诉讼这一概念由"知识产权"与"诉讼"两部分构成。"诉讼"一词自可不必赘述,"知识产权"的概念在我国的发展时间并不太长。知识产权英文为"intellectual property",其原意为"知识(财产)所有权"或者"智慧(财产)所有权",也称为智力成果权。在我国台湾和香港特区,则通常称之为智慧财产权或智力财产权。该词最早于17世纪中叶由法国学者卡普佐夫提出,后为比利时著名法学家皮卡第所发展,皮卡第将之定义为"一切来自知识活动的权利"。1967年《建立世界知识产权组织公约》签订以后,"知识产权"这一概念在世界范围内被接受①。知识产权是一个开发的"权利群",其范围随着科学技术与社会经济的发展而不断地拓展。② 随着国际性的知识产权条约陆续签订,关于知识产权范围的认识和表述也不尽一致。而其中,著作、商标权、专利权是知识产权最为核心的组成部分。根据我国《民法通则》第97条的规定,"公民对自己的发现享有发现权。发现人有权申请领取发现证书、奖金或者其他奖励。公民对自己的发明或者其他科技成果,有权申请领取荣誉证书、奖金

---

① 张玉敏主编:《知识产权法学》,中国人民大学出版社2010年版,第1页。
② 张玉敏主编:《知识产权法学》,中国人民大学出版社2010年版,第2页。

或者其他奖励"。可以看出我国法律中也承认发现权、发明权、其他科技成果权为知识产权的范畴。总结来说,知识产权可以定义为人们就其智力劳动成果所依法享有的专有权利,通常是国家赋予创造者对其智力成果在一定时期内享有的专有权或独占权。而知识产权诉讼,显而易见,主要是当事人为了保护自身知识产权而进行的诉讼行为。因此,知识产权诉讼可以定义为法院在当事人和其他诉讼参与人的参加下,依法审理和解决知识产权案件以及强制执行生效法律文书,以保护知识产权权利人和其他当事人的合法权益的系列活动。①

虽然在法与诉讼从古代向近现代发展的过程中,程序法和实体法逐渐分离,形成了独立的诉讼法律规范体系。② 但是随着科技的进步与发展,知识产权的不断扩充与更新使其具有了许多新的特殊性,原有的审判机制已经无法完全适应知识产权诉讼的发展。而随着《与贸易有关的知识产权协议》(以下简称 TRIPS 协议)等知识产权国际公约的签订和各国立法的更新,知识产权实体法与程序法已经产生了一定程度的融合趋势。而我国的《著作权法》、《商标法》、《专利法》等知识产权方面的法律也增加了许多程序性规定。这些变化使我们可以用一种新的视角来看待知识产权诉讼。

(二)知识产权诉讼的特征

知识产权诉讼虽然是在民事诉讼的大框架下进行的,其基本特征也与民事诉讼相同,但是由于知识产权这一无形财产权自身的特点,知识产权诉讼也存在着一些独有的特点。

1. 知识产权诉讼主体复杂

不同于普通民事诉讼,知识产权诉讼的主体类型呈现出多样性与复杂性的特点。从原告的角度来说,权利人与利害关系人都能成为案件的原告提起民事诉讼。也就是说,知识产权人、知识产权的合法受让人和继承人以及知识产权实施许可合同的被许可人都有可能成为知识产权诉讼的原告。而普通的民事诉讼中针对某项权利不会出现如此多的权利人。从被告的角度来说,知识产权诉讼的主体更加庞大,知识产权中大部分的权利载体都是能为社会公众直接感知的。比如任何人都可能以制作或使用盗版的形式侵犯各种文学作品、计算机软件等的知识产权,这种侵犯经常是同时进行的,且侵权者之间通

---

① 张耕:《知识产权诉讼研究》,法律出版社 2004 年版,第 73 页。
② 范愉:《非诉讼纠纷解决机制研究》,中国人民大学出版社 2000 年版,第 30 页。

第四章 知识产权诉讼中证明妨碍规则之具体适用

常并没有密切的联系。因此权利人经常要面对一整个侵权人群体,维权过程十分艰难。由此可见,知识产权诉讼的原告与被告都可能是一个复杂的群体。

2. 知识产权诉讼管辖级别高

知识产权诉讼由于涉及许多专业性很强的信息、问题,即使同一类型的知识产权纠纷,只要案件所涉及的具体技术领域不同,案件所包含的专业问题就会存在很大区别,案件的复杂程度也会不同。知识产权本身的特点决定了知识产权诉讼的级别管辖与普通的民事诉讼相比要高一个层次。从世界各国各地区的立法体系与司法实践来看,知识产权案件大多都是由专门法院负责审理的,如德国的专利法院、英国的专利法院和郡专利法院、我国台湾地区的智慧财产法院等。将知识产权案件统一由专门法院审理,一方面可以使案件的管辖更为集中,使得案件可以由更加专业的法官来审理;另一方面可以提高案件的审理水平,使诉讼结果更加公正可信,保证司法的权威性。

就我国的立法现状来看,最高人民法院《关于审理专利纠纷案件适用法律问题的若干规定》第 2 条规定,"专利纠纷第一审案件,由各省、自治区、直辖市人民政府所在地的中级人民法院和最高人民法院指定的中级人民法院管辖"。最高人民法院《关于审理商标案件有关管辖和法律适用范围问题的解释》第 2 条规定,"商标民事纠纷第一审案件,由中级以上人民法院管辖,各高级人民法院根据本辖区的实际情况,经最高人民法院批准,可以在较大城市确定 1-2 个基层人民法院受理第一审商标民事纠纷案件"。最高人民法院《关于审理著作权民事纠纷案件适用法律若干问题的解释》第 2 条规定:"著作权民事纠纷案件,由中级以上人民法院管辖。各高级人民法院根据本辖区的实际情况,可以确定若干基层人民法院管辖第一审著作权民事纠纷案件。"商业秘密纠纷案件第一审管辖法院由于我国法律没有明文规定,因而根据管辖的一般规定,可由基层人民法院管辖。从上述情况不难发现,知识产权诉讼级别管辖的高低是根据知识产权的重要程度而定的,专利权被视为知识产权中最为核心的部分,所以管辖级别最高。

3. 知识产权诉讼具有很强的专业性

专业性强是知识产权诉讼一个十分重要且显著的特点。随着科学技术的日益发展,知识产权也越来越向着"高精尖"的领域延伸,在专利法领域尤甚。大部分法官对于专业的技术性问题都处在一知半解甚至一无所知的状态。许多时候仅仅依靠法官已经无法对案件事实作出准确的判断。国际上已有国家要求审理知识产权案件的庭审法官精通技术,比如德国。在日本和我国台湾地区,法院配置了专门的技术人员来协助法官审理涉及专业技术的知识产权案件。① 之前我国对于知识产权诉讼的事实认定很大程度上是依靠鉴定意见,但是过于依赖鉴定意见又会导致鉴定人过分影响案件事实的认定,可能会导致案件审理的不公正,影响法院的权威性。我国2012年《民事诉讼法》的修订也增加了鉴定人出庭制度与专家辅助人制度②,通过鉴定人与专家辅助人在法庭上的对抗可以更有效地查明案件事实,这在一定程度上对知识产权诉讼的公正高效审理起到了十分重要的作用。

二、知识产权诉讼的重要性

(一)知识产权诉讼是维护权利人合法利益的重要途径

知识产权诉讼虽然属于民事诉讼的范畴,但是其与普通的民事诉讼相比存在着许多独有的特点。虽然我国知识产权诉讼并没有形成一种独立的诉讼体制,但是在知识产权实体法的立法与修订中,增加了许多程序性的内容,使知识产权实体法与程序法在一定程度上形成了相互融合的局面。而知识产权作为一种新兴的权利种类,其不仅可以带给权利人相当的经济效益,更重要的是,一旦掌握了一定的知识产权,权利人在该产业中就很有可能形成优势竞争力,使自身在市场竞争中获得较为有利的地位。

知识产权诉讼的根本目的就是维护知识产权权利人的合法权益。知识产权诉讼一方面可以确定知识产权的归属问题,使真正的权利人真正掌握自身权利,通过生效司法文书的认可来排除他人的侵害;另一方面当侵权者已经对权利人的合法权益造成侵害时,权利人可以通过知识产权诉讼阻止侵权人的侵害行为,尽量使权利义务关系恢复原状,对于不能恢复原状的部分通过损害赔偿来加以救济。因此,也可以认为,知识产权诉讼是对遭受损害的权利人的救济程序。

(二)知识产权诉讼可以预防与减少侵权行为的发生

知识产权诉讼的根本目的在于维护权利人的合法权益,补偿权利人已经

---

① 刘华俊:《知识产权诉讼制度研究》,2012年复旦大学博士论文。
② 《民事诉讼法》第78条规定:"当事人对鉴定意见有异议或者人民法院认为鉴定人有必要出庭的,鉴定人应当出庭作证。经人民法院通知,鉴定人拒不出庭作证的,鉴定意见不得作为认定事实的根据;支付鉴定费用的当事人可以要求返还鉴定费用。"《民事诉讼法》第79条规定:"当事人可以申请人民法院通知有专门知识的人出庭,就鉴定人做出的鉴定意见或者专业问题提出意见。"

遭受的损害。通常来说,知识产权诉讼的赔偿数额都较大,一旦败诉,很可能对企业或个人造成难以挽回的损失,尤其是对于企业来说,大量资金的损失对于企业未来的发展来说是致命的。更严重的是,一旦陷入诉讼的"泥潭",再加上知识产权诉讼本身耗时长、举证难的特点,当事人将把大量精力都花费在应对诉讼中。而一个长期处在侵权诉讼中的企业也很容易造成客户的流失,这对于企业自身的发展也是很不利的。因此,通过已经形成判决的案例可以在社会上形成一种威慑性作用,使那些企图侵权或者正在实施侵权行为的人产生对司法的敬畏心理。通过大量公正的判决可以有效警示那些企图以侥幸心理侵害他人合法知识产权的企业或个人,达到预防与减少侵权行为发生的目的。

(三)知识产权诉讼可以维护市场正常的竞争秩序

现代的经济市场就是竞争的市场,谁掌握核心竞争力,谁就可以在市场中掌握话语权。而随着科学技术的发展,市场的竞争已经逐渐演变成知识产权的竞争。以申请专利为例,权利人只要掌握了产业链中核心的专利方法,那其在竞争中就将处于不败之地。与知识产权通过行政执法措施加以保护相比,知识产权司法保护对于企业来说更为直接和有效。因为被施以行政处罚的行政相对人需要向国家承担责任,知识产权权利人得不到直接的经济利益。而诉讼则是由责任承担人直接向胜诉方承担责任,因而,权利人更愿意选择诉讼方式来救济自身的权利。知识产权诉讼具有救济权利人损失的功能、预防侵权行为发生的功能以及推进创新、提升品牌价值的功能,市场主体会意识到依法竞争的重要性,遵守现行秩序,因而,知识产权诉讼能够保证竞争者在市场中的竞争行为是有序的。[①]

第二节 知识产权诉讼中证明妨碍的构成要件与法律效果

一、知识产权诉讼中证明妨碍的构成要件

证明妨碍的构成要件,简而言之,就是何种行为可以视为证明妨碍行为的

---

① 刘华俊:《知识产权诉讼制度研究》,2012年复旦大学博士论文。

问题，其不以具体当事人的主观认识和自定标准为依据，而以法律规定为依据。由于各个国家和地区对于证明妨碍构成要件的相关规定不尽相同，因此长期以来理论界对证明妨碍的构成要件也有着一定的争议。在诸种学说中，笔者赞成"四要件说"，即认为证明妨碍的构成要件包括主体要件、客体要件、主观要件和客观要件。① 下面笔者将就这四个具体要件与知识产权诉讼结合起来，一一加以论述。

（一）主体要件

顾名思义，证明妨碍的主体要件就是指做出证明妨碍行为的行为主体。哪些行为主体的行为可以构成证明妨碍？这在理论界也存在着一定的争议。主要争议点在于负证明责任的一方当事人是否可以构成证明妨碍。

理论界对于不负证明责任的一方当事人可以构成证明妨碍行为的主体这一点，有着基本一致的看法。诉讼中证明妨碍行为发生的常态就是不负证明责任的一方当事人，因其故意或过失行为毁灭重要证据，或者其手中持有重要证据而拒不提交，致使双方当事人争议的待证事实无据可证，形成待证事实真伪不明的状态，从而由负证明责任的一方当事人承担举证不能的败诉危险。② 因此通常大家所关注的证明妨碍主体都是不负证明责任的一方所为的行为，而负有证明责任的一方是否能够成为证明妨碍的主体也值得我们研究。

我国相关法律并没有对证明妨碍规则作出明确规定，只有《民事证据规定》第 75 条规定："有证据证明一方当事人持有证据无正当理由拒不提供，如果对方当事人主张该证据的内容不利于证据持有人，可以推定该主张成立。"这一条文可以看作是对于证明妨碍的粗略规制。同时，TRIPS 协议第 43 条关于证据的提供规定："当一方当事人提供了足以支持其赔偿要求的并能够合理获得的证据，并且指出了处于另一方当事人控制之下的与支持其赔偿要求有关的证据时，司法部门应有权责令另一方当事人提供这样的证据，但是在必要的情况下应满足保守机密情报的条件。如果诉讼程序的一方当事人自愿地并且没有正当理由地拒绝寻求必要的信息，或者没有在合理的期间内提供必要的信息，或者有意地妨碍与权利实施行为有关的程序，缔约方可以授权司法部门在它们所获得的信息，包括由于拒绝寻求信息而受到不良影响的当事人所提交的控诉和主张的基础上，作出初步或最终判断，其条件是为当事人提供

---

① 刘敏：《原则与制度：民事诉讼法修订研究》，法律出版社 2009 年版，第 278 页。
② 陈荣宗、林庆苗：《民事诉讼法》，台湾三民书局 2005 年版，第 492 页。

第四章 知识产权诉讼中证明妨碍规则之具体适用

对所述主张或证据的听证机会。"这一规定是对知识产权诉讼中证明妨碍的相关规制。虽然 TRIPS 协议无法在一般情况下被中国法院所直接适用,但是我国作为世贸组织的成员国,TRIPS 协议对我国在具体的司法执法过程中都具有相当的借鉴意义。

上述两个法条都没有将证明妨碍的主体限定为不负有证明责任的一方当事人。有观点认为,《民事证据规定》第 75 条的规定没有对证明妨碍行为的主体要件予以界定,即没有明确规定实施证明妨碍行为的是不负证明责任的一方当事人,所以应当将证明妨碍行为的实施主体明确为不负证明责任的一方当事人。① 但是笔者认为,实施证明妨碍行为的主体不仅仅是不负证明责任的一方当事人,负证明责任的一方当事人也可能会实施证明妨碍行为。

我们先来看下我国法律对于知识产权诉讼证明责任的规制。在我国知识产权诉讼中,"谁主张,谁举证"仍然是证明责任的一般分配原则。也就是说,在一般情况下,提出主张的一方当事人应当提供相应的证据支持,如其无法提供充分的证据证明自己的观点,那么其就要承担相应的败诉风险。同时,我国相关法律法规及司法解释对知识产权诉讼的证明责任也作出了一些特殊的规定:

1.《民事证据规定》第 4 条第 1 款第 1 项规定:"因新产品制造方法发明专利引起的专利侵权诉讼,由制造同样产品的单位或者个人对其产品制造方法不同于专利方法承担举证责任。"

2.《专利法》第 61 条规定:"(第 1 款)专利侵权纠纷涉及新产品制造方法的发明专利的,制造同样产品的单位或者个人应当提供其产品制造方法不同于专利方法的证明。(第 2 款)专利侵权纠纷涉及实用新型专利或者外观设计专利的,人民法院或者管理专利工作的部门可以要求专利权人或者利害关系人出具由国务院专利行政部门对相关实用新型或者外观设计进行检索、分析和评价后作出的专利权评价报告,作为审理、处理专利侵权纠纷的证据。"

3.《商标法》第 64 条第 2 款规定:"销售不知道是侵犯注册商标专用权的商品,能证明该商品是自己合法取得并说明提供者的,不承担赔偿责任。"

4.《著作权法》第 53 条规定:"复制品的出版者、制作者不能证明其出版、制作有合法授权的,复制品的发行者或者电影作品或者以类似摄制电影的方

---

① 吴凡:《试论证明妨碍之构成》,载《武汉科技大学学报》(社会科学版)2007 年第 6 期。

法创作的作品、计算机软件、录音录像制品的复制品的出租者不能证明其发行、出租的复制品有合法来源的,应当承担法律责任。"

无论是证明责任正置或是倒置,负有证明责任的一方当事人在针对自己的本证实施妨碍行为时自然无须适用证明妨碍规则,通常这种情况也极为少见。但是在负证明责任的一方当事人提出本证的同时,不负证明责任的一方当事人必然会提出反证来对对方的观点进行否认和反驳。此时,负有证明责任的一方当事人就有可能针对对方当事人的反证实施证明妨碍行为,此时,其行为就应当受到证明妨碍规则的约束。无论是本证或者反证的提出,当事人都需要收集相应的证据,在这一过程中,双方都有可能实施证明妨碍行为。以新产品制造方法发明专利纠纷为例,通常都是被告方负有证明其产品制造方法不同于专利方法的责任。被告方在提出这些证据后,原告方必然要对这些证据进行反驳,其中就可能需要进入被告方的生产场地进行取证,若被告方无合理理由阻碍原告方的取证行为,此时就构成了负有证明责任一方当事人的证明妨碍行为。

(二)客体要件

民事诉讼证明妨碍的客体要件,是指证明妨碍行为作用的对象,即可以被妨碍的证据方法。从证明妨碍这个大概念上来说,笔者认为文书、勘验物、证人、当事人和鉴定人五种证据方法可以作为证明妨碍的客体要件。但是鉴于知识产权诉讼的复杂性以及专业性,笔者无法将所有具体客体要件一一陈述,下面主要阐述几类在知识产权诉讼证明妨碍中较有特殊性及代表性的客体要件。

1. 会计财务账本、生产销售记录等文书资料

在知识产权侵权诉讼尤其是专利侵权诉讼中,具体的侵权数额以及赔偿数额往往会成为双方争议的焦点问题之一。我国《专利法》第65条规定:"侵犯专利权的赔偿数额按照权利人因被侵权所受到的实际损失确定;实际损失难以确定的,可以按照侵权人因侵权所获得的利益确定。权利人的损失或者侵权人获得的利益难以确定的,参照该专利许可使用费的倍数合理确定。赔偿数额还应当包括权利人为制止侵权行为所支付的合理开支。权利人的损失、侵权人获得的利益和专利许可使用费均难以确定的,人民法院可以根据专利权的类型、侵权行为的性质和情节等因素,确定给予1万元以上100万元以下的赔偿。"最高人民法院《关于审理专利纠纷案件适用法律问题的若干规定》第20条规定:"人民法院依照专利法第57条第1款的规定追究侵权人的赔偿责任时,可以根据权利人的请求,按照权利人因被侵权所受到的损失或者侵权

第四章 知识产权诉讼中证明妨碍规则之具体适用

人因侵权所获得的利益确定赔偿数额。权利人因被侵权所受到的损失可以根据专利权人的专利产品因侵权所造成销售量减少的总数乘以每件专利产品的合理利润所得之积计算。权利人销售量减少的总数难以确定的,侵权产品在市场上销售的总数乘以每件专利产品的合理利润所得之积可以视为权利人因被侵权所受到的损失。侵权人因侵权所获得的利益可以根据该侵权产品在市场上销售的总数乘以每件侵权产品的合理利润所得之积计算。侵权人因侵权所获得的利益一般按照侵权人的营业利润计算,对于完全以侵权为业的侵权人,可以按照销售利润计算。"

分析这些法条的赔偿方法我们不难发现,除了酌情赔偿以外,其余赔偿方法都需要被告方的财务账本、生产销售记录等资料确定侵权方的具体销售数量、销售利润等内容后方能加以确定。而这些资料通常都掌握在被告方手中且基本难以被原告方获得。在司法实践中,原告方通常会申请证据保全或是由法院来调查取得这些证据。这两种方法虽可一定程度上缓解原告举证的困难性,但是其会耗费大量的司法资源,而且由于被告可能及时转移或藏匿这些重要证据从而导致法院无法获得真实完整的证据。而证明妨碍规则可以较好地解决这一问题。法院可以根据原告的申请要求被告提供其财务会计账本、生产销售记录等文件资料,若被告方拒不提供或者提供的资料被认定为不真实、不完整的,就应当被认定为证明妨碍行为。

2. 鉴定人以及鉴定材料

由于知识产权诉讼的专业性,许多证据法官往往无法直接依据其得出结论,此时就需要专业的鉴定机构及鉴定人员对相关证据进行司法鉴定。而只有真实合格的鉴定材料以及公正的鉴定人才能得出一份真实公正的鉴定意见。经一方当事人申请,法院同意启动司法鉴定时,对方当事人必须提供完整真实的鉴定材料,若对方当事人拒绝提供鉴定材料或者提供虚假鉴定材料的,即可适用证明妨碍规则,判定申请司法鉴定的一方当事人的主张成立。再以专利侵权诉讼为例,原告若申请对被告的产品进行司法鉴定以判定其生产方法是否与原告方的产品相同时,若被告方拒绝提供其涉嫌侵权的产品或是提供的产品并非其涉嫌侵权的型号时,就可以根据证明妨碍规则推定原告方主张成立,被告方生产的产品确为侵权。

同样,鉴定人作为鉴定意见的作出者,对案件的最终判决结果有着巨大的影响。若一方当事人通过贿赂、威胁等各种不正当手段逼迫鉴定人做出与事实不符的鉴定意见的,则必然构成证明妨碍;情节严重的,还有可能构成刑事责任。

(三)主观要件

证明妨碍的主观要件为过错,过错是指行为人主观上的一种可归责的心理状态,可以分为故意以及过失两种形态。笔者认为故意和过失都可以导致证明妨碍的发生。

1.故意证明妨碍

对于故意可以作为证明妨碍的主观要件,理论界与实务界并无太大争议。证明妨碍中的故意,是指一方当事人明知自己的证明妨碍行为会使他人举证困难或是举证不能,并且希望或放任这种结果的发生,因而造成他方当事人举证困难或举证不能的后果,这种主观心态即是故意。① 但是这种故意应当是"双重故意":一是对妨碍者明知或意欲通过毁损证据方法或其他手段妨碍对方当事人的证明活动;二是妨碍者知悉其毁灭、隐匿证据方法等妨碍行为会造成他方当事人举证困难或举证不能的结果,并且希望或放任这种结果的发生。②

具体到知识产权诉讼中来,构成故意证明妨碍的一方不仅是在主观上故意通过不向法院提供自己掌握的证据、提供虚假或不完整的证据以及破坏证据等手段妨碍对方当事人的正常举证行为,而且其明知这些行为会造成对方当事人举证困难或者无法举证,导致其在诉讼中处于不利的地位但仍然放任这一结果的发生。

2.过失证明妨碍

对于过失行为能否作为证明妨碍的主观要件,各个国家和地区都有不同的认识。德国和日本的通说都认为过失行为可以作为证明妨碍的客观要件,而我国台湾地区则分为否定说与肯定说两种学说。笔者赞同将过失行为作为证明妨碍的客观要件对待。在知识产权诉讼中,过失的证明妨碍同样有可能对对方当事人的举证行为、法院的公正裁判造成一定的阻碍,其造成的不良后果与故意证明妨碍所造成的后果并无二致。既然造成的后果相同,那没有理由不将过失证明妨碍加以规制。

在司法实践当中,当事人的主观心态是很难收集到相关证据加以证明的,很多情况下无法分辨实施证明妨碍的当事人是故意或是过失。若不承认过失

---

① 陈界融:《民事证据法:法典化研究》,中国人民大学出版社 2004 年版,第 69 页。
② [日]春日伟知郎:《民事证据法研究——证据の收集·提出と证明责任》,有斐阁 1991 年版,第 208 页。

第四章 知识产权诉讼中证明妨碍规则之具体适用

证明妨碍,那么很显然很多情况下将无法使用证明妨碍规则来规制当事人的违法行为。我们还可以将证明妨碍行为看作是对一方当事人正当举证权利的侵害,按照侵权责任法的归责原则,过失当然可以是构成这一行为的合法要件。所以,综合各个因素考虑,笔者认为过失当然构成证明妨碍的主观要件。同时我们应当注意到的是,过失证明妨碍同样具有双重要件:一是因过失将证据毁坏、灭失;二是当事人因过失未认识或注意到该证据方法于将来诉讼所具有的证明功能。①

(四)客观要件

证明妨碍的客观要件包括时间要件、行为要件、结果要件和因果关系要件四个方面。下面笔者将就这四个方面一一加以阐释。

1. 时间要件

证明妨碍可以分为诉前证明妨碍和诉中证明妨碍。通常来说,证明妨碍发生在诉讼系属之后,但是在某些特殊情况下,证明妨碍行为也有可能发生在诉讼系属之前,在知识产权诉讼中这种情况尤为多见。由于知识产权诉讼的复杂性,当事人不得不通过诉前证据保全来使另一方手中的证据得以固定和保存,从而使自己在随后提起的诉讼中取得相对有利的地位。如果被申请证据保全的一方因此而故意隐藏、破坏证据,或者没有尽到妥善保存证据的义务,其必然也就构成了诉前的证明妨碍。

2. 行为要件

知识产权诉讼中证明妨碍的行为要件可以分为作为和不作为两类。作为是通过积极主动的行为来阻碍对方当事人正常的举证活动,如阻碍当事人或者法院进入自己的生产场地调查取证、提供虚假的文件材料、故意毁坏证据等。而不作为是以消极的态度不配合对方当事人的举证活动,例如拒绝提供相关文件资料、拒绝提供证人信息、拒绝提供鉴定材料等。

3. 结果要件

在知识产权诉讼中,当事人的行为需要达到使案件事实无法查清,陷入真伪不明的状态时才有适用证明妨碍规则的必要。也就是说,当事人的证明妨碍行为造成对方当事人证明困难或证明不能而使案件事实无法查明,陷入真伪不明时,才能成立证明妨碍,这便是证明妨碍的结果要件。在私法效果领域

---

① 许士宦:《证据收集与纷争解决》,台湾新学林出版股份有限公司2005年版,第217页。

中,若当事人一方隐匿了一部分证据,但是法院通过对其他证据的调查质证仍然能查明事实真相的,那么前者隐匿证据的行为都不能构成证明妨碍,因为其行为没有使待证事实达到证明不能或证明困难的程度。但在公法领域来说,只要当事人实施了毁坏、隐匿证据的行为,就构成了证明妨碍,应当受到公法上的制裁。

4. 因果关系要件

证明妨碍中的因果关系指的是证明妨碍行为作为原因,待证事实证明不能或证明困难的状态作为结果,在它们之间存在的前者引起后果,后者被前者所引起的客观联系。因果关系反映了证明妨碍行为与待证事实证明不能或证明困难的状态两者之间的联系,是构成证明妨碍的关键因素。如果待证事实证明不能或证明困难的状态不是因为先前的证明妨碍行为,而是由于其他原因造成的,就不能构成证明妨碍。以专利侵权诉讼为例,若侵权方故意隐藏了生产流程资料导致对方当事人无法获得充分的证据来完成自己的举证行为时,侵权方的行为构成证明妨碍;但如果侵权方虽隐藏了证据,但是对方当事人在举证期限内根本疏于行使自己收集证据的权利,没有完成自己举证行为的主观意愿,那么侵权方的行为自然不构成证明妨碍。

二、知识产权诉讼中证明妨碍的法律效果

证明妨碍理论经过多年的发展,理论界和实务界出现了许多关于证明妨碍法律效果的学说,学者之间也是众说纷纭,下面笔者将重点分析其中几种比较有代表性的学说。

(一)证明责任转换说

证明责任转换说认为,有证明妨碍的情况发生时,应当将举证者所主张的事实的证明责任转换于妨碍者;如此,妨碍者即有陷于败诉判决的危险,而借此可以防止证明妨碍的情况的发生。① 德国、日本和我国台湾地区都有相关的法律规定与实际案例遵循了这一学说的观点。笔者也赞成将证明责任转换作为证明妨碍的法律效果之一。根据我国《民事证据规定》第7条的规定②,法官在特定情形下享有在当事人之间分配证明责任的自由裁量权。证明责任

---

① 骆永家:《证明妨碍》,载《月旦法学杂志》2001年第2期。
② 《民事证据规定》第7条规定:"在法律没有具体规定,依本规定及其他司法解释无法确定举证责任承担时,人民法院可以根据公平原则和诚实信用原则,综合当事人举证能力等因素确定举证责任的承担。"

转换是一种强硬且僵化的法律效果,根据这一学说,只要一方当事人的行为构成了证明妨碍,那么无论其为故意或过失,情节是否严重,都将承担原属于对方当事人的证明责任,大大提高了其败诉的风险,也可能使因证明妨碍而遭受不利益的当事人获得远大于其损失的利益。因此,在司法实践中应当谨慎使用证明责任转换。只有在当事人故意毁坏证据以阻挠对方当事人的举证活动,主观恶性较大时方可使用。例如,在商标侵权诉讼中,一方当事人明明掌握关于对方所销售的产品是合法取得的这一事实的明确证据却拒不提供的,此时法院可以将证明责任转移到该方,使其面临因提交证据而败诉和因证明责任的负担而败诉的两难境地作为其证明妨碍行为的惩罚。

(二)自由心证说

由于证明责任转换说所存在的过于强硬和僵化的不足,自由心证说逐渐被学者们所讨论。自由心证是一种将主张与证据之间相联系的认定、证据本身证明力的判断、证据和事实之间关联性的认识、证据充足程度的分析等都完全委任于法官的理性和良知的证据制度。这一制度最大的特点在于其灵活性,法官可以根据案件的实际情况作出相对合理的判断。自由心证说认为,发生证明妨碍的情形时,法院可以认定举证人的主张为真实。但是如果有其他证据方法存在,而妨碍者申请证据调查时,法院应当依据一般原则进行证据调查。而法院根据调查证据的结果及全辩论意旨,依自由心证,认为举证人的主张不真实的,应当认定为不真实。①

自由心证说赋予了法官相当大的自由裁量权,但是法官并不能因此而完全根据自己的内心随意作出判断,而是要结合其他相关证据以及当事人的陈述进行综合评定。在知识产权诉讼中,由于内容的专业性和证据的复杂性,法官未必对案件所涉及的专业问题有很深的了解,因此笔者认为在发生证明妨碍时,法官的自由心证也应当受到严格的限制,防止其作出主观错误的判断。

(三)降低证明标准说

证明标准,又称为证明尺度、证明度等,是指当事人为说服裁判者相信其主张,对其主张形成心证而必须达到的最低证明程度。所谓最低证明程度是指当事人的证明只有达到了该程度之后,裁判者对该方当事人的主张才会形成心证,才会认定其主张。② 而降低证明标准学说就是指在证明妨碍的情况

---

① 骆永家:《证明妨碍》,载《月旦法学杂志》2001 年第 2 期。
② 田平安主编:《民事诉讼法学》(第 3 版),法律出版社 2013 年版,第 205 页。

下，当事人由于无法获得相关的证据从而可以降低关于待证事实的证明标准，以平衡双方当事人之间的利益。德国、日本以及我国台湾地区都有学者支持将降低证明标准作为证明妨碍的法律效果，但是我国大陆基本不赞成这一学说。笔者认为降低证明标准的关键在于降低的程度难以有一个统一的标准，需要与法官综合各项证据之后的自由心证相结合才能作出相应的裁断。

在知识产权诉讼中，降低证明标准说也确实有其用武之地。在专利侵权诉讼中，若侵权方拒不提供其财务账本或生产销售记录的，被害人很难确定侵权方产品的真实成本，从而难以就具体的赔偿数额进行充分举证，此时法官就可以降低被害方对具体赔偿数额的证明标准，允许其以市场上同类同质的类似产品的生产成本为基础来主张赔偿数额。在北京市高级人民法院2005年颁布的《关于确定著作权侵权损害赔偿责任的指导意见》第33条中规定："被告在被控侵权出版物或者广告宣传中表明的侵权复制品的数量高于其在诉讼中的陈述，除其提供证据或者合理理由予以否认，应以出版物或广告宣传中表明的数量作为确定赔偿数额的依据。"这也可以看作是对于降低证明标准说的具体适用规定。

(四)推定主张成立说

推定主张成立说是许多国家和地区的立法者所推崇的一种学说。我国《民事证据规定》第75条所做的规制也是遵循了推定主张成立说。根据民事诉讼的一般经验法则：在一般情况下，如果是对自己有利的证据，当事人没有理由拒不提供；正是因为对自己不利，才无正当理由拒不提供。① 推定主张成立说是一种较为温和且通俗的学说，较能为一般大众所接受，这也是许多国家和地区以之为立法根据的缘由。

(五)小结

笔者认为，在司法实践中，由于不同案件中证明妨碍的手段方式、主观意图、妨碍后果都不尽相同，无法以统一的方式来对其后果进行规制。因此，法官应该享有一定的自由裁量权，根据具体的案情来决定使用何种方法对证明妨碍实施者进行制裁。

---

① 张卫平：《证明妨害及对策探讨》，载何家弘主编：《证据学论坛》(第7卷)，中国检察出版社2004年版。

第三节　知识产权诉讼中的证明妨碍规则与秘密保护

一、美国保护令制度(Protective Order)考察

(一)保护令制度的立法规定

《美国联邦民事诉讼规则》并未就知识产权诉讼案件设有特殊的诉讼程序规定,从而关于商业秘密的开示与保护问题,基本上仍然是在《美国联邦民事诉讼规则》中所设置的证据开示制度的架构下处理。《美国联邦民事诉讼规则》第26条第3款规定:"依据当事人或被要求发现的人的申请,并且在证明该申请人出于良好的诚信与其他相关的当事人试图不经法庭解决这争议而作出了努力,或者有相当理由的情况下,诉讼系属的法院或者与庭外取证有关的事项则由准备庭外取证地区的法院,可以依正义的要求作出命令以保护该当事人或被要求发现的人免于烦恼、困惑、压抑或过分的责任或花费。命令可包括如下一种或多种内容:1.不准进行该种出示或发现;2.该种出示或发现仅可在特定的条件下进行,包括指定的时间和地点;3.只能用要求发现的当事人所选择的方法以外的方法进行;4.不准调查一定的事项,或者把出示或发现的范围限制在一定的事项;5.除法院指定的人之外的人不能出席发现程序;6.被封存的庭外证言只有通过法院命令才得以开封;7.商业秘密或者其他秘密的研究或开发成果或者商业信息不被披露,或者只能用一定的方式披露;8.几个当事人同时呈交的封印的特定文件或信息,在法院的指示下将其开封。如果当事人申请保护的命令被全部或部分驳回,则法院可以附上相当的条件,命令任何当事人或任何其他人提供或者许可发现。该申请可花费用的支付,适用本规则第37条第1款(4)项的规定。"其中第7项所规定的内容即为一般在学说上与实务上关于以保护令制度保护商业秘密的明文依据。①

《美国联邦民事诉讼规则》关于商业秘密中的保护令制度的规定具有高度的抽象性,其具体的规范内容大致是沿着两个方面逐渐展开。首先,上述条文

---

① 黄国昌:《营业秘密在智慧财产诉讼之开示与保护——以秘密保持命令之比较法考察为中心》,载《台北大学法学论丛》2008年第4期。

中关于保护令的构成要件与具体内容的抽象规定,主要目的是赋予法官广泛的自由裁量权,由法官根据案件的具体情形来裁量形成具体的保护令内容,在相关判例不断累积的过程中,这些抽象的规定也会不断被充实。在实务上,用保护令制度处理的关于商业秘密的纠纷,大部分都集中在知识产权案件尤其是专利纠纷中,因此,相关的判例也多数集中在专利纠纷案件中。其次,由于在专利诉讼中,几乎都会涉及商业秘密保护的问题,因此保护令在相关案件中的适用几乎已经成了一种惯例,逐渐演变成了一套标准化的操作模式。最常见的形式就是由双方当事人自行协商保护令的具体内容,达成一致后提交法院审核即可。在双方当事人未能达成协议之前,很多联邦地方法院在《美国联邦民事诉讼规则》的授权下也制定了地方性规则,规定了涉及商业秘密案件的开示与保护程序的操作模式。不论通过何种形式,标准化操作模式的形成有助于使诉讼程序迅速、简洁地进行。

(二)保护令制度的一般规范内容

虽然在各个案件中保护令的具体内容会存在各种各样的差异,但是在法院经过长期判例的累积之下,绝大多数的保护令均具有相同的基本规范内容,近乎呈现出了一种"标准化"的状态。下面笔者将就美国司法实务中保护令所涵盖的重要规范项目加以说明。

1. 商业秘密信息的分级、指定与异议

美国法向来并不承认商业秘密享有"绝对的保密权",因此在申请开示的相关信息涉及商业秘密时,核心问题往往在于"应当在何种条件下对何人开示",而并非"该信息是否应当开示",从而不难得出"不同性质的商业秘密,所受的保护程度也应当不同"这样的结论,而对于保护程度高低最直接的体现,则是可以接触、知悉这些信息的主体范围的不同。因此,保护令的首要内容就是商业秘密信息的分级。①

在大部分保护令中,均采取三个层级的分类。首先,就一般性商业秘密而言,可以接触、知悉的主体范围最广,案件中涉及的大部分人都可以接触到;其次,就较为敏感的信息,如未来的产品计划、产品生产的技术性资料以及当事人内部财务信息等,则仅限于当事人的代理律师才可以知悉,并且不得对当事人本人或者其他雇主泄露;最后,就高度敏感的信息,例如电脑程序的原始代

---

① 黄国昌:《营业秘密在智慧财产权诉讼之开示与保护——以秘密保持命令之比较法考察为中心》,载《台北大学法学论丛》2008年第4期。

码等信息,则仅限于当事人所聘请的外部律师得以知悉,原即受雇于当事人的内部律师不得接触、知悉该信息。事实上,当事人在最初协商保护令的具体内容时,都可以根据本人的立场以及相关纠纷的具体情况就商业秘密所应区分的层级以及各个不同层级的信息所能接触的主体范围加以约定。上述三个层级的分类方法,仅仅是一种较为常见的区分方法,在一些事实比较简单的诉讼中,当事人可以只将相关商业秘密区分为两个甚至一个层级。①

商业秘密信息的层级确定之后,保护令中会就不同层级的商业秘密信息的范围做一个一般性的描述,至于特定的信息是否属于某一个特定的层级,则是由当事人在开始相关信息时自行先予指定。例如,在一般专利侵权纠纷中,被告开示其被控侵权产品的内部结构图时,其可先依自己的认定标明该图是属于哪一层级。对于当事人将特定信息标明为属于某机密层级的指定,对方当事人若有异议,在保护令中通常也会制定相关异议程序以平衡双方的利益。

以美国宾夕法尼亚州西区地方法院在其《宾州专利条例》第59条的规定为例,就开示信息当事人对特定信息所作的主体范围的指定,对方当事人如有反对,可以以书面通知开示信息当事人,开示信息当事人在接到通知后的10日内必须表示是否愿意变更其指定。若双方当事人无法依此程序解决争执,则接收信息当事人可以向法院申请强制变更开示信息当事人的指定;在法院解决此争执之前,该信息应暂时先依开示信息当事人所指定的机密层级予以保护,亦即接收信息当事人必须先依保护令中所确定的内容确保该信息的秘密性。依法院最终所作的裁定来决定争议信息是否可以成为某层级的机密信息。②

2. 不同层级机密信息的接触主体

就各个属于不同层级的机密信息,保护令中也会确定可以接触、知悉该信息的主体范围,下面仍以上述《宾州专利条例》加以说明。就一般属于普通层级的信息而言,接收信息当事人仅可以允许下列人员接触该信息:(1)为接收信息当事人进行诉讼提供必要协助的受雇人两名,且该受雇人的姓名、身份必须先告知开示信息当事人的律师;(2)接收信息当事人所指定的两名内部律师;(3)接收信息当事人的外部律师;(4)前述外部律师与内部律师所雇用的助

---

① 黄国昌:《营业秘密在智慧财产权诉讼之开示与保护——以秘密保持命令之比较法考察为中心》,载《台北大学法学论丛》2008年第4期。

② 黄国昌:《营业秘密在智慧财产权诉讼之开示与保护——以秘密保持命令之比较法考察为中心》,载《台北大学法学论丛》2008年第4期。

理、秘书等;(5)专家或顾问;(6)其他受律师的指示协助诉讼准备的人。就属于较为机密层级的信息而言,可以接触该信息的主体范围,则限缩至上述(2)至(5)所规定的人员。就属于特别机密层级的信息而言,再进一步限缩至(3)至(5)所规定的人员。

为了有效保护特定的秘密信息,保护令规定双方当事人均负有管理、保护相关信息的秘密性的义务。从而就因协助律师准备诉讼而接触机密信息的人(例如律师助理等),律师均必须负责使其签署保密协议,使其了解并自愿接受保护令内容的约束。除非得到开示信息当事人的同意或法院的命令,否则不得将相关信息向保护令所允许接触信息的主体范围以外的人泄漏。①

在可以接触机密信息的主体中,接收信息当事人的受雇人专家、顾问在实务中往往会引起较多关注。就前者而言,如其本是在当事人公司内从事研发工作,使此等受雇人知悉相关秘密信息的内容,将难以避免其将该信息用于其日后的工作;就后者而言,如其在产业界中本来即自行或为他人从事与争议信息有关的工作而与开示信息的当事人存在竞争关系,将存在其日后利用该信息取得竞争上优势的风险。据此,在保护令中,均会要求接收信息当事人在使上述人群接触机密信息之前,除了要求其签订保密协议、接受保护令拘束之外,并必须将其身份、背景履历、从事工作内容以及与相关产业之间的关系,告知开示信息当事人,使得开示信息当事人可以在一定期间内进行必要的调查并有机会提出异议。当开示信息当事人提出异议,其必须具体说明异议的理由,若双方当事人无法协商解决因此产生的争议时,则由接收信息当事人向法院申请介入解决。在上述期间经过前或当事人之间的争议经法院解决前,接收信息当事人均不得使此类受雇人与专家、顾问先行接触相关的机密信息。②

3. 使用目的与范围的限定

为确保裁判公正性作为要求当事人开示其秘密信息的正当性基础,保护令必然要限定当事人就受保护令所保护而开示的秘密信息,只能在准备、实施诉讼所必要的目的范围内使用,禁止当事人将此种信息作为他用。在此规范上引起较多关注的两个问题是:(1)接触机密信息的主体,是否真的有可能在诉讼外完全去除知悉该信息后所受的影响?(2)此种信息是否可以在其他诉

---

① 黄国昌:《营业秘密在智慧财产权诉讼之开示与保护——以秘密保持命令之比较法考察为中心》,载《台北大学法学论丛》2008年第4期。

② 黄国昌:《营业秘密在智慧财产权诉讼之开示与保护——以秘密保持命令之比较法考察为中心》,载《台北大学法学论丛》2008年第4期。

讼程序中开示?

首先,就第一个问题而言,在专利诉讼中尤其重要。若机密信息所涉及者属于在产业内具创新性的技术信息,开示信息当事人将有正当理由考虑到对方当事人可能利用此类信息用于自身产品的研发并抢先申请专利。保护令除了明确禁止接收信息当事人将秘密信息用于专利申请或其他类似目的之外,更进一步限定可以接触此类信息的主体,不得从事任何与专利的研发与申请有关的工作,以排除其以秘密信息所揭露的技术内容为基础而进行日后专利的研发与申请。据此,在保护令中,就此类涉及技术性的信息,均会顾虑当事人的诉讼律师(litigation attorney)是否同时为其专利申请律师(patent attorney),而根本禁止后者接触此类信息。①

其次,就第二个问题而言,由一般保护令以及法院判例法所呈现出的普遍规范,当事人在特定诉讼中所接触的机密信息,原则上不得利用于其他诉讼;接收信息当事人如欲将机密信息在其他诉讼程序中提出,必须向法院申请变更保护令。然而,在另一方面,由受诉法院所核发的保护令并无排除其他法院要求已取得机密信息的主体提出争议机密信息的效力。据此,为了给在诉讼中开示争议信息的当事人提供必要的保护,保护令一般均会要求接收信息当事人或其他受保护令约束而接触争议信息的主体,于接到通知在其他诉讼中已有命其提出争议信息的申请时,必须立即通知开示信息当事人,以使开示信息当事人可以即时在该诉讼程序中提出异议,陈述意见。②

4. 诉讼终结后的处理

在诉讼终结后,接收信息当事人就受保护令保护的机密资料,应如何处理,是在保护令制度中另一个非常重要的规范项目。以上述《宾州专利条例》为例,其要求所有受保护令所拘束且收到相关资料的主体,必须在诉讼终结后60日内,将所有内含机密信息的文书与其他资料物件返还给开示信息当事人或将其销毁,并向开示信息当事人提出其已履行返还或销毁义务的宣誓书。对此原则唯一存在的例外是当事人所聘请的外部律师可以留存一份记录有此类信息的法院文书、审判程序笔录以及其为实施诉讼所做的律师工作成果。其目的在于外部律师可以就其所实施的诉讼,留存记录供日后备查并保存自

---

① 黄国昌:《营业秘密在智慧财产权诉讼之开示与保护——以秘密保持命令之比较法考察为中心》,载《台北大学法学论丛》2008年第4期。

② 黄国昌:《营业秘密在智慧财产权诉讼之开示与保护——以秘密保持命令之比较法考察为中心》,载《台北大学法学论丛》2008年第4期。

己的工作成果。外部律师就争议文书资料的保管,仍然继续受保护令所规定内容的约束,负有保护其秘密性的义务。①

5.违反保护令的制裁

在一般当事人所协商确定的保护令或法院所制定的保护令中,均会记载违反保护令所将引发的制裁后果。不过,在具体内容上,所记载的制裁效果仅仅只是《美国联邦民事诉讼规则》所规定内容的重申。

依据《美国联邦民事诉讼规则》第37条第2款的规定,法院对于违反其规则的人,享有广泛的自由裁量权,依具体个案的情况给予适当的制裁措施。在违反保护令的问题脉络中,除了费用负担外,法院通常所择用的制裁是判定违反命令的人"蔑视法庭",有可能是"民事蔑视法庭",也有可能是"刑事蔑视法庭",视违反行为的具体情形以及法院加以制裁的目的而定。在具体的制裁手段上,就民事蔑视法庭而言,重在"救济"(remedial)与"迫使履行"(coerce),法院可以裁定违反命令的人赔偿因其行为对他方当事人所造成的实际损害,或对其可以连续处以罚金或将其拘禁至其遵守法院的命令;就刑事蔑视法庭而言,重在"处罚"(punish)的目的,从而法院通常课以一定金额的罚金或一定期间的监禁。②

二、我国台湾地区秘密保持命令制度参考③

(一)制度背景与目的

我国台湾地区于2007年1月及3月相继通过"智慧财产法院组织法"以及"智慧财产案件审理法",由"组织法"与"程序法"两条主轴双管齐下,一方面建立智慧财产权的专业法院,一方面设置案件审理的特殊诉讼程序。在"智慧财产案件审理法"中,就营业秘密的开示与保护的问题,最显著的规范特色就是创设"秘密保持命令"制度。创设此制度的目的,在于兼顾保护营业秘密与确保公正裁判这两项相互冲突的价值。借由法院所核发的秘密保持命令,在

---

① 黄国昌:《营业秘密在智慧财产权诉讼之开示与保护——以秘密保持命令之比较法考察为中心》,载《台北大学法学论丛》2008年第4期。
② 黄国昌:《营业秘密在智慧财产权诉讼之开示与保护——以秘密保持命令之比较法考察为中心》,载《台北大学法学论丛》2008年第4期。
③ 为了保持内容的连贯性,本部分的专业名词均采用我国台湾地区习惯用语,如"商业秘密"作"营业秘密","知识产权"作"智慧财产"等。

第四章　知识产权诉讼中证明妨碍规则之具体适用

违反命令将遭致刑事处罚的担保下①,禁止受秘密保持命令约束的人就争议的营业秘密进行超越诉讼目的所必要范围以外的使用。

创设"秘密保持命令"制度,首先,对持有营业秘密的当事人而言,秘密保持命令可以鼓励其于诉讼中提出相关资料,从而协助法院作出适正的裁判;在此同时,其他诉讼参与人也可以接触该信息,而保障其可以在诉讼上就该信息进行实质辩论的权利。其次,对需求知悉特定信息的当事人而言,秘密保持命令将大幅地缩减资料持有人以争议信息属于营业秘密为理由而拒绝开示的空间,提升当事人取得争议信息以进行攻击防御的可能性。②

(二)基本规范内容

1.秘密保持命令的实质要件

向法院申请核发秘密保持命令的实质要件,包括"保护客体属于营业秘密"与"具有保护的必要性"两项积极要件,以及"争议信息不属于诉讼外已知的营业秘密"这一消极要件。

(1)保护客体:当事人或第三人的营业秘密

秘密保持命令的客体对象应当是符合法定要件的营业秘密。"智慧财产案件审理法"就营业秘密并无单独的解释,而是采用了"营业秘密法"第2条规定的营业秘密的概念。此营业秘密,必须是符合"非公知性"、"经济价值性"以及"秘密管理性"三项要件的方法、技术、制程、配方、程式、设计或其他可用于生产、销售或经营的信息③。实务上我国台湾地区"最高法院"并未对营业秘密这一概念提供更进一步的具体解释,而是在个案中适用"营业秘密法"所规定的要件进行判断。此外,上述定义范围的营业秘密并不限于当事人自身所持有的部分,第三人持有的营业秘密亦包括在内。因此可以申请秘密保持命令的主体,除当事人外,也包括第三人。④

---

①　我国台湾地区"智慧财产案件审理法"第35条第1款规定:"违反本法秘密保持命令者,处3年以下有期徒刑、拘役或科或并科新台币10万元以下罚金。"

②　黄国昌:《营业秘密在智慧财产诉讼之开示与保护——以秘密保持命令之比较法考察为中心》,载《台北大学法学论丛》2008年第4期。

③　所谓"非公知性"是指系争资讯非一般涉及该类资讯的人所能知晓的;"经济价值性"是指系争资讯因其秘密性而具有实际或潜在的经济价值;而"秘密管理性"则是指系争资讯的所有人已经采取合理的保密措施的。

④　黄国昌:《营业秘密在智慧财产诉讼之开示与保护——以秘密保持命令之比较法考察为中心》,载《台北大学法学论丛》2008年第4期。

(2)保护必要性:为避免妨害基于营业秘密的事业活动所必要

营业秘密保护的核心目的在于确保秘密持有人可以通过对争议信息的秘密使用获得利益。因此,有必要由法院核发秘密保持命令加以保护,借由秘密保持命令:一方面防止争议信息因在诉讼程序上的开示而丧失其"非公知性"与"秘密性";另一方面保护秘密持有者因持有争议信息而在市场上所享有的竞争优势。

秘密保持命令制度的核心,在于同时对可以接触争议营业秘密的主体与允许可以使用争议营业秘密的目的加以限制,以确保营业秘密持有人不会因为在诉讼上开示争议信息而使其丧失营业秘密的独占性,并保护其因持有该信息所获得的利益。因此,"智慧财产案件审理法"第 11 条第 4 款规定:"秘密保持命令之人,就该营业秘密,不得为实施该诉讼以外之目的而使用之,或对未接秘密保持命令之人开示。"

(3)除外范围

秘密保持命令保护的对象是在诉讼过程中所开示的营业秘密,而其目的也在于使有助于案件获得公正裁判的营业秘密可以出现在诉讼程序上。如果参与诉讼的相关主体并非借由当事人提出的文书记载或证据调查的结果,而是通过其他途径知悉争议营业秘密的内容,则不属于秘密保持命令保护的对象。此时,知悉营业秘密的主体,是否以及在何等程度范围内可以使用该营业秘密、开示或使用该营业秘密将产生何种法律效果等问题,应通过其他法律加以规范,而与秘密保持命令制度无关。

据此,"智慧财产案件审理法"特将此情形排除在可以申请秘密保持命令的情形范围之外,明确规定如果当事人、代理人、辅佐人或其他诉讼关系人,在申请前已依当事人提出的文书或证据调查以外方法,取得或持有该营业秘密时,秘密持有者即不得对其申请核发秘密保持命令。①

2.秘密保持命令的申请与审理裁判

依据"智慧财产案件审理法"第 12 条的规定,秘密保持命令应以书面形式申请,并记载下列事项:(1)应受秘密保持命令的主体;(2)应受命令保护的营业秘密;(3)符合第 11 条第 1 款所列事由(即上文所述"保护客体"与"保护必要性"两项积极要件)的事实。

---

① 黄国昌:《营业秘密在智慧财产权诉讼之开示与保护——以秘密保持命令之比较法考察为中心》,载《台北大学法学论丛》2008 年第 4 期。

第四章　知识产权诉讼中证明妨碍规则之具体适用

如果法院裁定准许秘密保持命令,应于裁定上载明受保护的营业秘密、保护的理由以及禁止的内容;同时此裁定应送达申请人及受秘密保持命令的人,而且自送达于后者时发生效力。值得注意的是,准许秘密保持命令的裁定,不得提出抗告。此规定在于避免在抗告过程中,发生秘密外泄的情形;如果受秘密保持命令的人,对此裁定不服,应遵循申请撤销秘密保持命令的程序寻求救济。相对而言,就驳回秘密保持命令申请的裁定,则允许申请人提出抗告。[1]

3. 秘密保持命令的撤销

法院所核发的秘密保持命令,在满足一定要件的情况下,可以向法院申请撤销。首先,由于秘密保持命令的核发,在于保护申请人就争议秘密所享有的权益,因此申请人可以自由地向法院申请撤销。其次,受秘密保持命令约束的人可以根据"自始不当"及"嗣后不当"[2]两种情形来申请撤销秘密保持命令。所谓"自始不当"指秘密保持命令在申请时就欠缺法条所要求的实质要件,包括争议信息并不构成营业秘密、争议信息欠缺保护必要性以及受秘密保持命令约束的人已在诉讼外知悉相关争议信息。所谓"嗣后不当",则是指秘密保持命令在核发时虽具有秘密保持命令的实质要件,但此要件在命令发出后因具体情形的变化已不复存在。

对于撤销秘密保持命令的申请,不论法院准许或驳回,均应送达到申请人及相对人;同时,对此等裁定,不论准许或驳回,均可以提出抗告[3]。不过,必须特别注意的是,相对于核发秘密保持命令的裁定在送达时即发生效力,撤销秘密保持命令的裁定,必须在确定时才发生效力[4]。如此区别对待的原因在于营业秘密保护的实效性。如果撤销秘密保持命令的裁定不待确定即生效,即秘密持有者对该裁定提起抗告时,将有可能发生在抗告程序中营业秘密泄露的情形。

最后,撤销秘密保持命令的裁定,除了应送达于申请人及相对人外,在该

---

[1] 黄国昌:《营业秘密在智慧财产权诉讼之开示与保护——以秘密保持命令之比较法考察为中心》,载《台北大学法学论丛》2008年第4期。

[2] "智慧财产审理法"第14条第1项规定:"受秘密保持命令之人,得以其命令之声请欠缺第十一条第一项之要件,或有同条第二项之情形,或其原因嗣后已消灭,向诉讼系属之法院声请撤销秘密保持命令。但本案裁判确定后,应向发秘密保持命令之法院声请。"

[3] "智慧财产审理法"第14条第4项规定:"前项裁定,得为抗告。"

[4] "智慧财产审理法"第14条第5项规定:"秘密保持命令经裁定撤销确定时,失其效力。"

裁定确定时,法院并应通知其他接秘密保持命令而未申请撤销该命令的人。此规定的目的在于防止仍然受命令拘束的人在不知情的情况下误向已不受秘密保持命令的人开示争议营业秘密。①

4. 与申请阅览诉讼卷宗的配合关系

当诉讼卷宗内含有属于营业秘密的信息时,相关的保护途径除了新设立的秘密保持命令之外,还有"由法院裁定禁止或限制诉讼卷宗的阅览"。对于曾核发秘密保持命令的诉讼,由于有已经法院认定值得保护的营业秘密存在,因此如果有未经法院裁定禁止或者限制阅览且未接秘密保持命令的人申请查阅该诉讼卷宗时,"智慧财产案件审理法"第 15 条明文要求法院书记官必须立即通知秘密保持命令的申请人,并且在该人收到通知之日起 14 日之内,不得将诉讼卷宗交付查阅。这一规定的目的,在于赋予秘密保持命令的申请人可以在此期间内向法院申请对请求阅览的人核发秘密保持命令或禁止、限制其查阅诉讼卷宗的机会,以确保接秘密保持命令所保护的营业秘密不因此而外泄。

如果秘密保持命令申请人在收到通知后的 14 日内,向法院提出对请求阅览诉讼卷宗的人追加核发秘密保持命令或申请禁止、限制其阅览诉讼卷宗,法院书记官在此申请的裁定确定前,不得向阅览请求人交付卷宗,以防止原接秘密保持命令保护的营业秘密外泄②。相对地,如果秘密保持命令申请人在接到通知后,表示同意该阅览诉讼卷宗申请人的申请,则法院书记官无须等到 14 日期满,即可以依照关于申请阅览诉讼卷宗的规定办理。③

---

① 黄国昌:《营业秘密在智慧财产权诉讼之开示与保护——以秘密保持命令之比较法考察为中心》,载《台北大学法学论丛》2008 年第 4 期。

② "智慧财产审理法"第 15 条第 2 项规定:"前项情形,法院书记官自声请命令之当事人或第三人受通知之日起 14 日内,不得将卷内文书交付阅览、抄录、摄影。声请命令之当事人或第三人于受通知之日起 14 日内,声请对请求阅览之人发秘密保持命令,或声请限制或不准许其阅览时,法院书记官于其声请之裁定确定前,不得为交付。"

③ "智慧财产审理法"第 15 条第 3 项规定:"声请秘密保持命令之人,同意第一项之声请时,第二项之规定不适用之。"

第四节 知识产权诉讼中的证明妨碍规则与证据保全

一、知识产权诉讼中的诉前证据保全

(一)知识产权诉讼中的诉前证据保全概述

2012年修正的《民事诉讼法》第81条第2款规定:"因情况紧急,在证据可能灭失或者以后难以取得的情况下,利害关系人可以在提起诉讼或者申请仲裁前向证据所在地、被申请人住所地或者对案件有管辖权的人民法院申请证据保全。"这是2012年《民事诉讼法》修正对于证据保全条款的修改,并且明确规定了诉前证据保全制度。但是在此之前,我国相关司法解释以及知识产权法律法规已经对诉前证据保全作了一定的规定。比如,《民事证据规定》第3条第3款就规定:"法律、司法解释规定诉前保全证据的,依照其规定办理。"此外,在知识产权相关部门法中对知识产权诉讼中的诉前证据保全也有相关规定。

(二)《商标法》领域诉前证据保全的规定

为了满足我国加入世贸组织的需要,我国在2001年10月27日对《商标法》进行了第二次修正。第二次修正后的《商标法》第58条规定对诉前证据保全作出了明确规定,即"为制止侵权行为,在证据可能灭失或者以后难以取得的情况下,商标著作权人或者利害关系人可以在起诉前向人民法院申请保全证据。人民法院接受申请后,必须在48小时内作出裁定;裁定采取保全措施的,应当立即开始执行。人民法院可以责令申请人提供担保,申请人不提供担保的,驳回申请。申请人在人民法院采取保全措施后15日内不起诉的,人民法院应当解除保全措施"。这一条文是诉前证据保全在商标法领域适用的明确规定,为商标知识产权中侵权行为的救济提供了渠道。该法条从诉前证据保全制度的合法性,到启动的程序、申请条件、法院的裁判、对未起诉证据保全的处置等方面都作出了具体的规定,是诉前证据保全规定的一大进步。2013年8月30日第十二届全国人民代表大会常务委员会第四次会议对《商标法》进行了第三次修正。由于原先《商标法》第58条的规定与2012年修正后的《民事诉讼法》的规定有冲突或者在《民事诉讼法》中已经有所体现,因此,第三次修正后的《商标法》第66条规定:"为制止侵权行为,在证据可能灭失或者以

后难以取得的情况下,商标注册人或者利害关系人可以依法在起诉前向人民法院申请保全证据。"

最高人民法院在2002年1月9日公布的《关于诉前停止侵犯注册商标专用权行为和保全证据适用法律问题的解释》中,第1条规定了诉前证据保全的条件和具体程序:"根据商标法第57条、第58条的规定,商标注册人或者利害关系人可以向人民法院提出诉前责令停止侵犯注册商标专用权行为或者保全证据的申请。"第2条规定:"诉前责令停止侵犯注册商标专用权行为或者保全证据的申请,应当向侵权行为地或者被申请人住所地对商标案件有管辖权的人民法院提出。"这为权利人申请诉前证据保全的申请法院作了明确规定。

(三)《著作权法》领域诉前证据保全的规定

2001年10月27日修正的《著作权法》与同日修正的《商标法》第58条一样,对诉前证据保全的申请条件和具体程序作出了具体规定,为著作权领域的诉前证据保全提供了合法性的依据。2002年10月最高人民法院公布的《关于审理著作权民事纠纷案件适用法律若干问题的解释》第30条第2款的规定①,为著作权领域内诉前证据保全制度的适用提供了法律依据及详细的规定。著作权人在权益受到侵害时,可以根据以上法规维护自身权益。

2001年12月20日公布的《计算机软件保护条例》第27条的规定和最高人民法院《关于审理涉及计算机网络著作权纠纷案件适用法律若干问题的解释》②,把诉前证据保全制度延伸到了计算机软件的保护领域,为其提供了具体的可操作的规范。

(四)《专利法》领域诉前证据保全的规定

2008年12月27日,第十一届全国人民代表大会常务委员会第六次会议

---

① 《关于审理著作权民事纠纷案件适用法律若干问题的解释》第30条第2款规定:"人们法院采取诉前措施,参照最高人民法院《关于诉前停止侵犯注册商标专用权行为和保全证据适用法律问题的解释》的规定办理。"

② 《计算机软件保护条例》第27条规定:"为了制止侵权行为,在证据可能灭失或者以后难以取得的情况下,软件著作权人可以依照《中华人民共和国著作权法》第50条的规定,在提起诉讼前向人民法院申请保全证据。"最高人民法院《关于审理涉及计算机网络著作权纠纷案件适用法律若干问题的解释》第8条第2款规定:"著作权人出示上述证明后网络服务提供者仍不采取措施的,著作权人可以依照《著作权法》第49条、第50条的规定在诉前申请人民法院作出停止有关行为和财产保全、证据保全的裁定,也可以在提起诉讼时申请人民法院先行裁定停止侵害、排除妨碍、消除影响,人民法院应予准许。"

对《专利法》进行了第三次的修正。第三次修正后的《专利法》从加强对专利权的保护,激励自主创新,促进专利技术的实施的立法精神出发,增加了诉前证据保全的规定。为了防止侵权人在专利权人起诉之前转移、毁灭证据,新增规定:"为制止专利侵权行为,在证据可能灭失或者以后难以取得的情况下,权利人可以在起诉前向人民法院申请证据保全。"《专利法》的规定对维护专利权人的诉讼利益和实体权利及公正高效地审判专利侵权案件都具有非同寻常的现实意义。《专利法》的修改使《商标法》、《著作权法》、《专利法》这三部知识产权领域内的主要法律在诉前证据保全制度上的规定达到了统一,真正从法律的高度赋予了知识产权权利人在诉前申请证据保全以维护自身权益的权利。

上述法律法规及司法解释对知识产权诉讼中诉前证据保全作出了较为体系性的规定,《民事诉讼法》的修订也使此前知识产权诉讼中诉前证据保全规则缺乏纲领性条款这一缺陷得到了较为完善的改进。但由于知识产权证据的特殊性,使知识产权侵权行为比一般的民事侵权行为更复杂,导致在知识产权保护上不够完善,仍然与先进国家的知识产权立法和国际上关于知识产权保护的条例有一定的距离。因此,我国应该加强立法改革,加快与先进的国际立法接轨,使我国诉前证据保全制度更加完善,在知识产权相关法律上出台更多的规定,充分保护知识产权权利人的合法权益。

二、知识产权诉讼中适用证据保全措施存在的问题

(一)混淆证据保全与当事人自行收集证据的关系

民事诉讼中,当事人负有收集和提供证据的责任,只有当事人确因特殊情况无法自行收集的证据,才可以申请法院采取证据保全措施。在许多案件中,当事人明明可以通过自身能力来固定证据,但是因贪图方便省力或对证据保全规则认识的错误而向法院申请采取证据保全措施取得有关证据。如果对于当事人滥用证据保全权利的行为不制止,将会造成司法资源的极大浪费。

(二)混淆证据保全与法院调查取证的关系

为了使当事人可以从对方当事人或者第三方处获得证据,我国《民事诉讼法》在规定证据保全措施的同时,也规定了法院调查取证的制度。《民事诉讼法》第64条第2款规定:"当事人及其诉讼代理人因客观原因不能自行收集的证据,或者人民法院认为审理案件需要的证据,人民法院应当调查收集。"同时《民事证据规定》第17条规定三种当事人可以申请法院调查收集证据的情形:第一,申请调查收集的证据属于国家有关部门保存并须人民法院依职权调取的档案材料;第二,涉及国家秘密、商业秘密、个人隐私的材料;第三,当事人及

其诉讼代理人确因客观原因不能自行收集的其他材料。

由上述规定可知,存在于国家有关部门或者案外人处的证据,应由法院调查证据,而不适合采取保全措施。如:在有些侵权案件中,权利人已申请有关行政管理部门对侵权人进行了行政处罚。在行政管理部门的卷宗材料里存有被告侵权及获利的证据,此时,当事人可以申请法院调取有关证据,而不应当申请证据保全。如果掌握证据的案外人不配合法院的调查取证,则法院可采取证据保全措施。①

(三)混淆证据保全与财产保全的关系

证据保全措施是为当事人收集证据提供的一种制度保障,其目的在于获取证明案件事实的证据。但是,由于知识产权诉讼的特殊性,案件证据与当事人的财产往往会发生竞合。例如在中国粮油食品(集团)有限公司诉北京嘉裕东方葡萄酒有限公司等侵犯商标权纠纷案中,原告申请一审法院采取证据保全的措施,查封、扣押了该被告价值400余万元的货物。最高人民法院在二审判决中明确指出"原审法院保全标的物数量较大,且并未限于侵权产品,已经超出证据保全的范围,实际上已同时有财产保全的属性"②。由此可见,如果法院对当事人提出的证据保全申请不进行严格的审查并按照法律法规进行操作,可能会侵犯另一方当事人的合法利益。

(四)证据保全执行效果不佳

知识产权诉讼中很多被申请保全的证据往往都是公司账册、销售合同等非公开信息,此类证据不像侵权产品那样在市场上流通,且隐蔽性强,易于销毁。如果被申请人寻找各种理由不配合法院工作,如借口财务人员不在无法提供或者提供不完整的财务账册,不仅造成申请人的保全目的不能实现,也极大地浪费了司法资源。

三、知识产权诉讼证据保全措施的适用条件

(一)证据保全措施的启动

证据保全措施的启动可以分为两种情况:一种是依当事人、利害关系人的申请启动,另一种是法院依职权启动。诉前证据保全只能依第一种情形启动,

---

① 张广良主编:《知识产权民事诉讼热点专题研究》,知识产权出版社2009年版,第66页。

② 最高人民法院〔2005〕民三终字第5号判决书。

第四章 知识产权诉讼中证明妨碍规则之具体适用

而诉中证据保全则两种情形皆可适用。需要注意的是,当事人或利害关系人无论是申请诉前证据保全还是诉中证据保全,都需要提交书面的申请书,申请书需载明当事人及其基本情况、申请保全证据的具体内容、范围、所在地点、请求保全的证据能够证明的对象、申请的理由,包括证据可能灭失或者以后难以取得,且当事人及其诉讼代理人因客观原因不能自行收集的具体说明。①

此外,《民事证据规定》第23条规定了证据保全须在举证期限届满前7日提出,当事人违反此期限限制,将丧失申请法院保全证据的权利。由于诉前证据保全申请应当在诉讼系属前提出,因此此项规定仅适用于诉中证据保全。

(二)申请人应提供存在紧急情况的证据

证据保全措施的目的就在于使法院全面准确地掌握涉案证据,是审判中查明案件事实的重要辅助手段。但是,证明责任归根到底仍是当事人自身的诉讼义务,如不严格限制可申请保全的证据范围,司法资源会遭到极大的浪费,在程序上也是对另一方当事人的不公正。因此只有当某项证据确实存在灭失或以后难以取得的风险时,法院才能依申请或依职权采取证据保全措施。由于知识产权具有无形性的特点,导致侵犯知识产权的行为具有多样性、复杂性和隐蔽性的特点,知识产权诉讼中涉及的证据种类繁杂、容易灭失,且当事人难以自行取得,权利人在维权诉讼中存在举证困难。因此,申请人可以提供存在紧急情况的证据,以便法院审查是否采取证据保全措施。

(三)向有管辖权的法院提出申请

根据《民事诉讼法》第81条第1款的规定,当事人可以在诉讼过程中向人民法院申请证据保全,管辖法院应当理解为对案件有管辖权的法院。根据该条第2款规定,利害关系人可以在提起诉讼或者申请仲裁前申请证据保全,管辖法院为证据所在地、被申请人住所地或者对案件有管辖权的人民法院。根据该规定,申请人享有选择权,更加便利当事人提出申请,更能充分保护当事人的合法权益。其中,对于"对案件有管辖权的人民法院"的理解,是指对申请人与被申请人之间的民事纠纷有管辖权的人民法院。例如,如果申请人基于被申请人侵害其专利权而提起诉前保全申请,其与被申请人的纠纷属于专利侵权纠纷,该纠纷应由侵权行为地或被申请人住所地法院管辖。此时,申请人

---

① 此内容为最高人民法院在《关于诉前停止侵犯注册商标专用权行为和保全证据适用法律问题的解释》第3条所规定,该规定虽然针对的是诉前证据保全,但对于诉讼中的证据保全亦有参考价值。

可以在起诉或者申请仲裁前向侵权行为地法院提出保全申请。基于诉前保全的紧急性,由被保全证据所在地、被申请人住所地等法院管辖,也能够及时有效地保护申请人的利益。①

(四)人民法院要求申请人提供的,申请人应当提供担保

《民事证据规定》第23条第2款规定,当事人申请证据保全的,人民法院可以要求其提供相应的担保。从该规定可以看出,担保并非申请证据保全的必要条件,人民法院是否要求当事人提供担保,应视案件的具体情况而定。之所以要求当事人提供担保,其原因主要在于证据保全有时会给被保全人造成损害。担保的目的是解决不当证据保全的问题,使被保全人因不当证据保全遭受的损失能够得以赔偿。法院一旦要求申请人提供担保,申请人必须提供,否则,法院可以驳回其申请。通过责令当事人提供担保这一方式,基本上可以解决不当证据保全的问题,有利于实现双方当事人之间的利益平衡。

四、知识产权诉讼证明妨碍与证据保全的关系

知识产权诉讼中,证明妨碍规则与证据保全制度是两个相辅相成的法律保障制度,其本质都是为了查明案件事实,维护当事人的合法权益。而在不同情形下应当适用哪种制度,则需要根据不同的案件情况具体问题具体分析。

(一)从司法效率的视角

效率是诉讼过程中非常重要的价值取向,是否能够提高诉讼效率是判断一项司法制度好坏的重要标准。从司法效率的角度来看,在知识产权诉讼查明事实的过程中,诉前证据保全无疑是效率最高的。因为在法院采取诉前证据保全时,案件尚未进入诉讼系属,被申请方也就是通常意义上的侵权人无法事先准备,基本上无法转移、隐藏、销毁相关证据。法院可以尽可能完整、全面地将涉案证据固定下来,以便在随后的诉讼过程中用以查明案件事实。

诉中证据保全则是三者之中效率最低的,与诉前证据保全相反,当事人申请或者法院依职权采取诉中证据保全时,被保全证据一方的当事人已经对案件事实有了相当的了解,而法院在采取保全措施时往往需要一个准备的时间段,在这个时间段内被保全方当事人有足够的时间来隐匿、销毁证据。尤其是在知识产权诉讼中,涉案证据的复杂性、易灭失性使诉中证据保全存在一定的

---

① 奚晓明主编:《〈中华人民共和国民事诉讼法〉修改条文理解与适用》,人民法院出版社2012年版,第205页。

效率隐患。

而证明妨碍规则的效率则居于两种证据保全制度之间,与诉前证据保全相比,适用证明妨碍规则缺乏了突然性、快速性的特点。但在诉讼系属过程中,比诉中证据保全更能打侵权方一个措手不及,使其无法通过隐匿、销毁证据来达到其不法的目的。

(二)从司法资源的视角

在现今案多人少、司法资源严重不足的司法现状下,节约司法资源也是提高司法效率非常重要的环节。在知识产权诉讼中,上述三项制度消费司法资源最少的无疑是证明妨碍规则,证明妨碍规则主要是通过法律上的推定来审查案件事实,无须耗费额外的司法资源。而证据保全都需要法院利用法庭之外的资源来采取相关措施,尤其是诉前证据保全。法院需要在对案件事实一无所知的情况下对该申请进行审查并采取相关措施,需要花费大量的人力物力,是对司法资源的严重考验。

(三)从查明案件事实的视角

上述三项制度在诉讼过程中的作用都是为了查明案件事实,维护当事人的合法权益。而相较于证明妨碍规则,证据保全制度可以使法官更加完整地掌握涉案证据,使法官在裁量案件事实时有更多的证据材料作为基础;而证明妨碍规则是以推定事实作为裁量案件事实的基础,在客观性方面比证据保全制度稍逊一筹。因此,可以认为,证据保全制度在查明案件事实的过程中更为有效。

(四)小结

从以上几个方面可以看出,证明妨碍规则与证据保全制度在知识产权诉讼中各有侧重,相互补充。证明妨碍规则也为被保全方拒绝执行法院的证据保全裁定的处理提供了法律依据,不可偏废其一,应当根据案件的不同情况来判断具体适用何种制度。

笔者认为,在涉及财务账册、计算机软件、摄影图片等极易被毁坏、篡改的证据的案件中,一般应采用诉前证据保全的方式来固定证据,可以防止在诉讼系属后掌握证据的当事人对相关证据进行隐匿、销毁。但是在原告有充分证据证明对方当事人掌握这些证据的前提下,也可以在诉讼过程中要求对方当事人予以提供,如对方拒不提供,则可适用证明妨碍规则来维护自身利益,以达到节约司法资源的目的。在诸如专利侵权、商标侵权等案件中,涉案证据的取得并不十分困难的前提下,则可以通过诉中证据保全或是证明妨碍规则来进行规制。这样一来,一方面可以有效查明案件事实,另一方面也可以在一定程度上节约司法资源。

而当被保全方拒绝执行法院的证据保全裁定时,则应当适用证明妨碍规则对其进行规制。需要注意的是,证明妨碍规则并不是在任何情况下均可适用。当有其他相反证据时,并不能单纯地因为被告拒绝执行证据保全裁定而推定原告的主张成立,还应当考虑其他证据的证明作用,综合全案证据,结合保全证据所要证明的具体对象,作出客观的判断。

第五节　知识产权诉讼中证明妨碍规则之实例分析

一、雅马哈发动机株式会社与浙江华田工业有限公司、台州华田摩托车销售有限公司等商标侵权纠纷案①

(一)案情介绍

本案原告为雅马哈发动机株式会社,被告为浙江华田工业有限公司(以下简称浙江华田公司)、台州华田摩托车销售有限公司(以下简称台州华田销售公司)、台州嘉吉摩托车销售有限公司(以下简称台州嘉吉公司)、南京联润汽车摩托车销售有限公司(以下简称南京联润公司)。一审法院即江苏省高级人民法院经审理查明:"YAMAHA"、"雅马哈"、"FUTURE"注册商标由日本雅马哈发动机株式会社在中国依法注册。2001年7月31日,台州市工商局对浙江华田公司、台州华田销售公司作出行政处罚决定,认定浙江华田公司从2000年12月至2001年2月,共生产标有"华田摩托·日本YAMAHA株式会社"字样的摩托车534辆,共计经营额3263486.09元。生产的534辆摩托车由台州华田销售公司销售338辆,共计销售额2136273.09元。台州市工商局认定两公司的上述行为侵犯了原告的商标权,并对两公司进行了处罚。该处罚决定经浙江省工商局复议,并经台州市椒江区人民法院行政判决予以维持。之后,台州华田摩托车有限公司于2001年1月19日更名为浙江华田公司。

南京市工商局2001年4月16日对南京联润公司作出处罚决定,认定该

---

① 本案一审判决为江苏省高级人民法院〔2002〕苏民三初字第006号民事判决,二审判决为最高人民法院〔2006〕民三终字第1号民事判决。

公司于 2001 年春节前后,从浙江台州华田摩托车公司购进华田牌 YAMAHA 摩托车 122 辆,价值 47 万元。该局认为该公司的上述行为构成商标侵权,对其进行了行政处罚。2001 年 3 月 21 日,台州雅马哈摩托车销售有限公司向南京联润公司致函,要求将其发往南京联润公司的 122 辆摩托车返还。2001 年 4 月 9 日,台州雅马哈摩托车销售有限公司更名为台州华田销售公司。2001 年 4 月 22 日,台州华田销售公司向南京联润公司出具收条,称收到退回的华田牌摩托车 122 辆。2000 年 12 月 12 日《摩托车商情》第 95 期上刊登署名"日本雅马哈株式会社、台州华田摩托车有限公司"的《郑重声明》,该声明针对原告此前为了澄清消费者的错误认识,打击侵权行为曾经在报刊上作出过的《严正声明》,称原告的声明内容不实,并有可能要通过法律途径解决。此外,《摩托车商情》2001 年 1 月 2 日第 663 期上刊登 HT125T-5 新迅风摩托车的广告中使用"日本 YAMAHA 株式会社华田摩托"字样,摩托车减震器上标有"日本 YAMAHA 株式会社"字样,页下署名"台州雅马哈摩托车销售有限公司"。其地址、联系电话、传真电话与 2001 年 5 月 29 日第 702 期上浙江华田公司完全相同。

一审法院在审理过程中,应原告申请,于 2003 年 6 月 27 日作出裁定,保全浙江华田公司 8 本会计凭证资料。并于 2004 年 1 月 12 日应原告申请对查封的会计凭证委托审计机构进行司法审计,以确定浙江华田公司生产、销售涉案摩托车的利润。2004 年 2 月 12 日,审计机构向原审法院发函称涉案 8 种车型分车型审计的财务资料不全,并列明了需要提供的 13 种资料清单。对此,一审法院召集双方当事人对查封的会计凭证进行质证,并限定被告浙江华田公司、台州华田销售公司限期提供鉴定所需财务资料。浙江华田公司在限期内拒不提供。台州华田销售公司以公司年代久远、不可能建立规范的财务账册、公司已改制为由未提供相关鉴定资料,且在一审法院庭审中,明确表示不提供销售成本的财务资料以及反映其经营状况的工商登记资料。

2004 年 8 月 22 日,审计机构根据现有资料审计后,出具审计报告载明:浙江华田公司自 2000 年 12 月至 2001 年 3 月间生产、销售涉案 8 种型号摩托车 2113 辆。"以华田公司(注:浙江华田公司)记账凭证为基础反映的华田公司生产的八种鉴定车型摩托车的销售利润为 37921.49 元,营业利润为 152195.84 元,利润总额为 152 195.84 元。浙江华田公司共向台州嘉吉公司出售属于鉴定车型的摩托车 2094 辆,销售收入 8403495.76 元,产品销售利润 30106.16 元,营业利润 143522.27 元,利润总额 143522.27 元。"同时,原审法院在审理过程中,应原告申请对被告台州嘉吉公司进行证据保全。在因其他原因无法实施保全措施后,要求该公司提交证据保全裁定所涉的证据材料。该公司及其法定代表人在规定期限内,拒不提供相关证据材料。

原审法院认为:原告指控被告侵权的期间为2000年12月至2001年3月。根据最高人民法院《关于审理商标案件有关管辖和法律适用范围问题的解释》第8条、第9条的规定,本案应适用修改前的《商标法》及其实施细则等相应的法律规定。关于赔偿数额的确定及责任的承担,可以参照修改后的《商标法》第56条及相关司法解释的规定处理。浙江华田公司的行为已经侵犯了原告的注册商标专用权。台州嘉吉公司、台州华田销售公司应就其销售行为与浙江华田公司承担共同侵权责任。南京联润公司将所购摩托车已全部退回台州华田销售公司,并无证据证明其有对外销售的事实,尚未构成对原告注册商标专用权的侵害,不承担侵权责任。

关于侵权数量及赔偿数额的确定,因浙江华田公司提供的财务资料不完整,浙江华田公司与台州嘉吉公司为关联公司,不排除其有转移利润的可能,故对审计报告中载明的浙江华田公司生产、销售摩托车2113辆以及销售给台州嘉吉公司2094辆、销售给台州华田销售公司19辆的数额予以认定,对审计报告中的亏损结论不予采信。根据通常理解和惯例,同一型号的产品具有相同的外观,标注相同的字样。鉴于被告浙江华田公司、台州华田销售公司虽然主张2113辆并未全部标有"日本 YAMAHA 株式会社"字样,但其对此未提供相应证据,故推定在涉案的较短期间内,浙江华田公司生产并销售的8种型号的2113辆摩托车的主要部件上都标有"日本 YAMAHA 株式会社"字样,其中相当一部分的后装饰板两侧贴有"FUTURE"字样。浙江华田公司对2113辆承担赔偿责任,台州嘉吉公司对其中2094辆承担连带赔偿责任。台州华田销售公司对其中19辆承担连带赔偿责任。

由于浙江华田公司提供给法院的财务资料不完整,台州华田销售公司拒绝提供反映其经营状况的相关财务资料,台州嘉吉公司两次拒绝提供法院保全的财务资料,并拒不参加庭审。根据《民事证据规定》第75条"有证据证明一方当事人持有证据无正当理由拒不提供,如果对方当事人主张该证据的内容不利于证据持有人,可以推定该主张成立"的规定,推定原告主张并计算的浙江华田公司、台州嘉吉公司应负赔偿数额成立。且原告主张赔偿额的计算方法有其合理性。根据修改后的《商标法》第56条以及最高人民法院《关于审理商标民事纠纷案件适用法律若干问题的解释》第13条、第14条的规定,原告选择以被告的侵权获利额为计算赔偿额的标准,具有法律依据;将生产商、销售商的侵权环节作为整体来计算其侵权获利额有其合理性;原告的具体计算方法中扣减了依据现有证据能够计算的经营成本;原告的计算方法尽量采用了双方所认可的审计报告中的成本、销售量等相关数据。虽然浙江省长兴县、德清县工商局的处罚决定中认定的由台州华田销售公司销售的被控侵权产品是由浙江嘉吉公司生产,但该两批产品的型号、外观、商标与本案侵权产品完全一致,属同类产品。原告参照台州华田销售公司销售的同类产品的市场平均价计算本案侵权产品的销售价格并无不当。

综上,一审法院判决原告胜诉。浙江华田公司不服一审判决向最高人民法院提出上诉,二审判决驳回上诉,维持原判。

(二)笔者见解

笔者认为,在本案中,法院应原告的证据保全申请要求被告提供相关财务资料,但是被告无正当理由拒不提供,被告的行为已经构成证明妨碍行为。法院根据《民事证据规定》第75条推定原告主张并计算的赔偿数额成立,实属正确。此外,在知识产权的侵权诉讼中,许多关键证据,特别是侵权成立的证据的获得越来越依赖于法院的证据保全裁定。在被告不配合执行法院证据保全裁定的情形下,为了获取认定案件事实的关键性证据,法院可以考虑适用一定的强制措施。根据最高人民法院《关于诉前停止侵犯注册商标专用权行为和保全证据适用法律问题的解释》(2002年1月9日发布)第15条的规定,被申请人违反人民法院保全证据裁定的,依照《民事诉讼法》第102条的规定处理,即法院可以对被申请人予以罚款、拘留;构成犯罪的,依法追究刑事责任。因而,在本案中,被告违反了法院保全证据裁定,法院可以对采取罚款、拘留措施以促使其执行证据保全裁定。

二、石鸿林诉泰州市华仁电子资讯有限公司著作权侵权纠纷案

(一)案情介绍

本案原告为石鸿林,被告为泰州市华仁电子资讯有限公司(以下简称华仁公司),该公司法定代表人为沈云泉。泰州市中级人民法院一审查明:2000年8月1日,原告石鸿林开发完成S型线切割机床单片机控制器系统软件。2005年4月18日,原告获得国家版权局软著登字第035260号计算机软件著作权登记证书,证书载明:软件名称为S型线切割机床单片机控制器系统软件V1.0,著作权人为石鸿林,权利取得方式为原始取得。被告华仁公司于2001

---

① 本案刊登于《最高人民法院公报》2009年第3期。

年11月14日成立,经营范围为电脑配件、外设设备、监控设备配件、纺织器材、发电机组配件生产销售,电脑、发电机组、监控设备(国家专项规定除外)销售。2005年7月17日,原告石鸿林从被告华仁公司购买机床控制器主板一块,单价350元,被告开具商业销售发票一份。2005年12月20日,原告石鸿林向江苏省泰州市海陵区公证处申请证据公证保全。当日,公证机关对原告以660元价格向被告华仁公司购买HR-Z线切割机床数控控制器(单板机)一台,并取得被告公司销售发票(No:00550751)的购买过程制作了保全公证工作记录、拍摄了所购控制器及其使用说明书、外包装的照片8张,并对该控制器进行了封存。同日,公证机关出具〔2005〕泰海证民内字第1146号公证书一份。此次公证保全费用为1000元。原告石鸿林向法院申请对泰州市海陵区公证处公证保全的HR-Z线切割机床控制器内置软件进行鉴定。被告华仁公司否认相关侵权事实,并拒绝提供其控制器软件源程序,原告遂提供其在国家版权局登记备案的软件源程序,申请对其与公证保全的控制器软件源程序进行比对鉴定。因双方对鉴定机构的选择未能协商一致,泰州市中级人民法院依职权指定江苏省科技咨询中心(以下简称科咨中心)对涉案软件程序进行技术鉴定。鉴定事项为:(1)原告在本案中提供的软件源程序与其在国家版权局版权登记备案的软件源程序的同一性;(2)公证保全的被告HR-Z线切割机床控制器系统软件与原告获得版权登记的软件源程序代码的相似性或者相同性。科咨中心在鉴定中发现,被告对固化软件的芯片采取了加密措施,遂征询法院请被告提供解密方法,被告以自己也不具备硬件解密方法为由拒绝提供。2006年8月17日,科咨中心出具鉴定工作报告。该鉴定意见为:"因华仁公司的软件主要固化在美国ATMEL公司的AT89F51和菲利普公司的P89C58两块芯片上,而代号为AT89F51的芯片是一块自带加密的微控制器,必须首先破解它的加密系统,才能读取固化其中的软件代码。为解决芯片解密程序问题,鉴定机构咨询了有关专家,形成两种意见:一种观点认为,通过芯片解密读取软件二进制代码,再反汇编出软件源代码的方法难以实现;另一种观点认为,可作为一个专门的课题,但需要较长的时间和一定的经费投入,但即便解密成功,通过芯片解密得到的二进制代码,再反汇编出的软件源代码与被解密的软件实际的源代码会有一定差异,这种差异的范围有多大,难以估计;同时,芯片解密本身的合法性也是一个问题。综上,根据现有鉴定材料难以作出客观、科学的鉴定结论。"泰州市中级人民法院将上述鉴定工作报告送达原、被告双方,双方对鉴定报告的内容均无异议。

2006年11月6日,原告石鸿林提出再次鉴定申请,主要内容是:由原告

第四章 知识产权诉讼中证明妨碍规则之具体适用

提供一份软件源代码和源程序与其在国家版权局登记的"S型线切割机床单片机控制器系统软件"作版本相似或相同性鉴定,再将其提供的软件与公证保全的被告华仁公司的线切割机床数控控制器软件进行功能相同性或一致性鉴定,以证明被告侵权。被告认为,原告本案所提供软件的功能已与其获得版权登记的软件不一致,而且软件源程序的同一性鉴定与软件功能性鉴定是两回事,实现一种功能的方法可以有多种方式,请求人民法院驳回其申请。因为源程序是企业最大的商业秘密,一旦提供就需要经过多个专家对比,难免不造成泄密,所以如果原告对被告因提供软件源程序而导致其程序公开或泄密所造成的损失,承诺按照原告诉状上经济损失的计算方法予以赔偿,被告可以提供其源程序。该建议遭原告拒绝。被告遂以无提供源程序义务为由而拒绝提供。

泰州市中级人民法院一审认为,相对于特殊侵权行为而言,知识产权侵权诉讼属于普通侵权诉讼,应按照"谁主张,谁举证"的原则,对存在侵权行为的证明责任应当由主张对方侵权的一方承担。本案中,原告石鸿林起诉被告华仁公司侵害其软件著作权,原告即应当对被告存在侵权行为提供证据加以证明。原告确实享有涉案软件S型线切割机床单片机控制器系统软件V1.0的著作权,也提交了被告华仁公司生产、销售的线切割机床控制器,但经鉴定机构鉴定,不能直接证明被告控制器内置软件与其软件源程序具有相同性或者实质相似性,无法确认被告生产、销售线切割机床控制器的行为构成对原告软件著作权的侵犯,也就无从判令由被告承担侵权行为责任。

针对被告华仁公司认为其销售的线切割机床控制器所使用的软件系由其自主开发,不构成侵权并拒绝提供其控制器内置软件源程序作比对鉴定的事实,原告石鸿林在庭审中提出了本案应实行证明责任倒置、将证明责任转移给被告的主张。法院认为,实行证明责任倒置必须以法律有明确规定为前提,而一般侵权诉讼中将证明侵权行为存在的责任倒置给被控侵权行为人,或者由被控侵权人承担其行为不构成侵权的证明责任,缺乏法律依据,故对原告关于本案应适用证明责任倒置的主张,不予采纳。至于被告使用的涉案软件是否由被告自主开发,理论上讲应由被告承担提供证据加以证明的责任,但被告的行为是否构成侵权,首要问题是原告必须依证据规则先举证证明被告非法复制并发行了原告享有著作权的软件。因此,原告不能以被告不提供自主研发的有关证据即直接推定其相关行为对原告软件著作权构成侵权。

对于原告石鸿林提出再次鉴定的申请,其目的是通过功能比对鉴定,在各自软件实现的功能相同或者一致的情况下,证明被告华仁公司存在侵权可能性,进而产生证明责任转移的效果,以使被告提供其软件源程序。法院认为,功能通常被认为是软件的思想、概念,任何人都不能排斥他人研发与自己功能相同的软件,软件功能相同并不等同于比对软件具有实质性相似或者相同,因此,不同软件实现了相同、相似的功能,不能当然得出一方软件侵权的结论。故对原告提出再次鉴定的申请,不予支持。

综上,原告石鸿林起诉称被告华仁公司对其实施了软件著作权侵权行为的证据不足,对其要求被告承担侵权责任的诉讼主张不予支持。据此,江苏省泰州市中级人民法院于2006年12月8日判决驳回原告石鸿林的诉讼请求。

石鸿林不服一审判决,向江苏省高级人民法院提起上诉,请求撤销原判,依法改判,并提交以下新证据:宁波市海曙松发电子有限公司(以下简称海曙公司)生产的 HX-Z 型微机线切割锥度控制器实物(以下简称 HX-Z 型控制器)及使用说明书一份、上诉人石鸿林与海曙公司签订的技术协议、海曙公司及其法定代表人出具的证明和证词、货物快递运单及汇款凭证。用以证明 HX-Z 型控制器系统软件,系应海曙公司的要求对其原有享有著作权的 S 系列软件进行改版,也是由上诉人开发完成的。将 HX-Z 型控制器与被控侵权产品比较,两者的使用说明书、整机外观及布局完全相同或相似;具体操作使用存在相同之处;具有相同的软件特征缺陷和漏洞错误,两者的软件代码序列基本相同,被上诉人华仁公司侵犯了上诉人的软件著作权。

江苏省高级人民法院经二审,确认了一审查明的主要事实。另查明:根据上诉人石鸿林在二审中提出的申请,法院准许上诉人、被上诉人华仁公司双方当事人共同指定中国版权保护中心版权鉴定委员会就以下事项进行技术鉴定:(1)石鸿林提供的 HX-Z 软件源程序与石鸿林享有著作权的 S 系列软件源程序是否相同或实质性相同;(2)HX-Z 软件与被控侵权的 HR-Z 软件是否具有相同的软件缺陷及运行特征。中国版权保护中心版权鉴定委员会于2007年11月28日出具鉴定报告,结论为:(1)石鸿林享有著作权的 S 系列软件源程序与石鸿林二审提供的 HX-Z 软件源程序实质性相同。(2)通过运行石鸿林二审提供 HX-Z 型控制器和被控侵权的 HR-Z 型控制器,发现二者在加电运行时存在相同的特征性情况。(3)通过运行上述二控制器,发现二者存在如下相同的缺陷情况:(1)二控制器连续加工程序段超过 2048 条后,均出现无法正常执行的情况;(2)在加工完整的一段程序后只让自动报警两声以下即按任意键关闭报警时,在下一次加工过程中加工回复线之前自动暂停后,二控制器均有偶然出现蜂鸣器响声两声的现象。

上诉人石鸿林二审提供的 HX-Z 型控制器和被控侵权的 HR-Z 型控制器

的使用说明书基本相同。两者对控制器功能的描述及技术指标基本相同,两者对使用操作的说明基本相同,两者在段落编排方式和多数语句的使用上基本相同。本案二审期间,上诉人石鸿林明确表示放弃要求被上诉人华仁公司公开赔礼道歉的诉讼请求。华仁公司一直未能提供被控侵权的 HR-Z 软件的源程序以供比对。

综上,在被上诉人华仁公司持有被控侵权的 HR-Z 软件源程序且无正当理由拒不提供的情形下,根据现有证据,可以认定被控侵权的 HR-Z 软件与上诉人石鸿林的 S 系列软件构成实质相同,华仁公司侵犯了石鸿林 S 系列软件著作权。因此,江苏省高级人民法院认为上诉人石鸿林的上诉理由成立,应予支持。一审判决认定事实基本清楚,但上诉人在二审中提交了新的证据,二审依据新证据查明了新的案件事实,应当在查清事实的基础上予以改判。江苏省高级人民法院依照《民事诉讼法》第 153 条第 1 款第 3 项之规定,于 2007 年 12 月 17 日判决:(1)撤销江苏省泰州市中级人民法院〔2006〕泰民三初字第 2 号民事判决;(2)被上诉人华仁公司立即停止生产、销售侵犯上诉人石鸿林 S 型线切割机床单片机控制器系统软件 V1.0 著作权的产品;(3)华仁公司于本判决生效之日起 10 日内赔偿石鸿林经济损失 79200 元;(4)驳回石鸿林的其他诉讼请求。

(二)笔者见解

笔者认为,在本案一审中,负有证明责任的原告方提出鉴定申请,但被告以保护商业秘密为由拒绝提供相应比对样本。然而,由于这项证据是查明案件事实的关键性证据,原告也非试图恶意获取被告的商业秘密,被告拒不提供已经构成了证明妨碍。法院认为被告使用的涉案软件是否由被告自主开发,理论上讲应由被告承担提供证据证明的责任,但被告的行为是否构成侵权,首要问题是原告必须依证据规则先举证证明被告非法复制并发行了原告享有著作权的软件。因此,原告不能以被告不提供自主研发的有关证据即直接推定其相关行为对原告软件著作权构成侵权。由此判决原告败诉。这显然是违反了《民事证据规定》第 75 条的规定。二审中,法院认为上诉人华仁公司持有相关证据且无正当理由拒不提供,且根据现有证据,可以认定被控侵权的软件与上诉人的软件构成实质相同。因此判决被告败诉,这一裁判无疑是正确的。但是法院在处理这类问题时,也应当注意保护相关当事人的商业秘密。首先,庭审过程应该选择不公开审理,防止当事人的商业秘密为公众所知悉。其次,类似于本案中相关商业秘密需要鉴定时,可以让鉴定人签订保密协议,以保证当事人的正当商业秘密受到合理保护。

三、九阳公司、王旭宁诉帅佳公司等侵犯发明专利权纠纷案[①]

(一)案情介绍

本案原告为山东九阳小家电有限公司(以下简称九阳公司)、王旭宁。被告为济南正铭商贸有限公司(以下简称正铭公司)、上海帅佳电子科技有限公司(以下简称帅佳公司)、慈溪市西贝乐电器有限公司(以下简称西贝乐公司)。1999年6月1日,原告王旭宁就其"智能型家用全自动豆浆机"向国家知识产权局申请发明专利,于2001年12月5日获得授权:专利号ZL99112253.4,授权公告号CN1075720C,专利权人王旭宁。权利要求书载明其独立权利要求为:一种智能型家用全自动豆浆机,包括机头、下盖和杯体。机头扣装在下盖上端,下盖下端扣置在杯体口上,在机头上设置有电源插座,在下盖上部固定装有电机、变压器和控制线路板,电热器和防溢探头固定在下盖下部,刀片直接固定安装在外伸于下盖下方的电机长轴轴端,过滤网罩外套刀片和电机长轴旋转固定于下盖下部的过滤网罩安装体上。其特征在于,在下盖下端还固定安装有一个温度传感器,温度传感器是在下盖下端固定安装有一个温度测定棒,在温度测定棒前端装有一个温度传感头,该温度传感头与下盖上部的控制线路板连接。2001年12月8日,原告王旭宁与原告九阳公司签订一份专利实施许可合同,原告王旭宁将上述专利在全国范围内独家许可原告九阳公司实施,许可期限同于专利有效期,许可费为300万元。双方已将该合同在国家知识产权局进行了备案。

2006年4月15日,被告正铭公司从江苏时代超市有限公司泰州时代九州超级购物中心购买取得西贝乐牌豆浆机7件,其中XBL100GD型每件262元、XBL100GM型每件269元、XBL500TD型每件358元、XBL500TM型每件409元。2006年4月20日,原告九阳公司职员来到被告正铭公司位于济南市天桥区铜元局前街的九阳专卖店,购买取得西贝乐牌豆浆机4件,其型号和价格为XBL100GD型每件312元、XBL100GM型每件319元、XBL500TD型每件408元、XBL500TM型每件459元。济南市公证处对上述购买过程进行了公证,并对取得的发票和实物进行拍照和封存。2006年7月6日,济南市中级人民法院向被告西贝乐公司送达应诉通知并进行证据保全,取得上述

[①] 本案一审判决为山东省济南市中级人民法院〔2006〕济民三初字第121号民事判决,二审判决为山东省高级人民法院〔2007〕鲁民三终字第38号民事判决。

第四章 知识产权诉讼中证明妨碍规则之具体适用

型号豆浆机4件,上述产品及包装均标注:上海帅佳电子科技有限公司,生产基地慈溪市西贝乐电器有限公司。庭审中,被告帅佳公司和西贝乐公司自认其上述4个型号的豆浆机的产品结构和技术特征相同,并与两原告的专利权利要求,即独立权利要求限定的技术方案相同。

2006年6月21日,被告帅佳公司和西贝乐公司的网站www.xibeile.com对其XBL100GD、XBL100GM、XBL500GD、XBL500TM型豆浆机进行展示,该网站"帅佳产品"栏目介绍,两原告的产品包括厨房小精灵系列、鲜果汁/豆浆碾磨系列、全自动豆浆机系列、维尔斯电磁炉系列、赫斯提亚多功能食品加工机系列。同日,中国家电企业网www.cnjiadian.com有关被告帅佳公司和西贝乐公司的栏目介绍中载明,帅佳公司是集科研、生产、销售为一体的股份制企业,拥有现代化的流水线生产基地2000多平方米,基地生产员工300多人,在全国建立了完善的销售网络,年产销额达7000多万元。

2006年7月24日,重庆家乐福商业有限公司成都分店售出西贝乐牌XBL500TD型多功能豆浆机1件,单价339元;2006年9月18日,江苏时代超市有限公司金华时代超级购物中心售出西贝乐牌XBL500TM型多功能豆浆机1件,单价409元;2006年10月9日,武汉汉福超市有限公司售出西贝乐牌XBL100GD型、XBL100GM型、XBL500TD型和XBL500TM型多功能豆浆机各1件,单价分别为248元、280元、339元和388元;2006年11月10日,上海嘉定乐购生活购物有限公司绍兴分公司售出西贝乐牌XBL100GD型多功能豆浆机2件,单价328元,该产品的生产日期为2006年10月22日。

诉讼中,原告申请证据保全,请求对被告帅佳公司和西贝乐公司生产、销售被控侵权产品的账册进行保全,法院依法裁定准许。法院在向两被告送达该裁定并予以执行时,两被告拒绝提供。

一审法院认为,本案各方当事人争议的焦点有三个,下面分别评述:

第一,原告专利权是否具有创造性,本案是否需中止审理。

依照我国《专利法》的有关规定,国务院专利行政部门负责全国的专利工作,统一受理和审查专利申请,依法授予专利权。专利授权后,任何单位或者个人认为专利权的授予不符合《专利法》有关规定的,可以请求专利复审委员会宣告该专利权无效。法院作为专利侵权纠纷案件的审判机关,无权对专利权的效力进行评判。依照最高人民法院《关于审理专利纠纷案件适用法律问题的若干规定》第11条的规定,人民法院受理的侵犯发明专利权纠纷案件,被告在答辩期间内请求宣告该项专利权无效的,人民法院可以不中止诉讼。通过初步审查被告帅佳公司申请宣告涉案专利权无效的对比文件,不足以影响专利权的效力，故对被告帅佳公司、西贝乐公司中止诉讼的请求，法院不予支持。

第二，被告帅佳公司、西贝乐公司有关被控侵权产品的技术是否来源于已有技术，即两被告的公知技术抗辩是否成立。

被告帅佳公司、西贝乐公司主张已有技术的证据与其在国家知识产权局专利复审委员会进行无效宣告程序所使用的证据相同，即六份中国专利文献。该六份专利文献均是由国家知识产权局在原告王旭宁涉案发明专利申请日以前公开。依照我国《专利法》的有关规定，发明专利的授权须经实质审查，授予专利权的发明应当具备新颖性、创造性和实用性。原告王旭宁的涉案发明专利经过实质审查并得以授权，表明在申请日以前没有同样的发明或实用新型在国内外出版物上公开发表过、在国内公开使用过或者以其他方式为公众所知，且该专利技术同申请日以前的已有的技术相比具有突出的实质性特点和显著的进步。对于原告王旭宁的涉案专利而言，被告帅佳公司、西贝乐公司使用的六份专利文献所记载的技术显然属于已有技术，二者不同，前者具有突出的实质性特点和显著的进步。故被告帅佳公司、西贝乐公司有关被控侵权产品的技术来源于已有技术的主张不成立，其公知技术抗辩理由法院不予采纳。

第三，有关本案的赔偿数额问题。

两原告要求被告帅佳公司和西贝乐公司共同赔偿经济损失300万元，而两被告抗辩该项请求无事实依据。诉讼中，法院依法裁定对被告帅佳公司和西贝乐公司生产、销售被控侵权产品的账册进行证据保全，但两被告拒绝提供，法院推定原告九阳公司和王旭宁要求被告帅佳公司和西贝乐公司赔偿经济损失300万元的主张成立，予以支持。

综上所述，原告九阳公司和王旭宁要求被告正铭公司、帅佳公司和西贝乐公司停止侵权，要求被告帅佳公司和西贝乐公司赔偿损失，合理有据，法院予以支持。原告九阳公司和王旭宁要求被告帅佳公司和西贝乐公司销毁生产侵权产品的模具、未售出的侵权产成品、半成品及其零部件，因原告的发明专利是对已有技术的改进，且模具和半成品并非专用于生产侵权产品，而销毁侵权产成品应属于执行停止侵权的判决内容，故法院对其该项请求不予支持。因此，一审法院判决济南正铭商贸有限公司、上海帅佳电子科技有限公司、慈溪市西贝乐电器有限公司立即停止对 ZL99112253.4"智能型家用全自动豆浆机"发明专利的侵权行为；上海帅佳电子科技有限公司、慈溪市西贝乐电器有限公司于本判决生效后10日内共同赔偿山东九阳小家电有限公司、王旭宁经济损失300万元；驳回山东九阳小家电有限公司、王旭宁的其他诉讼请求。

帅佳公司和西贝乐公司不服一审判决，共同提起上诉，请求撤销原审判决第一、二项内容，驳回九阳公司和王旭宁的诉讼请求。二审法院山东省高级人民法院查明的事实与一审认定一致，最终判决驳回上诉，维持原判。

(二)笔者见解

本案涉及的证明妨碍问题与案例一较为类似，诉讼中，原告申请对被告的相关账册进行证据保全，法院依法准许，而被告没有正当理由拒不提供，其行为显然构成了证明妨碍，应当承担相应的不利后果。关于证据保全的问题案例一已有说明，在此就不再赘述。这里笔者就双方争议的赔偿额问题进行阐述。两被告在上诉中主张原告是以许可使用费而非两被告的侵权获利为计算赔偿依据的，因此对相关账册的保全与原告的请求无关。但是这一理由是无法成立的，在知识产权诉讼中，损害额计算问题一直是一大难点，虽然我国《专利法》等法律法规规定了一些计算方法，但是其中涉及的相关数据对于权利人来说是难以取得的。在诉讼中，如能获得对己方更为有利的证据，则其在法庭辩论之前仍有权变更自己的诉讼请求，包括变更赔偿额的计算方法以及提高索赔数额[①]。这无疑更有利于保护当事人的权利，同时也能保证审判的公平与公正。

---

① 张广良：《举证妨碍规则在知识产权案件中的适用——九阳公司、王旭宁诉帅佳公司等侵犯发明专利纠纷案评析》，载《中国专利与商标》2008年第2期。

第五章 产品缺陷诉讼中证明妨碍规则之具体适用

随着时代的发展,我国改革开放的步伐在不断加快,市场经济的发展水平也在逐渐提高。市场经济一方面为我国生产、生活领域提供着丰富的产品,另一方面却也因发展程度有限,导致其本身的缺陷时有发作,给正常的社会经济秩序带来诸多的不便,其中因产品质量问题所产生的产品责任事故即是最为典型的一例。近些年来,类似瘦肉精、地沟油、染色馒头和三聚氰胺奶粉等涉及面广、影响恶劣且剧增之势未见缓解的产品质量案件频频发生,既对市场经济体制造成冲击,也给消费者的权益造成损害,同时也压抑了消费者的消费信心。为了采取相应对策,在政府部门加强市场宏观调控、加大执法力度的同时,司法部门在裁判产品质量案件时也格外注意;能否适当地审理和裁决产品质量纠纷,关系着市场经济的秩序和社会生活的稳定。而围绕产品责任纠纷案件,以证明问题为主的各种问题也成为法院为作出正确裁判而日益关注的重点。

在产品责任的诉讼中,受害者要求生产者或销售者承担产品责任时必须证明产品存在缺陷,才有权要求生产者或销售者承担产品责任。① 因此,产品缺陷的证明问题是法院在应对该类案件时需要密切关注的问题。就产品缺陷的证明责任问题,在司法实务中一直是困扰审判的难题,学界对产品缺陷证明问题的研究也一直很热门,近年来诸多有益实践的学术硕果层出不穷。然而遗憾的是,就产品缺陷的证明方面,虽然在证明责任等宏观论点上颇有成就,但之于一些比如产品缺陷诉讼中的证明妨碍问题却相对"冷清"。在实务中,时常有许多无良的生产商和销售商为获取诉讼利益,以证明妨碍的手段来阻碍消费者的证明活动;但受制于相关理论的不成熟,在立法和实践中并不见详

---

① 龙金鹏:《产品缺陷诉讼证明研究》,2012年西南政法大学硕士学位论文。

明的规定或做法来给予其救济,所以最后权益受损的还是处于弱势的消费者。因此,为了发挥民事诉讼权利保护的功能,维护经济生活的安定和当事人权益,本章从产品缺陷诉讼的相关问题入手,拟对证明妨碍问题进行相应研究和探讨,以期形成可操作性的理论构造,裨益民事诉讼实务应用。

第一节 产品缺陷诉讼概述

产品缺陷诉讼是民事诉讼类型中的一种,其核心是产品缺陷所引发的私法纠纷,因此对产品缺陷问题的证明成为产品缺陷诉讼的关键。在进一步探讨关于产品缺陷的证明问题之前,我们有必要先就此问题的前提即有关产品缺陷诉讼的相关概念和特点进行分析,并在此基础上建立起一个概念体系,然后从明确的内涵根基出发来构建相关理论和看待实务案例,方能符合法学研究的一般逻辑轨迹。

一、产品缺陷相关问题概览

(一)产品缺陷的定义

我国《产品质量法》第 2 条规定:"产品是指经过加工、制作,用于销售的产品,建筑工程不适用本法规定;但是,建筑工程使用的建筑材料、建筑构配件和设备,属于前款规定的产品范围的,适用本法规定。"根据以上的规定,可知在我国法律对产品的定义是明确的,须具有加工、制作的工序和满足某种需求的性能,以及可以流通的适销性。因此,对于产品的定义没有可争议之处。

而产品的缺陷,如果仅按字面理解为产品本身所带有的问题或不足是不科学的,我们应该从动态而非静止的视角去认识语词的真实表意。因此,为力求定义的严谨性,我们须把握"缺陷"二字的确切定义。在现代汉语词典中,"缺陷"的含义是"欠缺或不够完备的地方"。① 但这种产品的"欠缺或不够完备"没有达到法律用语所应当表达出的精密性和实用性,什么样的欠缺才能使产品的缺陷受到法律的规制?这样的欠缺程度应当是什么样的标准?只有解决了这两个问题,才是该词定义的完整形态。

---

① 中国社科院语言研究所词典编辑室编:《现代汉语词典》,外语教学与研究出版社 2002 年版,第 1602 页。

1. 缺陷概念的把握——产品缺陷与产品瑕疵的辨析

为了说明产品缺陷的概念,在此将其与一个类似概念作一辨析:产品瑕疵。产品瑕疵与产品缺陷是法律上两个不同的概念,但二者同属产品责任的范畴。产品瑕疵是指,产品的质量不符合合同的约定,但不含有危及人身、财产安全的不合理的危险。我国《产品质量法》第46条规定:"本法所称缺陷,是指产品存在危及人身、他人财产安全的不合理的危险;产品有保障人体健康和人身、财产安全的国家标准、行业标准的,是指不符合该标准。"由此可见,相对于仅仅是少了几个配件或者掉了一块颜色这样的产品瑕疵,产品缺陷呈现出的是对人身和财产安全的不合理危险。换言之,产品如果只存在"瑕疵",那仅仅是一种违约的状况,即只是单纯的经济纠纷;但如果产品达到了缺陷的层级,则说明该产品就已违反了国家或行业制定的、保障人体健康和财产安全的相关标准。孰轻孰重,不言自明。

2. 缺陷程度的判断标准

前文论述了产品缺陷的概念是相较产品瑕疵严重的一种危险性,那么这种危险性的程度依何为标准,即是下文所要讨论的问题。

首先,该缺陷程度的依据是国家或者行业制定的相关法定标准。要辨别一项产品是否有"缺陷"程度的危险,即需要依照该类标准作为比对,而这一类的标准往往也是具有强制性的,一旦产品的缺陷度符合其规定,则该产品将在法律上具有可制裁性。这样的判断依据是立法者长期以来经验性考量的结果,因为只有客观、明确的制定标准才能保证法律的实效性、操作性,有利于处于弱势的消费者及时获取产品的相关信息以便求偿。另外,生产者也能根据这些强制性标准作为生产的指引以预防或消除缺陷,同时这些标准也是经营者据以妥善保存货物避免承担产品责任的向导。[1]

但是,法定标准作为判断产品缺陷程度的依据也有其不足之处,因为关于事物的规定是制定者的主观产物,受一定的经济条件和环境因素制约,所以一经制定出来就已落后于社会和经济的发展了。当下社会生产力高度发达,产品更新换代的速度极快,科技的进步也使新兴产品层出不穷,因此旧的产品标准可能会不适应新的经济环境和产品要求;而且单纯依赖制定标准,有了新情况就对标准进行修改的立法模式也已经被喻为"补丁法律",渐渐不适应当前的发展趋势了。因此,国家或者行业的制度标准是产品缺陷判断的理性选择,

---

[1] 周新军:《产品责任立法中的利益衡平》,中山大学出版社2007年版,第147页。

但囿于其缺陷,却又不能作为唯一的选择。

为了弥补制定标准的不足,在西方国家又有了产品安全的合理期待标准作为其补充。所谓产品安全的合理期待标准,在美国又被称为消费者合理期待标准,是指如果产品的危险程度超过普通消费者所能预见的程度,则可判断其具有不合理危险性,即该产品就是缺陷产品。① 而与之相出入的是,在日本和欧洲,该标准被称为产品安全性期待标准,其以一般人的合理期待为内容来判断产品是否存在缺陷,相对更加客观化,便于消费者的理解与操作。概言之,相对法定标准作为缺陷程度判断的依据,这种以一般、合理期待作为产品缺陷尺度的做法,对消费者的保护力度更大,对生产、经营者的要求更严,适用的范围也相对成文标准更为广泛,而且不会因特定环境的局限而丧失普适效力。

综上所述,通过对产品缺陷动态的、实在层面的考察可以看出,所谓产品的"缺陷"是指产品具有某种不合理的危险性,这样的危险性足以对人身和产品以外的其他财产造成损害,而这样的"不合理"应当包括不符合国家和行业的标准以及不符合合理的期待;如果是合理的,或者不可避免的危险则不属于法律调整的缺陷范围。因此,笔者认为对产品缺陷的定义可以表述为:产品所存在的、危及人身或产品以外财产安全的、不合相关法定标准或合理期待标准的危险性。

(二)产品缺陷的适用范围

对于产品缺陷的范围在我国立法中没有特别规定,参考学界的观点,一般认为对于产品缺陷的范围应包括制造缺陷、设计缺陷和警示缺陷这三种传统类型。但也有学者提出,产品缺陷还应包含跟踪观察的缺陷,②以及认为营销缺陷也属于产品缺陷的表现形式。③

笔者认为,传统的三种分类作为长期实践的归纳结果,作为产品缺陷的适用范围没有问题。但这三种缺陷皆属于生产环节产生的缺陷,而我国《产品质

---

① 李俊主编:《美国产品责任法案例选评》,对外经济贸易大学出版社2007年版,第81页。

② 杨立新:《侵权责任法》,法律出版社2010年版,第305页。

③ 陈璐:《侵权责任法判例与赔偿系列——产品责任》,中国法制出版社2010年版,第1~5页。

量法》在第 41 条①规定了产品生产者责任的同时,也在第 42 条②规定了"销售者过错"所致的产品缺陷责任,因此为了契合实务运用的宽度,对于产品缺陷的理解不应局限于产品生产的缺陷,还应关注产品在销售环节的缺陷。而所谓跟踪观察的缺陷,是指产品投入流通后发现缺陷时要求生产者、销售者及时警示、召回的补救责任。这种产品投入流通时缺陷尚不明显,或者依据当时的科学技术水平尚不能发现的情况符合《产品质量法》第 41 条第 2 款中的责任例外情形,因此只能算是三种传统缺陷的衍生缺陷,不宜归为单独的缺陷类型。与此同时,营销作为商业推广手段,其缺陷更多是指销售方法、策略的缺陷,不能归算到产品缺陷上,但是一个类似的概念——产品在销售中的缺陷,笔者认为可以用来表示产品缺陷在生产环节之后的销售环节中的适用。以下即对传统的三种产品缺陷的适用范围和产品销售缺陷的问题展开论述。

1. 生产领域的产品缺陷

(1)产品设计缺陷

产品设计缺陷是产品在生产环节最早发生的缺陷种类,其含义是指由于设计因素的缺陷导致产品存在不合理危险。换言之,在投产前一项产品的设计就已经带有缺陷了,有毒的树枝结出的自然也是带毒的果实。

在产品设计缺陷的范畴里同样也可以划为三个种类:一是样品设计的选材不当,即在样品设计的时候就已选择了危害人身安全或者财产安全的、不合格或者不合适的材料、部件,从而在生产中重蹈覆辙;二是产品设计本身的构造、技术缺陷,即这样的商品就其性质而言具有不合理危险,或者说这种危险来自于设计手段的错误,或是不合规定,例如设计出的椅子有可能伤到人体的暗棱;三是产品的辅助设计不当,使其在例如防火、防锈、防腐等方面具有缺陷。③

---

① 《产品质量法》第 41 条规定:"因产品存在缺陷造成人身、缺陷产品以外的其他财产损害的,生产者应当承担赔偿责任。生产者能够证明有下列情形之一的,不承担赔偿责任:(一)未将产品投入流通的;(二)产品投入流通时,引起损害的缺陷尚不存在的;(三)将产品投入流通时的科学技术水平尚不能发现缺陷的存在的。"

② 《产品质量法》第 42 条规定:"由于销售者的过错使产品存在缺陷,造成人身、他人财产损害的,销售者应当承担赔偿责任。销售者不能指明缺陷产品的生产者也不能指明缺陷产品的供货者的,销售者应当承担赔偿责任。"

③ 陈璐:《侵权责任法判例与赔偿系列——产品责任》,中国法制出版社 2010 年版,第 8~12 页。

第五章 产品缺陷诉讼中证明妨碍规则之具体适用

（2）产品制造缺陷

产品在制造中的缺陷来自两个方面，其一是产品的生产与产品的工艺设计质量脱节而造成的危险隐患，即产品制造缺陷的产生是"产品与其设计要求的背离"导致的恶果。① 因此，在产品的设计环节并没有产生设计缺陷，但在投入生产时可能因为选材的不适当，或者零部件本身的属性与产品设计相冲突等原因而产生了不合理的危险。例如，一款方便面原本设计是使用小麦粉和 A 原料混合制作面饼，但投产时工厂方为图生产成本选择了价格低廉的 B 原料进行混合，殊不知 B 原料与该方便面的作料原料会产生化学反应，并生成危害身体健康的化学物质。如此一来，该产品缺陷的由来就是一种产品制造上的缺陷。

其二是产品生产中的加工材料、辅助部件存在安全质量问题，从而"连累"了最终产品。这种缺陷情形相对较为直观，简单说来就是产品的生产用料有缺陷，部分影响整体，从而产品就存在了缺陷。例如家具厂家采购的原木是受过病虫的木料，电脑厂家生产电脑主机时使用的某项部件是不合规格的淘汰废料等；虽然这样的生产材料外观上是"适合"该类产品生产的，但由于该种材料、零部件存在假冒伪劣等质量问题，导致生产出来的产品难以达到产品设计所要求的质量程度，缺陷即在所难免。

（3）产品警示缺陷

产品警示缺陷概念来源于美国产品责任法中的警示缺陷理论，具体是指就产品的正确使用方式和产品使用危险未有适当说明和警告而使产品具有不合理的危险性。② 一项产品仅仅是在设计和制造过程中没有缺陷是不够的，因为即使本身是安全的产品，但是错误的使用或者未留意含毒、有伤害性的产品特征也会造成危险。这样的危险一旦未经生产者提示即构成不合理危险的一种。

没有正确使用方式的警示缺陷和危险内容的警示缺陷主要表现为：1）未规定产品的合理用途或危险内容提示。例如对锋利器具的使用规范不加说明，或不在杀虫剂瓶身注明含毒警示。2）对合理用途或危险内容提示的规定过于模糊或者错误。这种情况是社会生活中最为常见的例子，例如对手工刀

---

① 肖永平、龚乐凡、汪雪飞：《侵权法重述第三版：产品责任》，法律出版社 2006 年版，第 20 页。

② 杨学奎：《论美国产品责任法中的警示缺陷理论》，2005 年对外经济贸易大学硕士学位论文。

具的年龄限制过于低龄化,或者生发水致病性化学含量的警示说明模棱两可。3)对合理用途或危险内容提示说明的文字不易辨认。诸如文字过小,印刷模糊甚至直接以外国文字来作为警示提示的情形都应认定为产品的警示缺陷。

2.销售领域的产品缺陷

严格来讲,产品的销售缺陷并不是学界大众认可的产品缺陷适用范围。但是,从《产品责任法》第42条的规定和司法实践中销售者过错导致产品缺陷的大量案例来看,仅在生产层面探讨产品缺陷似有不妥。因此,笔者在此创设产品缺陷范围的新类别,就传统领域之外补充性地探讨关于销售者产品责任的问题。

生产领域以外新的产品缺陷的发生,是从生产方出产产品到最终交由消费者这个过程中产生的产品缺陷,其中包括运输者所致的缺陷,仓储者所致的缺陷以及销售者所致的缺陷等。而在销售领域,由销售者过错所致的产品缺陷最具代表性。在这个时期,产品已经经历了生产环节的检验,就其硬件方面而言是合格的,即不存在不合理危险的缺陷。但是,由于产品实际尚未被消费,没有发挥产品满足某种需求的作用,因此该产品能不能继续保证原初的质量就成为一个变量。而这个变量会因销售者的过错行为而降格成新的产品缺陷,因此对产品缺陷在销售领域的适用范围而言,销售者有过错的行为是其最主要的类别。

二、产品缺陷诉讼的特征及其定位

(一)产品缺陷诉讼的特征

产品缺陷诉讼是针对产品缺陷问题所产生的纠纷向人民法院提起的诉讼。该类诉讼与大多数民事诉讼类型一样是私法性纠纷借助公法程序加以解决的途径,但是法律并未明文限制产品缺陷诉讼的唯一救济渠道是诉讼方式,消费者同样可以寻求私力救济或是其他诉讼外的替代解决手段。例如在该纠纷中最常见的实务情形是消费者遭受产品缺陷问题后,一般会先找销售者或者厂家联系、协商,而协商未果时才会考虑私力以外的手段,其中包括寻求消费者协会、民间调解组织帮助之类的社会手段或者诉诸工商局等政府部门的公力手段等。而在所有诉讼外的救济手段用尽而没有实效后,消费者才会转向权利救济的最后一道也是最有强制力保障的防线——法院诉讼。

就产品缺陷的诉讼特征而言,其与一般民事诉讼案件并无太大差别,目的依然是保障权利、解决纠纷,程式也符合一般民事诉讼审判。但从微观上讲,因为产品缺陷问题的特殊性,和大众的私法纠纷相比也呈现出一些其独特的

第五章 产品缺陷诉讼中证明妨碍规则之具体适用

地方。具体如下：

1.在主体方面，产品缺陷诉讼的原告通常是消费者或者受到产品缺陷损害的受害者（属于消费者的延伸，下文在必要时统称二者为"被侵权人"）；而基于前文探讨，根据产品缺陷产生的不同领域，其被告既可以是生产者①，也可以是销售者②（下文在必要时统称"侵权人"）。民事诉讼解决的是平等主体之间的权利纠纷案件，大多数情况下民事诉讼的当事人都是地位相当的情形，例如公民之间的借款纠纷、公司之间的合同纠纷。

在产品缺陷诉讼中，虽然外观上双方当事人也是民事法意义上的"平等主体"，但从经济法角度来看，一般认为消费者和生产者、销售者之间实质上存在不对等性。换言之，生产者、销售者处于相对优势的经济地位并具有更强大的信息、资源的获取能力，而消费者实际上处于弱势地位。而这种弱势在诉讼中会继续延续，可能在选聘律师的质量、诉讼资讯的获取以及证明难易等问题上陷入窘境。所以，为了应对这种表面平等实则差异的状况，有必要对消费者在某些方面进行倾斜保护，限制生产者、销售者不当的诉讼强势，使双方平等地

---

① 我国《侵权责任法》和《产品质量法》使用"生产者"的概念，对生产者的责任主体地位作了原则规定，但未明确生产者的范围。一般认为，生产者或制造者包括：第一，成品制造者。成品制造者是产品责任的主要承担者。第二，零部件制造者、原材料生产者。产品缺陷由零部件制造者、原材料生产者造成的，受害人向其请求损害赔偿时，其应承担侵权责任。第三，准制造者。《欧共体产品责任指令》第3条以及美国《侵权法第三次重述：产品责任》第3章第14条对准制造者作了专门规定，值得借鉴。对他人制造的产品像自己制造的产品一样进行销售或者以其他形式经营，视为制造者。例如，在他人的产品上以自己的名称、商标或其他具有识别性的标志表明自己为生产者，此种情形下，对其销售的产品应当承担产品制造者的责任。另外，为出售、出租、转让等营业目的的进口商也视为制造者，这主要是为了避免受害人因管辖权的障碍无法对外国产品生产者起诉而蒙受损失。参见杨立新：《侵权责任法》，法律出版社2010年版，第326页。

② 销售者是指生产者外的产品经销商。由于销售者的过错使产品存在缺陷，造成人身、他人财产损害的，销售者应当承担赔偿责任。销售者不能指明缺陷产品的生产者或不能指明缺陷产品的供货者的，销售者应当承担赔偿责任。《侵权责任法》第42条、《产品质量法》第42条对销售者的责任主体地位作了规定。借鉴《美国侵权法第三次重述：产品责任》的规定，产品责任中的销售者应满足的条件是：第一，以经营该产品为业的人，如私车转让人不是销售者；第二，此种经营应是长期的，而不是临时或偶尔的；第三，不要求该致害产品是其主营业或唯一的营业，如影院出售爆米花。至于销售者的范围，根据产品提供或经营方式，主要包括批发商、零售商、出租人和行纪人等。参见杨立新：《侵权责任法》，法律出版社2010年版，第326～327页。

接近诉讼,平等地承担风险。

2.在客体方面,产品缺陷诉讼的审理对象是产品的缺陷,在上一部分我们已经探讨过关于产品缺陷的相关问题,在此仅就产品缺陷使该诉讼类型特殊化的部分加以阐述。

首先,产品缺陷诉讼在认定产品缺陷等问题的相关方面需要依据的实体法除了以《民法通则》为主的一般民事法规,还因其纠纷特性而需要依照《产品质量法》一类的经济法律法规甚至部门规章进行裁判。所以相比一般的民事案件类型,产品缺陷诉讼的私法准据范围相对较宽。

其次,由于涉及产品缺陷的认定问题,在诉讼中运用质检、鉴定、评估、专家证言等科技手段的可能性相较一般民事诉讼案件要高,而且必要的时候还可能由法官决定是否指定技术专家一同参与审判。例如美国《联邦民事诉讼规则》第53条就规定,联邦法官可以指定特别专家协助法院审判,最终判决时法院可以采纳、确认、全部或部分修正专家的意见。

综上,前述特征的阐述说明了产品缺陷诉讼相较一般民事诉讼特征的"个性"。因为这样的"个性",才致使对于产品缺陷诉讼的案件处理上需要注意一些细微的地方,尤其是产品缺陷诉讼的证明问题上。而产品缺陷诉讼最为引人注目的特征也正是其独异的证明方式和证明责任方面,对此下文将专门论述。

(二)产品缺陷诉讼在民事诉讼中的定位

产品缺陷诉讼根据产品缺陷带来的人身、财产不合理危险的性质而属于民事侵权责任诉讼。而相对一般民事侵权责任之诉,产品缺陷诉讼具有以下特点:(1)侵权主体的独特性。一般侵权责任的侵权方式是侵权人以其行为导致被侵权人人身、财产的损害,而产品缺陷侵权的侵权方式是因为产品的缺陷导致损害。换言之是"物"的侵害而非"人(行为)"的侵害。(2)侵权方式的间接性。一般侵权责任是作出侵权行为——产生侵权责任的直接模式,而产品侵权责任的侵权方式是以其产品存在缺陷,而造成权利人的损害,即侵权人(生产者、销售者)的侵权行为并没有直接作用于受害者,而是以产品为媒介来间接侵权的。(3)证明要件的特殊性。一般侵权责任诉讼中权利人的证明难度较大,因为其需要权利人证明侵权人主观上存在过错,而产品缺陷侵权诉讼则无须证明侵权人的主观过错,某种程度上还分配给了侵权人更大的证明责任。

综合前述,有了对产品缺陷定义的基本探究和产品缺陷诉讼的个性阐释,就这种特殊纠纷类型的基本特征我们有了一个前提性的把握。然后基于产品

第五章 产品缺陷诉讼中证明妨碍规则之具体适用

缺陷诉讼所表现的特点,结合不同的缺陷适用范围的分类,对产品缺陷案件在民事诉讼中的证明问题就有了研究的指向。以此为基点,接下来的部分即对产品缺陷诉讼中证明责任的相关问题,以及探讨在证明妨碍领域这类特殊纠纷形式呈现出的独特状态进一步展开论述。

第二节 产品缺陷诉讼中的证明问题

一、民事诉讼证明概述

(一)证明的基本概念

法院判决的对相关事实存否的判断,有赖于当事人所提出的证据及参酌一切诉讼资料,形成心证而最终确定。如此以形成心证、以确定事实为目标的审理过程,称之为证明。在民事诉讼案件的审理中,为发现案情真相,需要当事人积极地提出证据资料对自己的主张和相关事实加以佐证,才能形成有利的法官心证。在过去职权进行主义的调查模式中,法官为查清案情,往往依职权主动调查取证,自证自判。随着社会经济的发展,民事案件激增,法院在这样的审判方式下显得有些不堪重负,而且司法中立的思潮也冲击着旧有的诉讼观念。因此,自 1988 年我国民事诉讼审判方式改革开始,当事人主义的程序定位在诉讼中的比重开始上升。而在民事诉讼的证明问题上也一般依靠当事人对自己提出的主张提供证据证明;法官居中裁判,一般情况下不会主动介入双方当事人争议的事实中去,以此为法院"减压",也顺应了司法发展的潮流。①

(二)证明责任的含义

在民事诉讼程序中,当事人的证明措施主要是指在法定期限内,按照法定的程序,收集和运用证据材料证明案件事实的相关问题。民事诉讼的证明不仅包括证明过程,还包括证明过程完成后所产生的结果。换言之,在民事诉讼中的证明责任一方面是指主观上提出证据的责任,一方面还包括客观的证明责任。提出证据的责任又被称为行为意义上的证明责任、形式上的证明责任,

---

① 王小林、吴杰主编:《迈向和谐的司法正义》,人民法院出版社 2009 年版,第 147 页。

其是驱使当事人在诉讼中积极攻防的动力。简言之,提出证据的责任就是当事人对其主张负有及时、恰当的提出证据的责任。而客观上的证明责任又称之为结果意义上的证明责任,实质上的证明责任,是指当待证的要件事实处于真伪不明的状态时,由一方当事人承担的不利的诉讼后果。

(三)证明责任的分配

在大陆法系国家,目前对证明责任的分配问题一般采用的是罗森贝克的"规范说",①该说将实体法律规范按照要件事实的不同分为权利发生类的规范和权利对立类的规范;②主张权利存在的当事人须就权利发生规范中的法律要件事实承担证明责任,而否定权利存在的当事人则应就权利对立类规范中的消极法律要件事实承担证明责任;如果超出实体法规范的事实,则不发生证明责任的分配问题。③ 因此,主张某项权利的当事人必须得对实体法上该项权利发生的法律要件事实提出证据证明。若不能提出或不能适当提出,或提出的证据不能形成法官的心证确信,则该方当事人将承担不利后果,即此项权利主张不成立的后果;同理,否定权利的当事人如果不能就权利对立规范的法律要件事实顺利举证,则该权利的否定将不能成立,在没有进一步的举证可能时,该方当事人将遭遇其否定的权利推定成立的不利后果。

2012年修订后的《民事诉讼法》对证据证明方面的规定在原来12条的基础上加以扩充。但尽管如此,有关证据证明的内容仍只有从第63条到第81条短短的19条规定。《民事诉讼法》第64条有关"当事人对自己提出的主张,有责任提供证据"的规定仍然保留在修法之中。该条规定被学界解释为经典的"谁主张、谁举证"原则。然而这一原则看似简单易懂,实则并未说清证明责任分配的具体问题。"提出主张的人有证明的义务,否定的人没有证明义务",这种通行于罗马法时期的证明责任分配法则早已在其他大陆法系国家销声匿迹,因此我们不得不进行反思,"谁主张、谁举证"是否适合作为证明责任的分配原则。笔者认为,"谁主张、谁举证"这样笼统、不明确且不具操作性的规定实际并没有完整地体现"证明责任"的实质内涵。一方面,当事人对证明责任的内容不明确,缺乏举证积极性和诉讼风险意识;另一方面,由于没有可供遵

---

① [日]高桥宏志:《民事诉讼法——制度与理论的深层分析》,林剑锋译,法律出版社2003年版,第422页。

② 权利对立规范又详细划分为权利障碍、权利消灭和权利制约规范。

③ [德]莱奥·罗森贝克:《证明责任论》,庄敬华译,中国法制出版社2002年版,第104页。

循的"证明责任法",法官往往依靠经验和直觉分配证明责任和判断证据,有违司法的严谨;且对证据的裁量权过大也是滋生腐败的温床。① 更重要的是,这样的证明要求可能导致一方当事人的证明责任过分加重,从而有悖于民事诉讼程序保障的初衷,直接导致诉讼双方的地位失衡。这种情况在民事诉讼侵权案件领域尤为显著。在民事诉讼侵权纠纷中,对案件事实的举证一般涉及四个方面的要件:侵权人的主观过错、侵权责任的损害行为(事实)、侵权责任的损害后果以及该损害后果与侵权行为(事实)之间的因果关系。如果采取"谁主张,谁举证"的原则,这四项要件的证明任务几乎都落到原告一人身上,而作为侵权人的被告却"无所事事"。如此一来,原告遭遇的诉讼负担和证明困难相当沉重,原被告之间的诉讼地位也明显失衡。起初,这样的不平等一般通过法官依据诚实信用原则和公平原则进行平衡,但法官的职权裁量具有主观性,在适用上有一定的不确定风险,甚至可能为了平衡不公平又转向新的不公平,破坏了司法的稳定性。

鉴于"谁主张、谁举证"原则的局限性,一方面参考国外的理论,一方面总结国内的经验,《民事证据规定》作为《民事诉讼法》证据证明方面的立法补充,使得证明责任的含义和分配规则有了相对完整的规定。虽然总体上《民事证据规定》没有改变"谁主张、谁举证"的格局,但其明确了客观证明责任的规定,②完善了诸如合同案件、劳动争议案件中的证明责任分配规则,并以保障证明地位平等为出发点设立了若干倒置证明责任的规定。同时,根据司法实务中证明责任的复杂性,在《民事证据规定》第 7 条设置了有关法官裁量权的兜底性规定:"依本规定及其他司法解释无法确定举证责任承担时,人民法院可以根据公平原则和诚实信用原则,综合当事人举证能力等因素确定举证责任的承担。"

二、产品缺陷诉讼证明的构成要件

(一)主观过错的证明

在探讨民事诉讼证明的相关问题后,我们以之对产品缺陷的诉讼证明展开分析。作为侵权责任诉讼的一支,我们须分析产品缺陷诉讼证明的特殊性,

---

① 周新军:《论产品责任因果关系的证明与举证责任》,载《求索》2007 年第 7 期。
② 《民事证据规定》第 2 条第 2 款规定:"没有证据或者证据不足以证明当事人的事实主张的,由负有举证责任的当事人承担不利后果。"

产品缺陷致损的侵权诉讼与一般的民事侵权诉讼有所不同。《侵权责任法》第41条规定:"因产品存在缺陷造成他人损害的,生产者应当承担侵权责任。"该条规定对产品生产者承担侵权责任的归责原则作了规定。产品责任的归责原则是确定产品责任归属的准则,是要求行为人承担产品责任的根据、标准和理由。关于产品责任的归责原则,各国多经历了从合同责任到过失责任再发展到现在的无过错责任的过程。无过错责任是指损害发生后,无论行为人有无过错,法律规定应当承担侵权责任的,行为人应当对其行为所造成的损害承担侵权责任。我国的立法部门在广泛借鉴国际通行做法并充分调查研究的情况下,在《产品质量法》的基础上,确立了产品责任的归责原则是无过错责任。亦即,只要产品存在缺陷造成他人损害的,除了法定可以减轻或者免除责任的事由外,不论缺陷产品的生产者主观上是否存在过错,都应当承担侵权责任。①

既然产品责任的归责原则属于无过错责任,因此不需要产品缺陷的受害人证明侵权的生产者或销售者存在过错,这是产品缺陷诉讼证明的特殊性之一。由此推之,确定产品责任是否成立的构成要件就只有损害事实(因为是间接侵权,所以应当证明的是损害事实而非损害行为)、损害后果以及因果关系了。

(二)损害事实的证明

对损害事实的证明,其实就是对产品缺陷事实的证明,换言之就是对产品有没有缺陷进行举证。因此,从某种意义上讲,对产品存在不合理危险的证明是产品缺陷诉讼证明中的关键。该要件最终的证明结果能否使法官形成"确有缺陷"的心证直接决定了谁胜谁败的裁判结果,同时对产品缺陷达到何种程度的证明也是判令被告承担多大赔偿责任的前提。因此,"在严格责任下,产品缺陷是任何权利要求的基础,往往会成为利害关系人争议的焦点";②原告要想获得胜诉判决从而获得被告赔偿,就必须证明产品存在缺陷以及缺陷的程度。然而,随之而来的问题是,产品缺陷这一实体法要件事实因其存在的自身特点,在诉讼中其实并不容易被证明;在实务案件中,许多受害者正是因为在产品责任诉讼中无法证明产品存在缺陷而导致败诉。

对产品缺陷要件的特点,前文已经提到过有关何为"缺陷",以及什么样的

---

① 全国人大常委会法制工作委员会民法室:《中华人民共和国侵权责任法条文说明、立法理由及相关规定》,北京大学出版社2010年版,第172~173页。

② 李俊主编:《美国产品责任法案例选评》,对外经济贸易大学出版社2007年版,第78页。

缺陷程度才能作为法定"缺陷"的问题。只有把握了这些关键性的标准,同时选取既合法又合适的技术鉴定手段,才能够在提供证据的时候目标明确,有的放矢。目前,大多数国家的司法实务中仍是让原告承担产品缺陷的证明责任,原因依然是引发损害事故时缺陷产品往往处于原告的控制之中,因此原告能够先一步收集证据以证明产品存在缺陷,从而对缺陷产品的状态更加清楚。①

(三)损害后果的证明

在损害后果的证明问题上,一般认为应属原告承担证明责任的证明要件。因为在"谁主张,谁举证"的框架下对于原告提出的损害主张自应由原告进行证明,而且由于缺陷产品处于原告控制之下,相对而言侵权人对证据的距离较远,要其证明该项要件实属"强人所难";而且,由受害人负责举证损害后果也能督促其妥善保管缺陷产品,以免因其疏忽给审判带来困扰。换言之,如果受害人没有对损害后果的证明责任,很可能造成对方当事人举证的困难和诉讼的延迟。当然,受到缺陷产品损害的消费者或者相关受害人对损害后果的证明一般也较为方便容易,例如财产损失可以由检测评估机构认定,人身损害也可以到相关的医疗鉴定机构进行检查并出具鉴定结果。

(四)因果关系证明

在产品缺陷诉讼中,法定的证明责任分配情形规定于《民事证据规定》第4条第1款第6项,即"因缺陷产品致人损害的侵权诉讼,由产品的生产者就法律规定的免责事由承担举证责任"。这说明,缺陷产品诉讼的损害事实与损害后果之间因果关系的证明并没有像其他实行证明责任倒置的案件一样,由被告举证。这意味着立法者对该因果关系的证明问题既没有认定原告有足够的举证能力承担,也没有把这项证明难点交给相对处于优势的侵权责任方。这种模棱两可的立法态度使该问题的证明责任分配再一次须借助法官的裁量,而实务中有继续坚持"谁主张,谁举证"而使原告负担该项证明责任的做法,也有效仿其他证明责任倒置设计令被告承担的情形。

三、产品缺陷诉讼证明所面临的问题

在产品缺陷致损领域实施无过错责任,即原告不必证明被告有过错。我国法律如此规定是考虑产品的性能、生产、销售流程及使用等信息实为生产者或销售者掌控,消费者对此并不十分了解,在举证方面势必遇上不小的困难,

---

① 龙金鹏:《产品缺陷诉讼证明研究》,2012年西南政法大学硕士学位论文。

因而合理地分化了其证明责任。这在法律上有明确规定,且实务中无甚问题。而损害结果由消费者及受害者证明同样也是基于侵权被告方的举证困难,合法合理地减轻其证明责任,平衡双方举证地位的做法,同样未见实务运用中的瓶颈产生。真正产生争议,并造成司法适用混乱的产品缺陷证明主要还是集中在有关产品缺陷事实认定与因果关系证明分配上,以下即对这两方面的争议作一分析。

(一)关于产品缺陷事实认定的问题

对产品缺陷事实的证明责任,一般是由原告承担,依据之一是"谁主张,谁举证"原则。另外,在这方面没有证明责任倒置的明文规定。立法者的考虑是当前社会服务水平相对较高,消费者和受害者可以依托相关的质量检验、认定部门来确定产品缺陷,这被认为是促使被侵权人积极举证的手段。

但事实上,对该证明责任分配的合理性却一直招来争议。因为虽说消费者或受害者手握缺陷产品,并且可以寻求有关社会团体或者机关对缺陷进行鉴证,但是否单凭被侵权人一面的力量就能得到适当的缺陷鉴定呢?仅凭一件产品,没有完整把握案情的鉴定机关,是否能作出与事故发生时所处状态对等的缺陷评估呢?而且如前文所说,产品缺陷有生产环节的缺陷和销售环节的缺陷,对此缺陷度信息的"最佳知情人"显然是生产商和销售商,但是记录产品生产和销售的书面材料往往被生产者、销售者占有。此类证明产品存在缺陷的有力证据,原告其实不易收集。因此,原告在这方面存在证明困难。

但换个角度,既然生产者、销售者对此方面有得天独厚的"优势",那么是不是也应该将证明责任倒置,让生产者或销售者承担该证明责任,证明其生产或销售产品时没有造成缺陷呢?且不论缘无过错责任之后又让侵权责任方多了项证明责任是否有失公允,在法无明确规定证明责任倒置的情况下,法官任意创设倒置的情形难免引致非议。此外,先入为主地认为生产者和销售者占有"优势",而不分析具体情况,不查明原告诸如证据保存等方面的过错,实则是对被告方的不公正。

简而言之,笔者认为在现有法律结构内,产品的缺陷事实证明应"以法律为准绳",原则上仍然由原告负担,并将无法证实产品有缺陷或该事实真伪不明的不利后果分配给原告。但是,在原告处于无可争辩的弱势境地时,即适用"谁主张,谁举证"原则显失公平的情况下,法院可以谨慎地按照《民事证据规定》第7条适用职权裁量,对部分待证事实的证明责任进行合理分配。

(二)关于损害事实与损害结果之间因果关系认定的问题

在对产品缺陷的损害事实与损害结果之间因果关系的证明责任分配上,

实务中莫衷一是的做法也是该问题司法乱象的原因之一。在实践中,将该因果关系证明责任按"谁主张,谁举证"分配给原告面临的问题是,因现代工业社会中的产品缺陷损害与环境侵权、医疗侵权损害一样,涉及知识面广、因果关系复杂,所以对缺陷产品事实及损害的因果关系往往需要借助一定的技术手段才能确定。① 这种基于生产技术或者销售方法的信息资源仍然由生产商和销售商把控,被侵权人作为普通消费者,通常不知道社会生产和销售的运作常识,相对侵权人而言举证能力有所局限,此时令其承担证明责任就是不公平的分配。

对此问题的完善,最主要的做法还是通过调整证明责任来使证明责任向相对优势的侵权责任方转化,使其举证产品缺陷的因果关系要件事实。但为避免"头痛医头,脚痛医脚",因裁量的主观随意性过大对生产者和销售者亦造成证明失衡的可能,实务界认为该倒置应当是一种限制性的倒置,即将证明责任转向被告的情形只有以下两点:(1)原告的证明困难是基于产品特有的核心技术,通过一般性技术检测难以实现,例如交通工具和电子产品中的科技秘密;(2)被告相比原告拥有更多的信息资源优势,使其证明不存在因果关系相对令原告证明有因果关系更合理。②

此外,在理论界对该因果关系的证明责任分配问题也有相应的学说。例如盖然性因果关系理论认为对于该问题只要求原告在相当程度上举证,而不要求对全部技术过程举证。换言之,只要证明"如无该行为,就不致发生此结果",即使不够严密,法院也可以据此推定因果关系的存在,除非被告提出反证,否则不能免除不利后果。③ 又如,英美法系的因果关系推定学说认为,原告如果能够证明被告对某一侵害事实负有管理责任,该侵害事实不因任何其他第三方的因素而导致原告损害结果的产生,则法官可以推定被告主观存在管理过失而判定其应负赔偿责任,而被告也可以通过反证自己没有过失或者第三人存在过错而免除责任。

综上所述,在辩论主义框架下,当事人为追求对其有利的判决,就必须提供足够的证据证明自己的主张或反驳对方的主张。如果当事人的证明活动无法奏效,就可能由其承担败诉的不利后果。但对于诉讼而言,必要的事实资料

---

① 周新军:《论产品责任因果关系的证明与举证责任》,载《求索》2007 年第 7 期。
② 周新军:《论产品责任因果关系的证明与举证责任》,载《求索》2007 年第 7 期。
③ 罗玉珍、高委:《民事证明制度与理论》,法律出版社 2003 年版,第 244 页。

或证据情报可能会偏向存在于其中的一方当事人,并且因此造成实体法上所肯定的权利却在诉讼上无法实现,或者实现其权利显著困难。此时,当事人自主决定诉讼程序的缺点将暴露无遗。尤其像在产品缺陷诉讼这样的当事人经济地位不对等而导致诉讼力量失衡的情形下,任由当事人自主处分程序,自主举证辩论,在现有的法律框架下难免会发生举证困难的情况。因此,借助法官合理的裁量,在适当的情形下分配证明责任显得尤为必要。然而在诉讼中,如何正确权衡当事人之间的证明责任分配才能达到程序公正和权利保障的功效,却是摆在以法官为主的司法实务工作者面前的一道难题。以下笔者即以证明妨碍视角,就其对产品缺陷诉讼证明方面的问题进行更为深入的论述。

第三节 产品缺陷诉讼中的证明妨碍

一、案件事实解明义务理论在产品缺陷诉讼证明中的运用

前文在分析产品缺陷诉讼证明的特点时,指出了对于产品缺陷要件事实的证明往往需借助大量的专业知识或鉴定手段,而对于产品的制造或销售的技术和手段,作为产品缺陷诉讼中的被告一方往往比原告更加清楚。在产品缺陷诉讼中,原告为了证明争议产品存在缺陷,有时需要被告提供记录产品的生产或销售的技术或过程的相关证据资料;甚至由被告所掌握的这些证据资料能成为证明产品存在缺陷的关键证据。如在证明产品存在设计缺陷的过程中,通过提供生产者生产产品的工艺或参数设置,证明被告的产品生产过程存在技术问题,进而便可以证明被告生产的产品存在产品缺陷。而因为产品存在缺陷的证明责任由产品缺陷诉讼中的原告承担,原告必须将产品存在缺陷的事实证明至证明标准以上的程度时,才有可能获得胜诉,因此原告的证明负担相对于被告较重。被告为了自身的利益,往往会不提供甚至故意销毁能够证明产品存在缺陷的证据资料,而不当地利用证明责任使原告败诉。[①] 因此,为了避免被告不当地利用证明责任,平衡双方当事人的攻击防御能力,将当事人案件事实解明义务理论适用于产品缺陷诉讼的证明过程中便显得尤为重要。

---

① 龙金鹏:《产品缺陷诉讼证明研究》,2012年西南政法大学硕士学位论文。

第五章 产品缺陷诉讼中证明妨碍规则之具体适用

(一)案件事实解明义务的基本含义与法理考察

当事人的案件事实解明义务,是指当事人对于案件事实的查清负有对于相关有利及不利事实的陈述或说明义务,及为查清事实而提出相关证据资料(文书、勘验物等)或忍受勘验的义务。① 案件事实解明义务发生的时点,尤其是指在于负有证明责任的当事人无法具体陈述其主张或提供证据之时。从案件事实解明义务的含义来看,其主体范围为双方当事人。但是,如果基于通常意义的证明责任分配法则,那么解明义务的主要研究重点是指不负证明责任一方当事人的案件事实解明义务。据此,虽然从广义上而言,双方当事人似乎均有可能受案件事实解明义务的规范,但是其规范的重点仍应置于不负证明责任一方当事人的案件事实解明义务。为什么不负客观证明责任的当事人也应当致力于待证事实的解明呢?对于此问题,理论界一般认为案件事实解明义务的法理依据是基于证据偏在现象的纠正和真实陈述义务。

1. 证据偏在现象的纠正

按照传统的辩论主义,只要是在当事人的辩论中没有出现的要件事实,法院便不能以其为基础作出判决。然而,证据资料可能会偏在于其中的一方当事人,并且因此导致权利的真正享有者无法维护其权益。法谚有云:"举证之所在,败诉之所在。"法院应当如何在双方当事人之间公平分配败诉的风险,固为民事诉讼法中的重要议题。然而,公平分配证明责任的前提,是双方当事人均可以取得与证明待证事实相关的证据资料或诉讼情报。如果诉讼中出现证据偏在现象,那么为了落实诉讼中的武器平等原则,即有必要要求不负证明责任的当事人协力解明待证事实。

2. 真实陈述义务

德国《民事诉讼法》于其第 138 条规定了当事人的真实陈述义务②,其他国家或地区也相继模仿。真实陈述义务是基于辩论主义及诉讼促进义务的作用而发展的程序上的要求,其立法目的是为厘清证明必要性及尽可能完全地

---

① 姜世明:《举证责任与真实义务》,台湾新学林出版股份有限公司 2005 年版,第 110 页。

② 德国《民事诉讼法》第 138 条规定:"(一)当事人应就事实状况为完全而真实的陈述。(二)当事人对于对方当事人所主张的事实,应为陈述。(三)没有明显争执的事实,如果从当事人的其他陈述中不能看出有争执时,即视为已经自认的事实。(四)对于某种事实,只有在它既非当事人自己的行为,又非当事人自己所亲自感知的对象时,才准许说'不知'。"

收集诉讼资料。真实陈述义务不仅仅要求当事人对案件事实做完全而真实的陈述,而且要求当事人原则上对于对方当事人的陈述不能仅仅为单纯的否认,而应当进行具体化的争执。

对于具体化争执的要求,应当注意其与证明责任及主张责任的关系。亦即,仅仅当应负主张责任的一方当事人已经对其主张进行了具体化陈述时,其对方当事人才有具体化争执的必要。否则,如果应负主张责任的一方当事人未履行其具体化义务,即径行要求对方当事人进行具体争执,则有摸索证明及颠覆证明责任分配的危险。例如,原告起诉时仅仅陈述其与被告之间曾经缔结过某买卖合同,那么被告并不存在就具体细节(例如时间、地点、人物等细节)进行具体化争执的必要。在此期间,被告可以仅仅做较为简单的争执,比如"从来就没签过合同"即可。据此,应负主张责任的一方当事人便应当就具体细节进行陈述,而后才能要求对方当事人进行后续的具体化争执。

(二)案件事实解明行为的性质

1. 案件事实解明责任说

案件事实解明责任说是将当事人的案件事实解明行为求诸以经验法则为支柱的提出证据责任。当事人的案件事实解明行为,并非义务,而仅仅是责任或负担。该学说以经验法则出发,认为案件事实解明行为应当定位于证据评价的领域之内。根据"反证不提出法则"[①]可以得知,原则上不负证明责任的当事人为了避免败诉判决,势必会提出反对证据。当不负证明责任的当事人已经预计到法院对对方当事人所主张的事实已经达到或接近确信时,即有必要提出相关证据以动摇法官形成心证。如果该当事人怠于履行提出证据责任,那么该当事人的不作为同样也可以作为法官判断待证事实存否的口头辩

[①] "当负有证明责任当事人的举证即将奏效时,对方当事人不提出这种为了阻止法官形成确信的反证"的情况是应当包括在口头辩论的全部趣旨之中的。口头辩论的全部趣旨即是指在辩论过程中显现的所有资料。在当事人需要进行反证而且提出反证并不困难的情况下,如果认为负有证明责任一方当事人所主张的事实是不真实的,那么在没有特别事由的前提下其应当会提起反证,这本身也是一个经验法则。在这一经验法则下,法院根据诉讼的具体状况可以通过斟酌当事人不提出反证的行为,来判断案件事实是否获得证明,这就是所谓的反证不提出法则或反证提出责任。概而论之,当法官对事实的存在与否达到某程度的心证时,如果存在上述不提出反证的情形,那么法院就可以根据这一情况使原来的心证上升到证明标准的高度,即形成内心确信。参见[日]高桥宏志:《民事诉讼法——制度与理论的深层分析》,林剑锋译,法律出版社2004年版,第464页。

第五章 产品缺陷诉讼中证明妨碍规则之具体适用

论的全部趣旨。

由于案件事实解明责任说以提出证据责任和反证提出责任为基础,所以其将案件事实解明行为定位为责任,而并非义务。并且,以此反证提出责任的经验法则为基础,如果不负证明责任的当事人在诉讼开始以前就预见或应当预见将来可能产生纠纷而有被诉的可能性时,该当事人也应当注意妥善保存在将来诉讼中对己有利的证据。因此,在反证提出责任的隐形压力下,不负证明责任的当事人为了回避因适用"反证不提出法则"而对己所产生的不利益,必须致力于履行案件事实解明责任。这里所谓的不利益,并非证明责任转换后的结果,本质上仍然属于在证据评价范畴内的不利认定而已。

2. 案件事实解明义务说

案件事实解明义务说是将案件事实解明义务从证据提出责任中独立出来进行考察,进而将之定位为义务,而非单纯的负担或责任。不论是诉讼义务或诉讼责任,均表现为法院作出法律上的不利益判断的形式。诉讼上的负担,因不同的规制目的可以分为以下三种:第一,当事人自己主动放弃可能的权利保护,并意识到自己将因此受到法律上的不利益(例如诉讼中的自认)。第二,当事人因可非难行为存在而遭受法律上的不利评价。第三,双方当事人均无法回避的危险分配结果(例如证明责任)。 显而易见,案件事实解明行为不属于上述三种情况。

与义务相对的概念是权利。要求不负证明责任的当事人解明案件事实,是对对方当事人证明权利的保障。从而,与当事人证明权利相对应的概念应当是案件事实解明义务,而不是责任。特别是在现代型诉讼中,由于证据方法或诉讼资料等往往明显偏在于一方当事人,如果仍然坚持应当由负担证明责任的当事人解明全案事实,恐有侵害当事人证明权利之虞。有鉴于此,在民事诉讼中需要强化不负证明责任当事人的案件事实解明义务,以缓和适用辩论主义与当事人诉讼地位实质平等之间的紧张关系。

3. 小结

探讨案件事实解明行为的法律性质的作用在于,当法院决定是否应当对不为解明的当事人进行处罚时,法院所应当考虑的因素是否包括"该当事人不为解明究竟是否存在可归责的事由"。如果法院不考虑这一点,只要当事人不

---

① [日]石川明:《证据に关する当事者权——证据へのアクセス》,载新堂幸司主编:《讲座民事诉讼5:证据》,弘文堂1983年版。

解明案件事实就应当作出制裁,那么是将案件事实解明行为的性质定位为责任。相对于此,如果法院综合衡量全案相关证据,就有无证明困难或法院是否已经尽到自身的阐明义务等情况进行判断后,才决定是否对该当事人进行惩罚时,则是将案件事实解明行为解释为义务。

虽然以上两种学说各有所据,但是鉴于"反证不提出法则"本身很有争议,因而导致"责任说"立论不足。况且,在当事人消极不解明待证事实时即课予其一定诉讼上的不利认定,这对原本不负证明责任而无须负担败诉风险的当事人而言,的确过于严苛;而且也将因过度减轻对方当事人的证明负担而违反武器平等原则。为此,笔者认为,仍然应宜采用"义务说"。亦即,当不负证明责任的当事人消极不解明案件事实时,法院不得立即对该当事人作出制裁,而应当考虑该当事人拒绝解明事实是否有正当理由,或其消极不为解明是否有可归责的事由存在后,才可以决定是否对其作出不利的事实认定或裁判结果。

(三)案件事实解明义务的范围

在确定不负证明责任的当事人应当协力于解明待证事实以及解明行为属于法律上的义务之后,应当更进一步探讨该当事人所应履行的案件事实解明义务的范围。换言之,不负证明责任的当事人所负担的案件事实解明义务,究竟是应一般化而在原则上一律要求该当事人协力于解明案件事实,抑或在具体诉讼案件中确定该当事人应当如何解明案件事实?对此,学界向有一般化事案解明说与具体化事案解明说的争论。

1. 一般化事案解明说

该学说认为不负证明责任的当事人所为的案件事实解明行为,本质上属于一般化的案件事实解明。申言之,原本不负证明责任的当事人原则上应协力于解明案件事实,只有在有例外时才可以拒绝。

(1)日本见解

从《日本民事诉讼法》中关于文书提出命令的规定可以看出,立法者有意将文书提出义务比照一般化的证人义务进行规定,所以案件事实解明义务确实有其一般化的倾向。日本1996年修正《民事诉讼法》时于第220条新增了第4款条文,即对一般义务文书法院可发布文书提出命令。2003年修法时,

第五章 产品缺陷诉讼中证明妨碍规则之具体适用

继续对一般义务文书的范围予以扩大。① 对该项下文书与第1款至第3款所指文书不同,并未附加引用、法律关系等限定条件,所以习惯上将第4款所指文书称为一般义务文书,由于该项规定,文书提出义务也就成了"一般性义务"。确实,如果对第4款所指文书进行证据调查的必要性得到法院的肯定,而且不存在该款列举的除外事由,那么持有人必须将该文书提交于法院,此即所谓的一般性义务。但是严格说来,所谓一般性义务对于申请人来说只要其提出命令申请即可,除外事由的主张、证明责任应该由文书持有人负担。然而第4款的条文表述却并非如此,从该条文结构来看,除外事由的主张、证明责任是由申请人一方负担的。如果不这样规定的话,一般性义务文书都可以申请文书提出命令,那么前三款的规定就没有意义了。如此一来,对于一般性义务文书,其不存在除外事由的事项由申请人负担主张、证明责任;另一方面,对于第1款至第3款文书如果申请人能够主张和证明该等文书反映了申请人和持有人之间的特殊关系,则法院可以发布提出命令。② 一般情况下,申请人要主张和证明引用文书或法律关系文书是较为容易的,因此申请人就会选择利用前三款规定而不会一味地利用第4款规定。

(2)我国台湾地区见解

我国台湾地区学者沈冠伶认为我国台湾地区"民事诉讼法"于2000年修正之后,已经将当事人之间的案件事实解明义务明订于条文中,"民事诉讼法"

---

① 修正后的日本新《民事诉讼法》第220条规定:"在下列场合,文书持有人不得拒绝提出文书:(一)当事人在诉讼上所引用的文书由自己持有时;(二)对文书持有人举证人可以请求交付或阅览的;(三)文书为了举证人的利益而制作或为举证人与文书持有人的法律关系而制作的。(四)下列情形除外:1.文书记载持有人或与持有人有第196条各项所列关系的人同条规定事项时;2.提出关于公务员职务秘密的文书有损害公共利益、对执行公务显著障碍之虞时;3.文书记载第197条第1款第1项规定事实或同款第3项规定事项且未免除保密义务时;4.文书专供持有人利用时(公务员有组织使用的国家或地方公共团体持有的文书除外);5.文书涉及刑事诉讼案件或记录少年保护案件及这些案件中被扣押的文书时。"由此可见,新法规定除了前面三款所列的情况以外,文书又不列入后面五种例外情况的,均可以适用文书提出命令。参见[日]石川明:《民事诉讼法》,青林书院2002年版,第138页。

② [日]高桥宏志:《重点讲义民事诉讼法》,张卫平、许可译,法律出版社2007年版,第133页。

第277条但书及第282-1条①应当可以评价为是案件事实解明义务的一般性规定。虽然这两个条文规定于证据一节内,但是因证明责任与主张责任具有对应性,负证明责任的当事人即应负主张责任,因此可据以一并说明案件事实解明义务。例如,在医疗诉讼案件中,原告经常就医疗行为与损害结果之间的因果关系难以具体陈述并加以证明而导致败诉。依据新法规定,法院可以适用第277条但书,适当调整当事人的主张责任与证明责任。至于应当如何调整,尤其是在欠缺法律规定但显失公平的情形下,必须由法官视具体个案依据诚实信用原则和武器平等原则等作出决定。可以自最极端的完全转换证明责任、部分转换证明责任到不转换证明责任而仅仅命令对方当事人协助陈述相关事实或者提供证据资料。第277条但书并没有规定必须一律转换证明责任,而且举重以明轻,既然证明责任都有可能转换,那么不转换证明责任而仅仅要求当事人说明案情或提供证据,又何尝不可呢?此外,不负证明责任的当事人至少也负有不破坏案件事实解明的不作为义务,此即证明妨碍的规定。再者,新法扩大了文书提出义务的范围及增订了当事人讯问的规定,即使不认为是在证据通则上规定了一般化的案件事实解明义务,也可以通过类推适用的方式推论出当事人负有一般性的案件事实解明义务。②

2. 具体化事案解明说

该学说认为,不负证明责任的当事人之所以必须陈述事实并提出证据,是诚实信用原则适用于具体案件的结果。因为案件事实解明义务是基于诚实信用原则而通过法院具体判断是否存在于不负证明责任的当事人,与前述的一般化案件事实解明义务并不相同。

(1)日本见解

对于前述的一般化事案解明义务说,在日本也不乏有否定的观点。③ 该观点认为,通过文书提出命令的法条规定而推论一般化义务的存在,在逻辑思

---

① 我国台湾地区"民事诉讼法"第277条规定:"当事人主张有利于己之事实者,就其事实有举证之责任。但法律别有规定,或依其情形显失公平者,不在此限。"第282-1条规定:"当事人因妨碍他造使用,故意将证据灭失、隐匿或致碍难使用者,法院得审酌情形认他造关于该证据之主张或依该证据应证之事实为真实。前项情形,于裁判前应令当事人有辩论之机会。"

② 沈冠伶:《民事证据法与武器平等原则》,台湾元照出版有限公司2007年版,第18页。

③ [日]松元博之、西谷敏:《现代社会と自己决定権——日独シンポジウム》,信山社1997年版,第394页。

第五章 产品缺陷诉讼中证明妨碍规则之具体适用

维上过于跳跃。虽然案件事实解明义务并没有直接变更客观证明责任的分配,但不可否认的是,案件事实解明义务会对当事人的诉讼活动造成影响。如果将案件事实解明义务一般化,原则上对方当事人均应解明案件事实,仅于例外事由时才可以拒绝,那么无异于使证明责任因具体的诉讼状况而发生变动。而且,案件事实解明义务一般化有可能对当事人权益的保护产生不良影响。比如,为了使对方当事人解明案件事实,原本负担证明责任的当事人应当先证明该证据与请求事实之间有何关联。然而,对于该关联性究竟应当证明到什么程度,其标准并不明确。再者,就违反案件事实解明义务的法律效果而言,一味拟制对并未履行案件事实解明义务的当事人不利的事实存在,甚至是直接拟制待证事实存在,也有侵害法官自由心证之嫌。

(2)我国台湾地区见解

我国台湾地区学者许士宦认为,台湾地区"民事诉讼法"为了贯彻当事人诉讼资料使用平等原则及便于发现真实并整理争点,以达到审理集中化和适时审判的目标,不仅扩大了当事人文书提出义务的范围,也要求独占证据的一方当事人对举证人应负一定的协助义务。而且,这些规定准用于勘验物提出义务及勘验忍受义务的情形。综观这些规定的立法意旨,可以得知其是在一定范围内要求不负证明责任的当事人,在法定条件具备时应对对方当事人负某种程度的案件事实解明义务。关键是,依循其立法意旨,探讨在何等范围内,就何事项负有案件事实解明义务。其认为,不负证明责任的当事人于下列情形,负有具体的事实陈述、证据提出义务:第一,负证明责任的当事人处于事件经过之外,而不具有为其诉讼所必要的资讯,不能自行解明案件事实;第二,反之,不负证明责任的当事人则拥有这方面的资讯或容易取得,而可期待其解明案情的情况。①

学者黄国昌认为,在采取具体化事案解明理论时,基本上是依照主张责任和证明责任的分配,划定当事人所各自提出证据责任的范围。除非是当事人之间的实体法律关系赋予一方当事人对对方当事人的情报请求权,否则不负证明责任的当事人原则上并无义务开示对对方当事人有利的证据。仅仅在于证据偏在的情形时,当负证明责任的当事人没有取得证据的"期待可能性"时,才基于诚实信用原则及当事人之间的公平,例外地承认不负证明责任当事人

---

① 许士宦:《证据收集与纷争解决》,台湾新学林出版股份有限公司2005年版,第547页。

的案件事实解明义务。①

由此可见,依据具体化事案解明理论:一方面法院需要斟酌具体个案的状况而决定拒绝解明案件事实的法律效果;另一方面,通过"主张证明的期待可能性"标准,也更加有助于具体化不负证明责任当事人的案件事实解明义务。由于该学说在案件事实解明义务的违反要件或法律效果的设定上,均赋予法院可以充分考量各种情况后而作出评价的权限,而不至于有侵害自由心证之嫌。此外,以"是否具有期待可能性"为标准而判断当事人是否有案件事实解明义务,有助于说明对方当事人于起诉前是否有进行相关证据保全的义务,或者更早于纠纷发生前本于纠纷预防思想而有保存制作相关证据方法的义务。具体化事案解明说有助于法院调整双方不平等的诉讼地位而落实武器平等原则,一般认为与一般化事案解明说相比较更有说服力。

3. 小结

不论是一般化事案解明说还是具体化事案解明说,均肯定不负证明责任的当事人就本案事实的解明负有一定的义务。但是,两学说最大的不同在于案件事实解明义务发生的要件有所不同。一般化事案解明义务说认为,原则上不负证明责任的当事人均应当解明案件事实,仅仅在符合例外事由时才可以拒绝解明。具体化事案解明说则认为,法院在判断当事人是否负担案件事实解明义务时,应当同时考虑是否可期待该不负证明责任的当事人有能力提出相关证据或者该当事人有无秘密保护的特权等特殊情形;在衡量各方因素之后才可以决定是否负担案件事实解明义务。换言之,一般化事案解明说是在一律肯定案件事实解明义务发生的前提下,借由例外排除事由以阻却该义务的发生;但具体化事案解明说则是将例外排除事由一并纳入案件事实解明义务是否成立的考量之中。

笔者认为,一般化事案解明说的说理并不周延。如果原则上不负证明责任的当事人均负担案件事实解明义务,仅仅在符合例外事由时才可以拒绝,那么在适用事案解明时确有一般化、普遍化的倾向。如此一来,不负证明责任的当事人被赋予了与证人作证相似的一般化义务,这可能会对通常的证明责任分配规则造成巨大的冲击,也会弱化当事人本应当承担起的证明责任。笔者进而认为,在考虑当事人的案件事实解明义务时,应当采用具体化事案解明说。亦即,并非在原则上毫无限制地肯定对方当事人在任何状况下均有解明案件事实的必要。法院在评价有无案件事实解明义务发生时,必须同时考量

---

① 黄国昌:《民事诉讼理论之新展开》,台湾元照出版有限公司2005年版,第205页。

对方当事人是否因个人隐私、商业秘密、家庭伦理或职业需要等原因而无法期待其进行解明。如果该当事人并无解明事实的期待可能性,即无须负担案件事实解明义务,从而法院也无法对该当事人进行制裁。

(四)案件事实解明义务的法律要件

在民事诉讼中,双方当事人为了谋求有利于己的判决结果而使出浑身解数,自在情理之中。但是,为了实现民事诉讼中的武器平等原则,必然需要强求一方当事人为了对方当事人的利益而提出一定的证据资料,这并不违背民事诉讼双方当事人对立的架构。然而即使如此,为了平衡双方当事人的地位而创设的案件事实解明义务的概念也并非漫无边际,仍然应当有一定的限制条件。如前所述,并无必要广泛承认一般性的案件事实解明义务,否则将会使诉讼结果的胜败等同于在诉讼过程中所产生的举证困难。只要一方当事人遭遇证明困难,就一律要求对方当事人提供相关证据加以证明,这并非案件事实解明义务的本意所在。因此,笔者认为,案件事实解明义务的产生应当具备一定的法律要件,以便法院和当事人进行预测和判断。以下就各项要件分别论述。

1.当事人应当提供解明对象与自己权利主张相关的具有合理基础的线索

(1)原则上否定摸索性证明

负担证明责任的一方当事人请求对方当事人提出相关证据时,应当先说明该证据与自己权利主张之间究竟有何联系。换言之,请求对方履行案件事实解明义务的当事人,应当先具体表明其之所以要求对方当事人提出相关证据的根据与理由何在,否则容易构成非法的摸索性证明。

当因不持有证据信息而陷于证明窘境的当事人无法具体化其主张时,该当事人不得不以笼统化或大致推测的方式来暂定性地提出主张,而使这种主张具体化的事实反而需要从基于这种主张而展开的证明活动中来寻求,这一过程便被称为摸索性证明。如此一来,虽然"不持有证据信息的当事人因事实真伪不明而使法院通过适用证明责任进而遭受败诉结果"的危险得以降低,但是,这种以获取信息为目的的证据申请本身是否合法,颇有争论。① 一旦无限制地承认一般化的案件事实解明义务,便有可能使其沦为非法的摸索性证明的工具,因此,当事人应当提供解明对象与自己权利主张相关的具有合理基础

---

① [日]高桥宏志:《民事诉讼法——制度与理论的深层分析》,林剑锋译,法律出版社2004年版,第468页。

的线索。

(2) 摸索性证明的缓和

对于摸索性证明,德国实务界和理论界向来持否定态度。当事人提出证据申请时,必须特定证明对象。但是德国联邦最高法院晚近则认为,对于当事人的证据申请在何种情形下属于摸索性证明,必须严格审慎认定,不宜轻易驳回。在当事人就具体事实欠缺认识时,应当从宽认定当事人可以暂时先提出推测事实作为证据申请时的待证事实。此外,不容忽略的是,即使德国在诉讼法上认为摸索性证明不合法,但是在民法及其他实体法上,则有相当多的规定承认法律关系中的当事人有权请求对方当事人提供信息资料。① 因此,在一定范围内,摸索性证明的必要性是因信息开示请求权的承认而被淡化的。

在日本,过去受德国影响较深,学界普遍认为应当禁止摸索性证明。但是,日本 1996 年修改《民事诉讼法》时,在借鉴美国证据开示中质问书制度的基础上,新设了当事人照会制度。② 在引入当事人照会制度之后,日本很多学者倾向于应当在一定程度上承认摸索性证明。特别是在现代型诉讼中,由于证据偏在现象的存在,原告在没有充分掌握证据的情况下提出并不是很具体的主张也是迫不得已的做法。如此一来,过分强调摸索性证明属于非法行为的论调就会矫枉过正,难谓妥当。

(3) 小结

笔者认为,在没有具体的、合理的证据线索时,一方当事人以"碰运气"的方式提出证据申请时,法院应当以证明事项没有特定为由判定其为不合法。但是,如果一方当事人主张所指向的事实发生在对方当事人控制的领域或范围内,而该当事人又可以提出证据线索证明一旦进入证据调查程序,事实主张的具体化、特定化甚至对该主张的证明都会实现的话,那么可以允许该当事人提出较为抽象、并非完全具体的主张。相反,此时可以要求对方当事人承担起案件事实解明义务。这便是案件事实解明义务与摸索性证明之间的边界问题。

---

① 沈冠伶:《民事证据法与武器平等原则》,台湾元照出版有限公司 2007 年版,第 129 页。

② 当事人照会制度是指在诉讼开始后,当事人之间在法院不介入的情况下,为了准备在法庭审判阶段主张的事实和证据所必要的事项而彼此以书面的形式提出质问,限期要求对方当事人以书面形式回答所质问事项的制度。参见[日]高桥宏志:《重点讲义民事诉讼法》,张卫平、许可译,法律出版社 2007 年版,第 74 页。

第五章 产品缺陷诉讼中证明妨碍规则之具体适用

2. 当事人客观上处于无法解明案件事实的状态

此要件是指负担证明责任的当事人就待证事实的查明,客观上处于一种外在的、不以其主观意志为转移的无法解明的状态。例如,当事人期望获取的证据资料由对方当事人掌控,或者勘验必须由对方当事人进行协助才能完成。但是,需要注意的是,如果之所以在客观上陷入无法解明案件事实的状态的原因是出自于可归责于己的事由,那么肯定不应当继续援用案件事实解明义务而让对方当事人协助解明。例如,负担证明责任的当事人自身故意或过失毁灭了本可以解明案件事实的证据资料,或者由于其主观上懈怠的原因应当收集证据而没有收集证据,此时案件事实解明义务必然不会发生作用。因此,负担证明责任的一方当事人不能让对方当事人为其自身的错误买单而嫁祸于人。

3. 对方当事人处于容易解明案件事实的地位且具有期待可能性

在此要件中,最需要阐述并说明的是其中的"期待可能性"。简言之,期待可能性是有关何时何种情况下可以期待对方当事人解明案件事实的问题。申言之,期待可能性的基础在于当事人所负担的协力义务。基于实体法诉讼法二元观,协力义务包括实体法上协力义务与诉讼法上协力义务。

如前所述,实体法上协力义务(例如情报请求权)与诉讼法上协力义务(例如文书提出义务)皆服膺于同样的法律思想,即尽可能地以发现案件真实实现当事人实体权利的保护。单凭实体法上协力义务或者诉讼法上协力义务都无法实现证据材料完整保存并呈现的目的。立法者之所以对实体法上协力义务予以规定,正是因为观察到在某些类型的民事活动中所形成的信息资料对于以后可能发生的纠纷或诉讼具有至关重要的作用。如果该信息资料不制作、不保存、不提交,会使得之后可能发生的纠纷或诉讼中的关键事实无法得到证明,以至于会影响到某些类型民事活动的良性发展。如此一来,相关人员便负有制作、保存、提交相关信息资料的协力义务。

(五)案件事实解明义务的法律效果

1. 案件事实解明义务功能的发挥

在证据偏在的诉讼类型中,既然负证明责任的当事人难以收集解明案件事实的证据,那么就不允许可期待提出特定事实、证据的不负证明责任的一方当事人袖手旁观、置之不理。因此,具有解明案件事实所需证据的不负证明责任的一方当事人,并不永久享有隐匿对己不利证据的权利。在一定情形下仍然应当开示手中持有的证据,以协助负证明责任的对方当事人解明案件事实。案件事实解明义务的承认,是赋予当事人证明权应有的程序保障,维持当事人之间的公平竞争,避免证据偏在的一方当事人因对方缺乏证据而不当获取胜诉判决。基于案件事实解明义务的落实,双方当事人不仅可以互相知悉双方与诉讼相关的证据而共享案情信息,也可以因此容易与法院和对方当事人达成共识,有助于其自主决定纠纷解决的方式,如达成和解协议等。

案件事实解明义务主要在主张具体事实、证明活动以及证据收集三个层面上发挥其功能。具体言之,在主张具体事实的层面上,负有案件事实解明义务的人必须表明构成诉讼基础的事实为何,并且对于对方当事人的主张不能进行单纯的否认,必须附有理由。在证明活动的层面上,案件事实解明义务具有减轻举证负担的技术功能,负有案件事实解明义务的人,必须表明特定证据。在证据收集的层面上,负有案件事实解明义务的人,必须开示对方所不持有的资料。

2.法律效果的争论

如果当事人无正当理由违反案件事实解明义务,那么应当对其作出相应的制裁以恢复诉讼公正和平等。这也是案件事实解明义务在诉讼中应有的程序保障。关于当事人违反案件事实解明义务的法律效果,主要有自由心证说与不利推定说的争论。

(1)自由心证说

有学者认为,在违反当事人案件事实解明义务的情况下,可以拟制对方当事人所主张的事实是真实的,只要这并不与法官的自由心证相矛盾,同时在有过错案件的情况下对法官的自由心证而言不需要达到通常情况下的较高概然性。从制裁手段来看,法官可以降低负证明责任一方当事人的证明标准,直至客观意义证明责任的倒置。[①]

(2)不利推定说

有学者认为,不负证明责任的当事人违背案件事实解明义务,拒绝进行具体的事实陈述或提供证据的,不能认为其有效地争执了对方当事人的事实主张,因而应当以对方当事人所主张的事实直接作为判决基础。亦即,并非仅仅止步于将其不履行义务的态度在证据评价上予以斟酌而已,而是直接进行真

---

① [德]罗尔夫·施蒂尔纳、康斯坦茨:《民事诉讼中案件事实阐明时的当事人义务——兼论证明妨碍理论》,载[德]米夏埃尔·施蒂尔纳:《德国民事诉讼法学文萃》,赵秀举译,中国政法大学出版社2005年版。

实拟制,认为对方所主张的事实为真实。①

3. 小结

笔者认为,就"不利推定说"而言,虽然其较为符合《民事证据规定》第75条的精神,也具有法律效果明确化及富有实效性的优点,但是由于其过于单一的处理方式已经无法应对多变的诉讼状态,因而并不可取。就"自由心证说"而言,其容易被理解为毫无限制的恣意心证,而且民事诉讼中法院对证据的判断和事实的认定本就应当依据自由心证进行,"自由心证说"的表述无法体现其特殊性。因此,基于谋求双方当事人之间裁判资料收集中实质平等的实现与调整的法理,从追求双方当事人平等地位的弹性调整的观点来考虑,笔者倾向于"自由心证说",但表述为"限制性自由心证说"。

笔者认为,法院应当视当事人违反案件事实解明义务的严重程度不同而课予不同的制裁措施。亦即,法院在认定不利的法律效果时,应当考虑当事人故意或过失的主观心态、被妨碍证据的重要性等因素。如果当事人不为事实的具体陈述,则可能产生拟制自认的效果。如果当事人不提出证据,那么可以认定对方当事人关于证据的主张为真实;如果拒绝提供证据已经严重影响到案件关键性事实的查明,那么可以直接认定依该证据应证的事实为真实。此外,根据当事人违反案件事实解明义务的可归责性不同,法院还可以降低证明标准或者直接转换证明责任。

需要说明的是,拟制自认、不利推定、降低证明标准和转换证明责任等法律效果的适用,均是在坚持法官自由心证的基础之上进行的,并非完全排除自由心证,仅仅只是采用符合特定经验法则的证据规则。申言之,一方面,并非只要发生当事人违反案件事实解明义务的情形,均需要作出对该当事人不利的事实推定,法院基于自由心证可以作出其他判断或采取其他制裁措施。另一方面,法院依自由心证的结果,即便认定对方当事人的主张并非真实,但是如果认为违反案件事实解明义务的行为应当加以责难时,法院仍然可以认定对方当事人的主张为真实。从而,在此限度内,案件事实解明义务的存在具有基于当事人之间证据收集的实质平等而限制自由心证的意义。因此,笔者将其表述为"限制性自由心证说"。

(六) 于产品缺陷诉讼证明中的运用

具体对于产品缺陷诉讼的证明而言,当事人案件事实解明义务在产品缺

---

① 许士宦:《证据收集与纷争解决》,台湾新学林出版股份有限公司2005年版,第556页。

陷的诉讼证明过程中也有适用的条件和必要性。

首先,在产品责任事故中,虽然损害事故是在原告使用产品的过程中发生,而且原告对于缺陷产品在事故发生时的状态也往往较为清楚,但产品缺陷却产生于产品的生产或销售过程中。而原告是处于产品缺陷产生过程之外,难以收集到证明产品缺陷产生原因的证据。既然缺陷产品的生产或销售过程是处于被告的直接控制之下,那么被告对于产品缺陷的产生原因最为清楚,因此也可以期待被告对此提供相关的证据。

其次,对于产品缺陷的证明有时需借助专业知识对产品的性能结构和生产流程予以说明,而这些专业知识往往是原告所不具备的。但是,被告作为产品的生产者或销售者自然对产品的生产或销售技术最为熟悉,也最有能力对这些专业技术知识向法官予以说明。

再次,在产品缺陷诉讼中,有时原告难以直接收集到证明争议产品在损害事故发生前性能状态的证据,或者证明的难度较大。如果让被告提供记录争议产品的生产技术或销售方式等资料,便可以证明争议产品的生产或销售过程存在问题,并进而证明争议产品存在缺陷。因此,在有些情况下,由被告所掌握的关于记录产品生产或销售过程的资料成了证明产品存在缺陷的关键证据或使得产品缺陷的证明更为容易。在这种情况下,原告的证明困境和被告的证明优势恰好符合当事人案件事实解明义务适用的要件。

最后,对于产品缺陷的诉讼证明,因被告不承担产品存在缺陷的要件事实的证明责任,所以被告有可能通过实施证明妨碍行为如被告销毁争议产品的原件,或遗弃争议产品的设计图纸、生产记录等,使得产品存在缺陷的要件事实无法得到证明或难以得到证明。此时,为了纠正机械适用证明责任分配原则所带来的不公正结果,便应该通过证明妨碍规则来加以调整。至于究竟采取何种法律效果,应当允许法官根据具体的证明妨碍情形而灵活予以适用。

二、案例分析

(一)陈某某、林某诉日本三某汽车工业株式会社损害赔偿纠纷一案①

1.案情介绍

1993年9月13日清晨,林某乘坐一辆日本三某吉普车,由莆田去福州,行驶过程中挡风玻璃突然爆破,林某因此昏厥,送往医院后,因抢救无效死亡。

---

① 《最高人民法院公报》2001年第2期。

第五章 产品缺陷诉讼中证明妨碍规则之具体适用

医院诊断为因爆震导致呼吸和心搏骤停。交警通知书认定这起死亡事故不属于交通事故;同时交警认定无其他物品撞击的可能性。本案焦点为三某吉普车的挡风玻璃有无质量问题。林某的亲属向法院起诉,要求三某公司赔偿损失。三某公司抗辩,挡风玻璃破碎的原因并非质量问题,而是因外力撞击所致。事故发生后,三某公司将该玻璃运回日本试图进行鉴定。但三某公司并没有以该玻璃为鉴定对象,而是以正在生产的玻璃进行了测试。三某公司认为,该公司生产的玻璃如果没有外力的强烈冲击,是不会自行爆破的。北京市朝阳区人民法院一审认为,本案查明的事实不能证明被告三某公司在林某死亡问题上有过错,林某的死亡与三某公司无必然的因果关系,原告陈某某、林某要求三某公司赔偿因林某死亡所遭受的损失,没有事实根据和法律依据。据此判决原告一审败诉。原告不服,提起上诉。与一审法院不同,二审法院(北京市第二中级人民法院)认为被告没有尽到保管证据的义务,举证不能的败诉后果应当由被告承担。二审法院在判决中认为:"本案唯一能证明产品是否存在缺陷的物证——爆破后的前挡风玻璃,莆田车购办在与被上诉人三某公司约定封存后,曾数次提出要交国家质检中心检验鉴定。三某公司承诺后,却不经莆田车购办许可,就擅自将玻璃运往日本,后虽然运回中国,但三某公司无法证明运回的是原物,且玻璃此时已破碎得无法检验。三某公司主张将与事故玻璃同期、同批号生产出来的玻璃提交给国家质检中心进行实物鉴定,遭上诉人陈某某、林某的反对。由于种类物确实不能与特定物完全等同,陈某某、林某的反对理由成立。在此情况下,举证不能的败诉责任理应由三某公司承担。"据此,二审法院判决三某公司败诉。

2.案例评析

产品质量损害赔偿诉讼属于典型的现代型诉讼,证据材料容易偏向存在于某一方当事人,且往往是被告。由于证据偏向存在的一方当事人更加接近证据源,从而其具有更强的收集、利用证据的能力;另一方面,其也更容易实施毁弃、灭失、隐匿证据等证明妨碍行为。这使得原告若想获得请求被认可的判决,将会在主张和举证方面遇到很大的困难。① 在本案中,按照民事诉讼证明责任的分配原则,原告应当对产品存在缺陷承担证明责任。而被告三某公司擅自将爆裂的前挡风玻璃运回日本的行为导致本案中唯一的极其关键的证据

---

① 陈刚主编:《自律型社会与正义的综合体系——小岛武司先生七十华诞纪念文集》,陈刚等译,中国法制出版社2006年版,第140页。

毁损,致使该前挡风玻璃是否存在缺陷的事实陷入无法证明的困境。从二审的判决书来看,法院虽然并没有直接、明白地使用证明妨碍这一概念,但是法院对于被告三某公司行为的描述与证明妨碍无异。从证明妨碍的构成要件来看,被告三某公司毁损证据的行为显然已经构成证明妨碍。针对该证明妨碍行为,法院适用证明妨碍的法律效果——证明责任转换加以制裁,由被告三某公司就产品不存在缺陷的事实承担证明责任。由于被告三某公司没有足够的证据证明产品不存在缺陷,因此法院判决其败诉。

(二)马某某与沛县某超市有限公司产品销售者责任纠纷一案[①]

1.案情介绍

本案原告为马某某,被告为江苏省沛县某超市有限公司。2012年6月18日13时8分,原告在位于沛县歌风路13号徐州亿海联华超市(以下简称亿海超市)购买了6瓶茅台酒,共花费9960元。同日14时16分,在位于沛县汽车站旁的某超市购买了6瓶茅台酒,共花费11340元(每瓶1890元)。原告在要求两超市出具购物小票的同时还要求将每瓶茅台酒的标号写在发票上。原告在某超市购买6瓶茅台酒的标号为:21610、21613、21611、00637、13204、21609。2012年6月29日,原告向沛县工商局12315指挥中心投诉,称2012年6月18日在某超市购买6瓶飞天茅台怀疑为假酒,请求依法处理。

2012年7月12日,马某某将茅台酒、购货发票、购物小票、茅台酒代码复印件送到沛县工商局。经沛县工商局消保科联系,7月24日,贵州茅台酒股份有限公司(以下简称茅台酒公司)工作人员对上述茅台酒进行鉴定。同日,茅台酒公司出具了黔茅鉴0002043号鉴定表,抽样喷码一栏记载标号为21611、21689、21613、00637、13204(其中标号为21689的,与被告在发票中的记载不一致)。鉴定结论一栏写明:属假冒我公司注册商标专用权的假冒贵州茅台酒。在备注一栏写明:另有壹瓶已被消费者开封口,所以未鉴定。并在鉴定表的最下方写明:该报告只对消费者提供的样品负责。马某某向工商局报案的同时,沛县工商局封存了被告正在销售的4瓶茅台酒(标号分别为:20261、20283、20269、14393),该4瓶酒经本院委托茅台酒公司鉴定,鉴定结论为:属我公司生产贵州茅台酒。

被告2011年1月8日从徐州市大足贸易有限公司购进12瓶53度飞

---

① 本案一审判决为江苏省沛县人民法院〔2013〕沛民初字第671号民事判决,二审判决为江苏省徐州市中级人民法院〔2014〕徐民终字第1467号民事判决。

第五章 产品缺陷诉讼中证明妨碍规则之具体适用

茅台酒,并有酒类流通随附单、验收入库单、出库单。原告曾于2012年春节前后在柳红岩经营的丰县群英烟酒店购买6瓶茅台酒。后在丰县法院起诉丰县群英烟酒店,要求双倍赔偿。原告在2012年8月13日、9月25日在山东河泽石油分公司分别花费300元、290元。

沛县人民法院认为,消费者的合法权益受法律保护。虽然被告对原告提供的鉴定表复印件的真实性有异议,但是,被告提供的鉴定表与原告提供的一致,故法院对鉴定表的真实性予以确认,可以作为本案定案的依据。根据鉴定表的内容,鉴定的5瓶酒中,有4瓶标号与原告从被告处购买的茅台酒的标号一致。被告认为原告在购买酒后近一个月时间才将酒送到沛县工商局检验,有时间进行反向假冒,且怀疑更换了瓶盖,但并没有提供证据证明。鉴定表的备注一栏写明的内容"另有壹瓶已被消费者开封口,所以未鉴定",即茅台酒公司在酒开封口的情况下是不予鉴定的,故法院对被告的抗辩不予采信。另外,虽然被告提供了12瓶茅台酒的进货渠道,但是并没有提供证据证明出售给原告的6瓶茅台酒包含在该12瓶中,即并没有提供原告所购买的6瓶茅台酒的进货渠道。综上,本院认定,原告从被告处购买的4瓶茅台酒(标号分别为:21611、21613、00637、13204)为属假冒茅台酒公司注册商标专用权的假冒贵州茅台酒。根据《消费者权益保护法》第49条的规定,被告应按照原告的要求增加赔偿其受到的损失,数额为15120元(1890元×4瓶×2)。

关于原告主张的餐饮费,原告提供的均为收据,未提供发票,且两张未注明日期;两张虽注明日期,但地点不在沛县,因此与本案无关联性。原告提供的加油费发票,因加油的地点在山东菏泽,与本案亦没有关联性。原告提供的江苏省地方税务通用定额发票50元未写明日期,也不能证明与本案有关联性。因此,本院对原告主张的餐饮费、交通费等费用共计1108元不予支持。

综上,依照《消费者权益保护法》第49条、《民事证据规定》第2条之规定,一审法院判决:被告沛县某超市有限公司于本判决生效后10日内赔偿原告马某某15120元。

某超市不服上述一审民事判决,向江苏省徐州市中级人民法院提起上诉称:(1)虽然被上诉人马某某曾在上诉人某超市处购买过6瓶茅台酒,但不能证明送检的酒是从上诉人某超市处购买,原审判决认定被上诉人马某某从上诉人某超市处购买的4瓶茅台酒为假冒商品,与事实不符。(2)上诉人某超市销售给被上诉人马某某的6瓶茅台酒有正规进货渠道,证明上诉人某超市不具有欺诈的故意,本案不应适用《消费者权益保护法》关于增加赔偿的规定。(3)被上诉人马某某从上诉人某超市处购买茅台酒,不属于正常的生活消费,本案不应当适用《消费者权益保护法》。被上诉人马某某辩称,一审判决正确,请求二审法院依法驳回上诉,维持原判。

本案争议焦点为:(1)本案是否应当适用《消费者权益保护法》。(2)被上诉人马某某从上诉人某超市处购买的6瓶茅台酒是否系伪劣产品。(3)上诉人某超市向被上诉人马某某出售茅台酒是否存在欺诈。二审期间,各方当事人均未提供新证据。二审查明的事实与一审查明的事实一致。

二审法院认为:(1)本案是否应当适用《消费者权益保护法》。《消费者权益保护法》第2条规定,消费者为生活消费需要购买、使用商品或者接受服务,其权益受本法保护;本法未作规定的,受其他有关法律、法规保护。上诉人某超市的营业执照载明其是销售日用百货、纺织品、烟、图书、预包装食品兼散装食品等日常生活用品的经营者,其经营范围、经营场所和被上诉人马某某的自然人身份决定了被上诉人马某某购买茅台酒的行为应为日常生活消费需要购买。上诉人某超市虽然对被上诉人马某某购买茅台酒的行为性质提出了质疑,但并未就被上诉人马某某购买茅台酒用于非日常生活消费需要提供足以反驳的证据。因此,被上诉人马某某购买茅台酒的行为应认定为日常生活消费需要购买。据此,原审判决适用《消费者权益保护法》处理本案纠纷,并无不当。

(2)被上诉人马某某从上诉人某超市处购买的6瓶茅台酒是否系伪劣产品。上诉人某超市向被上诉人马某某开具的购买6瓶茅台酒的发票上标注了被上诉人马某某所购买的6瓶茅台酒的标号,上诉人某超市亦特别在该标注处签章,因此,标号一致应成为判断被上诉人马某某持有的茅台酒是否从上诉人某超市处购买的初步依据。又如前所述,被上诉人马某某是为日常生活需要购买茅台酒的消费者,其与作为经营者的上诉人某超市在茅台酒商品信息占有上的不对等,决定了其不可能也不应该像专业人士那样从多种信息渠道去注意和判断茅台酒的一致性问题,标号一致应成为符合被上诉人马某某判断能力和举证能力的合理证明方式。对此,《民事证据规定》第64条规定,审判人员应当依照法定程序,全面、客观地审核证据,依据法律的规定,遵循法官职业道德,运用逻辑推理和日常生活经验,对证据有无证明力和证明力大小独立进行判断,并公开判断的理由和结果。据此,沛县工商行政管理局将被上诉人马某某提供的与其购酒发票标号一致的茅台酒样委托贵州茅台酒股份有限公司进行鉴定,应认定被上诉人马某某已经完成了鉴定茅台酒样与从上诉人某超市所购茅台酒一致性的证明责任。原审判决依据贵州茅台酒股份有限公司出具的鉴定表认定被上诉人马某某从上诉人某超市处购买的4瓶茅台酒为假冒产品,并无不当。

(3)上诉人某超市向被上诉人马某某出售茅台酒是否存在欺诈。最高人民法院《关于贯彻执行〈中华人民共和国民法通则〉若干问题的意见(试行)》第68条规定,一方当事人故意告知对方虚假情况,或者故意隐瞒真实情况,诱使对方当事人作出错误意思表示的,可以认定为欺诈行为。根据该规定,判断上诉人某超市向被上诉人马某某出售茅台酒是否存在欺诈的要件为上诉人某超市是否故意向被上诉人马某某告知虚假信息或者故意隐瞒真实情况,及该虚假信息和被隐瞒的真实情况是否足以影响被上诉人马某某的购买行为。《消费者权益保护法》第19条第1款规定,经营者应当向消费者提供有关商品或者服务的真实信息,不得作引人误解的虚假宣传。根据该规定,上诉人某超市在向被上诉人马某某出售茅台酒时,应当告知茅台酒的真实信息,并不得隐瞒足以影响被上诉人马某某判断的、对上诉人某超市销售行为不利的信息。被上诉人马某某从上诉人某超市处购买的4瓶茅台酒经鉴定为假冒产品,表明在被上诉人马某某作出购买判断所依据的信息之外,还存在着上述足以影响被上诉人马某某判断的、对上诉人某超市销售行为不利的信息。根据上述最高人民法院《关于贯彻执行〈中华人民共和国民法通则〉若干问题的意见(试行)》第68条的规定,上诉人某超市占有足以影响被上诉人马某某判断的、对上诉人某超市销售行为不利的信息,但故意隐瞒、未予告知,应认定为欺诈行为。据此,原审判决适用《消费者权益保护法》关于增加赔偿的规定,并无不妥。

综上,上诉人某超市的上诉理由不能成立。一审判决认定事实清楚,适用法律正确,依法应予维持。二审法院于2014年7月14日判决驳回上诉,维持原判。

2.案例评析

关于"某超市向马某某出售茅台酒是否存在欺诈"的问题,《产品质量法》第33条规定,销售者应当建立并执行进货检查验收制度,验明产品合格证明和其他标识。根据该规定,同时鉴于经营者为交易行为时较消费者在商品信息占有上的优势地位,某超市应当占有与上述茅台酒进货检查验收、产品合格证明和其他标识等范围内的足以影响马某某判断的有关茅台酒品质的信息,并持有相应的证据。

《民事证据规定》第75条规定,有证据证明一方当事人持有证据无正当理由拒不提供,如果对方当事人主张该证据的内容不利于证据持有人,可以推定该主张成立。据此,马某某主张某超市占有的信息中包含前述足以影响马某某判断的、对某超市销售行为不利的信息,并进而主张某超市故意隐瞒该信息,构成欺诈的,应当由某超市提供与上述茅台酒进货检查验收、产品合格证明和其他标识等有关茅台酒品质的证据。某超市不能提供的,可以推定上述茅台酒进货检查验收、产品合格证明和其他标识等有关的证据信息中包含足以影响马某某判断的、对某超市销售行为不利的信息。本案马某某所购茅台酒系中外驰名品牌产品,从马某某购买茅台酒时某超市标注的标号和贵州茅台酒股份有限公司进行鉴定时的鉴定项目来看,瓶口和外箱喷码是确定茅台酒一致性的依据,及流通过程中查验的必要信息。一审中,虽然某超市提供了验收入库单和其供货单位徐州市大足贸易有限公司的出库单、酒类流通随附单,但该些证据并非其应当提供的前述证据的全部,且并未载明确定茅台酒一致性有关编码,致该些证据与马某某所购茅台酒的关联性不足。从一审法院对某超市的法定代表人燕某某的丈夫也即其在二审中的委托代理人张某所做的询问笔录来看,张某亦陈述验收入库单、出库单、酒类流通随附单所指商品并不包括马某某所购的茅台酒。因此,应认定某超市未能提供与马某某所购茅台酒的进货检查验收、产品合格证明和其他标识等有关的证据。法院据此可以推定上述茅台酒进货检查验收、产品合格证明和其他标识等有关的证据信息中包含足以影响马某某判断的、对某超市销售行为不利的信息,并且某超市是占有该信息的。本案即是证明妨碍规则于产品质量诉讼中的具体适用。某超市隐匿或者拒不提供足以影响马某某判断的、对某超市销售行为不利的信息的行为已经构成证明妨碍行为,法院据此推定某超市上述茅台酒进货检查验收、产品合格证明和其他标识等有关的证据信息中包含足以影响马某某判断的、对某超市销售行为不利的信息的做法是正确的。

后　　记

不同阶段的人生,有不同的人生故事。四年前,完成博士论文《民事诉讼证明妨碍制度研究》并由厦门大学出版社出版发行,仅仅代表人生完成了一个阶段性的任务。"其生也有涯,其学也无涯。"我深知这并不是结束,而是另一个阶段的开始。因当时精力所限,博士论文并未对证明妨碍规则于各类型诉讼的具体适用问题进行研究。顺理成章,这成为了博士毕业后我继续研究的一个问题,也形成了本篇书稿。

《礼记学记》有道:"学然后知不足,教然后知困。"从1998年初到西政开始,接触学习法律已有十七载。研习民事诉讼法是一件"痛并快乐着"的事情,至今仍感民事诉讼法学理论博大精深,无法窥其堂奥。在西政求学、授课的每一个画面,都是我人生中一张张清晰的投影。这里的恩与情,或形之于文,或非笔墨所能道尽。将学问的生命与生命的学问交织融合,是人生的另一感悟。谨以此书献给所有帮助、关心我的人,期望未来能在研习民事诉讼法的道路上坚持不懈、戮力以赴。

包冰锋

2015年6月于宝圣湖畔

图书在版编目(CIP)数据

民事诉讼证明妨碍规则之具体适用/包冰锋著. —厦门:厦门大学出版社,
2015.6
ISBN 978-7-5615-5494-4

Ⅰ.①民… Ⅱ.①包… Ⅲ.①民事诉讼-证据-研究 Ⅳ.①D915.213.04

中国版本图书馆CIP数据核字(2015)第084420号

官方合作网络销售商:

厦门大学出版社出版发行

(地址:厦门市软件园二期望海路39号 邮编:361008)
总编办电话:0592-2182177 传真:0592-2181253
营销中心电话:0592-2184458 传真:0592-2181365
网址:http://www.xmupress.com
邮箱:xmup@xmupress.com

厦门市明亮彩印有限公司印刷

2015年6月第1版 2015年6月第1次印刷
开本:720×970 1/16 印张:18 插页:2
字数:314千字 印数:1~1 200册
定价:50.00元

本书如有印装质量问题请直接寄承印厂调换